Contraste insuffisant

**NF Z 43**-120-14

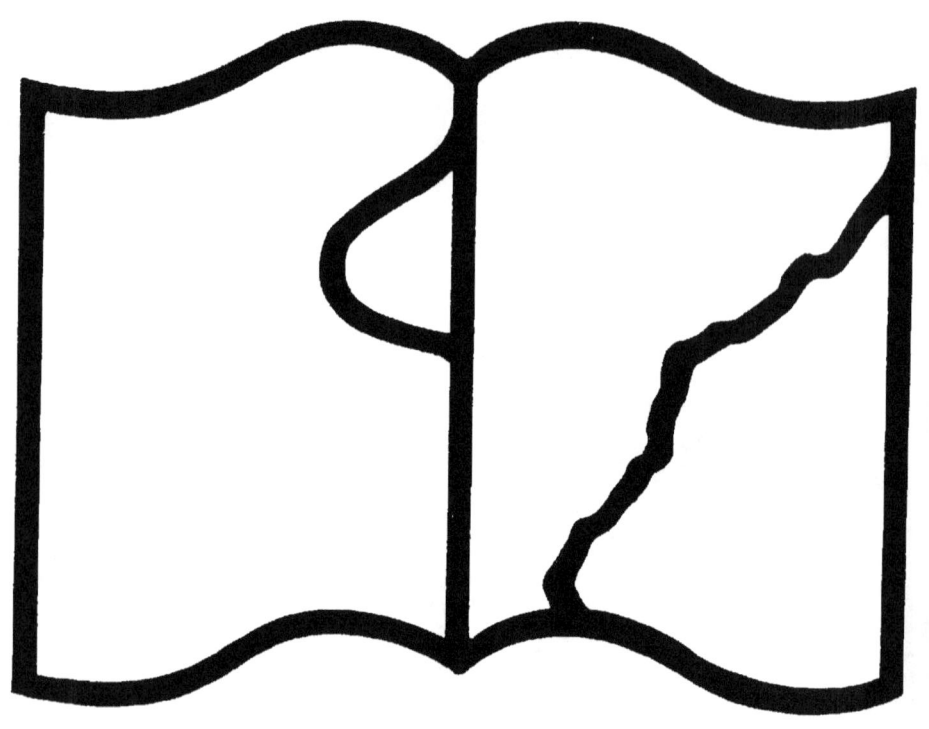

Texte détérioré — reliure défectueuse

**NF Z 43**-120-11

# LES DRAMES DE LA JUSTICE

## ONZIÈME ÉPISODE

# LES DRAMES DE LA JUSTICE
## ONZIÈME ÉPISODE

# LES VICTIMES

### Par RAOUL DE NAVERY

### CHAPITRE PREMIER

### AUX TROIS-GRACES

C'était une charmante boutique que celle au-dessus de laquelle s'étalait en lettres d'or cette enseigne : *Aux Trois-Grâces*. Les passants s'arrêtaient devant l'étalage pour admirer des bonnets chiffonnés avec un goût exquis, des fichus dont les dentelles tombaient en cascades légères, des flots de rubans aux couleurs vives affectant des formes d'une variété et d'un goût inimitables.

Amoncelées dans un désordre pittoresque, qui les faisait ressembler à autant de corolles épanouies, des cocardes faisaient briller les luisants du taffetas, ou les reflets de la moire. Des piquets de fleurs se groupaient au hasard au milieu des nuages de tulle d'un blanc neigeux. De temps à autre, des femmes, attirées par l'enseigne et l'élégance de l'étalage, entraient dans le magasin, et aussitôt un groupe de jeunes filles fraîches, souriantes, s'empressaient de mettre la boutique entière à la disposition de l'acheteuse.

L'une fouillait dans les cartons, rangés comme les livres d'une bibliothèque ; l'autre ouvrait les tiroirs et y cherchait ce qu'elle croyait le plus capable de tenter la coquetterie. La dernière, la plus jolie, qui avait remplacé le nom charmant de Blandine par le nom plus romain de Délie, essayait tour à tour les mantilles, les fichus menteurs, les baigneuses ; et Délie mettait tant de grâce dans la façon dont elle arrangeait les plis autour de sa tête, dans la manière dont elle faisait retomber les dentelles sur sa chevelure blonde que la visiteuse du magasin des *Trois-Grâces*, bercée de l'espérance de paraître aussi charmante, s'empressait d'acheter ce que lui offrait la jeune fille.

La clientèle se pressait aux *Trois-Grâces*, et la propriétaire du magasin réalisait de beaux bénéfices.

Jeanne n'était point une Parisienne. Elle était arrivée de province, cinq ans seulement avant le jour où s'ouvre ce récit. C'était alors une jeune fille de dix-huit ans, au teint un peu bruni par la vie libre au grand air. Elle était belle, d'une beauté parfaite et saine à la fois. Le regard était droit et franc, la bouche sérieuse et bien coupée. Elle avait dû sourire avec des entraînements charmants de jeunesse et de confiance. Le front, bien modelé, respirait la loyauté et une sorte de bravoure. Ce front-là ne devait jamais avoir rougi, pas plus que le regard n'avait trompé. Mais un pli douloureux des lèvres apprenait que cette créature, privilégiée par sa beauté et ses qualités éminentes, connaissait déjà la douleur.

Elle se montrait douce avec les jeunes filles placées sous ses ordres, mais elle ne se mêlait jamais à leurs causeries ; elle souffrait parfois des explosions de leur gaieté, et, souvent, elle quittait le magasin et se réfugiait dans l'arrière-boutique, afin de ne pas entendre les rires sonores qui lui rappelaient le temps où, elle aussi, riait sous les ombrages du parc de Civray.

Les jeunes ouvrières aimaient leur maîtresse ; une seule, Réséda, cachait un secret sentiment d'envie et de rancune contre sa patronne.

Depuis longtemps, la famille de Réséda avait arrangé un mariage entre celle-ci et Germain, jeune ébéniste dont les marqueteries annonçaient un talent réel, et qui paraissait destiné à faire une fortune assez rapide.

Tant que Mme Despois était restée à la tête du magasin, les fiançailles de Réséda et de l'ébéniste paraissaient certaines. L'arrivée de Jeanne changea brusquement les résolutions de l'ambitieux ; il dédaigna l'ouvrière, et tenta de se faire agréer par la maîtresse. Les refus de Jeanne ne changèrent rien à ses projets, il répondit qu'il attendrait ; et Réséda conçut contre sa rivale un sentiment ressemblant à une antipathie déclarée ! Elle n'osa cependant quitter le magasin des *Trois-Grâces*, gardant, en dépit de tout, un reste d'espoir ; rassurée d'un côté, par la loyauté, la vertu de Jeanne ; alarmée, de l'autre, par l'avarice de Germain, car Germain était avare, et les bénéfices de ra boutique le tentaient presque autant que l'idée d'être le mari de la plus jolie lingère du quartier Saint-Honoré.

Jeanne, décidée pourtant à ne jamais se marier, acceptait son fardeau, le portait courageusement, sans l'aide de personne.

Tandis que Délie, Violette et Giroflée servaient les chalands, Réséda et deux autres ouvrières travaillaient dans l'arrière-boutique.

C'était une pièce assez vaste, garnie d'un double rang de tables, derrière lesquelles les jeunes filles créaient les merveilles de goût que l'on exposait ensuite dans la vitrine. Jeanne, que le bruit et le mouvement paraissaient faire souffrir, restait le plus souvent dans cette arrière-boutique; quelques rares clientes y étaient admises. Dans cette pièce Jeanne gardait les soieries de prix, ses plus beaux rubans, ses dentelles précieuses. Les commandes de trousseaux et de layettes s'y débattaient et s'y combinaient. Elle s'y trouvait plus chez elle. Réséda faisait souvent la moue, les deux autres jeunes filles, orphelines depuis peu, songeaient encore trop à ceux qu'elles venaient de perdre pour les oublier dans de longues conversations. Les bruits légers de l'aiguille jouant dans l'étoffe, des ciseaux pris ou posés sur le comptoir, étaient presque les seuls que l'on entendît.

En ce moment, Réséda travaillait avec une sorte d'application rageuse. Elle venait de bâtir la dentelle d'un bonnet d'une grande élégance, et se disposait à en nouer les derniers rubans. Un double sentiment de contentement et de colère l'animait; elle s'applaudissait de son talent de modiste et ressentait une colère furieuse d'avoir si bien réussi un bonnet qui devait rendre Jeanne encore plus jolie.

— Tenez, dit-elle, en campant le bonnet sur son poing, le voilà fini; il est vraiment charmant. Et, pourtant, je l'ai fait avec rage... Je croyais bien le manquer; mais, quand on a du talent, la jalousie n'y fait rien : on veut bousiller, et on fait un chef-d'œuvre.

Louison regarda sa sœur.

— Écoute donc, Réséda parle toute seule.

— A qui en veut-elle? demanda Mariette.

Mais Réséda, toute à ses pensées, ne parut nullement entendre et elle poursuivit, en attachant une fleur dans un coquillé de dentelles :

— Elle sera encore plus belle avec ça, ce soir, la citoyenne Jeanne, ma bourgeoise, et ma rivale... Bah! je trouverai toujours un aussi bon parti que Germain; après tout, je le vaux.

Cette fois, Réséda avait assez élevé la voix pour que les deux sœurs l'entendissent, et Louison répondit :

— Pas tout à fait, ma petite... Tu n'es qu'une ouvrière à la journée, tandis que lui travaille chez ses parents; si bien qu'on lira un jour sur son enseigne : Germain *fils*, successeur de son père.

— C'est égal, j'avais le droit de compter...

— Que veux-tu, Réséda, la coquetterie t'a peut-être mal conseillée... Tu croyais que l'amour exagéré de la parure, de la dissipation et de la danse était un moyen de plaire, et tu en as largement usé... Jeanne, elle, ne quitte sa boutique que pour voir ses fournisseurs, son costume est presque sévère, elle aura inspiré plus de confiance à Germain.

— Ce n'est pas cela! répondit Réséda, en jetant le bonnet achevé sur une tête de carton, ce n'est pas cela... Jeanne est propriétaire d'une boutique bien achalandée, et Germain est intéressé... Si demain Jeanne devenait ouvrière, et si je passais la maîtresse des *Trois-Grâces*, je sais bien qui me rendrait l'anneau de fiançailles.

— Bah! fit Mariette, je serais bien aise de connaître l'avis de Germain sur cette question.

— Le voilà, ajouta Louison, tu peux le lui demander.

— Je vous le défends! cela ne regarde personne.

— Pourquoi nous en parles-tu?

— Je ne vous parle pas, mais bien à cette tête de carton rose.

L'entrée de Germain interrompit Réséda.

L'ébéniste chercha des yeux la maîtresse de la maison, et parut fort contrarié de ne trouver que les ouvrières.

— Ah! fit-il, Mlle Jeanne est sortie?...

— Pas pour longtemps, M. Germain, répondit Louison.

— C'est que j'ai beaucoup à faire. Mlle Jeanne, qui donne un repas à ses amis pour fêter son jour de naissance, m'a chargé de certains détails, et je voudrais prendre ses dernières instructions...

— En lui apportant un bouquet magnifique?

— Surtout cher... Enfin, ce n'est pas fête tous les jours.

— Oh! monsieur Germain, fit Mariette.

— Certainement, vous ne comprenez pas cela, vous autres... Mais j'espère que Mlle Jeanne sera plus tard de mon avis.

— Peut-être ne serait-il pas prudent de lui apprendre aujourd'hui tout ce que vous pensez.

— La voilà! dit Louison.

Jeanne traversa rapidement le magasin et entra dans l'arrière-boutique. Elle semblait fatiguée. Cependant elle essaya de sourire en voyant Germain; elle lui tendit la main avec une cordialité amicale.

— Mademoiselle, dit-il, je vous apporte des fleurs, puis ce coffret... L'agréable et l'utile... Les fleurs serviront à votre parure, et dans ce coffret vous placerez vos économies, qui doivent chaque année atteindre un joli chiffre... Vous ne ressemblez pas à la plupart des jeunes filles qui dépensent tout en frivolités. Vous êtes une personne sérieuse, vous, et celui que vous accepterez pour mari...

— Vous savez bien que je ne veux pas me marier, monsieur Germain.

— On ne doit jamais dire ces choses-là.

— Cependant, si ce n'est pas ma dot que j'amasse dans cette cassette, je m'en servirai du moins, dès ce soir, pour y renfermer les cinq cents livres que doit m'envoyer la citoyenne Durocher, et qui forment le montant de sa dernière note.

— Ces cinq cents livres ne seront pas en assignats, au moins?

— Soyez tranquille, en or sonnant et trébuchant.

— A la bonne heure! C'est qu'au taux où est le papier, on n'a pas une paire de gants de vingt-cinq sols pour un billet de trois mille livres... Et maintenant, mademoiselle Jeanne, j'attends vos derniers ordres. Combien de couverts pour le repas?

— Douze... J'invite mes ouvrières, votre père, votre mère et Mme Despois, puis trois voisines... Surtout pas de luxe.

— Je crois bien! le luxe, quelle folie! Un grand nombre de convives, quelle absurdité; au fond, on a si peu d'amis... Je n'ai pas de temps à perdre, mademoiselle Jeanne... Mettez ces fleurs à votre corsage et les cinq cents livres dans ce coffret. Adieu, Mademoiselle.

— Adieu, monsieur Germain.

Jamais Jeanne ne s'était sentie plus triste que ce jour-là. Elle regrettait amèrement d'avoir eu la pensée de réunir ses voisines et ses amis pour sa fête. Elle avait envie de pleurer sans se rendre compte de ce surcroît de douleur dont elle se sentait écrasée.

Sous le prétexte d'aider à ses compagnes dans le rangement de la boutique, Jeanne envoya Réséda rejoindre Délie, Violette et Giroflée. Elle ne se sentait pas en ce moment le courage d'affronter le regard curieux de Réséda. Il lui semblait qu'il entrait en elle comme une flamme, tant il trahissait de curiosité brutale et de froide jalousie.

Les deux orphelines Mariette et Louison la gênaient moins.

Toutes deux avaient souffert, et leurs dernières larmes n'étaient pas encore essuyées.

A cette heure, Jeanne se demandait si elle ne s'était pas trompée, si elle n'aurait pas mieux fait d'accepter la main d'un honnête homme, et de remplacer sa solitude par le mouvement de la vie de famille. Elle envisageait l'avenir avec un effroi croissant.

Enfin elle s'assit près de la grande table, à laquelle Mariette et Louison faisaient face; puis, cachée par un monceau d'étoffes, elle croisa les bras sur la table et pleura silencieusement.

Les deux sœurs se regardèrent.

Si elles avaient obéi à leur secret instinct, elles se seraient vite rapprochées de Jeanne pour lui demander le secret de ses larmes... Mais leur maîtresse était trop au-dessus d'elles pour qu'elles osassent lui offrir la tendre pitié des jeunes âmes. Et cependant avec quelle reconnaissance Jeanne aurait accueilli une parole consolante, l'échange d'une larme, l'énergie que communique la pression d'une main loyale.

— Ah! pensait Jeanne, ce découragement passera; je me retrouverai moi-même... On peut ce qu'on veut,.. Le cœur souffre parfois de tressaillements terribles... Après cette tempête je retrouverai le calme... Je me sens mieux déjà... L'orage s'éloigne, je prie Dieu de me venir en aide, et Dieu m'aidera.

Jeanne releva la tête. Soudain, un cri s'échappa de ses lèvres, cri bien vite refoulé, car Réséda la considérait avec méfiance.

En face de la lingère des *Trois Grâces* se trouvait une femme dont le visage conservait les traces d'une grande beauté. Vêtue de noir, la tête à demi cachée sous une mante, elle paraissait attendre que Jeanne revînt au sentiment du présent, avant de lui dire ce qu'elle en attendait.

Mais Réséda ne la tint pas quitte de ses offres :

— Citoyenne, lui dit-elle avec insistance, nous avons des tissus admirables pour fichus et bonnets, des piqués d'une grande finesse pour déshabillés, des rubans d'une fraîcheur exceptionnelle... Voulez-vous acheter des mouchoirs de batiste ou choisir des dentelles?

— Je souhaite parler à Mlle Jeanne.

— C'est bien, citoyenne, fit Réséda, en appuyant sur ce titre, soit pour rappeler la nouvelle cliente au sentiment de l'égalité républicaine, soit pour lui montrer qu'elle trouvait dans ce mot « Mademoiselle » une preuve que cette acheteuse pourrait bien être suspecte.

Au cri de surprise que poussa Jeanne en relevant la tête, la nouvelle arrivée répondit en posant un doigt sur ses lèvres.

— Excusez-moi, fit la lingère en se levant... J'ai veillé tard, mes yeux s'étaient fermés... Donnez un siège, Réséda... Me voici toute à vous, citoyenne... Réséda, aidez vos compagnes à ranger l'étalage.

— Louison et Mariette doivent-elles aussi passer dans la boutique? demanda la jeune fille, d'une voix âpre.

Jeanne comprit la portée de cette question : Réséda, intriguée, tenait à s'assurer si sa maîtresse voulait rester seule avec sa cliente.

Mais Jeanne, à son tour, se tint sur la défensive.

— Non, répondit-elle; Mariette et Louison ont un travail à terminer.

— On m'éloigne, pensa Réséda, on redoute ma perspicacité, tandis que ces deux petites sottes ne semblent pas dangereuses... Obéissons d'abord, et tâchons après d'apprendre quelque chose.

Jeanne prit avec hâte un monceau d'étoffes, puis elle dit d'une voix haute :

— Voici des nouveautés que je crois dignes de votre choix, citoyenne.

La dame vêtue de noir eut l'air de palper les étoffes, et passant une de ses mains sous leurs plis, elle chercha rapidement la main de la jeune fille, qu'elle serra avec une vive effusion de tendresse.

— Vous, madame la comtesse, vous! dit Jeanne, d'une voix faible.

— Je voulais te voir, te parler, Jeanne... Mais j'ai besoin de me trouver seule avec toi. Éloigne ces jeunes filles.

Le regard de Jeanne refléta une profonde angoisse, cependant elle passa dans la boutique.

— Giroflée, dit-elle, en s'adressant à une de ses ouvrières, portez ce fichu chez Mme de Loizerolles; vous savez...

— La citoyenne Loizerolles, voulez-vous dire?...

— Parfaitement, fit Jeanne, avec sécheresse. Réséda, mettez dans un carton ce bonnet de maline; Mme Roucher l'attend rue des Noyers.

— J'y cours, répondit Réséda.

— Ajoutez-y cette petite carmagnole pour le gentil Émile Roucher, et ce nœud pour sa sœur Eulalie.

— Bien, citoyenne Jeanne.

— Vous, Violette, remettez ces mouchoirs chez Mlle de Coigny.

— Soyez tranquille, j'y vais tout de suite.

— Enfin, Délie portera les jabots du citoyen Chénier.

— Tiens, fit Réséda, ironique, la maison va rester vide?

— Louison et Mariette suffiront pour garder la boutique, allez; et si vous trouvez des fleurs sur votre route, fleurissez-vous à mes frais.

Les jeunes filles s'échappèrent comme une bande d'oiseaux.

C'est égal, pensa Réséda, rien ne m'ôtera de l'esprit que la dame en deuil est une ci-devant. J'en ai vu assez dans mon enfance, et je ne me tromperai jamais sur ce point. Ah! Jeanne conspire! Jeanne ne se contente pas de m'enlever les attentions de Germain, qui m'aurait convenu pour mari, il faut encore qu'elle agisse comme une ennemie de la nation... C'est bon, c'est bon, on verra...

Et quand Réséda ferma sur elle la porte de la boutique, il y avait une sourde menace dans la brusquerie de son geste.

Louison et Mariette s'installèrent dans le magasins de vente.

Alors Jeanne, se penchant vers la dame en deuil, lui dit, d'une voix tremblante d'émotion :

— Madame la comtesse, qu'êtes-vous venue faire à Paris?

— Sauver mon fils, Jeanne. Si nous étions restés une semaine de plus à Civray, il était perdu!

— Cependant, là-bas, tout le monde doit vous aimer; vous avez rendu service à chacun et répandu des aumônes chez tous les pauvres.

— Ce n'est pas une raison, Jeanne. Est-ce que dans ces temps de

Nous partîmes emmenant une carriole à bœufs. (Voir page 10.)

bouleversement général et d'affolement populaire, on fait des exceptions pour quelqu'un?.. Tu dis vrai, cependant; des fermiers, des tenanciers, des serviteurs fidèles nous ont protégés; l'esprit du pays n'était pas primitivement mauvais. Les vives attaches de la religion soudaient entre elles les familles. Les habitants de Civray espéraient qu'on oublierait leur coin de terre, et qu'ils pourraient en repos continuer à labourer les champs et à prier dans les églises... Mais quand on a vu de Paris qu'aucun vent ne soufflait en tempête du côté de Civray, que l'on gardait ses prêtres, et que l'ons restait dévoué aux seigneurs de la contrée, ceux qui gouvernent au nom de la Révolution se sont dit qu'il fallait changer la foi, les habitudes de ces gens qui retardaient sur la Révolution. Collot d'Herbois a commencé par arrêter nos prêtres; ses gens poursuivent la spoliation des riches et l'enrôlement des misérables dans des hordes aussi immondes que sanguinaires. Nous avons tenté de tenir tête à cet orage; mais la persécution a pris des proportions telles que persévérer était livrer sa vie. Il ne nous restait plus qu'à quitter le château... Il y a deux jours, un de nos fermiers nous prévint que l'on y devait faire une descente, et nous emmener prisonniers... Le vieux Julien courut toute la nuit afin de nous avertir à temps. Il fit plus : il nous ménagea un moyen de quitter Civray sans être remarqués. Henri revêtit un habit de paysan, je jetai sur moi une mante d'artisane, et nous partîmes emmenant une carriole à bœufs, qui contenait nos objets les plus précieux. Quelque temps après, nous arrivions à Paris...

— Vous sera-t-il possible d'y demeurer cachée, Madame?

— Je ne compte point y rester, Jeanne... Henri se trahirait vingt fois dans une journée. Sa franchise, son ardeur chevaleresque ne lui permettraient point de laisser s'accomplir sous ses yeux tant d'infamies et de crimes... Je ne puis sauver sa vie qu'en l'emmenant hors de France. Il consentira à cette expatriation pour ne point me savoir exposée...

— Monsieur le comte vous aime tant, Madame!

— Oui, c'est un grand, un noble cœur, rempli d'enthousiasme, de foi, de courage. Aussi pour le défendre contre ses entraînements, pour l'arracher aux périls qui le menacent, j'ai compté sur toi...

— Sur moi, madame la comtesse!... Que puis-je faire? parlez, ma vie, mon sang vous appartiennent... Je vous dois ce que je sais, ce que je suis, ce que je possède, et je serai heureuse, bien heureuse, le jour où il me sera possible de vous prouver ma reconnaissance...

La voix de Jeanne faiblit en prononçant ces derniers mots, et la comtesse de Civray saisit les deux mains de la jeune fille.

— Ne parle point de reconnaissance, lui dit-elle, tout ce que je fis pour toi n'a peut-être abouti qu'à te causer une amère douleur... Et qui sait, si le jour où tu quittas Civray?...

J'en suis sortie le front haut, madame la comtesse; le cœur rempli pour vous de tendresse et de respect... Ne m'en demandez pas davantage... Si j'ai mon secret, c'est assez que Dieu le connaisse... Vous avez dit que je pouvais vous servir, apprenez-moi, comment?...

— J'ai tout combiné et ce sera fort simple; quant à ce qui nous concerne, je ne suis nullement inquiète de moi et de Cécile...

— Ah! Mlle Cécile vous accompagne?

— Naturellement. En fait de serviteurs, Robert seul nous a suivis,

Tu connais le dévouement de Comtois, eh bien! Robert est le digne fils d'un tel père. Il a commencé par nous découvrir, avec beaucoup d'adresse, un logement tranquille où, peut-être, nous défierions longtemps les *Observateurs de l'esprit public*, si je ne craignais, à toute heure, que l'indignation d'Henri ne se manifestât par des paroles dangereuses. Je dois le sauver malgré lui, en lui persuadant qu'il travaille seulement à mon salut. Voici donc ce que j'ai résolu : Tandis que Robert s'occupera de nous procurer des passeports pour la Suisse, nous viendrons chaque jour, chez toi, Cécile et moi, augmenter le nombre de tes ouvrières. On s'habituera à nous voir dans le quartier. Le soir nous rentrerons dans notre logis, et nous y trouverons Robert, qui nous tiendra au courant de ses démarches.

— Jusqu'à ce moment, madame la comtesse, vous ne faites guère appel à ce dévouement dont vous voulez me demander des preuves.

— Je te l'ai dit, Henri seul m'inquiète. Je ne veux pas qu'il s'éloigne de l'asile que je lui choisirai dans une maison sûre.

— Madame la comtesse, dit Jeanne, quelle maison est sûre aujourd'hui? Quelle hospitalité demeure inviolable? Ce que ne ferait pas la trahison brutale, la terreur l'inspire. Songez-y, qui recueille un suspect devient suspect à son tour... Et tout suspect se change en victime... La mort fauche vite, allez! et toutes les têtes sont en jeu!

— La personne chez laquelle se réfugiera Henri est dévouée jusqu'à l'héroïsme.

— Et c'est?... demanda la jeune marchande.

— Toi, Jeanne!

— Moi! madame la comtesse, moi, vous voulez que?...

— Je veux que tu m'aides à sauver mon fils Henri, que longtemps tu appelas ton frère... Je te demande une preuve irrécusable de ce dévouement, dont tu m'as si souvent garanti la puissance... Après avoir brisé le rêve insouciant de ta jeune vie, je te supplie maintenant de ne plus voir en moi qu'une seconde mère, et de ne pas me laisser en vain pleurer à tes genoux.

— Mais Madame, c'est impossible! dit Jeanne avec égarement.

— N'as-tu point une pièce séparée du magasin et de l'arrière-boutique?

— Oui, une chambre à laquelle on monte par l'escalier de la cour.

— Où donne cette porte?

— Sur la cour dont je vous parle.

— Et cette autre?

— Dans un cabinet si petit qu'on y mourrait, faute d'air.

— Eh bien ! Jeanne, tu céderas la chambre a Henri.

— Votre volonté sera la mienne, madame la comtesse, répondit Jeanne, en baissant la tête.

— Merci, Jeanne. Tu vois que j'avais raison de compter sur toi.

— Vous auriez encore raison, madame la comtesse, si vous me demandiez de verser mon sang pour vous.

— Merci, merci ! me voilà tranquille... Robert va s'occuper des passeports; s'il échoue, tu mettras tes amis dans nos intérêts... Pendant ce temps, Cécile et moi, nous préparerons tout pour le voyage... Sois bénie, Jeanne... En récompense du sacrifice accompli par toi jadis, que Dieu te rende un jour heureuse !

— Je ne lui demande pas de bonheur... balbutia Jeanne.

— Ainsi tout est convenu ?

— Tout. Quand monsieur le comte usera-t-il de son asile ?

— Ce soir même.

— Ce soir ! vous n'y songez pas, Madame ?...

— Au contraire, Jeanne ! le moindre retard me fait frissonner de terreur. Quelle raison as-tu pour reculer l'heure où je serai tranquillisée sur le sort de mon fils ?

— Mais ce soir je donne une petite fête pour l'anniversaire de ma naissance.

— Tant mieux ! à la faveur du mouvement, l'arrivée d'Henri sera moins remarquée... Courage, mon enfant, courage ! Tandis que tu sauveras mon fils bien-aimé, Cécile et moi nous prierons Dieu pour toi du plus profond de notre âme...

— Voici la clef de la petite chambre, madame la comtesse... Dans la cour... l'escalier à droite, au dernier étage.

Au moment de quitter Jeanne, Mme de Civray fut prise d'un sentiment de reconnaissance et de tendresse qui lui fit ouvrir les bras; Jeanne s'y précipita.

— Adieu, ma vaillante, adieu, ma Jeanne !

Un sanglot fut l'unique réponse de la jeune fille; puis elle releva le front, comme si l'énergie lui était revenue sous l'impression de cette caresse, et elle répéta :

— Madame la comtesse... à demain !

— A demain !

Il s'appliquait ensuite à ses études de clavecin. (Voir page 21.)

## CHAPITRE II

## DANS LE PASSÉ

Jeanne avait grandi loin de Paris, dans ce domaine de Civray dont le souvenir la poursuivait comme celui d'un Éden dont elle aurait été chassée! Dans ses heures d'isolement et de lutte, elle tournait les regards de son âme vers cette demeure, et, les souvenirs amenant l'attendrissement, elle sentait une part de son fardeau s'alléger tandis qu'elle répandait des larmes.

Alors se réveillait le passé, ce passé si jeune et cependant si loin, et que, volontiers, elle aurait cru vieux d'un siècle.

Le château de Civray, bâti sous Louis XIII, avait une splendeur un peu lourde. Heureusement, la nature s'était chargée d'en égayer les aspects. Le parc, immense, plein d'ombre et de mystère, permettait de trouver, à toute heure, la solitude et la paix.

Dans son amour pour les beautés agrestes, telles qu'il plut à Dieu de les produire, la comtesse de Civray avait remplacé la régularité d'un jardin dû aux dessins de Le Nôtre, par une fantaisie plus jeune, plus franche, laissant à la sève des arbustes et à la fantaisie de leur feuillage le soin de créer des décorations imprévues, dans lesquelles les splendeurs des corolles et l'exubérance des branches faisaient des jardins de Civray un objet d'étonnement et d'admiration.

Jeanne avait grandi au château. Son père y était jardinier, sa mère tenait l'emploi de lingère. Tous deux moururent jeunes, laissant l'enfant toute petite. Aucun membre de sa famille ne la réclama, et la comtesse de Civray, la considérant comme un legs de deux fidèles serviteurs, la garda près d'elle.

Seulement, cette situation d'isolement, ce titre d'orpheline, changèrent à la fois la destinée de Jeanne et les projets de la comtesse.

Il parut à celle-ci qu'elle devait beaucoup à l'enfant. Si Jean et Marthe Raimbaut eussent vécu, ils auraient eux-mêmes choisi l'état de leur fille, préparé, fixé son avenir.

Dans la crainte de ne pas réaliser assez, la comtesse tenta trop :

Avant de consulter sa raison, elle laissa déborder son cœur.

Jeanne devint la compagne, la sœur d'Henri de Civray, plus âgé seulement de trois ans.

Celui-ci, dont la paresse faisait le désespoir de son précepteur, refusait souvent d'ouvrir ses livres et ses cahiers, si Jeanne n'assistait point à la leçon. On envoyait alors chercher la petite fille. Jeanne, le plus souvent, courait dans le parc, les cheveux au vent, chantant à pleine gorge comme un oiseau, luttant de vitesse avec les grands lévriers. Elle arrivait dans la salle d'étude, des herbes plein les boucles de sa chevelure blonde, les mains parfumées de menthe sauvage ou de thym, les joues fraîches comme le cœur saignant des grosses roses dont elle emplissait son tablier. Il semblait qu'elle apportait un parterre avec elle.

Dès qu'il la voyait, Henri redevenait docile.

Jeanne s'asseyait à la table, lisait dans son livre, apprenait la leçon, faisait le devoir, lui expliquant ce que le précepteur avait mille fois mieux dit, mais qu'il n'avait point écouté. Henri prêtait toute son attention à Jeanne, et quand l'heure des devoirs était passée, il jetait papiers et volumes sur la table, lui prenait la main, et criait :

— Courons dans le bois, maintenant !

Mme de Civray les suivait, heureuse, souriante, accompagnée par le prêtre chargé de l'éducation d'Henri. Elle questionnait le précepteur sur les dispositions, les défauts et les qualités de son élève.

— Ce sera un gentilhomme dans toute l'acception de ce mot, madame la comtesse ; il tiendra de son père, que Dieu vous a repris, une force de volonté indispensable aux hommes, et, de vous, les qualités de bonté, de générosité qui vous font chérir de ceux qui ont le bonheur de vous connaître. Le seul point obscur que j'aie, jusqu'à ce moment, découvert dans le caractère de votre fils, c'est une sorte de violence dans les sentiments dont vous devrez vous défier plus tard. En mère prudente, vous choisirez avec grand soin les amis de votre fils, car s'il se prenait d'affection pour un être peu digne, il n'est pas certain que la raison triomphât de cette indignité.

— Nous n'aurons rien à craindre d'ici longtemps, répondait la comtesse de Civray ; nous vivons seuls au château, et la sévérité de mon deuil ne me permet point d'y recevoir d'étrangers.

— Henri grandira, madame la comtesse.

— Et tandis qu'il deviendra un jeune homme, je deviendrai une vieille femme.

— Vous n'habiterez pas toujours Civray.

— Je n'en partirais jamais, si je le puis.

— Les obligations de votre naissance, de votre fortune...

— Ces prétendues obligations n'en sont pas réellement ; je les regarde comme des conventions auxquelles je ne crois point nécessaire de me soumettre. Mon fils peut être plus utile dans ses terres qu'à la cour. Le roi ne manque pas de gentilshommes. Excepté le jour où il aurait besoin, ce qu'à Dieu ne plaise, de s'entourer de sa fidèle noblesse, jamais je ne souhaiterai que mon fils s'éloigne de Civray. Son père y est mort, j'y garde sa tombe et je souhaite y mourir à mon tour.

L'abbé Chaumont approuvait grandement les résolutions de la jeune veuve. Aussi, du jour où il eut la certitude qu'Henri resterait son élève, son disciple, sentit-il grandir en lui la tendresse qu'il portait à l'enfant. Rien ne contrarierait la sagesse de ses leçons. Il trouverait son premier appui dans la mère, une aide précieuse dans Jeanne.

De l'avenir de Jeanne il n'était point question encore. Enfant, elle vivait en enfant, avide d'air libre, de liberté, de courses à travers les grands bois. Elle poussait comme une plante vigoureuse, promettant une rare beauté, et laissant deviner des qualités sérieuses. Mme de Civray la considérait un peu comme sa fille d'adoption, et quand l'abbé Chaumont essayait de faire préciser à la comtesse ce que deviendrait Jeanne, la veuve répondait en souriant :

— La trouvez vous donc à plaindre? Elle grandit à mes côtés, entourée d'affections sincères; son caractère, son esprit se fortifient; plus tard je l'établirai selon les événements qu'amènera la Providence.

Il ne se passa point d'événements à Civray pendant plusieurs années.

L'adolescence de Jeanne, celle d'Henri sonnèrent sans que l'un ou l'autre s'aperçût de la transition de l'âge.

Ils restaient complètement enfants. Ne rêvant pas, ne demandant à l'avenir rien de plus qu'au présent. Grâce à l'influence de Jeanne sur Henri, celui-ci poursuivit des études sinon brillantes, du moins sérieuses. Il joignait à la science acquise par le travail des talents que l'abbé Chaumont ne pouvait lui communiquer, et qu'il dut à l'amitié du chevalier de Blandy.

Celui-ci, après avoir fourni une glorieuse carrière militaire, était revenu dans ses terres, préférant le calme de ses bois ou le fracas de ses chasses à la vie de courtisan.

Grâce à lui, Henri de Civray devint un écuyer émérite, et un tireur si habile qu'il eût été dangereux de lui chercher querelle. Tous les exercices du corps, familiers à Henri, servaient à mettre en relief l'élégance de sa taille et la souplesse de ses membres. Nul plus que lui n'aimait les chasses dangereuses.

Quand on organisait une battue au sanglier, pendant tout le jour, l'esprit troublé, le cœur rempli de pressentiments terribles, Jeanne et la comtesse restaient absorbées dans leur angoisse. Au retour des chasseurs, elles cédaient à l'entraînement d'une joie égale, pleine d'expansion chez la mère, étouffée chez la jeune fille, à mesure qu'elle jugea mieux ce qui se passait en elle et autour d'elle.

Henri voyait peu de voisins; sa vie se concentrait entre quelques êtres chéris; tout ce que cette âme pouvait absorber et donner de tendresse se répandait sur sa mère, Jeanne, l'abbé Chaumont et le chevalier de Blandy.

A dix-huit ans, Henri n'avait jamais songé à quitter Civray. Quand on l'interrogeait à cet égard, il se contentait de répondre :

— Si le roi a besoin de mon épée, j'irai la lui offrir ; jusque-là, je me contenterai d'être heureux.

On ne ressentait guère à Civray le contre-coup des événements qui se succédaient à Paris. L'abbé Chaumont ne croyait pas possible que la philosophie pût l'emporter sur la religion, et, quand on parlait au chevalier de Blandy des progrès du Tiers dans les affaires, il haussait les épaules avec dédain.

Et comme Mme de Civray ne demandait pas mieux que de croire au maintien absolu de la religion et à la marche régulière des rouages du gouvernement, on s'endormait, au fond du château de Civray, dans une sécurité trompeuse.

Le voltairianisme continuait son œuvre de désagrégation sociale ; le Tiers marchait à pas de géants à la conquête d'une place envahissante ; le prestige de la royauté s'effaçait ; une sourde agitation soulevait le pays. Mais ce travail, encore souterrain, ne pouvait troubler les châtelains, dont la vie s'écoulait pleine de sécurité et de charme.

Une lettre reçue par la comtesse jeta un premier trouble dans ce calme absolu :

Une cousine, habitant une province éloignée, et qu'elle n'avait pas revue depuis l'époque de son mariage, lui écrivit, un jour, une longue missive, double testament d'une vie près de s'éteindre et d'un cœur à l'agonie.

Mme de Saint-Rieul, veuve, possédant une belle fortune, se sentait mourir, et allait laisser seule, privée d'appui et de tendresse, sa fille Cécile, dont elle peignait, avec une grâce infinie et une éloquence maternelle, les qualités et les charmes.

« Je vous lègue mon orpheline, disait-elle en terminant cette lettre ; ouvrez-lui votre cœur et votre foyer. Je ne puis vous demander de venir me fermer les yeux, mais accueillez, avec votre bonté angélique, l'enfant qui, toute en pleurs, ira frapper à votre porte... Quand vous recevrez ces lignes, j'aurai sans doute dit un éternel adieu au seul bien qui m'attache encore à la terre, et, du haut du ciel, je vous bénirai pour avoir exaucé mon dernier vœu. »

Quand Mme de Civray eut achevé la lecture de cette lettre, sur laquelle restaient visibles des traces de larmes, elle fit appeler l'abbé Chaumont.

— Que me conseillez-vous ? lui demanda-t-elle.
— Vous n'avez pas le droit d'hésiter, Madame.
— Ainsi, Cécile...
— Deviendra votre fille d'adoption. Qui sait, d'ailleurs...

L'abbé s'interrompit, puis il demanda :
— Quel âge a Mlle de Saint-Rieul?
— Quinze ans environ.
— Tout est pour le mieux, madame la comtesse. Si cette jeune fille possède, je ne dirai pas toutes les qualités, mais une partie de celles que lui reconnaît sa mère, vous trouverez en elle dans trois ou quatre années, une fiancée pour le comte Henri.

La comtesse de Civray resta un moment pensive.
— Vous avez peut-être raison, dit-elle.

Le jour même elle annonça à son fils et à Jeanne l'arrivée prochaine de la jeune orpheline. Elle s'attendait à une marque de joie de la part d'Henri. La présence de Cécile pouvait être une distraction charmante au milieu de la vie un peu monotone de Civray ; mais, contre son attente, Henri parut plutôt contrarié que réjoui par l'arrivée de sa cousine.

— Que veux-tu, mère, répondit-il, à l'observation que lui faisait Mme de Civray sur sa froideur à l'égard d'une parente, Mlle de Saint-Rieul est une cousine assez éloignée, pour que la voix du sang ne me crie pas bien fort de l'aimer. Si elle était pauvre, je me garderais de tenir le même langage, et je ne m'en reconnaîtrais pas le droit. Mais sa fortune est suffisante ; elle pouvait achever son éducation au couvent.

— Henri ! deviendrais-tu égoïste ?
— Je ne le crois pas. Mais enfin nous vivons en paix, recueillis dans un cercle intime qui ne m'a jamais paru trop étroit, et voilà que tu y introduis une étrangère... Si j'avais été seul à tes côtés, j'aurais compris, à la rigueur, que tu te trouvasses isolée durant mes courtes excursions et mes longues chasses... Mais tu as Jeanne, dont la compagnie est si douce, l'entretien si sage. Elle connaît tes goûts, elle aime tes pauvres ; que te faut-il de plus ?...

— Jeanne n'est pas de la famille ! dit la comtesse, avec une certaine hauteur.

— Pas de la famille ! Jeanne ? mais j'ai grandi avec elle, je lui dois le peu de science que j'ai acquise, car si l'abbé Chaumont ne m'avait donné un tel condisciple et un répétiteur si sage, j'avoue que je serais loin de savoir tout ce que j'ai appris. Depuis que j'existe, je la considère comme ma sœur... Une sœur dévouée, tendre, une sœur dont l'amitié tient tant de place dans ma vie, que je croirais offenser Jeanne en chérissant trop Cécile de Saint-Rieul.

La comtesse de Civray regarda longuement son fils.

La physionomie d'Henri s'était animée, le feu montait à ses joues ; son regard brillait d'un éclat humide. Il semblait attendre, avec une certaine anxiété, que sa mère répliquât aux paroles qui venaient de sortir de son cœur; mais la comtesse baissa la tête, reprit sa tapisserie et dit, d'une voix tranquille :

— Tu es le maître du château, Henri, tu es gentilhomme; je suis donc certaine que tu feras à ta cousine l'accueil auquel elle a droit.

Henri s'inclina respectueusement devant sa mère, et sortit.

Il courut dans le parc, gagna les bords d'un étang paisible, couvert de lentilles d'eau, d'un vert clair, de mâcres épineuses et noirâtres, de feuilles de nénuphars largement étalées, au-dessus desquelles s'élevaient les grands calices des nymphéas blancs. De vieux arbres étendaient, au-dessus de l'étang, l'échevèlement de leur ramure qui noyait, dans une ombre discrète, les fleurs des iris bleus ou jaunes, des quenouilles d'un violet clair et les bouquets carmin pâle des plantins de marais.

Tout était repos et mélancolie dans ce coin du parc. On était bien là pour rêver et pour pleurer.

D'instinct, Henri avait couru vers ce coin de verdure, dont l'ombre épaissie versait le calme à la tête enfiévrée, au cœur agité de battements trop violents.

Lorsqu'il était enfant, et que l'abbé Chaumont lui donnait une leçon trop dificile à apprendre, il s'y rendait en courant, se couchait dans les grandes herbes, fermait les yeux, oubliant son livre, ne voulant songer ni aux remontrances que lui adresserait son précepteur, ni à la peine qu'il ferait à sa mère. Il respirait le parfum des herbes froissées, il jouait avec les insectes cachés dans les fleurs, il écoutait les oiseaux. Le monde disparaissait pour lui avec ses devoirs, ses obligations. La nature le prenait et le berçait dans ses bras comme un enfant sauvage qui, loin d'elle, ne pouvait vivre. Henri restait là des heures entières. Dès qu'on s'apercevait de son absence au château, on envoyait les domestiques à sa recherche; mais Henri n'avait garde de répondre aux voix qui l'appelaient. Il se dissimulait dans les herbes les plus hautes, les plus épaisses, laissant passer près de lui ceux que Mme de Civray envoyait à sa poursuite.

Quand ils revenaient, las, déconcertés, impuissants, Mme de Civray appelait Jeanne :

— Le méchant enfant! disait-elle, vois s'il se soucie d'inquiéter sa mère.

— Ce n'est pas vous qu'il fuit, madame la comtesse.

— Qui donc?

— La leçon de l'abbé Chaumont.

— Sa paresse est donc sans remède?

— Pas absolument.
— Cherche-le à ton tour, Jeanne.
— Oui, madame la comtesse.
— Et quand tu l'auras trouvé, obtiens, s'il se peut, qu'il obéisse à son précepteur.
— J'essaierai.

Jeanne partait.

Elle s'en allait en courant dans les allées droites du parc, et la comtesse de Civray la suivait longtemps du regard.

Mais Jeanne savait bien qu'Henri ne se cachait pas dans les allées. Elle connaissait la retraite de l'enfant volontaire. Si elle promettait à la comtesse de Civray de le lui ramener, elle ne se croyait point tenue à dévoiler le secret de son compagnon.

Elle le rejoignait enfin, s'asseyait près de lui, et tout à coup son rire sonore partait comme une fusée. Il la regardait, charmé, attendri, un peu honteux.

— C'est ma mère qui t'envoie? Jeanne.
— Oui, Henri ; vous lui causez bien de la peine.
— C'est la faute de mon précepteur.
— Sa faute, à ce saint homme !
— Pourquoi me donne-t-il des leçons à apprendre ?
— Parce qu'il faut être savant, Henri !
— Je m'en passerais bien.
— Cela ne se peut pas.
— Mais je ne comprends rien à ce que je dois étudier.
— Vous ne l'avez pas même lu, Henri !
— Si, Jeanne, je t'assure.
— Alors, montrez-moi le livre.

Henri le prenait au milieu d'une touffe d'herbe, Jeanne lisait le passage que son camarade devait expliquer ou apprendre, puis elle ajoutait avec un sourire :

— C'est bien aisé, cependant !

Alors elle expliquait, traduisait, apprenait. Henri redevenait sérieux, et au bout d'une heure les deux enfants revenaient souriants, la main dans la main.

Henri sautait au cou de sa mère, qui lui demandait d'un air de reproche :

— Où donc étais-tu? méchant.
— Dans le parc, se hâtait de répondre Jeanne... Oh! il a bien étudié, madame la comtesse, et l'abbé Chaumont va le combler d'éloges.

— Est-ce vrai, Henri?

— Je sais mes leçons, répondait celui-ci. Il les récitait alors parfaitement et entraîné par le zèle que lui communiquait la jeune fille, il s'appliquait ensuite, sous les yeux de sa mère, à ses études de clavecin.

Comme l'avait prédit Jeanne, le précepteur vantait la mémoire et la facilité d'Henri. Mais il se rendait compte de l'influence que Jeanne gardait sur son élève, et il constatait, non sans une sorte de crainte, que la protégée de Mme de Civray prenait sur son fils une influence croissante.

— Tant mieux! disait la comtesse, quand l'abbé lui exprimait à ce sujet des craintes vagues. Vous et moi, mon cher précepteur, sommes gens bien sérieux pour ces enfants. Votre dignité de prêtre, ma qualité de mère imposent à ces étourdis. Jeanne est sérieuse en dépit de son âge. Henri lui obéit sans la craindre, et nous obtenons un excellent résultat.

— Qui ne vous inspire aucune crainte pour l'avenir, madame la comtesse?

— Aucune, monsieur l'abbé!

Jeanne et Henri grandirent sans changer de nature et de caractère. L'empire de la jeune fille, loin de s'affaiblir, parut grandir encore. Seulement elle s'abstint davantage d'en user.

Le chevalier de Blandy accapara d'ailleurs le jeune homme, comme Jeanne avait dominé l'enfant.

Ce qui éloignait l'orpheline du comte la rapprocha de sa mère.

Jeanne devint réellement par la tendresse la fille de Mme de Civray. Elle devinait ses moindres désirs, elle fondait sa vie dans la sienne. Toutes deux semblaient n'avoir pour but que le bonheur d'Henri qui, au retour de ses chasses ou de ses excursions, les retrouvait souriantes debout sur le perron, appuyées l'une sur l'autre, ayant également le regard humide et la voix émue.

Depuis qu'il se sentait vivre, il chérissait ces deux femmes qu'il considérait comme des anges gardiens visibles. Tout ce qui devait s'interposer entre elles et lui, lui paraissait un malheur ou un danger. Aussi l'annonce de l'arrivée de Cécile de Saint-Rieul le bouleversa plus qu'il ne semblait logique et raisonnable.

Ne voulant pas expliquer ce qui se passait en lui, tremblant de découvrir soudainement un abîme où il n'avait vu qu'une joie paisible, il voulait réfléchir, penser, se préparer surtout à jouer un rôle dans lequel, à l'avance, il sentait qu'il serait un méchant acteur.

Et c'était vers l'étang, vers ce nid où, tout enfant, il aimait à se réfugier, qu'il courait avec l'instinct de la bête blessée.

Quand il se trouva sous les grands saules au tronc creux, aux feuilles satinées d'argent, quand il se coucha au milieu des grandes herbes molles et grasses, dont la fraîcheur calmait la fièvre montant comme une flamme à ses joues, il ressentit une impression soudaine de fraîcheur et de repos. La terre dont il se rapprochait lui communiquait quelque chose de sa force. Son chagrin lui parut s'amoindrir, il lui sembla que là, du moins, il ferait trêve. Ce coin était pour lui un asile sacré !

Tout à coup une robe claire passa dans l'ombre des arbres :

— Jeanne ! Jeanne ! cria Henri.

— Que faites-vous ici, monsieur le comte ? demanda la jeune fille. Je croyais le lac oublié, les flambes et les nénuphars dédaignés. Vous chassez trop de gibiers redoutables pour aimer encore les rossignols...

— Jeanne ! Jeanne ! ne raillez pas, dit Henri de Civray, car je souffre.

— Parlez alors, dit-elle vivement, je vous écoute. Mais de quoi pouvez-vous souffrir ? Votre mère vous adore ; vous avez plus d'argent qu'il ne vous en faut pour vos menus plaisirs, et nous savons le secret de vos aumônes... Vos désirs ont-ils subi un changement soudain ? Rêvez-vous d'aller à Paris... Je crois le moment peu opportun... Je ne sais quelle influence néfaste y souffle, et le simoun des révolutions semble passer sur la France.

— Je ne veux pas quitter Civray, Jeanne, je m'y trouve heureux, complètement heureux...

— Que survient-il, alors ?

— Un étranger dans un Éden est toujours un serpent.

— Oh ! vous devez exagérer, monsieur Henri... Expliquez-vous... Le paradis, c'est Civray, n'est-ce pas ?

— Oui, Jeanne.

— Et le serpent ?

— S'appelle Cécile de Saint-Rieul.

— Votre cousine ?

— Oui, ma cousine.

— Qu'a donc son arrivée de si effrayant pour vous ?

— Tout et rien, Jeanne ; mais enfin elle n'avait pas besoin de venir. Peut-être Cécile, qui est une mondaine dont la soif de plaisirs ne pourra jamais s'apaiser...

— Vient-elle avec sa mère ?

— Non, sa mère se meurt.

— C'est une orpheline qui frappe à votre porte ?

— Une orpheline, oui, Jeanne.

— En ce cas, quelque puisse être son amour du luxe et des distractions, son grand deuil y fera forcément trêve... Oh ! monsieur Henri, ce n'est pas moi qui trouverai jamais que l'on fait trop pour les enfants à qui Dieu reprend leur famille, moi qui ai trouvé une seconde mère dans la comtesse de Civray et un frère dans le comte Henri...

— Mais c'est justement parce que vous nous êtes si chère, à ma mère et à moi, que je déplore, que je maudis l'arrivée de cette cousine dont la mère nous écrivait à peine chaque année. Qu'a-t-elle besoin de déranger le calme dont nous jouissons, de mêler son deuil à notre joie intime, de se mettre en tiers entre nous? Y songez-vous, Jeanne, jamais plus vous ne vous trouverez seule avec ma mère; nos causeries, nos études seront troublées par cette enfant. Elle se croira le droit, qui sait, le devoir peut-être de venir comme nous ramasser des fleurs pour les dessécher dans nos herbiers. Elle nous apportera une reconnaissance de commande, une amitié factice, elle fera votre malheur et le mien...

— Oh! monsieur Henri! s'écria Jeanne, monsieur Henri!

— Vous ne comprenez pas, Jeanne, que cette adoption cache pour l'avenir une trahison dont je sais d'avance les progrès. J'ai deux années de plus que vous, je devine des choses que votre esprit n'effleure même pas. Je vois passer au-dessus de moi des malheurs semblables à ces bandes d'oiseaux noirs qui signalent d'avance la tempête. Oh! croyez-moi, Jeanne, ma sœur chérie, Cécile apporte le deuil et la ruine dans cette maison.

— Je vous en supplie, ne laissez pas deviner à votre mère quelles sont vos pensées secrètes au sujet de cette pauvre enfant; que je les connaisse seule, que seule je puisse vous les reprocher, car je vous les reproche, monsieur Henri...

Le jeune homme saisit les mains de Jeanne avec violence.

— Ne dites pas cela, vous le regretteriez un jour... Oh! tenez, il sonnera une heure où je vous retrouverai à cette place pleurant comme un enfant... Et alors si je viens vous demander : « Qu'avez-vous, Jeanne, qu'avez-vous? » vous baisserez la tête sans répondre, étouffant des sanglots amers comme les miens.

— Monsieur Henri, répondit Jeanne, d'une voix dont le calme s'altérait à peine, il se peut qu'en effet je souffre beaucoup un jour: j'ai appris dans l'Évangile qu'il existera toujours des pauvres, et par ce mot je ne crois pas qu'il faille entendre seulement ceux qui tendent la main à l'aumône. Il restera toujours des pauvres de renommée et des pauvres de bonheur; si plus tard je suis au nombre de ceux dont le cœur est vide et l'existence brisée, je tendrai mes bras vers le ciel, et la consolation tombera dans mon âme comme une manne céleste.

— Comme vous êtes résignée et sage, Jeanne!

— La comtesse de Civray a fait de moi une chrétienne.

— Mon précepteur m'a donné les mêmes enseignements, et cependant.

— Cependant vous ne pensez pas comme moi.

— Si je réfléchissais, Jeanne, j'y parviendrais peut-être, et encore j'en doute; mais le premier sentiment me domine, me terrasse. Je suis un homme primesautier. Je garde en moi quelque chose des violences paternelles, que n'a pu calmer l'angélique patience de ma mère, que n'a point adouci votre grâce touchante.

— De ces colères, qui peuvent entraîner tant de chagrins et même de mollesse, il faut vous défier et en triompher, car elles froisseraient à la fois la tendresse et la dignité de votre mère.

— Vous avez raison, Jeanne.

— Me promettez-vous de vaincre votre antipathie inexcusable pour votre cousine?

— J'essaierai.

— Je veux plus, il faudra que vous l'aimiez.

— Oh! cela jamais, Jeanne, jamais!

— Ne l'affirmez pas si vite, le temps vient à bout de choses que l'on croyait irréalisables! Tenez, moi je me la figure charmante, avec des grands yeux de saphir d'un bleu humide, un front d'enfant; une bouche grave; elle viendra timidement à vous, et votre devoir sera de l'enhardir et de la consoler. Oh! nous serons trois pour cela : vous, la comtesse et moi! C'est bien entendu, n'est-ce pas?

— J'essaierai, oui, j'essaierai, Jeanne; si j'échoue dans cette tentative, soyez certaine qu'il n'y aura pas de ma faute.

— Je suis contente de vous, mon frère... Et maintenant que votre crainte est calmée, ne restez pas au bord de cet étang, autour duquel il semble qu'errent des songeries dangereuses, comme on voit les *Lavandières de Minuit* se dresser autour des doués brillants sous la clarté de la lune... Quittons l'ombre de ces vieux saules, venez en plein soleil, votre âme se dilatera mieux.

Le comte jeta un long regard, puis il suivit Jeanne. Au sommet de la grande allée du parc, il trouva la comtesse de Civray.

— Jeanne, dit la comtesse, c'est donc aujourd'hui comme au temps de la première enfance; pour retrouver ce rêveur, il faut donc t'envoyer le chercher?

— Jeanne est notre bon ange, ma mère, ne l'oublions jamais.

— A qui le dis-tu! s'écria la comtesse. Aussi, qu'elle se rassure; Cécile ne prendra jamais sa place!

Le comte Henri saisit la main de sa mère et y colla ses lèvres avec le sentiment d'une reconnaissante ferveur.

Vous voulez, dites-vous, me voir heureux ? (Voir page 36.)

## CHAPITRE III

## L'ORPHELINE

Huit jours après, une jeune fille en grand deuil, accompagnée d'une femme de charge d'un âge mûr, gravissait le perron du château de Civray. Tout, dans cette jeune fille, respirait la douceur, le charme, la grâce. En la voyant, on se sentait pris du désir de l'aimer. Elle était grande pour son âge, svelte; quelque chose de timide, presque de douloureux, l'inclinait parfois vers la terre, comme si elle y cherchait la trace de pas qu'elle ne devait plus jamais suivre. Son regard, d'une pureté profonde, gardait la transparence des lacs cachés dans les glaciers et qui reflètent le ciel de plus près.

La femme de charge qui la suivait paraissait âgée de soixante ans. Ramassée dans sa taille, sa grosse tête entrant presque dans des épaules mal coupées, lourde et commune, Mme Rose rachetait ces défauts physiques par un dévouement à toute épreuve, une de ces bontés persistantes que rien ne lasse et ne décourage. Elle avait vu naître Cécile, et, depuis la mort de Mme de Saint-Rieul, Cécile lui semblait doublement à elle. Mme Rose ne venait point sans appréhensions au château de Civray, où l'orpheline se laissait docilement conduire.

La femme de charge redoutait qu'on la séparât trop de son enfant. Mme de Civray ne pourrait avoir pour elle les bontés de Mme de Saint-Rieul. D'ailleurs, celle-ci était pauvre, et mille détails, mille souffrances éprouvées en commun rapprochaient la grande dame de Mme Rose L'humble femme faisait partie de la famille. Jamais la mère de Cécile n'aurait consenti à se priver de sa fidèle compagne ; chez Mme de Civray tout changerait de face. Les services de Mme Rose ne seraient indispensables à personne. De plus, il se pourrait bien que l'allure vulgaire de cette créature dévouée fît tache sur le personnel du château.

Mme Rose comptait donc sur des épreuves, elle s'attendait à subir une série de coups d'épingles, à apprivoiser ou bien à avaler bon nombre de couleuvres ; mais elle se roidissait, dans sa tendresse pour Cécile, afin de trouver la force de tout subir sans se plaindre.

Les deux femmes avaient quitté le coche à Orléans, et, sans prévenir la famille de Civray, résolurent de faire à pied la route assez courte qui les séparait du château.

Mme de Saint-Rieul n'ayant pas de voiture, Cécile, accoutumée aux longues courses dans la campagne, à la recherche des pauvres gens à qui elle distribuait des secours, était devenue une excellente marcheuse. Il lui semblait qu'en allant à pied d'Orléans à Civray, elle prendrait tout de suite connaissance du pays et qu'elle y arriverait moins en étrangère. Habituée aux paysages hâlés du Midi, à la nudité des plantations de mûriers dépouillés par les magnanarelles, au feuillage d'un blanc pâle des oliviers, à l'ocre rouge des terrains, elle eut d'abord un peu de peine à comprendre le charme des paysages du Centre de la France. Mais bientôt la fraîcheur des bois, la limpidité des eaux, le velours des prairies lui causèrent une sensation nouvelle. Elle pensa que ces champs d'un vert tranquille, ces ombrages épais l'envelopperaient d'une sensation pleine de repos et de consolation. Au lieu des déserts de la Crau et des solitudes de la Camargue, elle vit se déployer des verdures d'oasis et des bois pleins de mystères.

— On doit être bien là pour pleurer, dit-elle à Mme Rose.

Quand Cécile et dame Rose aperçurent le château de Civray, qu'elles reconnurent tout de suite à la description qui leur en avait été faite, elles s'arrêtèrent un moment, prises à la fois du frisson de l'inconnu.

Qu'était la comtesse de Civray? Comment accueillerait-elle l'orpheline que lui imposait, en quelque sorte, une parente mourante?

La grille était ouverte, elles entrèrent et montèrent avec lenteur le long de l'avenue de sapins.

Le château Louis XIII disparaissait alors derrière les massifs. Elles se trouvaient seules au milieu des arbres à feuillage sombre, ralentissant le pas à mesure qu'elles approchaient.

Au tournant de l'allée, le manoir leur apparut de nouveau. Il avait grand air, avec sa façade de briques et son perron monumental.

Les hésitations de Mlle de Saint-Rieul cessèrent. Autant elle avait prolongé le chemin entre les arbres sombres, autant elle hâta le pas se voyant près du but. Il lui sembla que chaque fenêtre était un œil ouvert qui la regardait, et ce regard pesait sur elle jusqu'à l'offenser.

Mme Rose, comprenant que Cécile agissait sous l'influence de la peur, tira la chaîne d'une grosse cloche dont le son retentit dans tout le château.

Au même instant accoururent un vieux jardinier occupé à greffer des rosiers, un valet qui avait servi le feu comte de Civray, et une jeune femme de chambre attachée à la personne de la comtesse.

Mais à peine la porte venait-elle de s'ouvrir devant Mlle de Saint-Rieul qu'une femme s'approcha, et dit à l'orpheline :

— Permettez-moi, Mademoiselle, de vous conduire tout de suite chez madame la comtesse ; elle vous attend avec impatience, et sera très-heureuse de vous voir. Soyez certaine qu'ici tout le monde vous aimera.

— Oh! merci, merci, Mademoiselle! dit l'orpheline en prenant une des mains de la jeune fille qui lui servait de guide. Comme vous êtes bonne de me rassurer, j'avais presque peur.

— Peur! Madame la comtesse est un ange!

— Mais vous, Mademoiselle, qui êtes-vous? reprit Cécile de Saint-Rieul, en s'adressant à la belle jeune fille.

— C'est Jeanne, ma sœur d'adoption, répondit un jeune homme que Cécile n'avait point entendu venir, et qui s'avançait dans le vestibule dallé de marbre.

Le comte Henri prononça ces mots si simples d'une voix presque impérative, comme si, en présentant à la nouvelle venue la protégée de sa mère, il lui imposait en même temps l'obligation de la considérer comme ayant dans la maison des droits supérieurs aux siens.

Cécile s'arrêta; elle serrait toujours la main de Jeanne, et levant sur le comte ses grands yeux bleus humides :

— Vous êtes mon cousin Henri ? demanda-t-elle.

— Oui, Mademoiselle, répondit le jeune homme.

Jeanne se dégagea doucement :

— Monsieur le comte, dit-elle d'une voix grave, seriez-vous assez bon pour conduire votre cousine chez Madame la comtesse... pendant ce temps, je surveillerai son installation, et celle de Mme Rose.

Le comte Henri jeta sur Jeanne un regard rempli de reproches que celle-ci ne parut pas comprendre, puis, froidement, il tendit son bras à Cécile, qui s'y appuya avec un frisson.

Le comte Henri l'effrayait un peu. Elle aurait vraiment préféré ne point quitter cette belle Jeanne, qui s'était trouvée sur le seuil pour lui sourire.

Heureusement l'accueil de la comtesse de Civray compensa amplement le mouvement de chagrin ressenti par l'orpheline.

Certes, la comtesse n'aurait jamais songé à appeler chez elle la fille de sa cousine. Cette parenté éloignée, que n'avaient point resserrée les liens de l'amitié, ne semblait jamais devoir lui imposer les obligations qu'elle allait remplir. Mais elle était de ces femmes qui acceptent rapidement tout ce qui semble le résultat d'une loi sociale. Cécile, sans appui, ne pouvait réclamer d'autre tutelle que la sienne. Elle se sentait toute prête à l'aimer d'avance, et quand elle la vit tremblante au bras d'Henri, elle lui ouvrit spontanément les bras.

Le comte, sous prétexte de ne pas gêner les épanchements de sa mère et de sa cousine, disparut et les laissa seules.

Alors la comtesse fit asseoir Cécile à ses pieds, elle lui enleva sa longue mante, admira ses cheveux blonds, plongea son regard questionneur au fond des grands yeux bleus qui se fixaient sur les siens ; puis, se penchant vers Cécile, elle l'embrassa longuement, comme pour en prendre possession d'une façon complète et maternelle.

Ensuite elle exigea que la jeune fille lui parlât de sa mère ; elle essuya doucement les larmes de l'orpheline, l'assura qu'elle ferait son possible pour remplacer celle qui n'était plus. Ensuite elle voulut connaître le pays où s'était passée son adolescence. Enfin elle la prit doucement par la taille avec une sollicitude tendre, lui fit parcourir le château et la conduisit enfin à sa chambre.

Jeanne s'y trouvait encore, mettant la dernière main à l'arrangement des plis des rideaux, emplissant les vases de fleurs, multipliant les surprises charmantes de l'hospitalité familière.

La comtesse de Civray en fut profondément touchée, et, comme si elle avait à réparer à l'égard de Jeanne une secrète offense, elle lui dit avec une tendresse chaleureuse :

— Merci, ma chère Jeanne, tu as compris qu'à nous deux nous devons beaucoup aimer cette enfant... On ne remplace jamais la mère, mais les orphelins s'attachent vite à ceux qui leur parlent souvent des êtres aimés qu'ils ont perdus.

Il ne fallut pas grand temps à Cécile pour s'installer. Elle ne rapportait de la demeure maternelle que quelques portraits, des cassettes ayant renfermé autrefois les bijoux de sa mère, bijoux vendus dans des heures de pauvreté. Il ne lui restait rien des écrins vides, sinon des croix d'émeraudes venant de son aïeule, et dont Mme de Saint-Rieul lui avait défendu de se séparer.

Une heure suffit pour ranger le trousseau de l'orpheline ; bientôt celle-ci se trouva chez elle, dans une chambre tendue de soie d'un bleu pâli, garnie de bergères et de fauteuils semblables, et dont les trumeaux, placés au-dessus des glaces et des portes, laissaient déborder des avalanches de fleurs jusque sur leurs cadres d'or patinés par la main du temps.

Quand ces arrangements furent terminés, Cécile tomba dans un fauteuil. Elle se sentait brisée. L'âme et le corps subissaient une égale détente. Après avoir eu peur, elle se calmait ; après avoir subi les fatigues d'un long voyage, elle allait enfin se reposer.

Jeanne comprit que la voyageuse avait besoin de rester seule ; elle l'embrassa sur le front, la quitta et lui envoya Mme Rose.

La femme de charge était installée. Le vieux valet de chambre s'était chargé de tout aménager chez elle. La vieille femme ne pouvait assez s'étonner et remercier. Combien on était bon pour elle et sa fille adoptive ! Certes, elle ne se consolerait jamais d'avoir perdu sa maîtresse, Mme de Saint-Rieul, mais elle sentait qu'elle pouvait aimer les maîtres de Civray.

Elle trouva Cécile allongée dans un grand fauteuil. Des pleurs perlaient aux cils de l'orpheline, mais ils n'avaient rien d'amer.

Elle se louait de tout le monde. Elle comprenait qu'elle s'attacherait profondément à sa tante, à cette belle Jeanne qui lui semblait déjà dévouée comme une sœur.

— Seulement, dit-elle, hésitante mon cousin me semble, malgré sa jeunesse, bien imposant et bien grave... Je m'y habituerai sans doute... Il m'a paru qu'il m'étudiait avec une curiosité âpre, presque malveillante... Mes robes sont peut-être mal faites, il doit me trouver gauche! Ma tante est la distinction même, et Jeanne est si belle!

— Rassurez-vous, ma mignonne, dit Mme Rose, il faut vous attendre à faire lentement la conquête de certains habitants du château. Mais votre douceur, votre grâce en viendront vite à bout... Tenez, j'ai rencontré monsieur l'aumônier dans le vestibule, il a une expression de dignité et de calme qui vous prend tout de suite... Il a dirigé l'éducation de monsieur le comte, et il paraît que celui-ci a bien profité de ses leçon. Vous verrez, ma mignonne, que tout ira bien; pour moi qui n'attendais, qui ne demandais pas tant, je remercie Dieu de tout mon cœur de nous avoir ménagé une hospitalité semblable. On m'a bien traitée, Mademoiselle; ma chambre est au midi, le soleil y reste toute la journée, et les fleurs des parterres l'embaument comme un bouquet.

La gouvernante et la jeune fille restèrent ainsi jusqu'à l'heure où la cloche sonna le dîner. Mme Rose feignait d'arranger les tiroirs, afin de prolonger sa présence dans la chambre de Cécile.

Au second coup de cloche, Jeanne parut.

— Mademoiselle, dit-elle avec grâce, je viens vous chercher.

Les deux jeunes filles formaient un contraste parfait. Jeanne, grande, forte, franchement belle, respirait la santé et la joie intérieure; ses cheveux noirs, très épais, floconnaient sur son front d'un blanc pur. Rien ne semblait meilleur que son sourire. Sa voix possédait un timbre musical, sonnant comme des perles tombant dans un bassin d'or. Ses mains étaient un peu grandes, mais d'une forme irréprochable. Cécile, mince, délicate et blonde, pâlie par les larmes et les veilles, ressemblait à une belle fleur à demi brisée. On eut dit que Jeanne était faite pour la protéger. Cécile semblait prête à lui laisser ce rôle; elle prit le bras de Jeanne, dont la situation au château ne lui avait encore été définie que par ces mots du comte Henri: « Jeanne, ma sœur d'adoption. » Cécile n'était-elle pas elle-même accueillie, adoptée par la famille de Civray? Quel besoin avait-elle d'en savoir davantage? Jeanne l'aimait, elle aimerait Jeanne, voilà tout. Il est si facile d'ouvrir son cœur à la tendresse quand aucune déception ne l'a encore meurtri.

La comtesse de Civray se trouvait avec Henri dans la salle à manger. Le regard de la comtesse fut une double caresse pour les deux jeunes filles, tandis que celui du comte se fixa sur Cécile avec l'expression d'une curiosité mêlée de rancune.

Il continuait à protester contre l'envahissement de son foyer.

— Henri! lui dit tout bas sa mère.

Le comte tressaillit, et s'avançant vers Cécile, il lui offrit le bras pour la conduire à sa place.

Cette place se trouvait marquée à côté de la comtesse; Jeanne perdait la sienne; Cécile la remplaçait à table. N'était-ce point le commencement d'une série d'usurpations dont, progressivement, la jeune fille aurait à souffrir? Le comte Henri chercha si le visage de Jeanne trahissait un regret, une souffrance, une humiliation. Non, la physionomie sereine de Jeanne reflétait le calme heureux des meilleurs jours. Elle semblait même animée d'une sorte de joie, et ses yeux se reposaient avec sympathie sur le visage pâle de l'orpheline.

On parla peu pendant le dîner. L'abbé Chaumont, craignant que ce silence devînt embarrassant, entama une question d'histoire, à laquelle Henri ne sembla point s'intéresser, et que Jeanne, seule, écouta attentivement. Cécile ne s'occupait que de sa tante.

Le soir, Henri se mit au clavecin, tandis que sa mère et sa cousine se promenaient dans le parterre.

L'aumônier vint le rejoindre dans le salon.

— Mon cher enfant, lui demanda-t-il, êtes-vous content de vous?

Henri regarda fixement son précepteur.

— Que me reprochez-vous? répliqua-t-il.

— Peut-être le ton avec lequel vous répondez à ma question par une autre question.

— Je ne comprends pas... fit Henri.

— Ne perdez pas votre franchise avec moi, mon cher enfant. Mieux vaut avouer une faute que dissimuler avec un ami... Vous refusez de vous confesser, il faut donc que je vous confesse... Voilà la formule que j'employais quand vous étiez un petit enfant, et que vous vous approchiez du tribunal de la pénitence... Eh bien oui! je vous confesserai, car vous aurez beau prendre âge d'homme, vous resterez toujours pour moi un enfant tenant à mon cœur de prêtre par des liens sacrés. Je vous ai enfanté sinon à la vie, du moins à Dieu; je lui dois compte de votre âme; cette âme, au fond de laquelle je lisais jadis comme dans un livre et où je ne trouve plus ce que je cherche...

— Ne cherchez rien, monsieur l'abbé, croyez-moi, répondit Henri, avec une déférence mêlée de tristesse. L'homme n'a point à rougir, et pourrait conserver avec vous la franchise de l'enfant... Je ne me connais pas une seule faute sur la conscience...

— Non pas une faute, mais un secret...

Henri de Civray se leva.

— Je vous dois ceux qui se rattachent à mon âme, il en est d'autres dont je ne dois compte qu'à moi.

— Et à votre mère, ajouta le prêtre.

Henri baissa la tête, puis il reprit d'une voix très calme :

— J'étudiais le *Stabat* de Pergolèse ; le connaissez-vous ? mon cher abbé.

Le précepteur s'appuya sur le clavecin, et Henri se mit à jouer.

Il possédait un véritable talent. Ce soir-là, surtout, l'émotion intérieure qu'il ressentait était si forte qu'il lui communiqua une intensité d'expression qu'il ne posséda jamais comme à cette heure. Il était loin de se douter que pendant ce temps sa mère, sa cousine et Jeanne se rapprochaient lentement des fenêtres du salon, afin de le mieux entendre. L'abbé comprenait que dans cette mélodie sacrée, pleine de lamentations et de sanglots, s'épanchait une douleur à laquelle il lui était défendu de toucher. Mme de Civray était tentée d'applaudir au talent dont son fils faisait preuve, tandis que Jeanne et Cécile, appuyées l'une sur l'autre, laissaient couler sur leur visage des larmes qu'elles ne sentaient pas.

La soirée devenait fraîche ; les trois femmes rentrèrent au salon.

— Comme tu as bien joué, Henri ! dit la comtesse.

— Comme vous avez souffert ! murmura Jeanne.

— Oui, vous avez raison, répondit le comte, il est des heures où l'on comprend subitement ce que l'on ne soupçonnait pas jusqu'à ce jour. Jamais je n'avais trouvé dans l'œuvre de Pergolèse ce que j'y ai découvert. Que de ténèbres tombant sur l'âme, comme la nuit sinistre de la troisième heure ! Que de sanglots autour de la croix que Marie regardait sans pleurer... Le Calvaire n'est pas seulement la vie du chrétien, mais la vie de l'homme tout entière... Nous n'y restons jamais assez pour en entendre les enseignements douloureux.

Le regard de Cécile se fixa sur son cousin avec le sentiment d'une admiration profonde.

Mme de Civray dit tout bas à l'abbé Chaumont :

— Vous devez être fier de votre élève !

Et Jeanne répéta au fond de sa pensée :

— Comme il souffre ! mais pourquoi souffre-t-il ?

La vie au château reprit son train paisible. Cécile n'y dérangeait rien en apparence. Elle s'attachait à Mme de Civray avec une tendresse dont celle-ci se sentait touchée. De jour en jour, Cécile lui devenait plus chère, et, par suite de cette augmentation dans l'affection de

Mme de Civray, Cécile en vint, peu à peu, à accaparer les heures de sa tante. Sans doute, Jeanne recevait toujours le même accueil souriant ; sans doute, elle était restée l'adoptée de la comtesse, mais Cécile s'était lentement placée entre elles deux. Et qui aurait pu le reprocher à la comtesse ? Entre les deux orphelines, quelle différence ! L'une était l'enfant d'un vieux serviteur, l'autre tenait aux Civray par les liens de la famille. Jeanne ne semblait pas même s'apercevoir de ces changements, dont Henri suivait la progression avec une attention jalouse. Il était le seul que la grâce touchante de Cécile eût trouvé rebelle. Sa politesse, rigide à son égard, déconcertait cette fille timide. Jeanne n'avait pu lui adresser de reproche à ce sujet. La comtesse ne s'en inquiétait point ; elle comptait sur le temps pour adoucir ces angles. L'abbé Chaumont suivait avec anxiété ce qui se passait dans l'esprit d'Henri, mais il ne le questionnait point à ce sujet.

Un jour Cécile rentra les yeux rouges, les lèvres tremblantes.

Éprouvant un impérieux besoin de solitude, elle était partie pour une exploration au parc, certaine d'y trouver des coins sombres, encore inconnus, et des bosquets qu'elle aurait la joie de découvrir. Depuis une heure environ, elle se promenait dans le dédale des allées quand, à travers l'enchevêtrement des branches, elle vit scintiller des plaques d'azur mobiles. Le vent, poussant les herbes chevelues, les larges nénuphars, montrait de temps à autre l'eau profonde reflétant un coin du ciel. Curieuse, charmée, Mlle de Saint-Rieul s'avança avec l'allure d'une biche peureuse, et de touffe d'arbustes en touffe de fleurs, de saule en saule, elle gagna la berge fleurie de l'étang.

Un cri de surprise et d'admiration lui échappa ; jamais elle n'avait rien vu de si sauvage et de si fleuri. Après avoir regardé l'eau dormante sous son voile de feuilles, elle songea à former un bouquet de fleurs sauvages poussant en désordre dans ce coin de terre.

Courbée vers l'étang, elle cassait les tiges des iris, elle coupait des herbes lancéolées, cueillait de grands épis pourpres et formait une gerbe charmante des trésors de cette flore aquatique et sauvage.

Tout à coup, elle entendit, derrière elle, une exclamation de colère.

Henri était là, debout, frémissant, l'œil flamboyant, la lèvre irritée.

— Mon cousin ! mon cousin ! dit Cécile, d'une voix plaintive.

Elle laissa tomber les fleurs pressées dans ses bras, et resta debout, comme une coupable.

— Pardonnez-moi, mon cousin, j'ignorais...

Le comte ne répondit rien, releva la gerbe tombée à terre, et la lança dans l'étang.

— Demandez des fleurs de serre au jardinier, ma cousine, dit-il d'une voix âpre; celles-là seules sont dignes de vous... Ces pauvres belles fleurs de la nature, poussées au hasard de la rosée et du soleil, ne sont bonnes que pour un sauvage comme moi, et je les garde!

Cécile salua sans répondre, et quitta les vieux saules.

Quand elle fut seule, elle pleura.

— Qu'a-t-il donc? mais qu'a-t-il donc? se demanda-t-elle. Oh! je n'ai pas besoin d'autre preuve, il me hait! il me hait!

Deux années se passèrent pendant lesquelles rien ne vint apporter de changements dans l'existence des habitants de Civray.

Cécile était devenue une jeune fille accomplie dont l'influence sur la comtesse grandissait chaque jour. Jeanne, reculée au second plan, souffrait avec résignation, sans trahir ses regrets, même par un soupir. Le comte Henri se montrait de plus en plus épris de chasses et d'excursions, et le chevalier de Blandy devenait son inséparable.

On eût dit que le comte de Civray éprouvait le besoin de s'étourdir.

Chez lui, il demeurait souvent absorbé. La comtesse se plaignait de la gravité croissante de son caractère.

Cécile se reprochait d'en être cause. Un secret opprimait chacun des membres de cette famille, jadis heureuse et confiante. Mme de Civray avait avec l'aumônier de longs entretiens, et l'inquiétude se lisait parfois sur son visage.

Un jour, tandis que Cécile travaillait près d'elle, la comtesse l'appela d'un signe, et la fit asseoir à ses pieds, sur un tabouret.

— Tu m'aimes bien? lui demanda-t-elle.

— Plus que vous ne pouvez le comprendre.

— Autant que je le devine... Eh bien! il faut me payer mon affection au centuple, il faut te dévouer pour moi, pour nous...

— Je suis prête, répondit Cécile, que faut-il faire?

— Devenir la femme d'Henri...

La jeune fille plaça ses deux mains sur sa poitrine. Durant un moment, il lui fut impossible de répondre.

— La femme d'Henri! vous avez dit cela, vous sa mère, la mienne?

— C'est mon vœu le plus cher.

— Mais lui, mais Henri?...

— Tu feras le bonheur de sa vie.

— Le croyez-vous, ma tante? demanda Cécile, songeuse.

— Et qui ne t'aimerait pas?

— Mais Henri, le pauvre Henri, qui me préfère ses chevaux et sa meute, la musique et les livres.

— Parce qu'il ne connaît rien de mes projets.
— Avait-il besoin de les apprendre; pour me témoigner de l'amitié?
— Il t'aime, n'est-il pas ton cousin?
— Oui, mon cousin, chère tante.
— Enfin, Cécile, il me faut ta promesse, je te supplie de devenir ma fille.
— Je la suis déjà par la tendresse, ma tante; peut-être vaut-il mieux ne point songer à former d'autre lien entre nous.
— Ma santé s'affaiblit, Cécile; si je mourais, je veux que l'avenir d'Henri soit assuré. Écoute, peut-être dis-tu vrai, mon fils n'a point songé à faire de toi sa fiancée; mais il sait ce que vaut un conseil de sa mère, et jamais il ne transgressera un de mes ordres...
— Vous voulez l'obliger?...
— A vivre comme un gentilhomme de sa race et de son nom, à fonder, à son tour, une famille honorée. Tu consens... tes larmes et tes caresses me répondent... C'est bien! merci, ma fille... Demain je parlerai à Henri.

Les deux femmes passèrent la soirée ensemble, tandis que Jeanne rangeait l'herbier du comte, et qu'Henri jouait une sonate de Mozart.

Le lendemain, la comtesse de Civray fit appeler Henri.

— Madame la comtesse attend monsieur le comte dans le cabinet du feu comte, dit le valet de chambre au jeune homme.

— Dans le cabinet de mon père! vous en êtes sûr, Comtois?

— Très sûr, monsieur le comte!

Henri congédia Comtois du geste. Il resta un moment debout devant sa glace, étudiant scrupuleusement les lignes de son visage, et ce fut seulement quand il l'eut ramené à l'expression du calme absolu qu'il se dirigea vers le cabinet rouge.

La pièce avait gardé non pas seulement le souvenir, mais l'empreinte du mort.

Pas un meuble n'avait été dérangé depuis. Tout y conservait la physionomie d'autrefois. Et il fallait des circonstances graves pour qu'on l'y convoquât.

Une seule fois, Mme de Civray y avait mandé son fils depuis la mort de son mari : le jour de la majorité du jeune homme, quand elle lui remit les titres de la famille, et les contrats de ses propriétés. Il fallait que ce qu'elle avait à dire fût bien solennel pour que sa mère l'appelât dans cette pièce, à la fois austère et funèbre.

Elle l'attendait, assise sur un canapé. C'est sur ce même siège allongé qu'elle avait passé de longues journées, en compagnie du comte valétudinaire.

Henri s'avança pourtant avec une certaine aisance.

Une chaise se trouvait en face du canapé, il s'appuya d'une main au dossier et mit familièrement un genou sur le siège.

— Mon fils, dit la comtesse, j'ai voulu te parler ici, afin d'appuyer mes paroles de toute l'autorité que ton père aurait eue sur toi...

— Je vous écoute, ma mère.

— Tu es maintenant un homme... Je me vieillis.

— Oh! ma mère!

— Je me vieillis, et je ne veux pas mourir avant de te savoir heureux... Tu te marieras, Henri, pendant que je suis encore de ce monde, afin que je puisse bénir tes enfants.

— Vous voulez, dites-vous, me voir heureux?

— En peux-tu douter? Mon choix n'en sera-t-il point la preuve?... Tu me connais assez pour savoir que les questions d'argent sont peu de chose pour moi... J'aurais pu, sans doute, choisir pour toi un parti plus brillant, mais j'ai mis les questions du cœur avant celles des intérêts...

A mesure que la comtesse de Civray parlait, le front d'Henri se rassérénait. Ses derniers mots amenèrent un sourire sur ses lèvres.

— Vous avez bien fait, dit-il, je vous reconnais, et à mon tour je vous remercie et je vous bénis. Peut-être jamais n'aurais-je osé vous parler d'un projet auquel est attaché le bonheur de ma destinée ; mais, en y acquiesçant, vous prenez sur toute ma vie d'imprescriptibles droits à ma reconnaissance... Oui, c'est d'elle que j'espère les joies de la famille, le calme du foyer, tout ce que l'homme a le droit d'ambitionner et d'attendre... Il fallait la simplicité de votre caractère, la grandeur de votre âme pour concilier ces choses si difficiles, les obligations d'état et les aspirations du cœur.

— Je respire! dit la comtesse de Civray, je redoutais... Sais-je pourquoi, j'avais cette crainte que tu refuserais...

— D'accepter Jeanne pour femme? Elle que vous m'avez accoutumé à traiter avec la tendre familiarité d'une sœur.....

Mme de Civray se leva toute droite.

— Jeanne, répéta-t-elle, Jeanne! et elle tomba de toute sa hauteur sur le canapé.

Le cri qu'elle poussa avait été entendu ; deux jeunes filles entrèrent à la fois dans le cabinet du comte : Jeanne et Cécile.

Mme de Civray attira cette dernière sur sa poitrine, puis, d'un geste menaçant, elle fit signe à Jeanne de sortir.

Avant d'arriver à Paris, on dut relayer plusieurs fois. (Voir page 46.)

## CHAPITRE IV

## SACRIFICE

La douairière de Civray resta seule dans le cabinet rempli du souvenir de son mari. La nuit venue, la cloche sonna l'heure du repas sans que la comtesse prît place à la table de famille. Elle déclara qu'elle ne paraîtrait point, et, en même temps, Robert Comtois, fils de son fidèle valet de chambre, transmit à l'abbé Chaumont la prière que lui adressait la comtesse de vouloir bien la venir trouver dans la soirée.

Au moment où Jeanne, stupéfaite, s'était vu chasser du cabinet de Mme de Civray, une douleur aiguë lui mordit le cœur; il lui sembla que l'on pressait sa tête dans un étau. Quelque chose de semblable à un vertige s'empara d'elle. Elle ne comprenait pas, elle ne devinait rien; mais sa pensée creusait une sorte de gouffre noir dans lequel il lui semblait qu'elle roulait sans espoir de salut. Mme de Civray l'avait éloignée d'elle. Il était impossible de se méprendre sur l'autorité de son geste et l'expression de son visage. Et, cependant, qu'avait fait Jeanne? De quelle faute s'était-elle rendue coupable? Dans cette âme pure, pas une ombre; dans ce cœur ingénu, pas un battement qu'elle eût rougi d'avoir! Jeanne avait dans l'âme des limpidités d'eau bleue et de ciel d'été. Elle vivait entre la prière et le travail. Elle s'épanouissait à toutes les tendresses légitimes. Sa reconnaissance pour Mme de Civray était sans bornes, de même qu'elle chérissait profondément Cécile. Pour chacun des membres de cette famille, elle aurait, sans regret, sacrifié son bonheur, regardant le renoncement comme le premier des devoirs.

Aussi, ce qui la troublait, ce qui gonflait sa poitrine de sanglots, c'était de ne pas comprendre le motif de la scène qui venait de se passer.

A force de chercher une raison, elle trouva un prétexte.

Jamais, à aucune époque, Jeanne n'avait franchi le seuil de la retraite où s'isolait souvent le comte de Civray. Il se pouvait que, soudain, interrompue dans son entretien avec son fils, la comtesse eût consenti à y recevoir les soins de Cécile qui faisait partie de la famille, mais qu'en dépit de son attachement pour Jeanne, elle refusât de l'y admettre; cela devait être. Cela était. Jeanne avait trop lieu de le croire pour accepter une autre idée! Alors elle s'accusa d'imprudence. Elle aurait dû songer à cela. Mais l'élan de son cœur l'avait emportée, comme il l'emporterait toujours. Elle se calma lentement. Pendant la soirée, elle fit demander si la comtesse pouvait la recevoir, mais Comtois lui répondit que la douairière et l'abbé Chaumont avaient ensemble un grave entretien. Alors Jeanne rejoignit Cécile.

Mlle de Saint-Rieul travaillait au tambour dans un angle du salon. Elle accueillit Jeanne avec son beau et franc sourire, et lui ménagea une place auprès d'elle. Henri se mit au clavecin et joua pour s'éviter de parler. Cette fois, il improvisait avec une sorte de fougue désespérée. De soudains soubresauts emportaient sa pensée, rompant le premier motif de la mélodie pour lui faire jouer de sourdes plaintes. Cécile semblait complètement déroutée par cette étrange mélodie; sans la suivre, Jeanne en comprenait le sens par l'instinct. Lorsque le comte eut joué longtemps, il quitta le salon après s'être incliné, sans parler, devant Jeanne et devant Cécile, puis il remonta chez lui.

En passant devant le cabinet rouge, il entendit un bruit de voix. Sa mère et l'abbé Chaumont causaient.

— On prononce sur mon sort, murmura-t-il.

Il entra dans son appartement, ouvrit un livre, et se mit à lire.

A l'aube, les bougies du candélabre brûlaient encore, et le comte Henri, le front penché sur ses bras, se livrait à un sommeil tardif.

La conversation de Mme de Civray et de l'abbé fut longue.

Ni l'un ni l'autre ne discuta sur le fond. Il s'agissait seulement de connaître quels moyens employer pour ramener le calme dans la famille. Il n'en restait qu'un : la manière dont on vivait au château devait changer d'une façon absolue. Dans un autre temps, Mme de Civray aurait songé à s'installer à Paris, avec Henri et Cécile ; mais on parlait, depuis quelques mois, d'agitations sourdes, d'agissements mystérieux de la philosophie sur les masses, de la marche croissante d'idées subversives. Quelques-uns, voyant avec des yeux alarmés ce qui se passait, annonçaient un avenir gros de nuages. Rien n'eût été plus imprudent que de choisir cet instant pour une installation à Paris. Mieux valait attendre que ce souffle d'orage fût passé ! Un autre moyen restait, et ce fut celui-là que l'on résolut de mettre en œuvre.

Quand l'abbé Chaumont quitta la comtesse de Civray, celle-ci paraissait calme ; le précepteur d'Henri venait de lui répondre du succès.

Le lendemain, l'abbé Chaumont partit pour Paris, muni d'une somme assez importante ; il en revint une semaine plus tard, l'air paisible, satisfait d'avoir complètement réussi dans sa négociation.

Cependant le dernier mot n'était pas dit.

Depuis l'heure où Mme de Civray apprit l'involontaire préférence qu'Henri accordait à Jeanne sur Cécile, elle évita de reprendre avec son fils l'entretien qui s'était trouvé si soudainement interrompu.

Avec Jeanne, sauf un peu de froideur, elle se montrait bonne et douce. La jeune fille, se sentant remplacée dans le cœur de la comtesse, s'effaçait devant Cécile avec une humilité touchante.

Mme de Civray manda la jeune fille, dès qu'elle connut le résultat des démarches de l'abbé Chaumont.

Jeanne arriva vêtue de noir, comme si, par avance, elle prenait le deuil.

Calme et paisible, elle s'assit en face de Mme de Civray. Celle-ci, par un retour de cette tendresse, qui, pendant longtemps, avait réjoui sa vie, attira Jeanne près d'elle. Peut-être aussi craignait-elle l'interrogation des grands yeux de la jeune fille.

— Jeanne, lui dit-elle d'une voix lente, pesant bien sur les mots pour les graver dans l'esprit de celle à qui elle s'adressait, Jeanne, j'ai pensé qu'il était temps de songer à ton avenir.

— Mon avenir! répéta la jeune fille en secouant la tête, oh! il est bien arrangé d'avance. Je n'ai d'autre ambition, d'autre avenir, que de vivre près de vous, de vous soigner, de vous aimer. Vous dites parfois que votre santé s'affaiblit; bien que je refuse de le croire, je veux du moins être là, si, comme vous le dites, elle venait à s'altérer. Que m'importe le reste, à moi? Vous et Civray, voilà toute ma vie.

— Tu te trompes, Jeanne, répondit la comtesse, d'une voix qui se creusait davantage; je te remercie de ton dévouement, mais je ne saurais l'accepter.

— Que parlez-vous de dévouement, Madame! ne vous dois-je pas tout ce que j'ai, tout ce que je suis!

— Hélas! dit la comtesse, sans le vouloir, je t'ai, peut-être, ménagé des chagrins?

— Vous, Madame!

— Oui, moi! Les vieilles gens ont leurs entraînements comme les jeunes, et qui sait si tu ne m'accuseras pas, un jour, d'avoir fait, à la fois, pour toi trop et trop peu?

— Je ne vous comprends pas, Madame.

— Je t'ai vue naître, Jeanne, tu as grandi à Civray, et, à l'heure où la mort frappa ton père, je te regardai comme un nouvel enfant que le ciel me donnait. Tu m'aimais tendrement, chère petite, et tu me rendais avec usure ce que tu appelais mes bienfaits. Tant que tu es restée enfant, j'ai eu raison de te rendre la vie facile; de l'heure où la raison t'est venue j'ai agi avec imprévoyance. Je suis riche, mais je dois compte de cette fortune à Henri. Il ne m'est possible de disposer en ta faveur que d'une somme modeste, et je me suis rendue coupable, en ne te fournissant pas les moyens de gagner ta vie par ton travail...

Jeanne écoutait, toute glacée. Elle sentait que le commencement de cet entretien cachait quelque chose de foudroyant, de mortel. Elle prêtait à peine l'oreille à ce que lui disait la comtesse, dans la certitude où elle était que, tout à l'heure, elle apprendrait une nouvelle sinistre, inattendue...

La comtesse reprit :

— Le mal est fait, j'y puis remédier seulement. Je te l'ai dit souvent, je porte en moi le germe d'une maladie de cœur qui m'emportera à une heure que le ciel connaît et que j'attends, non sans crainte, du moins avec résignation... Il faut donc que ton avenir soit fixé avant que je m'en aille... Henri se mariera avec sa cousine Cécile ; un jeune ménage aime d'ordinaire la solitude...

Mme de Civray s'arrêta, et son regard s'appuya sur Jeanne.

Sauf une grande pâleur, rien n'altérait cette belle et sereine figure. La jeune fille ne répondit rien. Elle venait déjà d'apprendre quelque chose, c'est que le comte Henri épouserait sa cousine... C'était, sans doute, cette nouvelle que Mme de Civray confiait à son fils, à l'heure où elle s'entretenait avec celui-ci dans le cabinet rouge...

— Et après, pensa Jeanne, qu'est-ce qu'on va me dire ? après...

— Je veux que ta destinée soit la première arrangée, reprit la comtesse... Tu ne connais aucun état, mais tu es intelligente, instruite, trop instruite peut-être... Voici ce que je t'ai ménagé : Le digne abbé Chaumont a tout arrangé à Paris... Il vient d'acheter, en ton nom, un magasin de lingerie élégante dans la rue Saint-Honoré. Mme Despois, qui vient de le céder, consent à rester encore une année près de la nouvelle propriétaire, afin de l'initier aux secrets du métier et du commerce. Elle réalise, chaque année, un bénéfice de trois mille livres. Il y a peu de travail à faire, des jeunes filles à surveiller, une clientèle choisie à recevoir. Tu es douce, polie, avenante, je ne doute pas que tu fasses rapidement de brillantes affaires...

— De brillantes affaires ! répéta Jeanne comme un écho inconscient.

— Il ne te faudra pas beaucoup de temps pour terminer tes préparatifs de voyage : Mme Despois t'attend dans quinze jours.

— Quinze jours, fit Jeanne, écrasée.

— Eh bien ? reprit Mme de Civray, d'une voix qui interrogeait.

— Merci, madame la comtesse, dit Jeanne avec une douceur brisée ; merci, vous êtes bonne ! vous faites pour moi plus que je n'attendais... Autrement, du moins... Un coin à Civray m'eût semblé plus enviable que la luxueuse boutique dont vous me créez la maîtresse... Vous ne me deviez rien... Non, vous ne me devez rien, et cependant vous m'avez beaucoup donné...

— Ainsi, demanda la comtesse, émue, tu ne m'en veux pas, Jeanne ?...

— Moi ! grand Dieu ! je serais bien coupable, si je gardais d'autre souvenir de mon séjour ici que celui de vos bontés... Je partirai dans quinze jours, comme vous le voulez... Je vous dis cela d'une voix tranquille, et vous sentez que je ferai ce que je dis ; mais, en retour, rendez-moi la tendresse, sinon envolée, du moins affaiblie... comprenez-moi, j'obéis... que voulez-vous de plus ?

— Te bénir ! dit Mme de Civray en attirant Jeanne sur sa poitrine

Un moment après, la jeune fille quitta la comtesse pour se diriger vers ce coin du parc qu'elle connaissait si bien.

Oh! comme tout lui parut changé, en ce lieu de verdure qu'elle trouvait si frais ! Elle se crut dans un cimetière où une main brutale venait de faucher les floraisons. Elle s'assit sur la berge, puis, le front dans ses mains, elle pleura sans cris, sans mouvements violents, comme si ses larmes coulaient d'une source intarissable. Elle ne se plaignait point, ne reprochait rien à personne, ne se demandait point la raison déterminante de son malheur. Elle comprenait que Mme de Civray avait fait beaucoup pour elle, qu'en l'établissant, elle ajoutait à ses bontés, et qu'elle devait se montrer grandement reconnaissante.

Sa pensée n'allait pas plus loin, elle le lui interdisait. Elle fermait son esprit à certains souvenirs; elle défendait à son cœur d'involontaires espérances, vaguement conçues dans ce coin de l'âme où se passent parfois les phénomènes du rêve.

Et toujours elle pleurait, la tête dans ses mains.

— Jeanne? dit une voix sourde, à côté d'elle.

La jeune fille se leva subitement, frémissante, et, s'adossant à un saule, elle resta interdite sous ce regard qui se fixait sur elle.

— Jeanne, reprit la voix, à cette même place, il y a longtemps déjà, je vous prédisais que la paix et le bonheur de la maison s'en iraient le jour où Cécile franchirait notre seuil; vous n'avez pas voulu ajouter foi à cette parole.

— Et je refuse de vous croire encore, monsieur le comte; votre cousine est une jeune fille accomplie, digne de toute la tendresse de votre mère, de la vôtre...

— Savez-vous, Jeanne, à quel titre on me la veut imposer?

— Votre mère vous l'a choisie pour femme.

— Voilà tout ce que vous trouvez à me dire?

— Je crois la comtesse de Civray plus désireuse de votre bonheur que qui que ce soit au monde.

— Et si j'avais formé d'autres projets, Jeanne?

— Vous devriez les oublier, monsieur le comte.

— Les oublier ! avant de prononcer ce mot, qui devient un arrêt sur vos lèvres, apprenez donc ce que j'avais rêvé.

— Monsieur le comte, dit Jeanne, en s'avançant de deux pas jusqu'à se trouver en pleine lumière, vous avez rêvé de conserver sans tache le blason que vous ont transmis vos ancêtres; de porter haut, à la fois, le cœur et l'épée; de servir la France si elle avait besoin de vous et de ne jamais coûter de larmes à la meilleure des mères. Voilà ce que vous voulez, ce que vous devez, sous peine de déchéance morale... Et maintenant, si, durant un jour d'été, dans la fantaisie d'un songe, vous avez vu passer une autre fiancée que Cécile de Saint-Rieul, oubliez-la, monsieur le comte, ne vous en souvenez jamais, entendez-vous, jamais!..

— C'est votre volonté, Jeanne ?

— Mon plus cher désir, croyez-le ; et si la pensée de l'adieu le doit rendre plus solennel, rappelez-vous qu'à cette place, où tant de fois deux enfants de conditions diverses ont confondu leurs jeux et leurs vœux, votre sœur Jeanne vous supplie de travailler à votre bonheur en accomplissant le souhait maternel.

Elle parlait ainsi, d'une voix vibrante, debout, sa belle tête pâle environnée d'un rayon de soleil semblable à un nimbe.

Le comte Henri l'écoutait sans paraître croire que c'était bien elle qui prononçait ces mots de séparation et d'obéissance.

— Jeanne, reprit-il, pourquoi parlez-vous d'adieu ?

— Parce que je pars, monsieur le comte.

— Où allez-vous ?

— A Paris.

— Qu'y comptez-vous faire ?

— Je travaillerai.

— Vous travaillerez, vous !

— Oh ! rassurez-vous, monsieur le comte, le labeur ne sera pas rude ; madame de Civray, dans sa prévoyance affectueuse, a songé à tout. En arrivant dans la capitale, je descendrai rue Saint-Honoré où je suis attendue dans un magasin de lingerie, dont votre mère a eu la générosité de faire pour moi l'acquisition.

— Vous marchande ! vous...

— Mon père fut le serviteur du vôtre, monsieur le comte, ne l'oubliez pas.

— Était-ce donc la peine de soigner autant votre éducation, si vous deviez être enfermée dans une étroite boutique ?

— Cette instruction, je la bénis, car elle me révèle davantage mes devoirs. Lorsque ma boutique sera close, le soir, je rouvrirai les livres que vous m'avez appris à aimer ; je me retrouverai par le souvenir dans ce coin de bois, en face de cette eau bleue ; je me rappellerai dans quels trous d'arbres nous cachions jadis nos livres ; je prendrai, entre les feuillets, les herbes que nous séchions et qui mêlaient leurs parfums à l'aridité de la science. Un peu des senteurs des bois viendra jusqu'à moi, et je respirerai à pleins poumons. Puis, gagnant le château, je vous reverrai dans la grande salle, entre votre mère et Mlle Cécile ; il me semblera, parfois, que vous prononcerez mon nom; alors je tressaillerai de joie, en me disant que mon souvenir ne sera point banni d'une famille qui me fut si chère.

— Oh! Jeanne! Jeanne! comme vous parlez froidement de toutes ces choses navrantes, la séparation, l'absence... Il y a deux jours nous vivions en pleine joie, un vent mauvais a soufflé, le malheur est sur nous, et vous semblez sereine ; n'auriez-vous donc point le cœur aussi affectueux que je le croyais, et seriez-vous capable d'oublier?

— Je suis capable de sourire avec la mort dans le cœur, dit Jeanne, et de marcher sur des charbons ardents pour arriver à mon but, si ce but est un devoir.

— Ainsi vous ne réclamez rien?

— Rien.

— Vous n'avez rien à me dire?

— Je vous dirai adieu, le plus affectueux adieu qu'une sœur d'adoption puisse adresser à son frère.

Henri de Civray fit un geste violent. Puis il regarda Jeanne.

Elle tenait les regards fixés sur l'horizon et ne paraissait plus se souvenir qu'il fût là.

Une fois encore, il songea qu'il ne lui avait pas dit tout ce qu'il avait à lui apprendre; une suprême confidence allait tomber de ses lèvres. mais Jeanne se retourna, posa un doigt sur sa bouche et s'éloigna dans la direction du château.

Le lendemain, le comte alla prendre le chevalier de Blandy et courut à cheval avec lui toute la journée.

Quand il revint, sa mère seule l'attendait; Cécile et Jeanne étaient montées dans leurs chambres.

Le comte Henri s'approcha de sa mère qu'il salua avec respect, puis, prétextant la fatigue, il se retira.

Pendant une semaine, il continua la même vie.

L'abbé Chaumont comprenait ce qui se passait dans l'esprit de son élève, et respectait le mystérieux combat de l'entraînement et du devoir.

Cependant les jours marchaient. On préparait tout pour le départ de Jeanne, et la comtesse, sur le point de s'en séparer, se rappelait avec des larmes que jamais Jeanne ne lui avait causé un chagrin volontaire. Elle payait sa dette d'adoption par une tendresse profonde, des soins de toutes les heures. Si quelqu'un devait s'adresser un reproche, ce n'était certes pas l'orpheline.

Jeanne se sentait presque consolée en voyant la profondeur, la sincérité des regrets de la comtesse.

Elle eut souffert horriblement à l'idée qu'on ne s'apercevrait pas de son absence. La trouvant en larmes dans sa chambre, elle tomba à ses genoux.

Mme de Civray fouillait dans ses petits meubles, dans ses cassettes, y prenait de menus bijoux, des dentelles et les cachait dans les malles de Jeanne; jamais celle-ci ne songerait assez, disait-elle, à ceux qui restaient loin. Puis elle la pressait dans ses bras, la couvrait de caresses et lui demandait :

— Tu me pardonnes, Jeanne! dis que tu me pardonnes?

Et Jeanne essuyait, par une caresse, les larmes de Mme de Civray.

Pendant la dernière nuit que la jeune fille passa au château, le sommeil n'approcha pas de ses paupières. A la messe matinale que célébra l'abbé Chaumont, tout le monde pleurait. Enfin le cocher monta sur son siège, Jeanne se jeta de nouveau dans les bras de sa bienfaitrice, Cécile l'embrassa avec effusion, le comte Henri demeura immobile, glacé, incapable de faire un pas et de prononcer une parole.

— Au revoir, monsieur Henri, dit Jeanne.

— Adieu, répondit le comte, Dieu vous garde, Jeanne !

La jeune fille se pencha à la portière afin d'apercevoir le plus longtemps possible le toit du château de Civray; puis, quand sa façade rouge se fondit dans l'éloignement, quand les grands arbres de l'avenue se mêlèrent au fond sombre de la colline boisée, elle se rejeta dans le fond de la voiture et fondit en larmes.

Le vieux Comtois, qui accompagnait Jeanne, se montra plein de bonté pour la jeune fille.

Au fond de son cœur, le brave homme accusait Mme de Civray. Il ne comprenait point qu'après avoir élevé celle-ci en enfant de la maison, on la renvoyât un jour brusquement. Mais au premier mot de regret qu'il prononça sur le départ de Jeanne, en y ajoutant l'idée d'un blâme implicite pour sa bienfaitrice, Jeanne défendit Mme de Civray.

— Vous êtes un ange, mademoiselle Jeanne, dit le vieux serviteur.

— Non, répondit celle-ci, avec un pâle sourire, je suis seulement une honnête fille.

Le voyage fut long. Avant d'arriver à Paris, on dut relayer plusieurs fois. Chaque soir, à l'entrée de la nuit, la voiture s'arrêtait devant une de ces nombreuses auberges, échelonnées alors sur la grande route, et où la domesticité s'empressait aussitôt auprès des arrivants, tandis que, sur le seuil, l'hôtelier, suivi de son chien, examinait d'un œil exercé la condition de ses nouveaux clients.

Le lendemain, on repartait à l'aube, et ce ne fut qu'après quelques étapes que l'équipage put s'arrêter définitivement au numéro 50 de la rue Saint-Honoré. Le bruit des grelots des chevaux et du postillon causa un mouvement de curiosité dans la rue. La porte d'une boutique de lingère s'ouvrit toute grande; de gentils minois s'encadrèrent au milieu de l'étalage de fleurs et de rubans, et une vieille dame, à figure vénérable, s'avança sur le seuil.

Comtois ouvrit la portière et Jeanne descendit.

En un instant, les bagages de la jeune fille s'entassèrent dans la boutique, le postillon alla remiser sa voiture à l'auberge ; Comtois accepta de dîner chez la vieille lingère, et pour la dernière fois put parler de Civray. Vers neuf heures, l'ancien serviteur partit, et Jeanne, conduite à sa chambre, s'y trouva seule, toute seule.

L'excès de la fatigue lui ferma bientôt les yeux.

Quand elle les rouvrit, la vieille lingère aux cheveux blancs était devant elle, souriant avec le sourire effacé, pâli, des gens qui ont connu, sinon les défaites, du moins les combats de la vie.

Elle s'assit au chevet de Jeanne, lui parla lentement, longuement, mettant des sourdines à sa voix. Elle se faisait caressante et bonne, prise soudainement de pitié pour cette belle jeune fille dont les yeux gardaient la trace des pleurs versés pendant les heures d'insomnie.

Jeanne écoutait ; elle sentait une certaine douceur à l'entendre. La vieille dame l'entretenait de la valeur de la boutique, du nombre et de la qualité des clientes.

— Vous gagnerez beaucoup plus d'argent que moi, lui disait-elle ; la mode, si changeante, veut des femmes jeunes, pour s'occuper de parure. Tous ceux que j'aimais sont morts ; la somme que m'a payée M. l'abbé Chaumont suffit pour m'assurer une grande aisance. Si vous êtes ambitieuse, vous ferez fortune, avec ce magasin dont vous doublerez l'importance.

— Il me suffira d'y vivre, Madame.

— Vous auriez tort de vous contenter de si peu. Permettez-moi de vous faire observer, d'ailleurs, que montrer une grande aptitude pour le commerce sera témoigner votre reconnaissance à madame la comtesse de Civray.

Jeanne se leva, et descendit au magasin.

Les jeunes filles l'avaient à peine entrevue la veille. Depuis leur arrivée à la boutique, elles ne cessaient de causer de la nouvelle patronne. Serait-elle douce ou sévère ? Elle leur avait semblé jolie, mais le jour baissait au moment de son arrivée.

Quand Jeanne parut, les ouvrières sourirent des yeux et des lèvres, hors une seule, Arthémise qui, ayant de grandes prétentions à la beauté, s'irrita de la trouver si charmante. Jeanne s'informa de l'emploi de chacune, puis elle prit place à côté de madame Despois.

En attendant les clientes, celle-ci ouvrait devant Jeanne les livres de commerce ; lui expliquait les signes remplaçant les chiffres ; feuilletait le livre d'adresses, ajoutant un mot de renseignement à chaque nom de cliente. Celle-ci payait très bien ; cette autre laissait, pendant six mois, les notes en souffrance. Le chiffre du crédit pouvait monter à deux mille livres pour celle-là, tandis que dépasser cinq cents livres pour cette dernière serait une imprudence. Jeanne écoutait, suivait des yeux, sur les registres, les chiffres et les noms ; puis, tout à coup, les discours de la vieille lingère se confondaient dans son esprit, et elle se retrouvait au bord de l'étang, respirant, à l'ombre des saules moussus, le parfum vague des grands iris jaunes.

Elle voulut réagir sur cette rêverie involontaire, ouvrit les tiroirs, subit l'inventaire des marchandises, et le soir, plus brisée encore que la veille, elle s'endormit en posant son front lourd sur l'oreiller.

Le lendemain elle recommença le même labeur.

Pendant une absence de Mme Despois, elle reçut même deux clientes. Grâce à l'habitude de vivre près de la comtesse de Civray, Jeanne possédait un goût exquis.

Elle sut donner des conseils sur le choix d'une dentelle, le nœud d'un fichu. Son élégance naturelle, sa voix harmonieuse, la distinction de son langage, charmèrent ses clientes, et, suivant la prédiction de la vieille lingère, la foule doubla dans le magasin. Dès lors, on le rendit coquet et pimpant.

L'étalage réunit des tentations irrésistibles. On y plaça des poupées habillées suivant la mode du jour, et qui servaient de renseignements sur la mode, les journaux de ce genre n'existant pas encore.

Lentement, Jeanne s'intéressa à son travail, à son commerce. Elle sentait qu'elle avait besoin de s'occuper activement pour ne pas être dévorée par des souvenirs qu'elle s'efforçait de bannir de sa mémoire. Pendant plusieurs mois, hors son livre de messe, elle n'ouvrit aucun volume. La science lui paraissait désormais un fruit dangereux. Elle voulait guérir, et pour cela, elle ne négligeait aucun moyen.

Ses lettres à Mme de Civray étaient fréquentes, mais courtes. Elle ne la questionnait point sur ce qui se passait au château, et, de son côté, la comtesse se bornait à lui envoyer un souvenir amical de la part d'Henri et de la part de Cécile.

Il ne fut point question de leur mariage, et Jeanne en conclut que ce projet était remis.

Lorsque la jeune fille, trop absorbée d'abord par son installation pour écouter ce qui se disait et se passait autour d'elle, prêta attention aux sinistres prévisions de ses clientes, sa surprise égala son angoisse. On n'avait nulle idée à Civray de la disposition des esprits à Paris. La province s'endormait dans une sécurité trompeuse, et tandis que la révolution soufflait dans Paris ses miasmes pestilentiels, du fond de leurs châteaux, les gentilshommes sans ambition croyaient que la royauté conservait le prestige dont elle avait joui sous les prédécesseurs de Louis XVI.

Jeanne risqua quelques mots à ce sujet dans sa correspondance ; Mme de Civray refusa de la croire ; et Jeanne, trouvant au moins inutile de la contrister et de l'alarmer, supprima ce sujet pénible.

Mais bientôt le déchaînement de l'orage commença, on osa s'attaquer au roi et à sa famille. Le massacre du 10 août donna la mesure des atrocités qui devaient le suivre, et de l'heure où la famille royale fut prisonnière au Temple, la noblesse tout entière fut en danger et la France roula vers l'abîme.

Le premier mouvement d'Henri, en apprenant ces terrifiantes nouvelles, fut de quitter Civray pour venir à Paris. Sa mère l'en dissuada. Ne pouvant rien pour le roi, dans ce moment, mieux valait se tenir prêt à agir, si l'heure sonnait de lui prouver son dévouement, que de rejoindre les princes à Coblentz. Mme de Civray resta donc au château. Le respect des habitants du pays, l'affection de tous, la défendirent longtemps, ainsi que Cécile et son fils. Ce fut seulement après que les comités du gouvernement, sur le rapport de Barnave, firent décréter la loi dite *des Suspects*, qui enjoignait aux autorités d'arrêter les prêtres, les nobles, et tous ceux qui ne fourniraient pas des preuves de leur civisme, que la terreur commença à se répandre dans le pays habité par la comtesse de Civray.

Collot-d'Herbois, Isoré et Quinia furent chargés, dans l'Aisne et dans l'Oise, de procéder aux spoliations et aux exécutions. Du jour où Collot-d'Herbois s'établit à Senlis, Henri décida sa mère à partir pour la Suisse. Leur première étape serait Paris. Grâce à Robert, le fils de Comtois, et à Jeanne, il serait facile à la famille de Civray de se procurer des passeports. Dans tous les cas, il lui serait moins difficile de se cacher à Paris que de se dissimuler dans les environs de Senlis.

Et maintenant, dit-elle, soyez prudent. (Voir page 60.)

## CHAPITRE V

## ROBERT

Peu de jours après, où la décision de partir fut prise, Mme de Civray, Cécile et Henri, accompagnés de Robert, descendirent à Paris. Le fils de l'ancien valet de chambre Comtois loua un pavillon isolé où s'installa provisoirement la famille, et, le jour même, la comtesse de Civray se rendit chez Jeanne, afin de lui apprendre ce qu'elle attendait de son dévouement.

Le magasin de la jeune fille avait, lui aussi, subi des transformations. Son enseigne, *Les modes de la Cour*, devenue séditieuse, avait été remplacée par celle-ci d'un paganisme au goût du jour : *Aux Trois Grâces*. Chaque fillette chargée de chiffonner des nœuds, de bâtir des dentelles, adoptant le calendrier républicain, renia son nom pris dans le martyrologe, pour celui d'une fleur. Violette, Giroflée, Délie, Réséda remplacèrent Marie, Victoire, Adèle, Arthémise. Sous peine de devenir suspecte, la citoyenne Jeanne dut étaler des rubans tricolores, et, au milieu de sa vitrine, on voyait même un bonnet phrygien en satin blanc, destiné à une petite tête blonde.

Nous avons vu avec quelle joie mêlée d'angoisse, Jeanne accueillit Mme de Civray, quand celle-ci, au nom des jours lointains, la supplia de lui aider à sauver son fils. Jeanne venait de charger Louison et Mariette de divers achats dans le quartier; les autres jeunes filles, envoyées chez les clientes, n'étaient pas encore de retour. Une angoisse mortelle serrait le cœur de Jeanne. La nécessité où elle se trouvait de faire bon accueil à ses convives, tandis qu'elle gardait à peine la force de penser, ajoutait encore à sa tristesse.

La comtesse de Civray avait tort de se rassurer si vite sur le sort d'Henri.

Les voisins pourraient remarquer quelque changement dans les habitudes de la marchande, quand Henri aurait pris possession de sa petite chambre.

Si on l'épiait, non seulement elle était perdue, mais le fils de sa bienfaitrice avec elle.

Un moment, elle songea que le plus prudent serait de tout avouer à Germain. Il était intéressé, mais honnête. Quoiqu'il affichât des sentiments d'un patriote zélé par mesure de prudence, il regrettait la royauté et le temps où les grands seigneurs donnaient l'essor aux arts et au commerce. D'ailleurs, il n'oserait refuser de rendre à Jeanne ce service, puisque obtenir la main de la belle lingère était le but de son ambition.

— Ce soir, pensa la jeune fille, le comte de Civray ne court aucun danger; demain je consulterai Germain, et si Robert n'obtenait point assez vite les passeports nécessaires à la famille de ma bienfaitrice, Germain saura se les procurer.

Tandis que Jeanne songeait à ces choses, elle préparait le couvert dans l'arrière-boutique, dressait le dessert et mettait le bouquet de Germain dans un vase en guise de surtout.

Un coup léger, frappé à la porte donnant sur la cour, la fit tressaillir.

elle ouvrit avec une sorte de crainte, et respira librement en reconnaissant Robert.

— Monsieur le comte est en sûreté, dit le fils de Comtois, je tenais à vous rassurer moi-même, Mademoiselle. Personne ne nous a remarqués, et vous pouvez être complètement tranquille; Madame la comtesse et mademoiselle Cécile vont être bien heureuses d'apprendre que tout s'est admirablement bien passé! Elles aiment si tendrement M. Henri toutes les deux... Vrai, j'éprouve au cœur un grand plaisir de vous revoir, mademoiselle Jeanne... cela me rappelle le temps où vous habitiez Civray... Vous vous êtes montrée bonne et douce... un peu fière, peut-être... mais je l'attribuais à l'éducation qu'on vous avait donnée au château... Oh! je suis loin de vous garder rancune, allez... Plus d'un garçon, à ma place, se souviendrait du dédain avec lequel vous avez accueilli la demande en mariage que j'osai vous adresser... Moi, je ne vous en veux pas... Nos pères étaient égaux au manoir, votre instruction vous plaça plus tard bien au-dessus de moi... Ce que vous avez fait était tout naturel... C'est bon tout de même de se retrouver après une longue séparation.

— Certes, monsieur Robert, croyez que. moi aussi, je vous revois avec plaisir.

— Peut-être, mais pas au même degré... Tenez, par exemple, il est une chose qui me ferait oublier tous mes griefs contre vous, si j'étais capable d'en garder.

— Et c'est? demanda Jeanne, qui se sentait inquiète sans savoir pourquoi.

— C'est que vous n'avez pas dédaigné d'écrire à mon père, après votre arrivée à Paris. Quelle joie lui causaient vos billets! Il me les lisait d'une voix tremblante, s'interrompant pour rappeler vos qualités, ou pour essuyer une larme... Et quand il les savait presque par cœur, je les lui empruntais, je les lisais à mon tour, puis je me cachais pour les copier... Et tenez, il se passait alors un étrange phénomène, mademoiselle Jeanne, ma main ne reproduisait pas seulement les mots, elle imitait les caractères; si bien qu'au moment où je rendais votre missive à mon père, j'avais souvent peine à distinguer l'original de la copie.

— Voilà un singulier caprice, et vous avez acquis, de la sorte, un talent plus bizarre encore.

— Les soirées étaient longues à Civray après votre départ. D'ailleurs, à mesure qu'on parlait davantage de liberté et d'égalité, que la crainte, l'avarice et la cruauté sont entrées dans les esprits, tout a changé d'aspect. Chacun tremblait pour soi et pour les siens. Dieu sait quelles nuits d'angoisses j'ai passées où j'entendais répéter que ces damnés révolutionnaires couraient la campagne, rançonnant les paysans, pillant les châteaux et brûlant les églises... Des gueux finis... tour à tour voleurs, assassins et sacrilèges! Oh! la fièvre de l'or est passée dans le sang, allez! Ce que veulent les misérables qui poussent la noblesse à l'échafaud, et encombrent les prisons de prêtres et de moines, c'est bien moins la suppression de leurs titres que l'accaparement de leur fortune. On ne compte plus les mauvais larrons ni les Iscariotes. Pour de l'or, aujourd'hui, on dénoncerait son père comme suspect.

— Taisez-vous, monsieur Robert, taisez-vous! Si j'entendais un autre homme tenir un pareil langage, si je voyais en même temps luire ses prunelles comme luisent les vôtres, dans lesquelles on dirait que s'allume une flamme de convoitise, je tremblerais de me voir trahie et vendue avant la fin de cette soirée...

— Vous, Mademoiselle?

— Oh! rassurez-vous, Robert, vous êtes le fils de Comtois, le plus honnête des hommes. La comtesse de Civray vous a confié sa fortune et sa vie, car, durant le trajet de Civray ici c'est vous, m'a-t-elle dit, qui portiez l'or et les diamants qu'elle possède.

— Oh! dit avec vivacité Robert Comtois, j'ai tout rendu à la comtesse, et c'est elle...

— Qui en doute? fit Jeanne.

— C'est qu'un soupçon, un seul soupçon...

— Personne n'en a jamais conçu à votre endroit.

— Je m'oublie près de vous, mademoiselle Jeanne, et cependant il ne me reste pas un instant à perdre afin de me procurer des passeports pour la Suisse. Si je tentais d'en demander aux autorités révolutionnaires, je serais certain d'échouer, mais j'ai entendu dire qu'on pouvait à prix d'or s'en procurer, et que les incorruptibles de la république se laissaient admirablement gagner avec quelques milliers de louis.

— C'est un moyen bien dangereux, monsieur Robert, plus que dangereux, répliqua vivement Jeanne. Je n'ai jamais entendu parler à Paris que de la vente de faux passeports. Des misérables, après les avoir fabriqués, les cédaient à prix d'or à des nobles, à des prêtres, puis ils couraient à la barrière par laquelle ces malheureux devaient sortir, donnaient leur signalement et les faisaient arrêter sur l'heure... Mieux vaudrait, il me semble, attendre quelques jours que de risquer d'être la dupe de semblables scélérats.

— Cela serait horrible !

— Et de quoi pouvez-vous vous étonner après ce que vous avez déjà vu? Croyez-moi, prenez patience. Dieu nous a protégés en permettant que nul ne remarquât l'arrivée du comte; demain, sa mère et sa cousine se présenteront chez moi en qualité d'ouvrières, et nous aurons quelques jours, quelques semaines de repos peut-être. Ne tentez donc point le moyen toujours dangereux et souvent mortel d'acheter des passeports, je réussirai plus sûrement en m'adressant à des amis, que vous en payant les services véreux des agents des comités. Reposez-vous sur moi de ce soin.

— L'essentiel est que nous partions vite.

— Vous vous trompez, l'essentiel est d'avoir des éléments de sécurité pour le voyage.

— N'accompagnerez-vous pas madame la comtesse, mademoiselle Jeanne?

— Non, je reste à Paris; adieu, monsieur Robert, allez vite apprendre à la comtesse que son fils est chez moi, et qu'il n'a plus rien à craindre.

— Alors à demain, mademoiselle Jeanne.

— Oui, à demain.

Quand Robert se fut retiré, il parut à Jeanne qu'elle respirait mieux.

Jamais, tandis qu'elle habitait Civray, elle n'avait pu ressentir de sympathie pour Robert.

Enfant, elle le trouvait cruel. Le fils de Comtois martyrisait les oiseaux et les insectes. Toute créature vivante lui semblait destinée à devenir son souffre-douleur. Jeanne découvrit assez vite cette propension à la méchanceté pour laisser voir ouvertement à Robert la répulsion qu'il lui inspirait. Elle comprit qu'elle pouvait s'en faire un ennemi. Cela fut sans doute arrivé si Jeanne, quand elle eut seize ans, n'avait pris sur Robert un empire contre lequel il tenta de se rebeller. Comme la haine pour Jeanne lui causait une cruelle souffrance, il tenta de mériter ses bonnes grâces. Mais la jeune fille n'oubliait pas les impressions de l'enfance, et lorsque Comtois, inquiet de l'audace de Robert, transmit à Mme de Civray le souhait de son fils, d'être le mari de Jeanne, la réponse de celle-ci laissa deviner le mépris et la terreur que lui inspirait à la fois le jeune homme.

Ce coup violent faillit terrasser Robert; mais il avait en lui trop de force pour se laisser abattre.

Ne pouvant se venger ouvertement, il dissimula.

Sa colère se changea en une rancune venimeuse.

Il ne se demanda point quand elle éclaterait, il se promit d'en attendre l'heure.

Le départ de Jeanne contraria, bouleversa ses vagues projets de vengeance. Un moment, il songea à se rendre à Paris, mais son père vieillissait, les intérêts de sa fortune imposaient à Robert le séjour à Civray, et il y resta en dévorant sa rage.

Si Robert était cruel, il pouvait se montrer patient.

La science d'attendre restait une de ses forces.

Il devina dans l'exil de Jeanne un drame intime, dont la tristesse persistante d'Henri lui livra le secret.

La mort du vieux Comtois, loin de faciliter l'éloignement de Robert, parut davantage le river à Civray. La longue probité de son père lui valut toute la confiance des châtelains, et il devint l'intendant de la maison. Jamais son père n'avait cru devoir l'initier aux affaires de la famille. Il apprit subitement le chiffre des revenus, il calcula la totalité d'une magnifique fortune, et à mesure qu'il s'enfonça dans l'étude des titres et des baux, il sentit grandir en lui des convoitises ardentes.

Si Robert avait vécu cent ans plus tôt, il aurait étouffé ses basses envies; l'impossibilité de leur donner carrière l'aurait retenu; mais, au moment où il atteignait l'âge d'homme, le débordement de la philosophie relâchait les liens sociaux, les convoitises s'allumaient dans les âmes sombres. Les yeux devenaient ardents, les mains téméraires. On s'assemblait ténébreusement afin de s'entretenir de questions nouvelles. On parlait des droits de l'homme. On osait insinuer que les riches devaient céder leur place à ceux qui les enviaient. Et comme la justice la plus élémentaire condamnait ces sophismes, l'édifice social croulait sur ses bases. Des hommes audacieux formulaient, dans des livres, des doctrines bouleversant de fond en comble l'organisation du royaume. Des avocats défendaient de prétendus droits méconnus. Les ambitieux, les envieux parlaient haut, s'adressant aux petits, aux faibles, les berçant de l'idée d'une revendication illusoire, vantant la liberté sans avouer que la liberté dégénérait vite en licence, louant la fraternité, sans laisser voir encore les montants de la guillotine.

La révolution des esprits se fit avec une lenteur progressive; mais, quand elle éclata, ce fut à la façon de la foudre. Chacun prit ses aspirations pour des droits.

On supprima Dieu, le roi, la religion, les charges, la noblesse, les ordres, et, sous prétexte d'égalité, on vida les prisons des misérables qu'elles contenaient, et on y entassa les prêtres et les grands seigneurs.

Robert fut un des premiers à accepter les idées révolutionnaires. Il lui plaisait de s'entendre répéter qu'il était l'égal de ceux qu'hier il appelait ses maîtres. Si, dès le premier jour où il se trouvait en rapport d'opinions avec les clubistes de province, il ne quitta point le domaine de Civray, c'est qu'il vit dans le bouleversement général, prêt à se produire, le moyen de fonder sa fortune. A quoi servait la révolution si elle ne le faisait puissant et riche? Puissant, il le deviendrait, sinon à force de talent, du moins à force d'audace. Ceux qui régnaient à Paris par la terreur étaient inconnus la veille : un coup du hasard les portait au sommet du pouvoir. Mais l'autorité de la foule, la puissance impérative n'étaient rien pour lui, s'il ne possédait une fortune. Les appétits mal étouffés s'éveillaient avec des violences de bête fauve affamée, à qui l'on montre une chair saignante à travers les barreaux de sa cage.

Si avide que fût Robert, il reculait devant une spoliation brutale, une trahison en plein jour. Dans ce tigre, il y avait de la hyène qui se dérobe, lâche et peureuse. Il ne lui en coûtait rien de continuer son rôle de serviteur dévoué. S'il dénonçait la famille de Civray à Collot d'Herbois, sans doute celui-ci ferait d'abord main-basse sur la plupart des valeurs, et Robert n'y gagnerait que l'éphémère protection de l'ancien comédien. Mieux valait rester près de la famille, l'éloigner de Civray, et, sous l'affectation du dévouement, la perdre sans retour s'il était de son intérêt de le faire.

Ni Mme de Civray, ni Henri ne se défièrent du fils de Comtois.

On le chargea de trouver à Paris un appartement, de s'occuper du moyen de leur faire passer la frontière. On mit dans ses mains la vie et la fortune de ceux qu'il haïssait de toute la force des bienfaits qu'il en avait reçus.

Quand Henri quitta sa mère afin d'accepter chez Jeanne l'asile que lui accordait la courageuse fille, la comtesse s'efforça de persuader au jeune homme de garder sur lui les titres, l'or et les diamants de famille. Henri s'y refusa d'une façon absolue; Mme de Civray resta en possession de toute la fortune, et Henri conserva seulement quelques louis sur lui.

Cet arrangement satisfaisait sans doute Robert, car il ne souleva aucune objection.

Jeanne ne pouvait s'empêcher de trouver étrange l'expression du visage de Robert; elle ne s'expliquait pas davantage pourquoi, sans que la causerie prît en eux cette pente, il avait rappelé des souvenirs de Civray. A quoi bon surtout lui apprendre qu'il copiait jadis ses lettres? Tout en cherchant à se distraire de la pensée de Robert, elle y revenait sans cesse, avec un tremblement intérieur. Elle se défiait de lui, sa voix sonnait faux; il détournait les yeux en parlant, sa bouche était mince et railleuse.

Tandis que Jeanne achevait de dresser le couvert, la petite porte donnant sur la cour s'ouvrit avec précaution, et le comte Henri parut dans l'arrière-boutique.

En le reconnaissant, Jeanne se recula contre la muraille.

— Quelle imprudence! dit-elle, monsieur le comte, quelle imprudence!

— Ces vêtements ne me travestissent-ils pas assez? Cette maison est tranquille; nul ne m'a vu descendre... j'étouffais là-haut; Jeanne, ma sœur, j'ai voulu vous revoir, vous demander si vous vous souveniez encore de Civray, des bois sombres et de l'étang sous les vieux saules?

— J'ai peu le temps de rêver, monsieur le comte, répondit la jeune fille; les loisirs de Civray sont loin. La lingère doit, à toute heure, songer à sa clientèle... J'ai cependant souvent pensé à vous, à madame a comtesse, à mademoiselle Cécile, qui doit être plus charmante que jamais... Quand je quittai le château, votre mère songeait déjà à vos fiançailles.

— Cécile est trop jeune, répondit Henri; d'ailleurs, les événements politiques nous ont jetés dans une terreur soudaine, et ce n'est pas durant ces heures de bouleversement et de deuil que l'on doit songer à étendre le cercle de la famille. Laissez-moi vous remercier de m'avoir offert un asile, je suis un suspect, un proscrit dont la tête est mise à prix par Collot-d'Herbois; si j'étais arrêté chez vous, vous péririez sans doute avec moi.

— Je le sais, monsieur le comte, mais croyez-le, à cette heure surtout où nous voyons s'écrouler les choses les plus sacrées, le sacrifice semble facile. En voyant mourir bravement, on apprend le dédain de la mort. Ce qui est plus difficile que de se montrer courageux devant un ramassis de brigands et d'ignobles tricotteuses, c'est le sacrifice journalier, perpétuel, l'immolation de soi, de ses sentiments au devoir. Tenez, vous êtes gentilhomme, digne et brave. On vous commanderait d'attendre de pied ferme une horde de bandits, vous le feriez; mais on vous conseillerait de triompher d'une folie, de dompter une répugnance, de vous oublier pour le bonheur d'un autre, le feriez-vous, dites, monsieur Henri, le feriez-vous?

— Je ne sais pas, répondit le jeune homme.

— Et pourtant, c'est le devoir, c'est l'obligation divine et humaine. Tenez, vous connaissez comme moi les qualités, je devrais dire les perfections de madame votre mère, et pourtant vous vous défiez de ses conseils, puisque vous ne les suivez pas.

— Serait-ce à vous de me le reprocher, Jeanne?

— Et à qui donc, monsieur le comte? Mme de Civray est trop généreuse pour vous montrer à quel point vous l'affligez; Mlle Cécile dissimule un regret mal défini peut-être dans son âme. Rien qu'à vous voir, moi qui vous aime bien, croyez-vous que je ne devine pas combien vous opposez de sourde résistance aux prières, aux ordres muets de la comtesse de Civray?...

— Jeanne, je n'ai qu'un mot à vous dire : le roi est mort, Mme de Lamballe est morte, la France me semble perdue, est-ce la peine de défendre sa vie contre les Robespierre et les Fouquier-Tinville? Il est des heures où je suis tenté d'entrer au tribunal où l'on juge les prêtres, les magistrats et les gentilshommes, de crier : Vive le roi! et de me mêler à ces martyrs.

— Vous n'en avez pas le droit, s'écria Jeanne. Oh! vous cherchez en vain à masquer par l'horreur du présent l'amer découragement auquel vous êtes en proie. Vous cessez de demander la force à Dieu, monsieur le comte, et tout combat vous semble difficile aujourd'hui.

— Vous ne pouvez savoir, Jeanne, vous ne savez pas...

— Et surtout, je ne veux rien entendre. Si jamais vous avez eu confiance dans la sœur qui partageait à Civray vos travaux et vos jeux d'enfant, prouvez-le lui aujourd'hui. Partez au plus vite, conduisez votre mère en Suisse; comblez le plus cher de ses vœux en devenant le mari de Mlle Cécile, et ne revenez en France que quand cette même France aura relevé ses autels.

— Tenez, Jeanne, à votre tour vous devenez cruelle. Il ne faut pas exiger de l'homme plus qu'il ne peut accomplir. Pour avoir le droit de me donner de semblables conseils, savez-vous ce qui, depuis cinq ans, se remue dans ma tête et dans mon cœur? Je ne me suis pas laissé vaincre sans combat; j'ai succombé à la violence d'une lutte insoutenable, voilà tout. Cependant vous avez raison, je dois sauver ma mère, la mettre en sûreté! Je la conduirai en Suisse, puis ensuite, eh bien! ensuite, puisqu'on peut encore mourir au nom de la famille, de l'autel et du drapeau fleurdelysé, je reviendrai ici, Jeanne, il restera toujours pour moi une place sur l'échafaud.

Jeanne demeurait immobile, les mains jointes, ses yeux remplis de larmes, fixés sur le visage du comte. Ses lèvres tremblaient convulsivement. Enfin, avec une sorte de violence contrastant d'une façon absolue avec le calme qu'elle avait réussi à garder jusque-là, elle dit d'une voix pleine d'un tremblement sourd :

— Avez-vous donc la prétention d'être le seul à souffrir dans la vie, monsieur le comte? Croyez-vous que votre cœur ait épuisé le calice de l'angoisse humaine? Vous avez lutté, soit; vous avez caché en vous une plaie saignante, mais combien de compensations vous restaient. Les lieux mêmes que vous habitiez répandaient une sorte de douceur sur l'amertume dont votre âme était saturée. Et puis vous avez une mère qui vous adore, une jeune cousine qui vous aime. Autour de vous, tout concourait à vous rendre le courage... Et je connais des êtres plus infortunés que vous, n'ayant derrière eux que des tombes et devant eux que la solitude de l'abandon. Ah! ceux-là ont pleuré, ceux-là auraient eu comme vous, plus que vous, le droit de se plaindre. Si vous aviez pu deviner le déchirement de leur âme, vous n'oseriez à cette heure parler de votre désespoir!

— Jeanne! s'écria le comte.

— Laissez-moi finir... Vous quitterez Paris, n'est-ce pas?... Vous fuirez la tourmente, vous apaiserez l'orage qui gronde en vous. Et quand la France aura retrouvé le calme, la dignité, la grandeur, vous reviendrez voir votre sœur Jeanne, et vous lui amènerez votre femme, vos enfants, et les caresses qu'elle mettra sur le front de ces chers petits êtres seront la bénédiction de l'avenir, et la consolation des peines! Ferez-vous cela, monsieur Henri? ajouta la jeune fille d'une voix plus calme et plus basse.

— Je le ferai, répondit monsieur de Civray.

Le regard de Jeanne rayonna de joie.

— Je savais bien, dit-elle, que vous étiez toujours digne de la tendresse de votre mère et du grand nom de vos aïeux.

Rassurée sur un point qui lui tenait si profondément au cœur, Jeanne retrouva presque le calme. Elle revint sans peine alors avec Henri dans le château et dans le parc de Civray, dont le souvenir si doux lui rendait si présents les moindres détails; elle accepta l'espoir de voir se terminer l'ère sanglante, sous laquelle ce que la France comptait de plus grand, de plus noble, de plus saint mourait pour son roi et pour son Dieu.

— Rien d'excessif ne peut avoir de durée, dit Jeanne. D'ailleurs, Dieu ne peut laisser perdre à jamais une nation qu'il a adoptée. Vous reviendrez en France, vous reverrez Senlis et les rives de l'étang de Civray; ce seront vos enfants qui cueilleront un jour avec vous les iris jaunes et les glaïeuls.

En ce moment, on frappa aux carreaux d'une fenêtre de l'arrière-boutique donnant sur une ruelle habituellement déserte.

Jeanne tressaillit, car, à cette époque, le danger était partout. Se rapprochant vivement de la fenêtre, elle regarda dans la ruelle, et distingua, derrière les vitres, la face blême de Robert.

Celui-ci fit un signe mystérieux en posant discrètement un doigt sur ses lèvres; puis, par un geste, il pria Jeanne d'ouvrir la fenêtre afin qu'il lui fût possible de pénétrer dans la pièce où elle se trouvait avec Henri.

Jeanne se rapprocha du comte.

— J'ai peur, lui dit-elle.

— Mais c'est Robert, je le reconnais... Que pouvez-vous craindre, Jeanne? ne savez-vous point que son père...

— Qui vous affirme que Robert vaut le vieux Comtois?

Des coups plus vifs battirent le carreau, et le comte s'élança vers la fenêtre, qu'il ouvrit rapidement.

— Merci, monsieur le comte, fit le jeune homme en enjambant lestement la croisée. Un peu plus, et mademoiselle Jeanne me traitait en suspect.

— Pourquoi ne frappiez-vous pas à la porte du magasin?

— Les rues sont pleines de passants et de curieux.

— Mais la cour?..

— Il m'a semblé voir votre allée s'emplir de locataires. Jamais nous ne prendrons assez de précautions.

Un coup vif retentit à la porte donnant sur la rue Saint-Honoré, et la voix de Germain cria :

— Mademoiselle... Citoyenne Jeanne, ce sont vos convives.

— Déjà! s'écria la lingère.

Puis elle ajouta vivement :

— Regagnez votre petite chambre, monsieur le comte, descendez dans la ruelle, Robert.

Jeanne se dirigea vers le magasin de vente, tandis qu'elle répondait à Germain :

— Ne vous impatientez pas, Germain, Réséda a égaré la clef... cette étourdie n'en fait jamais d'autre.

Tandis que Jeanne feignait de la chercher pour gagner du temps, le comte et Robert se disposaient à ouvrir la porte donnant sur la cour Henri mettait la main sur le loquet, quand Robert l'arrêta vivement.

— Il y a du monde dans la cour, dit-il vivement, impossible de sortir par là...

Un tremblement agita ses membres, il se recula instinctivement et murmura :

— Serait-ce déjà la réponse à ma lettre?

— Que faire? demanda le comte de Civray.

Robert désigna la fenêtre donnant sur la ruelle.

Henri se pencha et regarda à travers les vitres.

Deux personnes causaient à trois pas de la fenêtre.

Pendant ce temps, Germain s'impatientait, et exécutait, sur la porte de la rue, un roulement formidable.

— Un peu de patience, répétait Jeanne, devenue pâle comme un linge, un peu de patience.

— Eh bien? demanda Germain.

— Voici la clef, dit Jeanne.

Mais comme un écho du bruit de la rue, des coups rapides se firent entendre à la porte de la cour, et des voix joyeuses crièrent au dehors :

— Nous voici toutes, citoyenne Jeanne! Réséda, Giroflée et Délie! Ouvrez vite pour recevoir nos fleurs et nos compliments.

— Mon Dieu! dit Henri, comment faire? impossible de fuir, maintenant.

— Vous vous trompez, monsieur le comte, il reste encore une cachette.

Alors, saisissant la main d'Henri, elle l'entraîna au fond de l'arrière-boutique où se trouvait dissimulée une petite pièce qui servait, au besoin, de chambre.

— Et maintenant, dit-elle, soyez prudent.

Fouillez à votre aise, citoyens, dit Jeanne. (Voir page 67.)

## CHAPITRE VI

## TRAHISON

A peine les deux hommes venaient-ils de disparaître que Jeanne ouvrit la porte à Germain qui donnait le bras à sa mère. Le vieil ébéniste suivait, tout guilleret dans ses anciens habits de noce; il embrassa cordialement Jeanne sur les deux joues, et lui offrit un joli bouquet, tandis que la vieille madame Germain glissait dans l'oreille de Jeanne :

— Nous aurions encore une bien plus belle fête, s'il s'agissait de fiançailles!

— Et mes ouvrières! dit Jeanne qui s'élança dans l'arrière-boutique, afin d'éviter de répondre à la femme de l'ouvrier.

Elles entrèrent comme un tourbillon. Délie, Giroflée, Violette, Arthémise, Mariette et Louison.

Chacune, pour égayer sa mise, avait ajouté un nœud, une fleur à sa parure. On lisait sur leurs visages une joie franche, une affection sincère. Chaleureusement, elles embrassèrent leur maîtresse comme une amie, presque comme une sœur, et l'amitié l'emporta de beaucoup en elles sur le respect.

Seule, Réséda conservait une réserve méfiante. Son regard inquisiteur fouillait les coins du magasin et ceux de la boutique. Elle tourna cependant une assez jolie phrase en offrant son bouquet à la maîtresse lingère; mais le cœur n'y mettait point sa note profonde, et Jeanne ne se sentit pas émue comme elle l'avait été par les francs baisers de Mariette et de Louison.

Les trois voisines invitées à prendre part à la fête ne se firent pas attendre; et, un quart d'heure après, deux marmitons de blanc vêtus, le visage encore rouge du reflet des fourneaux, apportèrent un dîner commandé par les soins de Germain.

On se mit à table gaiement. Les jeunes filles semblaient charmantes avec leurs frais costumes; les vieilles gens souriaient du bonheur des autres; chacun s'efforçait d'apporter à ce festin une part de contentement. Jeanne, seule, multipliait de pénibles efforts pour ne point trahir l'angoisse à laquelle elle restait en proie.

Elle ignorait si le comte avait réussi, en sortant par la fenêtre de la ruelle, à regagner la cour, puis à se réfugier dans sa chambre. Si par hasard le chemin lui avait été coupé et qu'il se fût jeté dans le cabinet étroit sur lequel Jeanne jetait souvent les yeux, il ne pouvait sans danger y demeurer longtemps.

— Citoyenne, dit Giroflée, savez-vous quelle proposition a été faite tantôt à Réséda?

— On l'a demandée en mariage, fit Germain, à cause de la douceur de son caractère.

— Je ne suis pas douce, c'est possible, répliqua Réséda, mais j'aime mieux être colère qu'avare comme certains jeunes gens de ma connaissance, qui retirent leur parole à des filles honnêtes, laborieuses, mais pauvres, dès qu'ils ont l'espérance d'en épouser une...

— Plus riche et plus jolie! répliqua Germain, mais je les approuve fort, ces avares-là.

— Voyons, Giroflée, qu'est-ce donc que l'on a proposé à Réséda?

— Tout simplement de devenir déesse.

— De la Liberté? demanda Germain.

— Non pas, de la Raison.

— Vous devez vous tromper, Giroflée ; la Raison et Réséda n'ont jamais rien eu à démêler ensemble.

Jeanne regarda froidement la jeune ouvrière.

— Dites-moi donc tout de suite que vous avez refusé, Réséda?

— Pourquoi l'aurais-je fait? reprit la jeune fille dont le visage rougit subitement. C'est un grand honneur que de représenter la Raison... Et puis le beau costume!.. Quelle marche triomphale... On est vêtu à la grecque, on prend place sur un autel... D'ailleurs, il faut bien faire quelque chose pour la Patrie.

— Même aux dépens de la pudeur et de la religion? demanda Jeanne. Rappelez-vous ceci, Réséda, du jour où vous vous serez prêtée à cette comédie misérable, infâme, sacrilège, je n'aurai plus de travail pour vous !

— Pardon, citoyenne, vous me punirez de mon civisme, alors?

— Non ; mais rien ne vous oblige, cependant, à manquer aux lois de la décence. Je ne sais pas encore de décret qui, sous peine de mort, force une jeune fille à jouer un rôle non pas seulement odieux, mais déshonorant.

— Je crois, citoyenne Jeanne, que si un observateur de l'esprit public était ici à cette table, vous parleriez autrement.

— Voyons, voyons, reprit Germain que le ton de l'entretien inquiétait, pourquoi amener la conversation sur la politique ; laissez cela aux tribuns.

— Toutes les commissions sont faites? demanda Jeanne.

— Mme de Loizerolles a son fichu, répondit Giroflée.

— Et votre course de la rue des Noyers, Réséda?

— Les citoyennes Roucher ont été charmées du bonnet de la baigneuse, et le petit Émile a sauté de joie en essayant sa carmagnole bleue.

— Et vous, Violette?

La jeune fille baissa la tête avec tristesse.

— Eh bien !

— J'ai rapporté le carton, Jeanne.

— Pourquoi?

— Mlle de Coigny n'était pas chez elle.
— Elle trouvera la commande en rentrant ce soir.
— C'est que... reprit Violette, elle ne rentrera pas.
— Mon Dieu, dit Jeanne, vous me faites mourir, achevez, Violette, achevez donc.
— Mlle de Coigny est en prison.
— Mlle de Coigny! Elle aussi! Savez-vous dans quelle prison on l'a enfermée?
— A Saint-Lazare, Mademoiselle.
— C'est une belle et pieuse enfant! dit Jeanne, puisse Dieu la sauver!
— Ah! ça, dit le père Germain, pour un jour de fête, il me semble que l'on parle beaucoup de choses tristes. D'abord Réséda a commencé; si cela continue nous finirons par pleurer tous ensemble, je demande que l'on change le tour de la conversation.
— Eh! que voulez-vous que nous disions, reprit Jeanne, sinon la vérité. Nous sommes entre nous, nul ne nous épie. C n'est ni vous ni votre fils qui avertirez le Comité que Jeanne la lingère regrette le Roi, qu'elle apprit à vénérer, et les autels où elle avait l'habitude de prier Dieu. Durant le jour, nous masquons bien assez notre visage. Je ne crois pas qu'il y ait de traîtres ici, et si le ciel permettait qu'il y en eût, que le mépris de tous nous venge par avance du mal qu'ils nous feraient!

Cependant, l'observation du père Germain était juste. Aussi, comme on était arrivé au dessert, Jeanne s'adressant à Violette lui dit avec douceur:

— Vous avez une voix charmante, mon enfant, chantez-nous un couplet.

— Je veux bien, répondit la jeune fille, qui commença cette mélodie ravissante, que Marie-Antoinette elle-même avait dite sur le petit théâtre de Trianon:

> Pauvre Jacques, quand j'étais près de toi,
> Je ne sentais pas ma misère...

Soudain un coup violent frappé à la porte de l'arrière-boutique, dans laquelle se trouvaient assemblés les convives, interrompit la chanteuse.

— Allons bon! fit Réséda, je suis sûre que les voisins vont se plaindre que l'on dise ici les chansons préférées de la reine...

— On se trompe sans doute, répondit Jeanne, dont le regard inquiet se fixa sur la porte du cabinet.

Mais les coups redoublèrent avec une nouvelle force. On ne frappait point avec la main, mais bien avec des crosses de fusil et des piques dont la plupart du temps étaient armés les suppôts des comités.

— Ouvrez! ouvrez! hurlèrent des voix rudes.

Jeanne debout, pâle comme une morte, s'appuyait sur la table et ne répondait pas.

— Mademoiselle Jeanne, dit Germain, ils vont enfoncer la porte, cela nécessitera des réparations.

— Au nom de la loi! ajouta une voix furieuse.

— Mon Dieu! mon Dieu! balbutia Jeanne.

A cette époque, nul n'avait le droit de se croire en sûreté. Un mot, un silence même, défavorablement interprétés, suffisaient pour vous rendre suspect. La plus petite haine soufflant une dénonciation provoquait un arrêt de mort.

Dans tout autre moment, Jeanne, quel que dût être le résultat d'une visite domiciliaire, eût été ouvrir calme, le front haut.

Elle n'affectait point de lutter contre le commissaire général, elle ne tenait point tout haut ce que l'on aurait pu appeler des discours séditieux, mais interrogée sur ses opinions et sur ses croyances, elle eût répondu aux agents du pouvoir avec la même liberté que tout à l'heure devant les amis groupés autour de la table.

Mais en ce moment quelle différence!

Ce n'était pas elle qu'il s'agissait de défendre et de sauver! Elle! la pauvre Jeanne, se comptait pour bien peu de chose, et tant de douleurs l'avaient brisée, qu'elle aurait béni Dieu de lui envoyer le martyre. Mais le fils de Mme de Civray était là... Une perquisition pouvait causer sa perte. Jeanne, affolée, se demandait quel parti prendre, et tandis que les coups de crosse ébranlaient la porte avec furie, elle restait immobile, le front couvert d'une sueur glacée.

Si l'on se trompait, cependant?... Cette espérance lui rendit un peu de présence d'esprit. Se levant vivement, elle écarta de la main le jeune ébéniste, qui attendait un mot pour ouvrir aux bruyants représentants de la loi, et, tirant elle-même le verrou, elle resta sur le seuil complètement calme en apparence.

— Que souhaitez-vous, citoyens? demanda-t-elle.

— Diantre! la jolie fille, répondit un homme en carmagnole, dont un bonnet phrygien cachait les cheveux gris, et dont une écharpe rouge ceignait les flancs, tu te fais prier longtemps pour ouvrir à ceux qui demandent à entrer chez toi?

— Excusez-moi, citoyen, répondit Jeanne avec un faible sourire...

Je traite aujourd'hui quelques bons voisins, de mes amis, c'est ma fête... Alors vous comprenez, le bruit des fourchettes, des verres, des conversations...

— Tiens! fit l'envoyé du Comité, je n'ai entendu que le commencement d'un couplet...

— En effet, Giroflée chantait.

— Et une chanson prohibée, encore... Une chanson subversive dont les partisans de Capet et de sa famille ont fait un signe de ralliement.

— Citoyen! pouvez-vous croire que chez moi...

— Au fait! la République ne te suspecte pas encore... Tu lui as d'ailleurs donné des gages de ton civisme... Mais si j'ai un conseil à te donner, veille sur cette Giroflée qui répète les refrains de l'Autrichienne.

— Vous pouvez être certain, citoyen commissaire, que jamais nous ne redirons *Pauvre Jacques*... Vous voilà rassuré, j'espère... Et maintenant, si vous voulez bien accepter un verre de vin et trinquer avec moi à ma santé...

— Merci, répondit avec emphase l'envoyé du Comité ; pendant l'exercice de mes fonctions, je croirais commettre un acte répréhensible et contraire à ma dignité.

— Votre mission ici n'est-elle pas terminée?

— Comment cela, terminée?

— Vous entendez chanter *Pauvre Jacques*... Cette chanson est interdite, paraît-il, aux amis sincères de la République.. Vous nous avertissez de ne pas continuer... Nous vous le promettons... Et rien ne vous empêche désormais de trinquer... à la République... ajouta Jeanne avec effort.

— Ah! vous croyez cela, ma belle enfant... ou plutôt... enfin, je comprends à demi... Non, je n'ai pas rempli le mandat qui m'amène...

— Quel mandat?

— Je viens opérer une perquisition.

— Chez moi?

— Chez toi, citoyenne, et tu sais quel en est le but.

— Moi! je sais...

— Tu ne veux pas avouer... soit ... cette perquisition a pour motif d'opérer l'arrestation d'un ci-devant...

— Mais, citoyen commissaire, dit Germain, vous êtes dans l'erreur... Jeanne est bonne patriote... Je réponds de son civisme à tel point que moi, qui suis bien noté aux Jacobins, j'offre de l'épouser quand elle voudra... Nous avons passé ici une partie de la journée... Quand on cache chez soi un ennemi de la nation, on ne donnne pas un dîner à ses voisines et à ses ouvrières.... On vous a trompé par une délation calomnieuse.

— Est-ce aussi votre avis, citoyenne Jeanne?

— Sans doute.

— Ma belle enfant, dit le délégué, en se penchant vers Jeanne, je comprends la situation : tu n'oses aller jusqu'au bout devant tes invités et tu veux sauver seulement les apparences. Tu as fait ton devoir, à nous maintenant de remplir le nôtre.

Et, ce disant, l'envoyé du comité fit signe à ses hommes de le suivre.

— Ce n'est certainement pas dans cette pièce que nous trouverons le ci-devant comte de Civray, dit-il en ricanant, il doit se cacher mieux que cela ; nous allons fouiller tous les recoins.

Jeanne devint pâle et inerte comme un marbre.

Tout à coup, une idée lui traversa l'esprit et, sous prétexte de faciliter leur tâche aux sinistres pourvoyeurs de la guillotine, elle tenta d'égarer leurs recherches pour permettre à Henri de fuir à la faveur d'une habile diversion.

— Citoyens, dit-elle, puisque vous doutez de ma parole, contrôlez-la par une enquête sévère. Je vais ouvrir toutes les portes, les moindres réduits, tout ce qui peut vous paraître suspect. Veuillez me suivre.

Le chef de la bande, une lanterne à la main, accompagné de ses hommes, suivit Jeanne.

La jeune fille les conduisit dans le bûcher où se trouvaient roulées, parmi des morceaux de bois et de la ferraille, deux grosses barriques.

— Fouillez à votre aise, citoyens, dit Jeanne, et si le cœur vous en dit, défoncez les futailles.

Les sans-culottes se mirent à bouleverser les divers objets de la pièce, à la grande satisfaction de la jeune fille, qui ne désirait qu'une chose : gagner du temps pour faciliter l'évasion du comte de Civray pendant la durée de cette scène.

On ne découvrit rien.

— Allons, citoyenne, inutile, je pense, de jouer plus longtemps cette comédie, fit avec impatience le commissaire, en sortant de la pièce et en se dirigeant vers l'arrière-boutique. Il te convient de mentir, libre à toi, parce que, comme je viens de te le laisser entendre, tu as donné des gages de ton civisme à la République... Mais j'ai entendu affirmer que tous les ci-devants sont braves, que tous savaient mourir, et qu'ils mettaient leur dernier orgueil à monter, sans pâlir, à l'échafaud...

Eh bien! si ce ci-devant comte de Civray est ici, je le somme, sous peine d'être déclaré lâche, de ne point se cacher misérablement et de sortir de sa retraite.

Le regard de Jeanne refléta une immense angoisse, puis un cri de terreur s'échappa de ses lèvres.

La porte de l'étroit cabinet qui lui faisait face venait de s'ouvrir, et Henri se tenait debout sur le seuil.

— Me voici, dit-il d'une voix calme. J'espère qu'en raison de la facilité avec laquelle je me rends, vous pardonnerez à cette jeune fille une générosité imprudente... Nous avons été élevés ensemble, et quand je suis venu me confier à elle, le courage lui a manqué pour me repousser.

— Oh! soyez tranquille, citoyen! la République sait ce qu'elle doit à Jeanne la belle lingère.

— Ce qu'elle me doit... répéta Jeanne.

En ce moment, seulement, elle aperçut Robert qui, abandonnant à son tour la cachette qu'il partageait avec le comte Henri, riva sur la jeune fille affolée, debout devant lui, son regard fixe de serpent fascinateur et venimeux.

— Vous me répondez du salut de Jeanne? répéta le comte.

— Ah! fit le commissaire, vous avez la tête dure à comprendre les choses; voici la troisième fois que je vous le dis... D'ailleurs, s'il faut vous l'avouer, la belle lingère, qui vous avait ouvert cette cachette, n'était pas sans inquiétude sur les suites de son premier mouvement, et c'est même à cette inquiétude et pour réparer sa faute, que la République doit votre capture.

— Ma capture!

— Que voulez-vous dire? demanda Jeanne. Depuis quelque temps je vous écoute sans vous bien comprendre. Vous parlez de mon civisme, des obligations que me doit la République... que savez-vous de ce civisme? qui vous dit que je ne suis pas restée attachée à mes bienfaiteurs, à mes maîtres?... Car je suis une fille du peuple adoptée par la générosité de la famille de Civray; je les vénère, je les aime tous. Ils m'ont appris à chérir la vérité, la noblesse, la foi, et pour chacune de ces causes, je suis prête à mourir...

— Jeanne! dit le commissaire.

— J'ai fourni mes preuves de civisme! Pourriez-vous répondre que jamais je ne suis sortie le soir pour monter dans quelque grenier d'une maison de faubourg, afin d'y entendre la messe, dite par un de nos prêtres dont la tête est vendue?..

— Assez, Jeanne, assez!

— J'ai le droit de répondre à une calomnie.

— Une calomnie! fit un des piquiers. Entendez-vous, citoyen commissaire, cette Jeanne ose affirmer que vous la calomniez en répondant de son dévouement à la Nation.

— C'est une partisante des ci-devants! dit un porteur de carmagnoles.

— Si elle reconnaît les Civray pour ses bienfaiteurs et ses amis, que ne l'emmenez-vous avec eux?

— Ah! çà, Brutus? trahirais-tu la Patrie! demanda le piquier au commissaire.

— Un mot suffira pour vous garantir les opinions de la propriétaire du magasin des *Trois-Grâces*.

— Dis-le! dis-le!

— Elle savait que nous viendrions arrêter le citoyen Civray.

— Çà, c'est différent! dit le piquier, elle le savait, et elle ne l'a pas prévenu, c'est d'une bonne patriote.

Jeanne bondit, comme si on l'eût touchée avec un fer rougi au feu.

— Misérable! fit-elle, je le savais, dites-vous? j'étais prévenue que vous viendriez ce soir enlever mon hôte? osez répéter une telle infamie...

— Ma mignonne, répondit le commissaire, je ne me contente pas de le répéter, je le prouve.

— Oui, oui, prouvez-le! répétèrent les membres de la famille Germain.

Jeanne jeta un regard rempli de pitié sur le jeune ébéniste. Celui-ci tremblait de tous ses membres, et semblait ne plus oser fixer ses yeux sur Jeanne. Les jeunes filles sentaient les larmes les gagner. Elles éprouvaient une grande pitié pour ce jeune et beau gentilhomme qui, sans doute, était condamné à mort; elles ne comprenaient rien au drame dans lequel Jeanne paraissait jouer un rôle encore mal défini.

Un seul homme, au milieu de cette scène, conservait un calme mêlé de dignité et de confiance. Le comte de Civray ne semblait nullement se préoccuper du danger qui le menaçait, et, à la façon dont son regard restait fixé sur Jeanne, on comprenait que son unique crainte, en dépit des affirmations de l'envoyé du Comité, était d'avoir entraîné Jeanne dans son malheur.

Le commissaire tira une lettre de sa poche.

— J'ai promis une preuve, dit-il, la voilà.

— Lisez ! lisez ! dirent les piquiers.

Le délégué prit la lettre :

— « *Le citoyen commissaire de la Nation de la Butte-aux-Moulins arrêtera le nommé Henri Civray, ci-devant comte, caché de ce moment chez la citoyenne Jeanne, lingère, rue Honoré, numéro...* »

— C'est horrible ! horrible ! dit Jeanne, qui cependant ne comprenait pas encore.

— Mais, demanda Réséda avec un méchant regard, comment ce billet prouve-t-il le civisme de la patronne des *Trois-Grâces*?

— Parce qu'elle l'a signé, ma jolie fille.

— Signé ! fit Jeanne, moi, j'ai signé cette dénonciation infâme !

— En toutes lettres, répondit le commissaire, et voilà ce qui vous sauve, car, depuis mon entrée chez vous, vous en avez dit cent fois plus qu'il n'en faut pour jouer votre tête.

— Mais cette lettre est une œuvre abominable, une trahison infâme... Celui qui l'a envoyée a vendu son frère comme Judas vendit son Dieu... Et je suis incapable d'une action si monstrueuse... Vous parlez du danger que je cours en faisant connaître mes opinions, eh bien ! écoutez-moi donc, citoyen commissaire, retenez et enregistrez mes paroles, envoyé d'un tribunal de sang dont tous les membres sont des monstres... Si vous emmenez avec vous le comte Henri, qu'il me soit au moins permis de le suivre ; dans la famille de Civray, je n'ai appris à redouter que le mal.

— Çà, ma petite, fit le commissaire, je commence à perdre patience. Il ne te convient pas sans doute que l'on apprenne de quelle façon tu comptes amasser ta dot, mais il me déplaît aussi d'être traité comme tu le fais depuis une heure... Je t'ai lu la dénonciation, regarde maintenant la signature.

Jeanne se pencha avidement :

— Ah ! fit-elle, ah !

— Tu es convaincue, maintenant. On nie une parole prononcée, on ne renie pas une signature.

— C'est horrible ! c'est épouvantable ! dit Jeanne ; je n'ai écrit à personne ; jamais, dans toute ma vie, je n'ai trahi ni une vérité ni une tendresse... Cette lettre n'est pas de moi, la signature est fausse, j'en jure par le ciel qui m'entend !

Jeanne, les mains jointes, fit un pas vers le comte de Civray.

— Monsieur Henri, lui demanda-t-elle, monsieur Henri, me croyez-vous...

— Assez! fit le commissaire, voilà déjà trop de temps perdu.

— Vous l'emmenez! s'écria Jeanne, vous le conduisez en prison... Mais il est perdu, alors! Jamais on ne quitte vos geôles que pour monter à l'échafaud... Et moi! moi! que voulez-vous que je dise à sa mère; que voulez-vous que je devienne?...

— J'oubliais... fit le commissaire... La République est intègre, comme elle est indivisible.

Il jeta une lourde bourse sur la table.

— Voilà tes cinq cents livres! fit-il.

— Cinq cents livres, à moi... que signifie...

— C'est le prix promis par Collot-d'Herbois à qui livrerait le ci-devant comte de Civray.

Henri devint d'une pâleur de marbre.

Jeanne tomba sur les genoux.

— Au nom de votre mère, dit-elle, ne doutez pas de moi!

Le comte se détourna sans répondre à Jeanne, puis il s'adressa au membre du Comité.

— Vous devez vous croire certain que je vous suivrai sans résistance... Je vous demande une seule faveur... Montrez-moi la dénonciation qui vous a été envoyée.

La voici, répondit le commissaire.

Henri de Civray la prit, la regarda un moment sans voir, comme si, à travers un brouillard de larmes, il ne distinguait pas les mots tracés sur cette page blanche; puis, réagissant visiblement sur lui-même, il parvint à déchiffrer les lignes. Il compara cette écriture avec une écriture bien connue, puis il la tendit au commissaire.

— Je vous suis, dit-il.

— Monsieur Henri! monsieur Henri! cria Jeanne.

— Trahi par vous! murmura le jeune homme, ah! c'est affreux!

Il se plaça lui-même au milieu des piquiers.

— En route, Messieurs, dit-il.

Le membre délégué du Comité se tourna vers Robert Comtois, témoin muet de cette scène.

— Vous vous êtes caché en même temps que le ci-devant, accompagnez-nous.

— Soit! dit Robert.

Puis, tout bas, il murmura:

— Je m'en tirerai.

Jeanne était restée à genoux sur le sol, vaincue, brisée par l'accusation du comte. Elle se sentait perdue à jamais, et ne regrettait qu'une chose, c'est qu'on ne l'emmenât pas à son tour pour la jeter le lendemain comme une proie à l'échafaud.

Germain s'approcha de Jeanne.

— Adieu, mam'zelle. J'aime bien l'argent, dit-il, mais pas gagné de cette façon-là! Vrai, c'est trop canaille.

— Donnez-moi votre bras, monsieur Germain, ajouta Réséda, cette scène m'a bouleversée...

Violette, Giroflée, Délie, Arthémise quittèrent l'arrière-boutique sans parler.

Les voisines s'esquivèrent.

Louison et Mariettes, seules, saisirent les mains de Jeanne et les portèrent à leurs lèvres.

Jeanne ne parut rien voir, rien entendre, et, comme si elle eût été privée de raison, elle répétait d'une façon machinale :

« — Trahi par vous, Jeanne! trahi par vous! »

Jeanne resta, pendant plus d'une demi-heure, en proie à une prostration, ressemblant à un anéantissement complet de son être. Elle était tombée sur les genoux, au moment où l'on entraînait le comte de Civray. La tête cachée dans ses mains, le cœur submergé par un flot d'amertume, le cerveau vide, elle ne gardait même pas la force de penser. Jusque-là, sa vie avait été calme au dehors, austère et souvent désolée au dedans ; mais il lui restait une double consolation : celle du devoir accompli, puis une autre intime, douce, qui l'apaisait quand lui venait la tentation de se plaindre de son sort. De loin, au château de Civray, une femme la bénissait. La comtesse se souvenait d'elle, son nom lui restait cher. En partant, la pauvre Jeanne n'avait laissé que des regrets.

Mais cette fois tout lui manquait : Henri de Civray la croyait coupable de trahison, et la comtesse ne pouvait manquer de la maudire.

Dans le chaos de ses pensées, elle ne détaillait, n'approfondissait rien ; tout son être s'abandonnait à une défaillance mortelle. Elle en sortit comme si un coup de foudre l'eût réveillée.

En un instant elle fut debout; sans songer à prendre une mante, sans s'inquiéter de son costume insuffisant pour la course nocturne qu'elle voulait entreprendre, Jeanne sortit par la porte de la cour, qui avait donné passage à l'envoyé du comité et à son escouade de piquiers.

Elle avait retenu un mot :

— La section de la *Butte-des-Moulins*.

Un observateur de l'esprit public dénonçait un gentilhomme. (Voir page 74.)

## CHAPITRE VII

## LA BUTTE DES MOULINS

Jeanne prit sa course à travers les rues. Une obscurité presque complète enveloppait le quartier; depuis longtemps les boutiques étaient fermées. Le bruit s'était tû progressivement, et, sauf quelques jeunes gens trop gais sortant des divers théâtres, ou des ivrognes trébuchant le long des maisons, une tranquillité profonde régnait dans les rues que gravit la jeune fille. Pendant sa marche affolée, ses longs cheveux s'étaient défaits et pendaient épars sur son dos, elle ne s'en apercevait pas, et continuait de courir.

Plus d'une fois, elle fut obligée de faire appel à l'obligeance d'un passant pour se renseigner. Enfin elle atteignit la section de la *Butte des Moulins*.

Une lanterne rouge jetait sur la porte une lueur sinistre. Au-dessus se balançait une toque sanglante pendant à une pique. Les mots de mort et de fraternité se mêlaient à des trophées de haches et de bonnets phrygiens.

Jeanne ouvrit la porte et pénétra dans la salle.

Des personnages d'allure rébarbative, la cocarde révolutionnaire au chapeau, le sabre et l'écharpe tricolore au flanc, écoutaient un observateur de l'esprit public, qui dénonçait à la vindicte de la nation un gentilhomme arrêté par lui; et, chapeau bas, avec des gestes d'énergumène, faisait avec emphase, devant une proclamation des Droits de l'Homme, l'apologie des pires attentats.

Au moment d'avancer, la jeune fille eut un mouvement de répulsion et de crainte et se recula instinctivement vers la porte, comme pour ressortir.

Son entrée avait interrompu l'accusateur et suspendu son geste, tandis que le regard sourcilleux du commissaire du gouvernement s'arrêtait, interrogateur et menaçant, sur Jeanne, clouée sur place par l'effroi.

Il ne fallait plus songer à retourner en arrière, mais au contraire prendre bravement son parti.

La jeune fille se dirigea donc vers celui qui paraissait le chef; et, de son côté, le commissaire fit quelques pas à la rencontre de Jeanne.

— Que demandes-tu citoyenne? dit-il.

— N'a-t-on pas amené ici un ci-devant noble?...

— Tu te trompes, ma belle enfant, on en a amené vingt dans la journée! Oh! la machine fonctionnera vite, et nous broyons du rouge en vrais républicains que nous sommes.

— Je vous parle d'Henry Civray, le ci-devant comte. On a dû le conduire ici vers dix heures et demie.

— Oui, je me rappelle, un joli garçon... Ce sera une belle tête pour le panier...

— Savez-vous où on l'a conduit?

— Où? Ma belle enfant, il me serait plus facile de te prédire le nombre des exécutions de demain. Quand on l'a amené, on pensait le mettre au Luxembourg. Mais les cabanons regorgent, et on peut le promener de prison en prison, toute la nuit, avant de trouver une place vacante, où il lui sera possible d'attendre son jugement... Ah ça! poursuivit le citoyen, avec une défiance croissante, quel intérêt as-tu à connaître ce qu'il est devenu?...

— Vous ne savez donc pas? demanda Jeanne.
— Quoi?...
— Mon histoire?
— Nullement.
— Personne ne vous l'a dite? Eh bien! vous l'apprendrez de ma bouche... Elle est curieuse, allez... Seulement, en échange de mon histoire, vous m'aiderez à retrouver Henri Civray... J'ai été élevée, là-bas, chez eux, dans un grand château... J'y ai pris l'habitude du luxe, de la toilette, de la vie facile, puis un matin, on m'a renvoyée à Paris, et je suis devenue lingère... Alors la jalousie, la haine, se sont emparées de mon cœur, j'ai maudit les bienfaits qui m'avaient rendue orgueilleuse et vaine. De quel droit me les avaient-ils imposés? Pourquoi ne pas me laisser dans ma pauvreté et dans mon ignorance, si ces riches ne devaient pas garantir mon sort contre la pauvreté? Quand l'heure de la revanche est venue, je l'ai acclamée avec empressement, avec rage; je me suis dit que les Civray paieraient cher les déceptions dont j'avais à souffrir... Alors, comme le ci-devant comte était venu me demander asile, je l'ai accueilli avec des protestations de dévouement; je l'ai caché chez moi, et le soir même, un billet avertissait le commissaire de la section... On est venu l'arrêter il y a une heure... et je viens vous demander ce qu'il est devenu... Oh! je ne l'abandonne pas si vite! Je veux savourer ma vengeance. Le jour du jugement, je serai dans la salle du tribunal; à la sortie de la conciergerie, je le verrai monter en charrette, et je le suivrai jusqu'à la guillotine... Vous voyez bien que je suis une bonne patriote, et que vous pouvez me dire ce qu'est devenu Henri Civray.

Jeanne avait prononcé ces mots d'une voix âpre, violente.

Pendant qu'elle parlait, ses doigts se tordaient et des larmes, rapidement séchées par un feu intérieur, apparaissaient au bord de ses paupières. Sa beauté avait pris un caractère tragique; tout en elle inspirait à la fois l'admiration et la terreur.

Si avilis que fussent les hommes qui l'écoutaient, comme fascinés, ils subissaient le prestige de cette créature étrange, dont le visage trahissait, à la fois, une pureté sans ombre et une horrible douleur, et qui parlait de haine et de vengeance, tandis que des larmes mouillaient ses cils.

— Je me souviens, dit l'un d'eux, tout à coup; en effet, on a cité ton nom avec reconnaissance. Tu es une bonne patriote, et une vraie républicaine.

— Eh bien! alors, fit Jeanne, vous allez donc me donner le renseignement que je vous demande?

— On te dira ce qu'on sait, si cela peut te faire plaisir.

— Indiquez-moi la prison d'Henry Civray.

— Diable! répondit le commissaire, le ci-devant Civray est certainement dans une prison à cette heure, mais pour te dire exactement laquelle, il y en a tant...

— Où l'a-t-on conduit en sortant d'ici?

— La belle fille, on l'a mené au Luxembourg et il y sera resté, s'il y avait de la place. Dans tous les cas, demande des renseignements au Luxembourg, et réclame-toi de mon nom : Scévola, je m'appelle Scévola.

— Merci, dit Jeanne. Mais, ajouta-t-elle, je vais aller tard dans la nuit à travers les rues, je n'ai point sur moi de carte de civisme... Et je voudrais...

— C'est trop juste, dit le sans-culotte. On te nomme Jeanne... lingère... tu demeures?

— Rue Honoré n°... J'y demeure avec une parente, une tante... mettez, je vous prie, nos deux noms sur la carte.

— Ta tante se nomme?

— Cornélie.

— Voilà, citoyenne. Avec cela, tu te rendras où il te plaira d'aller; la République te doit protection.

— Merci, dit Jeanne, merci.

Elle gagna la porte, la referma, puis avant de se remettre en marche, elle s'appuya un moment contre la muraille pour reprendre des forces.

— Allons, dit-elle, allons! puis elle se remit à courir.

Le renseignement fourni à Jeanne était exact.

Henri de Civray avait été conduit au Luxembourg, mais il ne s'y trouvait point de place. La machine à couper les têtes avait beau fonctionner tous les jours, elle n'allait plus assez vite; les prisonniers affluaient de tous les coins de Paris et de la France, on manquait d'asiles pour les entasser. Henri, du reste, n'était pas seul ce soir-là. Dans une salle de la section de la *Butte des Moulins* se trouvaient entassés d'autres suspects. On les plaça au milieu d'une escorte, qui les conduisit, successivement, à la Conciergerie, à Sainte-Pélagie, aux Madelonnettes

Les concierges répondaient, au milieu d'abominables juremenls, que toutes les places étaient prises.

— Ah! s'écria le chef de l'escorte, à bout de patience, je commence à en avoir assez; et si le salut de la nation n'en dépendait pas, je les laisserais s'enfuir.

Mais il paraît que le salut de la nation dépendait de l'emprisonnement de quelques gentilshommes et de quelques femmes dont le courage égalait le malheur. A la Force, le concierge Le Beau affirma que l'on trouverait de la place à la prison Lazare, et la troupe se remit en marche.

Il y avait en effet de la place, à la prison Lazare, dont les portes se refermèrent sur le groupe de prisonniers; tandis que les porteurs de carmagnoles, les piquiers, les charretiers, hurlaient, blasphémaient, frappaient leurs chevaux, et menaient dans la rue un épouvantable vacarme.

Cette route, que le comte de Civray avait parcourue, cahoté dans un ignoble véhicule, n'ayant pas même de paille au fond, Jeanne la recommença seule, au milieu de la nuit, aveuglée par les larmes, affolée par la pensée du danger couru par Henri. Elle ne savait pas encore ce qu'elle voulait, ce qu'elle pensait faire, mais sa tâche n'était pas remplie et elle allait toujours.

La comtesse et Cécile ignoraient leur malheur. La main ténébreuse et lâche qui avait frappé Henri pouvait les atteindre. Cette abominable trahison s'était accomplie avec une habileté extraordinaire et une rapidité étrange. Jeanne avait beau chercher qui avait vendu la retraite du comte, elle ne trouvait pas. Nul ne l'avait vu entrer, nul ne l'avait vu redescendre.

Un seul homme connaissait le secret de sa cachette, et cet homme était Robert, le fils de Comtois.

Robert!

Un cri étranglé sortit de la poitrine de Jeanne; une lueur sanglante passa devant ses yeux. Elle les ferma pour ne point voir, et repoussa cette abominable pensée.

Toute la nuit, elle courut épuisée, haletante. Quand elle se trouva à la dernière station de son calvaire, le jour était venu et Paris s'éveillait. Accotée contre une borne, elle voyait la prison Lazare noire et sombre. Dès que la porte s'ouvrirait elle demanderait au concierge le renseignement dont elle avait besoin. Elle n'attendit pas longtemps, la besogne était lourde, et la nation se montrait exigeante. Jeanne remit une pièce d'or dans la main du guichetier, et le pria de lui dire si le comte de Civray et Robert Comtois n'étaient point arrivés pendant la nuit.

— J'ai ces deux noms sur mon registre, répondit-il.

C'était tout ce que Jeanne souhaitait savoir.

Dans sa détresse d'âme, elle éprouvait un soulagement à savoir dans quelle prison celui qu'elle avait si longtemps appelé son « frère Henri » se trouvait enfermé. La faiblesse de Jeanne était si grande qu'elle sentit le besoin de reprendre quelques forces. Apercevant un cabaret sur l'enseigne duquel on lisait : *Les Gracques*, elle entra, et se fit servir un déjeuner frugal.

Ce fut une femme blonde, pâle et charmante, qui vint s'informer de ce que souhaitait la nouvelle venue.

Jeanne, qui s'y connaissait en distinction, demeura frappée de la beauté de ses traits, de la blancheur de ses mains. Les deux femmes échangèrent un regard d'intelligence, puis les yeux de la servante des *Gracques* se posèrent significativement sur les murailles de la prison Lazare.

Tandis que la jeune femme servait Jeanne, la malheureuse fille lui demanda :

— Peut-on voir les prisonniers quelquefois?

— Oui, répondit à voix basse la servante aux mains blanches. Mon mari est prévenu, à midi, il s'approche de la croisée, et nous échangeons quelques signes.

— Merci, dit Jeanne, je reviendrai.

Elle quitta le cabaret des *Gracques* et en sortant se dirigea tout droit vers la rue de Sèvres, où se trouvait le pavillon loué par la comtesse de Civray.

Comment Jeanne apprendrait-elle à la malheureuse mère l'arrestation de son fils, elle n'en savait rien encore; mais elle ne croyait pas que Dieu, qui la savait innocente, pût l'abandonner au sein de son malheur.

Robert avait parfaitement choisi la demeure que devait habiter la comtesse de Civray, en attendant qu'il lui fût possible de quitter la France.

C'était un pavillon n'ayant qu'un rez-de-chaussée et que son apparence de vétusté protégeait contre la suspicion. De vieux arbres remplissaient l'étroit jardin, et contribuaient à protéger la maison contre les regards curieux. Quatre chambres composaient ce logis modeste. La comtesse et Cécile partageaient la plus grande, Robert couchait dans un cabinet. La pièce destinée à Henri ouvrait sur la rue. Enfin, la dernière pièce servait à la fois de salon et de salle à manger. A travers la petite grille, égayant la muraille, la comtesse et sa nièce surveillaient les abords de la maison, ou guettaient le retour d'Henri.

Quand la comtesse de Civray revint, la veille, de la maison de Jeanne, elle était pleine de confiance. Certaine que son fils n'avait rien à craindre, elle se sentait prête à subir le reste de son épreuve. Robert assurait d'ailleurs qu'elle serait courte, et la comtesse ajoutait une foi complète en ses paroles.

Elle s'étonna un peu de ne point le voir rentrer, mais peut-être avait-il partagé le réduit offert par Jeanne, afin de prendre les derniers ordres de son maître. Cependant la comtesse s'endormit tard. Cécile resta longtemps près d'elle, et toutes deux, s'efforçant d'oublier les dangers et les horribles spectacles du présent, se rejetèrent dans le souvenir du passé.

Au matin, lorsque Cécile passa dans la chambre de sa tante, celle-ci dormait encore, et la jeune fille, se retirant sur la pointe du pied descendit au jardin. Si étroit qu'il fût, ce jardin lui plaisait. Elle voyait le ciel et un coin de verdure. Il lui semblait qu'elle serait morte entre quatre murailles, elle qui, toute sa vie, avait vécu en pleine campagne, s'enivrant d'air et de soleil, comme les oiseaux et les fleurs.

Après avoir fait le tour de l'enclos, elle émietta un peu de pain pour les friquets voletant autour d'elle; puis, s'approchant d'une petite table, elle prit sa tapisserie et se mit à travailler. De temps à autre, elle laissait tomber son aiguille, surprise par une rêverie mêlée à la fois de tristesse et d'espérance. Elle songeait que, dans quelque jours, Mme de Civray et son fils se trouveraient à l'abri de tout danger, et que peut-être, alors, les anciens projets de sa tante recevraient leur exécution.

De temps en temps, elle se levait, avec impatience, pour regarder à la grille, puis après un coup d'œil rapide, revenait s'asseoir avec une sorte de lassitude.

Dès que dix heures sonnèrent, elle rentra dans le pavillon, inquiète de ne point voir paraître Mme de Civray.

Pendant ce temps, une vieille femme remplissait près des Civray le rôle d'*officieuse*, rangeait le ménage, allait et venait avec un empressement de commande.

Elle était à secouer un tapis sur le petit perron, quand Robert ouvrit la grille du jardin. Elle ne le reconnut pas tout de suite, car le jeune homme avait rabattu son chapeau sur ses yeux. Et comme la vieille Rosalie était en proie à des terreurs continuelles, elle secoua son tapis avec un redoublement de vitesse, en chantant d'une voix éraillée :

> Dansons la Carmagnole
> Vive le son! Vive le son!
> Dansons la Carmagnole...

— Eh bien! fit Robert en s'avançant, vous vous permettez des refrains de ce genre dans cette maison!... Vous avez une très jolie voix, mais si vous vous avisiez d'éveiller Madame de Civray avec un pareil refrain...

— N'ayez aucune crainte, Monsieur, on me connaît; Madame sait que je suis une bonne chrétienne... Mais j'avais entendu des pas dans le jardin, et dans la crainte que ce fût un espion, je répétais la chanson à la mode... De cette sorte, s'il venait voir ce qui se passe à la maison, je lui fournissais quelques notes... de musique pour son rapport.

— C'est fort adroit.... assurément, Madame la comtesse n'est pas réveillée?

— Je ne crois pas, mais Mlle Cécile est près d'elle... Nous attendons le médecin, car madame est aujourd'hui fort souffrante... inquiète aussi, peut-être... car ce matin elle m'a envoyée près de la Butte des Moulins, chez une lingère...

— Jeanne, son ancienne demoiselle de compagnie... Eh bien! que vous a appris cette jeune fille?...

— La boutique était fermée, et je suis revenue aussi ignorante que je l'étais au moment de mon départ.

— Il fallait vous adresser ailleurs.

— Je m'en suis bien gardée, je risquais de paraître suspecte. On n'a le droit de s'inquiéter de rien ni de personne, maintenant... D'ailleurs, par caractère, j'ai horreur des renseignements et des confidences.

— Pourquoi?

— Dame! ça fait des secrets à garder... et dans ce temps d'interrogatoires pernicieux, vous comprenez il vaut mieux ne rien savoir du tout, attendu que lorsqu'on n'a rien à dire, on ne craint pas de se couper. Voilà même pourquoi je ne vous demande pas des nouvelles de M. Henri... Et cependant, Dieu sait si je m'y intéresse beaucoup... Vous en avez?

— Oui, j'en apporte.

— Je vous en supplie, ne me les dites pas!

— Comme tu te défies de toi-même! Rosalie.

— Énormément... la nuit comme le jour... La nuit surtout, je rêve tout haut... Faut-il voir si madame peut vous recevoir, Monsieur Robert?

— Pas encore, rien ne presse.

Rosalie rentra dans le pavillon, et Robert se mit à marcher dans l'étroit jardin.

— On ne sait rien ici, murmura-t-il, rien! J'ai tout le temps de remplir la mission filiale dont j'ai été chargé par le comte Henri. Que va dire la mère en apprenant l'arrestation de son fils? Et Jeanne! Qu'est-ce que Jeanne a pu devenir? Si je ne parviens pas à découvrir sa retraite, je la ferai chercher par d'habiles limiers... il faut qu'on la retrouve, il le faut, et cette fois, elle ne m'échappera pas!

La marche saccadée de Robert venait de le conduire en face de la petite grille, au moment où une femme, brisée de lassitude, s'y attachait des deux mains.

Cette femme, c'était Jeanne.

Robert s'élança vers la porte, qu'il ouvrit.

Alors, seulement, la lingère le reconnut.

— Vous! s'écria-t-elle, vous! Mais alors, M. Henri...

— Plus bas, Jeanne, plus bas, je vous en prie, répondit Robert; ne parlez pas si près de ce pavillon, la comtesse ne sait rien encore de ce qui est arrivé.

— Le comte? parlez-moi du comte Henri, reprit Jeanne, en entraînant Robert dans le fond du jardin.

— Il est resté à Saint-Lazare.

— Arrêté en même temps que lui, comment êtes-vous parvenu à vous échapper?

— Oh! moi, je ne suis ni comte de Civray, ni propriétaire d'un château. Ma roture et ma pauvreté m'ont aidé à me tirer d'affaire... D'abord, l'idée m'est venue de rester, par dévouement, le compagnon de captivité du comte; mais à quoi servait ce sacrifice! Libre, je m'occupe de favoriser le départ de la comtesse, et une fois en sûreté, je courrai à Paris me dévouer pour mon jeune maître, le faire évader, le sauver enfin.

— L'a-t-on interrogé?

— Sommairement.

— Et qu'a-t-il répondu?

— Tout ce qui pouvait le compromettre, agraver sa situation, exciter davantage contre lui la rage des sans-culottes et des piquiers. Il a maudit la révolution, craché sur une cocarde rouge, et déclaré qu'il serait heureux de périr pour son roi et pour Dieu... On l'eût dit possédé du désir de mourir...

— Le malheureux! il oubliait sa mère!

Jeanne pressait son front à deux mains.

— C'est à en devenir folle, murmurait-elle. Et me dire que mon nom est mêlé à cette iniquité... et qu'à l'heure où les juges prononceront sa sentence de mort, il se souviendra d'avoir vu mon nom au bas d'une dénonciation infâme...

— Oui, infâme, répéta Robert; vous affirmez votre innocence avec plus d'obstination que de chance d'être crue... J'ai vu la dénonciation, et je me serais trompé à votre écriture...

— Si j'étais coupable, viendrais-je ici affronter la douleur de la comtesse? m'exposer à voir tomber sur mon front la malédiction d'une mère, qui m'avait confié son fils? La créature la plus éhontée, la plus vile, ne ferait pas cela. Et je le ferais, moi, qui fus comblée des bienfaits de Mme de Civray?... Vous-même ne pouvez pas le croire, et vous ne le croyez pas!

— Certes, je ne vous accuse point, et je ne demande pas mieux que d'ajouter foi à vos paroles.

— Merci, vous êtes convaincu. Voilà déjà un cœur gagné à ma cause.

— Oui, mais je ne vous conseille pas de tenter de persuader les autres, vous n'y parviendriez point aussi facilement.

— Vous vous trompez, Robert, la pureté de la conscience communique toujours aux paroles un accent de vérité qu'il est impossible de méconnaître.

— On est si souvent trompé par cet accent-là qu'on s'en défie... Songez-y, d'ailleurs, tout vous accuse : l'argent reçu...

— Ah! il n'a pas souillé mes mains, je vous le jure... Quant au billet, c'est l'œuvre d'un ennemi, d'un faussaire, qui, pour satisfaire je ne sais quel besoin de vengeance, a voulu en même temps perdre le comte Henri et me flétrir à ses yeux...

— L'intérêt d'un semblable calcul est d'autant plus difficile à comprendre que vos soupçons ne tombent sur personne.

— Vous avez raison, le nom de cet infâme, je l'ignore; l'intérêt qui l'a porté à commettre cette lâcheté, je ne me l'explique pas... Mais je crois à la Providence; elle permettra qu'un jour le faux soit prouvé et le faussaire puni.

— Ce sera justice; mais ce n'est pas de cela sans doute que vous voulez entretenir Mme de Civray?...

— Non, ce n'est pas seulement de cela... J'ai passé ces deux jours à courir d'une prison à l'autre, afin de retrouver les traces d'Henri, d'apprendre à ma bienfaitrice dans quelle prison le comte est renfermé... Puis j'ai vendu le magasin des *Trois-Grâces*, j'ai réalisé tout ce que je possède, et je viens rejoindre ici celle qui m'a élevée, afin de partager son sort, quel qu'il soit.

— Jeanne, vous lui cacherez la vérité sur la destinée d'Henri, il le faut, je le veux.

— Dans quel but?

— Parce qu'une semblable nouvelle la tuerait...

Jeanne regarda Robert, comme si elle ne comprenait pas bien ce qu'il voulait dire. Avant que le fils de Comtois eût le temps de répondre, Cécile quittait le pavillon pour reprendre sa place près de la petite table. En entendant le nom de son cousin, elle s'arrêta et prêta l'oreille. Son cœur était rempli d'une angoisse presque aussi grande que celle de Mme de Civray, et elle avait hâte de savoir des nouvelles de celui qu'elle croyait encore à l'abri dans l'asile que Jeanne lui avait offert.

— Mme de Civray n'a pu apprendre par personne notre arrestation, reprit Robert, elle doit l'ignorer toujours. Le comte Henri, résigné à subir le sort qui l'attend, mais épouvanté de la douleur réservée à sa mère, m'a fait jurer de la décider à quitter Paris aujourd'hui même... Il faut qu'elle soit loin, bien loin, quand éclatera la fatale nouvelle.

Cécile s'appuya contre la petite table en murmurant :

— Pauvre mère ! perdu pour elle.

Puis comprimant son cœur, la jeune fille ajouta :

— Perdu pour moi !

Jeanne répondit à Robert d'une voix que l'émotion étranglait :

— Oui, il a raison de vouloir cela... Mais quel prétexte donner à la comtesse de Civray, pour lui faire croire à la nécessité d'un si prompt départ.

— Ne cherchez pas, Jeanne, le prétexte est trouvé.

— Et c'est?...

— Une lettre du comte, écrite ce matin même dans la prison... Celui qui bientôt passera devant le tribunal révolutionnaire se suppose libre... Il annonce avoir profité d'une occasion rapide et sûre pour quitter Paris... Et près de lui, il appelle sa mère.

— De sorte que...

— En quittant aujourd'hui Paris, Mme de Civray croira rejoindre son fils bien-aimé à la frontière.

— Le noble cœur ! murmura Cécile.

— Quel généreux mensonge ! dit Jeanne.

— Vous m'aiderez à le soutenir, n'est-ce pas, Jeanne? On est plus fort à deux...

— Nous serons trois... ajouta Cécile en rejoignant Jeanne et Robert... Je me fais votre complice.

— Mademoiselle! s'écria Jeanne.

— Et vous savez... ajouta Robert.

— Tout... Écoutez-moi à votre tour. Mme de Civray m'a fiancée à Henri... Sa dernière volonté me semble aussi sacrée que celle d'un époux... Il veut que sa mère ignore son emprisonnement... soit! Je compterai sur vous, comme vous compterez tous deux sur moi... Elle ne saura rien d'un malheur qui la tuerait... Ta mère vivra, Henri! je te le jure, elle vivra...

— Ah! la noble fille! dit Jeanne en regardant Cécile, elle mériterait d'être heureuse.

Mais soudain la conversation s'interrompit, les trois interlocuteurs changèrent de visage, la comtesse de Civray paraissait sur le seuil du pavillon.

LES VICTIMES

Arrestation du ci-devant comte de Civray... Curieux détails. (Voir page 91.)

## CHAPITRE VIII

### RÉVÉLATION

En apercevant Jeanne, la comtesse ressentit une émotion violente. Si la jeune fille se présentait chez elle, ce ne pouvait être que pour lui parler d'Henri. Bien qu'elle se répétât que la demeure de la lingère devait être pour le comte un sûr asile, Mme de Civray n'était pas sans angoisse. Elle connaissait à quel espionnage étaient soumis ceux mêmes qui semblaient accepter la République. D'ailleurs Jeanne possédait trop de franchise de caractère pour affecter des opinions éloignées de sa pensée, contraires aux traditions de la famille qui l'avait élevée et qui lui avait transmis une part de son âme. Puis Henri pouvait avoir été imprudent. C'était une nature pleine de fougue et d'enthousiasme, à qui devait peser cruellement son emprisonnement volontaire dans une chambre étroite, où il était condamné à vivre seul, jusqu'à ce que l'adresse de Robert réussît à procurer des passeports à la famille. Non seulement l'angoisse de Mme de Civray était grande, mais encore la noble femme s'adressait de secrets reproches.

Au fond de sa conscience, elle étouffait avec peine un remords. Aussi, à la vue de Jeanne, tendit-elle spontanément les bras. Elle éprouvait le besoin de serrer sur son cœur la gardienne de son fils.

La jeune lingère était d'une pâleur mortelle ; et, si l'émotion à laquelle Mme de Civray s'abandonnait lui eût permis d'étudier le visage de ceux qui l'entouraient, elle aurait eu, tout de suite, le cœur saisi par la crainte en apercevant sur chacun d'eux les traces d'une inquiétude poignante.

Mme de Civray descendit rapidement les marches du petit perron, et pressant les mains de Jeanne, elle lui demanda :

— M'apportes-tu des nouvelles ?

Cécile se rapprocha vivement.

— Oui, ma tante, des nouvelles excellentes.

— Je respire ! fit la comtesse, car, depuis deux jours, je n'ai pas eu de repos pendant un seul instant. Le moindre bruit dans la rue, la vue d'un visage se rapprochant de cette grille, le son de voix des crieurs vendant des journaux, tout semblait devoir m'apporter la certitude d'une angoisse nouvelle... Ah ! chère Jeanne ! quel bien me fait ta présence. Que tu es bonne d'être venue rassurer une mère tremblant pour la vie de son fils !

Mme de Civray attira Jeanne vers un siège de jardin.

— Assieds-toi là, fit-elle, parle-moi de lui. Peux-tu lui procurer des livres ? il doit trouver le temps d'une mortelle longueur... Dieu veuille que son séjour chez toi ne se prolonge pas ! pour lui dont je redoute les imprudences, pour toi dont le dévouement peut t'exposer à d'horribles dangers.

Jeanne tressaillit. Elle parvenait à grand'peine à retenir sur ses lèvres l'aveu de ce qui s'était passé. L'espoir dont se flattait Mme de Civray doublait la désolation de son âme. La tendresse avec laquelle parlait la noble femme faisait saigner davantage la plaie vive de son âme.

Cécile les observait toutes deux à la dérobée, tandis que Robert, éloigné de quelques pas, prêt à venir en aide au mensonge dont Cécile et Jeanne allaient devenir complices, paraissait attendre les ordres de la comtesse de Civray.

— Jeanne! dit celle-ci en caressant de la main la chevelure de la jeune fille, je t'aimais bien, jadis, pendant les années que tu as passées près de moi à Civray, mais mon affection pour toi s'est doublée... Elle est aujourd'hui si grande, que j'ai besoin de te dire combien je regrette d'avoir brisé jadis...

— Madame! madame! dit Jeanne, taisez-vous, par pitié.

— J'ai cru remplir un devoir, Jeanne; si je me suis trompée, Dieu me pardonnera. Mais toi-même, mon amie, ma fille, chère sœur adoptive de mon Henri, dis-moi que tu me pardonnes...

— Madame, murmura Jeanne, c'est vous qui tout à l'heure...

Cécile, tremblant que la douleur de la jeune fille ne la trahît, vint en aide à l'infortunée.

— Ma tante, dit-elle, et vous chère Jeanne, songez que nous attendons.

— C'est vrai! répondit Mme de Civray. Mais Jeanne m'a dit: les nouvelles sont bonnes! et dans l'effusion de ma reconnaissance, je retardais le moment de lui demander une explication et des détails. Parle maintenant, Jeanne; parle-moi d'Henri. Il se porte bien?

— Oui, Madame.

— Il ne s'ennuie pas trop dans ta petite chambre?

— Ma petite chambre!... Madame, il ne l'occupe plus...

— Comment? Henri a quitté l'asile que tu lui avais offert?

— Depuis deux jours.

— Oh! le malheureux! et tu me disais que les nouvelles étaient bonnes.

— Mais sans doute, ma tante, reprit Cécile; mon cousin n'a abandonné la maison de Jeanne que parce qu'il a trouvé le moyen de quitter Paris.

— Il est parti! s'écria Mme de Civray.

Robert s'avança:

— Je demande pardon à Mme la comtesse si j'ai agi contre son désir; mais connaissant les craintes fondées que lui inspirait le caractère malheureusement trop emporté de monsieur le comte, je lui ai aidé à s'éloigner brusquement de Paris. Un passeport, trouvé par moi fortuitement à la porte d'une section où il venait d'être visé, et portant un signalement pouvant parfaitement convenir à la personne de monsieur le comte, lui a été remis par moi, et sans permettre même qu'il vînt ici vous faire ses adieux, je lui ai procuré un cheval et je l'ai accompagné à la barrière, qu'il a franchie sans embarras. Si nous avions retardé peut-être d'une heure, le propriétaire du passeport pouvait réclamer, la police eût été prévenue... Maintenant M. Henri est à l'abri de tout danger.

— Pourquoi avoir tant tardé à me l'apprendre? Pourquoi ne pas m'avoir crié en entrant: — « Henri est sauvé! » — Jeanne, ne comprends-tu rien aux angoisses d'un cœur de mère?..

— C'est justement, ma tante, parce que Jeanne comprend tout ce que vous devez penser et souffrir, qu'elle n'osait vous révéler tout de suite la vérité... l'absence d'Henri sera pour vous une grande privation...

— Oui, mais elle sera de courte durée. Que m'importe d'ailleurs de souffrir, maintenant que j'ai cessé de trembler pour lui... Mais si tu n'étais pas venue ce matin, j'aurais couru chez toi, je voulais déjà m'y rendre hier...

— Vous ne m'auriez pas trouvée, Madame... Depuis qu'on a emmené... depuis que M. Henri est parti, veux-je dire, je ne suis pas restée chez moi... j'étais comme folle, voyez-vous, Madame...

— Mlle Jeanne a fermé son magasin, madame la comtesse, afin de mieux surveiller le départ de son ami d'enfance... Je ne suis pas allé seul à la barrière... elle m'accompagnait... Et tandis que votre fils remettait son passeport à ceux qui sont chargés de surveiller les entrées et les sorties, Mlle Jeanne, avec une admirable présence d'esprit et une hardiesse puisées dans son dévouement pour vous, détournait, le plus qu'il lui était possible, l'attention des citoyens qui, en comparant le signalement du passeport avec le visage de monsieur le comte, auraient pu constater de légères différences.

— Tu as fait cela, mon enfant et tu hésitais à me le dire... Et tu restes là, émue, tremblante, comme une coupable devant son juge... quand on ne peut que t'admirer, car tu exposais ta vie en protégeant celle d'un proscrit.

— Ma vie, Madame! répondit Jeanne, depuis l'heure où vous m'avez confié M. Henri, j'en ai fait le sacrifice.

Cécile essuya deux larmes qu'elle ne put retenir.

— Chère enfant! lui dit Mme de Civray, tu pleures d'admiration.

— Et de regret... ma tante, répondit la jeune fille; que n'ai-je été Jeanne pour veiller sur votre fils !

— Jeanne! fit la comtesse, tu crains que je l'aime plus que toi...

Mais enfin, reprit la comtesse, apprends-moi ce que j'ignore... Henri a dû vous charger de me faire des recommandations... Il a dû te prier de me transmettre ses adieux, ses baisers, ses dernières paroles...

Jeanne regarda Robert et Cécile avec un redoublement de terreur. Elle n'en pouvait plus ; le misérable rôle qu'elle jouait lui semblait odieux. A chaque minute, elle se sentait sur le point de se trahir, et de crier à Mme de Civray : « — Je mens, nous vous trompons tous... Henri est arrêté, votre fils doit mourir... » — Mais elle redoutait un second, un inévitable malheur. La santé de Mme de Civray, facilement ébranlée, ne résisterait point à cette révélation foudroyante. Elle devait obéir à Cécile, et sauver la mère, puisqu'elle n'avait pu empêcher la perte du fils. Heureusement Robert était là, il vint en aide à la malheureuse fille et s'écria :

— Mlle Jeanne a mieux que des paroles à transmettre à madame la comtesse.

— Quoi donc ? demanda avidement Mme de Civray.

— Une lettre.

— Une lettre ! une lettre d'Henri... une lettre dans laquelle il a mis ses adieux et ses baisers, que peut-être il a mouillée d'une larme !... mais à quoi songes-tu donc, Jeanne ?...

— Pardonnez-moi, Madame ! je n'ai pas bien ma tête à moi, je vous assure... Depuis trois jours, tant d'événements se sont passés, tant de douleurs m'ont meurtri l'âme que j'ai quelquefois peur de devenir folle...

— Donne... donne... donne...

Jeanne tira de son fichu la lettre que Robert lui avait remise, puis elle la tendit à Mme de Civray. Ensuite, enfouissant sa tête dans ses mains, elle entendit les phrases de cette lettre, comme si chacune élargissait la plaie de son cœur.

La voix de la comtesse tremblait bien fort lorsqu'elle lut :

« Quand vous recevrez ces lignes, ma mère chérie, je serai hors de France. Toutes mes mesures sont prises, et je passerai sans danger la frontière... Mais si je n'ai plus rien à craindre pour moi, je reste rempli d'inquiétude pour vous... Vous avez témoigné le désir ardent de me voir partir dès que la Providence m'en fournirait le moyen ; à mon tour, je vous supplie de venir me rejoindre... J'ai obéi à votre volonté, cédez à ma prière... Si, trois jours après mon arrivée à Genève, Cécile et vous n'êtes pas venues me trouver, c'est que mes craintes à votre sujet se seront réalisées... Alors, moi qui ne consentais à m'exiler que pour vous, je rentrerai en France, afin de vous sauver avec moi ou de mourir près de vous... Partez aussitôt que vous aurez reçu cette lettre... Robert vous accompagnera. Il sait où nous devons nous réunir... Moi, je vais vous attendre... »

La comtesse de Civray porta vivement à ses lèvres la lettre de son fils...

— Madame, dit Jeanne, Madame, vous ne pouvez refuser de partir aujourd'hui même.

— Partir ! répéta la comtesse, nous sommes sans papiers.

— J'ai ma carte de civisme... dit Jeanne en frissonnant, elle m'a coûté cher... la voilà... grâce à elle vous vous procurerez aisément un passeport...

— Tu n'oublies rien, Jeanne ?

— Donnez-moi cette carte, reprit Robert, je sors, et dans deux heures, j'espère être de retour avec les passeports... Pendant ce temps, Madame, mettez en sûreté vos papiers, votre or, vos diamants... que tout cela prenne le moins de place possible... Si, par aventure, on devait vous fouiller, dissimulez les bijoux ; s'il le faut, démontez-en les pierres... N'emportez que les bagages indispensables... les bagages compromettent toujours...

— Soyez tranquille, Robert ; ma chère Cécile va prendre ce soin.

— Je serai ici dans deux heures.

— Soit ! dans deux heures... Prépare le sac de voyage, Cécile, pendant ce temps, Jeanne restera près de moi...

La jeune fille sentit son dernier courage l'abandonner. Tandis que la présence de Robert et de Cécile la soutenait, elle avait pu persister dans la série de mensonges où l'entraînait l'impossibilité de révéler la vérité à la comtesse. Mais, en ce moment, étouffée par les sanglots, elle se sentait incapable de répondre à une question difficile. Depuis trois jours, comme elle l'avait dit, la pauvre créature sentait s'affaiblir sa force et sa raison. L'excès de sa douleur la brisait. Elle n'éprouvait qu'un besoin unique, absolu, celui de pleurer.

— Jeanne, dit la comtesse d'une voix tendre comme une caresse, ma Jeanne bien-aimée, avant de me séparer de toi, je veux te donner un souvenir, un souvenir qui, je le sais, te sera doublement cher... Tu m'as aidée à sauver mon fils... prends ce portrait...

— A moi, Madame ! à moi, le portrait de monsieur le comte ? oh ! non, Madame, non, jamais...

Puis, tout bas, elle ajouta :

— Pauvre mère ! c'est tout ce qu'elle gardera de lui.

— Peut-être as-tu raison... Si l'on trouvait chez toi le portrait de ce jeune gentilhomme en habit de cour, tu serais compromise...

— Oui, Madame, c'est pour cette raison... je ne peux, je ne dois pas le garder.

Mme de Civray fixa les yeux sur la miniature et la pressa longuement sur ses lèvres.

En ce moment, on entendit la voix enrouée d'un homme du peuple crier dans la rue :

— Arrestation du ci-devant comte de Civray... curieux détails...

La comtesse se leva d'un bond, et, saisissant le bras de Jeanne :

— Entends-tu, dit-elle, entends-tu?... Arrestation du comte de Civray... Henri est le dernier du nom... c'est de mon fils que parle cet homme..

Jeanne s'accrocha des deux mains à la robe de la comtesse.

— N'allez pas ! ne demandez rien, Madame ! au nom du ciel...

Le crieur poursuivit :

— Bel exemple de patriotisme donné par la citoyenne Jeanne Raimbaut, lingère au faubourg Honoré...

Mme de Civray secoua Jeanne par les poignets.

— Ton nom ! dit-elle, ton nom mêlé à cette nouvelle ! Mon fils arrêté, et l'on vante le patriotisme de Jeanne Raimbaut... Mais réponds donc ! Il me semble que cet homme t'accuse...

— Mon Dieu ! mon Dieu ! fit Jeanne en tombant sur les genoux.

D'un brusque mouvement, Mme de Civray la repoussa, courut à la grille et tendit une pièce de monnaie au crieur :

— La liste, dit-elle, la liste des arrestations.

— Voilà, citoyenne, répondit l'homme... un sol... Bel exemple de patriotisme de la jeune lingère du faubourg Honoré... liste des suspects... chiffre des récompenses...

La comtesse saisit des deux mains le papier, et le parcourut du regard. Le premier mot qu'elle lut fut le nom de son fils. La tête perdue, le cœur broyé, elle tomba sur un siège... On lui avait menti, tout le monde l'avait trompée : Robert, jusqu'à Cécile... Mais ce qu'elle savait ne suffisait pas... Elle voulait apprendre ce qui concernait Jeanne. Elle avait hâte de connaître comment cette fille, qu'elle regarda longtemps comme la sienne, venait de prouver son civisme et son dévouement à la nation. Aveuglée par les pleurs, elle chercha dans la feuille qui lui semblait écrite en caractères sanglants... oui... c'était là... Elle lut.

Le rédacteur de cette note était bien informé... Rien ne manquait des détails de la scène qui s'était passée, rue St-Honoré, dans l'arrière-boutique de la lingère, ni le festin donné pour l'anniversaire de sa fête, ni l'arrivée du commissaire, ni la somme remise à Jeanne pour lui payer le sang du comte de Civray.

Quand elle eut achevé, elle demeura un moment immobile, pâle comme une trépassée. Les battements de son cœur s'arrêtèrent. Elle cessa même de penser. La vie, subitement s'était suspendue en elle.

Tout à coup, cependant, un éclair d'espérance traversa sa pensée.

La lettre d'Henri lui revint à la mémoire... Tout ce qu'elle avait entendu une heure auparavant, et ce que le crieur venait de lui apprendre, ne pouvaient-ils se concilier?

La lettre d'Henri existait. Elle l'avait là, sur sa poitrine. On avait arrêté Henri, cela n'était pas, Jeanne l'avait vendu... Mais en même temps, la lettre du comte pouvait rester vraie. Si Jeanne avait trahi le jeune homme, rien n'empêchait Robert de l'avoir sauvé! Par dévouement, on cachait à Mme de Civray le drame de ces deux mortelles journées. Mais Henri vivait, Henri l'attendait à Genève.

Elle se baissa vers Jeanne, et la relevant avec un geste rapide :

— Réponds, dit-elle, réponds... Il faut que je sache la vérité, toute la vérité, maintenant... Où est Henri?

Les yeux de Jeanne se fixèrent pleins de désespoir et d'épouvante sur la comtesse. Elle fut sur le point d'implorer sa pitié, mais elle ne lut sur le visage de Mme de Civray qu'une angoisse affolée, une rancune terrible, et elle se contenta de répondre :

— A la prison Saint-Lazare.

— Et la lettre, la lettre, est-elle de lui?..

— Je le crois... je ne sais... vraiment non, je ne sais pas... Depuis qu'on m'a montré, à moi, une page ressemblant tellement à mon écriture que j'aurais juré l'avoir écrite, si elle n'eût renfermé une infamie, je ne puis rien nier, rien affirmer...

— Qui te l'a remise?

— Robert... Arrêté en même temps que le comte, on l'a mis en liberté le lendemain...

Mme de Civray ajouta d'une voix plus basse :

— Ah! misérable! misérable! il t'a fallu ta revanche de ton départ de Civray... Tu t'es dit que tu te vengerais, sur le fils, de la dureté, de l'orgueil de la mère ; ou plutôt tu savais bien qu'en frappant Henri, tu m'atteignais moi-même au cœur... De loin, tu gardais ta jalousie et ta haine, Cécile et moi nous devions succomber sous les mêmes coups... Oh! songer que la main qui me frappe est celle d'une créature que j'ai élevée, adoptée, aimée.... Voir siffler et mordre le serpent qu'on a réchauffé dans son sein!.. Mais tu ne crois donc pas en Dieu, Jeanne?

Tu ne redoutes donc pas la justice divine, cette justice qui te brisera quelque jour comme un vase d'argile!... Je suis chrétienne, eh bien ! je ne me sens pas le courage de te pardonner... Je garde contre toi un désir de vengeance absolue, terrible... Et ne pouvant l'assouvir, je m'en remets à la Providence pour te châtier... Sois maudite, Jeanne ! Jeanne ! sois maudite par une mère désespérée !

La voix de Mme de Civray s'était élevée. De la pièce où elle s'occupait à ranger les bijoux que la comtesse devait emporter, Cécile en entendit les éclats. Redoutant une imprudence de Jeanne, elle accourut haletante, et n'entendit que la malédiction de la comtesse.

— Madame ! Madame ! répétait Jeanne au milieu de ses sanglots, vous regretterez un jour ces terribles paroles, cette accusation injuste... Je suis encore plus à plaindre que vous.

— Mais qu'a-t-elle donc fait ? demanda Cécile.

— Elle a livré le fils.... elle vient de tuer la mère.... répondit Mme de Civray en se renversant sur son siège... Cécile, ne lui pardonne jamais !

La jeune fille, épouvantée, se pencha vers sa tante.

— Mon Dieu ! murmura Jeanne, faites-la vivre afin qu'elle apprenne un jour que je suis innocente !

Cécile, désespérée, s'empressait auprès de Mme de Civray, multipliant les plus tendres efforts afin de la ramener à la vie. L'officieuse, accourue au bruit, avait été renvoyée. La jeune fille redoutait que le premier mot prononcé par sa tante fût compromettant, et révélât quelques-uns de ses secrets.

Jeanne, prosternée, sanglotant, n'osait offrir son concours.

Elle épiait le retour à la vie de la comtesse afin de s'éloigner de cette demeure, d'où elle allait s'enfuir, chassée par une malédiction.

Vingt fois elle fut sur le point de parler à Cécile, non pas autant pour essayer de se justifier, que pour mettre la jeune fille en garde contre un danger qu'elle pressentait sans le pouvoir définir. Cependant à l'instant où il lui sembla que la comtesse allait retrouver avec le sentiment de la vie celui d'une horrible douleur, Jeanne se redressa, et levant vers Cécile des mains suppliantes :

— Mademoiselle, lui dit-elle, au nom du Sauveur injustement accusé, écoutez-moi... Je ne me défends pas, car il me serait impossible de prouver que je ne suis pas la délatrice de M. Henri... Mais un temps viendra où la vérité sera découverte ; alors, oui alors, Mademoiselle, vous regretterez amèrement ce qui se passe aujourd'hui... Vous avez été trahie... Par qui ? Dieu le sait, et sous le coup de l'horrible accusation qui pèse sur moi, je ne me sens le courage de dénoncer personne... que prouverais-je, d'ailleurs? Rien. Je déplore mon impuissance, elle m'écrase, et près de vous, comme près de la comtesse, j'en suis réduite à la protestation que présente toute ma vie, et à l'éloquence de mes larmes... Mademoiselle, l'amour d'une mère garde les emportements de la passion... Madame de Civray n'entendra, n'écoutera, ne comprendra rien... Mais vous, faites un effort généreux. Essayez d'oublier que M. Henri est le fiancé que vous réserve sa mère, afin de me croire à cette heure suprême... Il vous faut du sang-froid, de la résolution, du courage pour quitter cette maison sans regarder derrière vous, sans attendre personne...

Cécile fit un mouvement comme si elle voulait répondre.

— Vous pensez à Robert... A Robert sorti pour chercher des passeports? Eh bien! n'attendez pas qu'il revienne... Le comte est prisonnier, vous ne partirez plus... Je vous connais trop pour ne pas savoir que vous resterez à Paris, surveillant les abords de la prison, lui faisant tenir vos lettres, l'entourant de cette tendresse adroite, qui lui fera oublier sa captivité et ses dangers... Je ne sais pas, Mademoiselle, je n'accuse pas... Mais enfin Robert, emprisonné en même temps que monsieur le comte, est libre à cette heure... Peut-être serait-il bien embarrassé de raconter à quelle protection ou à quelle garantie de son civisme il doit la faculté de circuler librement dans Paris, tandis que M. de Civray reste sous les verrous... Vous portez avec vous une fortune... Songez donc! j'ai été accusée de trahison pour cinq cents livres! Qui vous affirme que vous ne serez pas trahie pour un million?.. Robert ne reviendra pas avant deux heures... quand il rentrera ici, il doit trouver la maison vide... Allez où vous voudrez, cachez-vous où vous pourrez, tout asile me semblera sûr, hors celui où il lui serait possible de vous retrouver... Vous ne craignez point de le laisser dans l'embarras, il a cent louis sur lui, et peut, grâce à cette somme, passer la frontière, à moins qu'il tienne à demeurer à Paris pour des raisons que je devine sans les préciser... Quant à moi, Mademoiselle, je demande à Dieu une seule grâce, celle de me fournir le moyen de vous prouver à quel point j'étais attachée à la noble femme à qui je dois tout, et qui vient de me maudire... Adieu, Mademoiselle, la comtesse renaît lentement à la vie, elle ne doit point me revoir...

Suivez mes conseils, si vous tenez à votre salut et au sien.

Jeanne porta à ses lèvres le bas de la robe de Mme de Civray.

— Jeanne, dit Cécile, je demanderai tous les jours au ciel qu'il nous fournisse la preuve que vous n'avez pas vendu le sang de mon fiancé '

Les paupières de la comtesse battirent, elle agita faiblement les mains.

Quand elle rouvrit les yeux, Jeanne avait disparu.

Cécile n'était peut-être pas convaincue d'une façon absolue des paroles que Jeanne venait de prononcer. Cependant le ton de la jeune fille, le son de sa voix, la droiture de son regard, laissaient dans l'esprit de la nièce de Mme de Civray un doute inquiétant.

Si Jeanne était innocente, qui donc était coupable?

Cécile prit vite une résolution. Sans faire part à Mme de Civray des nouveaux soupçons qui venaient de naître dans son esprit, elle résolut de suivre le conseil de Jeanne. Ni la comtesse, ni Cécile ne songeraient désormais au départ; les passeports que Robert était allé chercher demeureraient donc inutiles. Les deux femmes avaient sur elles une fortune dont Robert connaissait le chiffre. Ne valait-il pas mieux lui épargner jusqu'à la tentation de devenir riche d'un seul coup?

— Ma fille... dit Mme de Civray en passant sa main sur la tête de Cécile, j'ai fait un rêve horrible, n'est-ce pas... Il me semble que je reviens d'un sommeil écrasant... Henri! parle donc, Henri?...

— Chère tante... ma mère... dit Cécile en entourant la comtesse de ses bras.

— Ainsi, tout est vrai?

— Tout.

— Henri est prisonnier?

— A Saint-Lazare.

— Et cette misérable Jeanne...

— Dieu seul sait la vérité, murmura Cécile.

— Ma fille, reprit la comtesse en se redressant et en rappelant à elle toute son énergie, tu ne songes plus au départ, n'est-ce pas? Ne nous devons-nous pas à Henri?

— Jusqu'à la mort, ma tante.

— Alors, nous restons?

— A Paris, oui, mais non pas dans cette maison, si vous m'en croyez.

— Tu as raison, notre retraite est connue.

— Dès que vous vous sentirez des forces suffisantes, nous quitterons cette demeure, que la police envahirait, peut-être, cette nuit. Le loyer est payé d'avance, j'ai remis ce matin à la vieille femme qui nous sert une somme supérieure à celle que nous lui devons, rien ne nous retient donc...

— Rien, et aussitôt le retour de Robert...

— Ne l'attendons pas, dit Cécile. La démarche qu'il tente à cette heure peut attirer sur lui l'attention. On peut le suivre; si on nous trouve, nous sommes perdues, et alors qui conseillera Henri, qui s'efforcera de le sauver?...

— Tu as raison, dit la comtesse... Écris seulement à Robert pour lui indiquer dans quel endroit il lui sera possible de nous rencontrer demain.

— Eh bien, non! dit Cécile, je ne ferai pas cela. Défions-nous de tous, à cette heure, et ne nous en remettons qu'à nous-mêmes de nous défendre et de protéger ceux qui nous sont chers. Fuyons sans regarder derrière nous... sans même prononcer dans cette maison le nom de ceux à qui nous demanderons asile. Dieu nous enverra une inspiration de salut.

— Je m'abandonnerai à toi, répondit Mme de Civray; aussi bien, la force me manque pour toute chose, hors pour ce qui m'aidera à me rapprocher de mon fils.

Les préparatifs des deux femmes étaient faits; Cécile envoya l'officieuse faire une commission assez éloignée, dans le quartier. Le jour baissait, et l'ombre allait favoriser le départ des proscrites. Dès que la vieille servante eut disparu, Cécile jeta une mante sur les épaules de Mme de Civray, rabattit un capuchon sur son visage, puis toutes deux franchirent la grille du petit jardin.

Cécile tenait à la main un sac renfermant des diamants démontés; la comtesse gardait l'or et les papiers de famille les plus importants.

Nul ne s'inquiéta du départ des deux femmes qui, rasant les maisons, commencèrent à descendre le faubourg du Roule.

LES VICTIMES

Le citoyen Horatius célébrait son triomphe chimérique. (Voir page 100.)

## CHAPITRE IX

## LE CITOYEN COCLÈS

Pendant ce temps, Robert s'occupait à se procurer des passeports.

Le père Comtois, quinze ans avant les scènes de ce drame, avait sauvé la vie d'un braconnier poursuivi maintes fois pour des délits qui ne pouvaient manquer de le conduire à la potence. Quoique l'homme lui inspirât peu de sympathie, par pitié pour sa femme et pour ses enfants, il lui procura des moyens d'évasion, lui remit une bourse renfermant quelques écus, et lui fournit le moyen de quitter le pays. Bernard ne se corrigea peut-être pas de ses vices, mais il ne se montra pas ingrat. De temps à autre, il donnait de ses nouvelles au vieux Comtois, et quand celui-ci mourut, Bernard continua la correspondance avec Robert. A l'heure où la Révolution éclata, l'ancien braconnier avertit le fils de son protecteur qu'il changeait le nom de Bernard pour celui de Coclès, qui lui semblait plus en rapport avec les idées nouvelles dont il s'était fait le disciple.

C'était à Coclès que Robert comptait s'adresser pour obtenir les papiers dont il avait besoin.

Il se rendit au domicile de Coclès, mais il lui fut répondu que le zélé patriote se trouvait en ce moment à la section voisine, où il s'occupait des affaires de la Nation.

En effet, Robert trouva Coclès au milieu d'un groupe de sans-culottes, discutant sur le plus ou moins de civisme des gens du quartier, et donnant des listes particulières qu'il comptait présenter à des observateurs de l'esprit public, chargés de dénoncer les suspects.

Au seul nom de Comtois, Coclès ouvrit ses yeux gris, des yeux de fouine, perçants et durs, et quittant la salle dans laquelle il travaillait, il entraîna Robert dans un cabinet voisin.

— Te voilà! dit-il; tu ressembles à ton père, et cela me fait plaisir. Ton père était un brave homme, à qui je suis redevable d'avoir la tête sur mes épaules et on n'oublie pas ces services-là. Tu es resté, sans doute, au service des Civray, aussi tu as dû, au fond du cœur, épouser les nouvelles idées... Chacun son tour, n'est-il pas vrai? Eux hier et nous demain. Je suis donc le mouvement, moi; je fais du zèle, on me considère à ma section. Si je te recommande, sois tranquille, nul ne t'inquiétera sur ton passé ou ne te tourmentera à l'avenir. Je serai ton répondant, ton auxiliaire au nom du vieux Comtois.

Maintenant, buvons pour nous éclaircir les idées.

— Oui, buvons! répondit Robert, qui, bien qu'il ne crût guère à la conversion du braconnier, se sentait néanmoins embarrassé pour lui dire ce qu'il attendait de lui.

— Collot d'Herbois est à Senlis, reprit Coclès, et les Civray...

— Sont venus à Paris échappant à l'envoyé de la République... Le fils Henri est en prison; la mère et la nièce jouissent encore de leur liberté. Grâce au mensonge du jeune homme, elles le croient en Suisse, et m'ont chargé de leur procurer des passeports pour aller le rejoindre... Une fois à Genève, elles apprendront la vérité...

— Elles vont à Genève? Tu les y accompagnes?

— Oui, répondit Robert.

— Mais, reprit Coclès, cette famille était très riche, et il me semble impossible que la ruine se soit tout de suite abattue sur elle.

— Les terres ont été vendues comme biens nationaux. Mais la comtesse a de l'or et des diamants.

— Et tu voudrais?...

Que tu me procures un passeport.

— Un passeport, répondit Coclès en vidant son verre, on pourrait voir ; cela vaut quarante louis au bas mot ; mon ami Horatius en cède tous les jours à ce prix-là.

Robert se pencha davantage :

— Si je t'offrais une part? On raconte de singulières choses sur la vente des passeports, dit-il. Certaines gens affirment qu'on les paie cher, mais que ceux qui les achètent n'en sont pas moins arrêtés aux portes de Paris.

— Cela dépend, répondit Coclès. Tu m'as offert part à deux, reprit-il, explique-toi.

— J'ai toute confiance dans ton amitié, et je suis certain que la République ne doit pas être soupçonnée... Seulement les malheurs sont fréquents à notre époque. La nation entière broie du rouge, et l'on doit surtout prévoir les malheurs. Dès que j'aurai dans les mains le passeport que tu me fourniras, je m'empresserai de le remettre à la ci-devant comtesse de Civray, et je lui aiderai à franchir la barrière. Sa nièce et elle seront travesties, l'œil des surveillants est curieux, si par hasard, en dépit de leurs papiers, on les arrêtait, m'aiderais-tu à me tirer d'affaire?

— Au nom de ton père, oui!

— A qui appartiendront les valeurs saisies sur les femmes?

— A la Nation.

— De sorte que, pour les leur conserver...

— Le meilleur moyen est qu'elles te les confient.

— Ce sera possible, répondit Robert. En effet, j'ai toute leur confiance, et en cas de malheur, je garderai, pour les leur restituer plus tard, l'or et les diamants qu'elles emportent avec elles.

— L'or et les diamants, répéta Coclès.

— Et ton patriotisme en acceptera volontiers une part?

— Qui m'aidera à venir en aide à des patriotes besogneux.

— Tout est convenu, maintenant allons chez ton ami.

Robert et l'ancien braconnier vidèrent un dernier verre, et quittèrent le cabaret.

Ils se dirigèrent alors vers une rue du quartier Saint-Jacques, et pénétrèrent dans une maison d'assez laide apparence, dont la porte était gardée par une vieille femme ressemblant à un paquet de guenilles surmonté d'une tête humaine.

— C'est ici... fit Coclès.

Horatius était rentré du comité, au paroxysme d'une exaltation provoquée par l'ivresse et les déclamations sanguinaires des braillards sans-culottes. Il ne rêvait que sac et pillage et, tout à coup, dans un accès de *delirium tremens,* au milieu d'une hallucination terrifiante où il lui semblait faire le siège de je ne sais quelle aristocratique demeure, il se mit à bouleverser son intérieur, à briser tout ce qui tombait à portée de son gourdin, lacérant, éparpillant autour de lui livres, rouleaux de paperasses, etc, parmi lesquels il fourrageait avec une avidité rapace.

Puis, une détente s'était produite ; et maintenant le citoyen Horatius, un papier à la main, célébrait son triomphe chimérique dans une tirade alcoolique de club où les mots révolution, peuple, guillotine, sonnaient lugubres comme un tocsin.

L'arrivée de Coclès et de Robert interrompit ce jet de littérature horrible.

— Horatius ! cria Coclès, alerte, mon bonhomme ! Il s'agit de gagner pas mal de mille livres, en or sonnant.

Cette phrase parut tirer l'ivrogne d'un songe.

Le citoyen Horatius se leva, ses gros yeux roulèrent dans l'orbite, il les fixa sur Coclès d'abord avec une sorte d'amitié, puis sur Robert avec une défiance visible.

— Qu'est-ce qui a de l'or? demanda Horatius.

— Moi, répondit Robert.

— Et tu demandes en échange?... car on demande toujours quelque chose quand on vient apporter de l'argent.

— Il me faut un passeport.

— Et tu donneras pour ce passeport?

— Soixante louis.

— Cela peut se faire, répondit Horatius.

Depuis qu'il avait commencé cet entretien, les vestiges de l'orgie de la veille disparaissaient. La passion de l'or était assez forte pour chasser l'influence du vin.

Il se leva, marcha vers un placard dissimulé dans la muraille, y prit une liasse de papiers portant plusieurs lignes imprimées, puis repoussant les plats et les verres encombrant la table, il chercha une écritoire de corne, et se disposa à écrire.

Au temps où il se trouvait commis à la police, il était parvenu à dérober un certain nombre de passeports en blanc dont, plus tard, il se servit avec autant d'habileté que d'audace. Non seulement il en trafiqua, mais il en céda à divers misérables dont il avait fait ses amis. Il fut un temps où ces passeports étaient réellement valables ; en 1792, grâce à eux, il était facile à ceux qui les avaient achetés de gagner l'étranger; mais à l'époque où se passe notre récit, ces passeports, ayant en tête ces mots : *Loi et le Roi*, signalaient tout de suite ceux qui en étaient porteurs comme des ennemis du pouvoir existant. La fraude était visible, et mieux eût valu tenter de franchir la frontière sans papiers, que de se présenter à une des barrières de Paris muni d'un semblable laisser-passer.

Mais Robert savait combien les natures loyales sont faciles à tromper. Il se regardait comme certain d'être chargé par la comtesse de s'occuper des objets précieux qu'elle emportait, tandis qu'appuyée sur le bras de Cécile elle présenterait ce faux passeport, qui la devait tout de suite signaler comme suspecte. Pendant qu'on l'arrêterait en même temps que sa nièce, Robert aurait le temps de s'esquiver. Les noms de Mme de Civray et de Cécile devaient seuls être inscrits sur le passeport.

Horatius se fit dicter ces noms, apposa sur le passeport, qui devait plutôt dénoncer que défendre celles qui s'en serviraient, un timbre bleu; puis, tandis qu'il enfouissait dans ses poches la pile de louis que venait de poser Robert, il tendit à celui-ci le papier couvert de son affreux griffonnage.

— Le diable s'y tromperait, dit-il, en riant.

Puis se tournant vers Coclès :

— On ne te voit pas assez dans les sections, dit-il, nous vivons à une époque où il faut se montrer quand même... Viens me trouver, je te donnerai du travail, et je te procurerai des distractions... Ce que je dis pour Coclès s'adresse également à toi, citoyen Robert; du moment que Coclès répond de ton civisme, je te regarde, à l'avance, comme mon ami. Si tu as souffert de l'oppression des riches, l'heure est favorable pour la revanche.

— Merci, répondit Robert, je profiterai de votre offre. Il pressa les mains d'Horatius, serra précieusement le passeport et revint du côté du faubourg du Roule.

En marchant, il sifflait un air de gavotte, et n'eut pas un instant de doute sur la réussite de ses projets.

Quand il arriva devant la maison, il fut surpris de n'y point voir de lumière. Mais à cette époque où tout était danger, l'obscurité de la petite maison pouvait être seulement une précaution nouvelle.

Robert essaya d'ouvrir la grille, cette grille résista.

Il tira la chaîne de fer correspondant à la sonnette, mais personne ne vint à son appel.

Une sorte d'inquiétude lui traversa l'esprit. Mais cette inquiétude était si vague qu'il ne s'y abandonna pas et continua d'agiter la sonnette avec une violence croissante.

En ce moment, la vieille officieuse passa devant la grille, et, reconnaissant Robert, elle lui demanda :

— Que voulez-vous donc à cette heure, citoyen ?

— Mais entrer dans cette maison... Vous me reconnaissez, je pense ?

— Certes, répondit la vieille femme. Je suis seulement étonnée qu'un homme, possédant toute la confiance des locataires de ce pavillon, sonne à leur porte, quand elles en sont parties.

— Ah ! fit Robert, les citoyennes sont sorties ?

— Non pas sorties, mais parties, vous dis-je ; mes gages sont réglés, les mémoires acquittés, le propriétaire n'a rien à réclamer, car le prix de son immeuble avait été réglé d'avance.

— Et vous croyez que les personnes habitant cette demeure n'y reviendront jamais ?

— J'en suis convaincue.

— Vous avez passé chez elles tout le temps qui s'est écoulé entre ma sortie et leur départ ?

— A peu près, sauf celui que j'ai mis à faire une course dont elles m'avaient chargée.

— Et l'une d'elles n'a pas laissé de lettre pour moi ?

— Non, répondit la vieille femme.

Robert étouffa un blasphème, puis rebroussant chemin, il se dirigea de nouveau vers la demeure de Coclès.

— Elles se sont défiées, murmura-t-il, et cependant, je n'ai commis ni une faute ni une imprudence. Et j'ai acheté ces passeports qui ont absorbé la plus grande partie de mes ressources... Parties ! et avec elles est disparue mon espérance de faire une fortune rapide, de m'approprier les diamants de la comtesse, et l'or qui lui restait... Que faire ? Comme me le conseillait Horatius tout à l'heure, me mettre dans les affaires. Agir à mon tour. A une époque où les nobles sont traqués comme des bêtes fauves, il me semble bien impossible, si j'entre dans la police, que je ne parvienne pas à découvrir la fière comtesse et la belle

Mlle Cécile. Allons, c'est partie remise. Il faut que je cherche et que je trouve. Eh bien ! je chercherai et je trouverai.

Le jour baissait quand Cécile et Mme de Civray prirent le chemin de la rue d'Anjou-Saint-Honoré.

Le temps restait doux, tiède, en dépit de l'approche de l'automne.

Sous ce ciel sans nuage, non loin de vastes jardins embaumés par l'arrière-saison, l'homme n'aurait dû trouver au fond de son âme que de consolantes pensées. Et pourtant quel contraste entre cette nature vivace, prodigue de feuillages et de fleurs, et ce qui se passait sur les places, le long des rues, dans les maisons, au fond des cachots !

A la timidité de leur allure, à la façon dont ils se glissaient le long des maisons, il était aisé de voir que la plupart des hommes redoutaient les regards curieux, capables de découvrir un travestissement. Les femmes, enveloppées d'une mante noire, s'empressaient de regagner un asile que peut-être elles fuiraient le lendemain, chassées par le soupçon. Plusieurs, croyant se mettre à l'abri des interrogatoires et de la suspicion, se coiffaient d'un bonnet de laine orné d'une cocarde tricolore. Mais l'expression de leur visage trahissait une secrète angoisse, et des espions n'eussent pas été dupes de ces travestissements.

Des groupes tapageurs traversaient une foule craintive.

Ceux qui les composaient, vêtus de carmagnoles, le bonnet rouge sur la tête, chantaient des airs patriotiques.

Des porteurs de piques passaient d'un pas rapide, sinistres d'aspect, effrayants à la clarté des réverbères. Conduit par un audacieux meneur, ce flot de populace ignoble allait, de club en club, stimuler le zèle sanguinaire des hommes publics. Des Cordeliers d'où il sortait, il était dirigé maintenant vers les Jacobins de la rue Saint-Honoré.

Mme de Civray et Cécile, serrées l'une contre l'autre, épouvantées, marchaient aussi vite que le permettait une foule grouillante.

La comtesse serrait les diamants qui étaient toute sa fortune.

Jadis, la famille de Civray avait puissamment aidé le père de M. de Loizerolles. L'éloignement n'avait point affaibli une amitié basée sur l'estime, et, à l'heure où elle se croyait trahie par Jeanne, au moment où elle redoutait d'être vendue par Robert, la comtesse de Civray ne pouvait compter sur des amis plus dévoués que ceux dont elle allait solliciter l'appui.

A mesure que les deux femmes approchaient de la Madeleine, la foule devenait plus compacte.

On distinguait un sourd murmure qui, bientôt, grandit jusqu'à devenir une manifestation bruyante. Hommes et femmes, enfants, piquiers, Jacobins, se pressaient vers le cimetière de la Madeleine, et Cécile et sa tante crurent qu'il leur serait impossible d'avancer.

Une intuition secrète leur révélait qu'un malheur allait arriver ou qu'un nouveau crime allait se commettre.

Les éclats de voix furieuses leur arrivaient de loin, par bouffées menaçantes.

Elles distinguaient les mots d'aristocrate, de lanterne, de Louis Capet, et il suffisait de l'accusation implicite contenue dans un seul pour servir de prétexte à une arrestation.

Ce n'était plus seulement le désir d'arriver chez Mme de Loizerolles qui les pressait en avant; il leur semblait que toutes deux avaient un égal et puissant intérêt à apprendre ce qui se passait près de la porte du cimetière de la Madeleine.

A demi étouffées, elles avançaient haletantes, se dressant sur la pointe des pieds, cherchant à percer la foule, et à distinguer à la clarté de quelques torches, quelles étaient les personnes menacées.

Tandis que l'embarras et le tumulte grossissaient dans ce côté de Paris, un beau jeune homme, d'environ vingt ans, redescendait des hauteurs de Passy et franchissait la barrière.

Sa taille était haute, bien prise, sa physionomie intelligente. Son regard franc regardait bien en face, sa bouche, même à cette époque troublée, connaissait encore le sourire. Il semblait jouir d'une façon complète de la fin de cette magnifique journée de septembre.

Le couchant, après avoir embrasé le ciel, laissait aux nues une coloration de pourpre vive. Tandis qu'il marchait, le jeune homme parlait à mi-voix, improvisant des vers, s'animant sous l'influence d'une inspiration secrète, heureux de se sentir libre par cette magnifique soirée, d'avoir le cœur empli de tendresses puissantes et d'illusions heureuses.

Il s'efforçait d'oublier les scènes terribles qui chaque jour se multipliaient dans Paris et de ne les considérer que comme le résultat d'une crise trop aigüe pour être durable.

Pour ne point voir le présent, il se réfugiait dans l'idéal ; et par cette soirée d'été, touchant presque à l'automne, il commençait son poème du *Printemps*.

C'était un ami d'André de Chénier, ce jeune Grec exilé à Paris, et dont la muse gardait une des cordes de la lyre de Pindare et d'Homère.

Et cependant, le jeune promeneur, récitant alors à haute voix les vers qu'il comptait plus tard lire à son ami, était un de ceux dont la douceur est mêlée de vaillance.

Ce poète pouvait devenir un soldat, et ce soldat un héros. Il était de la race des poètes qui d'ordinaire possèdent une exquise douceur.

Du reste, la vaillance de son caractère se trahissait dans son costume.

Loin de porter l'horrible carmagnole civique, il était vêtu d'un habit de soie grise pékinée; sur une culotte semblable, tombaient les doubles chaînes et les breloques de ses montres. L'habit s'évasait sur la poitrine, laissant voir les larges pointes d'un gilet blanc. Les bouts d'une cravate de mousseline bouffante jouaient sur sa poitrine. Ses cheveux longs et bouclés accompagnaient gracieusement son visage, et les bords assez larges d'un chapeau, orné d'une boucle d'acier, projetaient une ombre sur son front. Un soulier fin, à haut talon, emprisonnait son pied. Il maniait moins comme une arme que comme un jouet, une canne formée d'une forte racine, bizarrement contournée et présentant, pour appuyer la main, une lourde pomme qui, au besoin, aurait pu se changer en une massue redoutable.

Bon nombre de patriotes portant un pantalon de coutil rayé, une carmagnole brune, et un bonnet rouge, jetèrent un regard défiant sur l'élégant promeneur, et parurent se demander si la recherche de son costume ne suffisait point pour le rendre suspect, tandis que des hommes, dont la toilette trahissait l'habitude de l'élégance, le reconnaissaient pour un des leurs, et le regardaient passer avec un sourire. La crânerie dédaigneuse du jeune homme allumait une sourde colère dans les yeux des premiers, tandis que le muet salut du promeneur prouvait aux seconds qu'ils ne s'étaient pas trompés.

Lui aussi se dirigeait du même côté, et le tumulte grossissant qui régnait aux abords du cimetière parvint bientôt jusqu'à lui.

Il cessa de réciter les vers de son poème, puis, instinctivement, prenant sa canne par le côté le plus facile à manier, il la fit tournoyer comme une masse, et s'assura qu'il la tenait bien en main.

Évidemment il s'agissait cette fois encore d'événements se renouvelant tous les jours, d'arrestations de suspects, d'une colère populaire soulevée sous le prétexte le plus futile. S'il fallait porter secours à un être isolé, attaqué par des misérables, le jeune homme était tout prêt.

Sans se soucier des plaintes, des rebuffades, des injures de ceux qu'il coudoyait et repoussait en les dépassant, guidé vers le lieu de la scène par l'accroissement du tumulte et la lueur fumeuse des torches, il parvint jusqu'à l'entrée du cimetière de la Madeleine.

De nos jours, quand nous apercevons un rassemblement, nous savons qu'il s'agit d'un accident survenu, d'une misère subitement révélée. On peut sans crainte ouvrir sa bourse à l'aumône, et son âme à la pitié ; mais en 1793, les attroupements trahissaient une injustice, sinon un crime.

Voyait-on une maison cernée : on y faisait une descente de cette police dont les membres, le soir, se changeaient en massacreurs. Le vol et l'assassinat s'entendaient, se coudoyaient, fraternisaient.

L'instinct ne trompait pas le jeune promeneur qui devinait que le peuple, massé aux abords du cimetière, était en train de commettre un acte inique au nom de cette même liberté à laquelle il élevait des statues sur les places publiques.

— Citoyenne, demanda-t-il à une femme dont le bonnet s'étoilait d'une large cocarde rouge, que se passe-t-il donc ?

La femme regarda le jeune homme avec une certaine défiance :

— Approche, lui dit-elle, si tu es curieux de voir mieux, mon joli garçon, ce sera peut-être pour toi une leçon salutaire. Ton linge embaume la bergamotte, et ce parfum est séditieux. Trop de luxe pour un ami de la république ! On arrête un suspect, et tu sens le muscadin.

— De quoi accuse-t-on cet homme ? reprit le promeneur.

— De quoi ? d'être ennemi du peuple. Ce mot renferme-t-il pas tout ? Les ennemis du peuple sont les agents de Pitt et Cobourg ; ils ont payé pour faire assassiner Marat, et ils fomentent des complots contre l'incorruptible Robespierre... N'est-ce pas un crime suffisant pour être l'objet des inquiétudes des Comités qui veillent sur la nation ? Peut-être ce suspect est-il un ancien ami de Danton et de Camille Desmoulins, que j'ai vu mener à la guillotine... Mais si les traitres à la patrie se cachent dans certains quartiers de Paris, celui-ci peut passer pour le plus républicain de la capitale. Maximilien l'habite, et ce n'est pas si près de lui qu'on pourrait conspirer contre la république.

— Est-ce donc comploter que de se défendre ? fit le jeune homme.

— Comment appelles-tu les tentatives de ceux qui voudraient ramener le règne des oppresseurs ?

— Eh ! fit le jeune homme, quel tyran fut jamais aussi sanguinaire que ce peuple qui hurle la mort, comme une meute affamée ?

Le jeune homme, ne se trouvant point suffisamment renseigné, poursuivit sa route au milieu de la foule ; mais il avançait avec une peine infinie et il devenait extrêmement difficile de franchir la muraille vivante qui se dressait devant lui.

Tout à coup, une petite main s'appuya sur son bras, et une voix prononça son nom :

— Monsieur François de Loizerolles ?

Il se retourna et reconnut Cécile.

— Vous ici, Mademoiselle?

— Chut! fit Cécile, appelez-nous citoyennes, surtout en ce moment.

— Que souhaitez-vous de moi?

— Aidez-nous à traverser cette foule.

— Ne le tentez pas ; je redoute pour vous un de ces spectacles dont les hommes même ont peine à soutenir l'aspect.

— Monsieur de Loizerolles, poursuivit Cécile d'une voix plus basse, nous allons demander asile à votre mère.

Le jeune homme se tourna vers Mme de Civray.

— Je vous remercie, Madame, lui dit-il en s'inclinant.

Il ajouta :

— Prenez mon bras, il faudra bien qu'on nous livre passage.

Le jeune homme assujettit son gourdin, et soutenant ses deux compagnes, il parvint à gagner l'entrée du cimetière.

Le tapage redoublait à l'intérieur; les sans-culottes et les tricoteuses proféraient des menaces sanguinaires.

Tout à coup, le groupe qui se trouvait dans le champ des morts s'avança, et, à la lueur des torches tenues par des misérables en carmagnole, le jeune homme reconnut le prisonnier que l'on entraînait.

D'un brusque mouvement il se sépara de ses compagnes, et se précipita dans les bras de l'homme qu'on venait de déclarer suspect, et qu'on parlait déjà d'accrocher au prochain réverbère.

— Mon père! dit-il, mon père!

— Mon enfant! mon cher François!

— Oh! s'écria le jeune poète, vous n'êtes pas seul maintenant ; ces misérables me tueront avant de vous atteindre!

Puis, promenant autour de lui des yeux dans lesquels brillait autant d'indignation que de courage :

— Lâches, qui attaquez un vieillard, pourquoi l'arrêtez-vous?

Vingt voix avinées lui répondirent :

— C'est un ennemi de la nation !

— Un stipendié des Anglais!

— Un ennemi de Robespierre!

— Il était agenouillé sur la tombe de Louis Capet, décapité pour ses crimes envers le peuple. S'il pleure le tyran, c'est qu'il le regrette.

— A mort! à la lanterne! hurlèrent les plus furieux.

François enveloppa de ses bras le vieillard dont le visage conservait une sérénité admirable, puis il dit d'une voix palpitante :

— Je mourrai pour le défendre! Osez maintenant attenter à sa vie.

La noble énergie du jeune homme, l'empire qu'exerce sur les masses un sentiment vrai, appuyé par un viril courage, remuèrent plus d'un porteur de carmagnole. Les tricoteuses trouvèrent François si beau d'enthousiasme et de pitié filiale qu'elles oublièrent leurs premières menaces. Une d'elles se sentit même si profondément touchée que, se penchant vers le vieillard, elle murmura à son oreille :

— Dites que par curiosité vous vous promeniez dans l'enclos.

Un faible sourire erra sur les lèvres du vieux gentilhomme. Il comprit qu'en effet ce mensonge le sauverait. Mais fallait-il acheter à ce prix la liberté ? Devait-il enseigner à son fils la faiblesse devant le danger, et le reniement des choses saintes ? Il ne le crut pas, et relevant encore plus haut son front couronné de la majesté de la vieillesse, il répondit :

— Si la reconnaissance est un crime à vos yeux, je suis coupable, car je priais sur la tombe de Louis XVI, mon roi bien-aimé.

L'orage populaire, un moment apaisé par l'intervention de François, éclata avec un redoublement de force. Les bras, les piques, les bâtons se levèrent à la fois.

Le jeune homme ne se contenta plus alors de faire à son père un bouclier de son corps, il leva sa canne redoutable, mais il n'eut pas le temps de frapper, la foule paralysa ses mouvements, et les piquiers et les sectionnaires hurlèrent de nouveau :

— Au Comité révolutionnaire ! emmenons-le au Comité !

— Où demeures-tu ? demanda un sans-culotte au vieillard.

M. de Loizerolles donna son adresse.

Puis se tournant vers les piquiers, il leur dit d'une voix forte :

— Marchons !

— Tu dois entretenir une correspondance avec Pitt et Cobourg ? ajouta un sans-culotte ; avant de te conduire au Comité nous inspecterons tes papiers.

François fit de nouveau un geste menaçant, mais le vieillard lui dit :

— Songe à ta mère !

Le bouillant jeune homme baissa la tête, prit le bras de son père, et d'un geste mêlé de mépris et d'audace, il éloigna les piquiers et les sans-culottes.

— Soyez tranquilles ! dit-il, les innocents ne se dérobent point.

Les rôles venaient de changer. A leur tour les prisonniers guidaient la multitude.

Une partie de la foule se dispersa.

Les patriotes leur amenaient des victimes par fournées. (Voir page 113.)

## CHAPITRE X

## SCÈNE DE NUIT

L'acte le plus dramatique venait de finir. Ceux qui suivraient ressembleraient trop à ce qui se passait chaque jour, pour inspirer un intérêt palpitant.

Quelques désœuvrés et des gens du quartier suivaient seuls le cortège, au milieu duquel se glissèrent, épouvantées, Mme de Civray et Cécile.

Elles oubliaient toutes deux en ce moment leur sûreté et le sentiment des dangers personnels qu'elles pouvaient courir.

Les misérables qui venaient d'arrêter le père et le fils reculeraient-ils devant l'arrestation de Mme de Loizerolles?

Sans doute Mme de Civray et sa nièce ne pouvaient rien, en ce moment, pour la famille à laquelle, tout à l'heure, elles comptaient demander un asile ; mais plus tard, quand elles sauraient où le Comité les avait envoyés, il leur deviendrait peut-être possible de se rendre utiles à leurs amis.

François et son père gardaient le silence.

Une pression de mains, un regard leur suffisaient pour se comprendre.

Seulement, à mesure qu'ils approchaient de leur demeure, l'angoisse grandissait dans leur âme; leur pas se ralentissait d'instinct, et d'un même mouvement ils s'arrêtèrent, quand ils aperçurent la porte de la maison qu'ils habitaient.

Ils étaient hommes, ils sauraient souffrir; mais Mme de Loizerolles, cette femme affaiblie par la maladie, cette mère dont François était la joie et l'orgueil, quel coup allait-elle recevoir, en voyant entrer chez elle son fils et son mari, prisonniers d'une bande de sans-culottes!

La résolution du vieillard fut bientôt prise.

— Laissez-moi passer le premier, dit-il aux révolutionnaires, vous savez bien que je ne m'évaderai pas; ma femme est malade, sa santé exige de grands ménagements. Du reste, vous pouvez entendre ce que j'ai à lui dire ; je tiens seulement à ce qu'elle me voie avant vous.

Loizerolles sonna à la porte du petit logement qu'il occupait.

Le pas lourd et traînant de Benoît se fit entendre, la porte s'ouvrit, et le vieux serviteur laissa échapper un cri d'épouvante, en voyant à la suite de ses maîtres, des sans-culottes et des piquiers.

— Benoît, dit le maître du logis d'une voix calme, ne t'inquiète pas, mon ami... Un renseignement à prendre, voilà tout... Tu le sais mieux que personne, nous n'avons rien à craindre.

— Mais ce sont les innocents qu'on guillotine, Monsieur, s'écria Benoît.

— Silence ! fit Loizerolles.

Le vieux domestique s'effaça contre la muraille, et laissa passer ses maîtres.

— Les clefs ! demanda un des sans-culottes.

— Donne les clefs, ajouta M. de Loizerolles, en voyant l'hésitation de Benoît.

Celui-ci les remit à son maître, ne voulant à aucun prix les confier au misérable qui les réclamait.

— Vous pouvez chercher partout, dit tranquillement M. de Loizerolles.

Les Jacobins bouleversèrent les armoires, jetèrent les papiers en monceau, en déclarant qu'ils les remettraient au Comité. Ils brisèrent sous le talon de leurs lourdes chaussures une miniature représentant Louis XVI, puis une terre cuite de Nini, reproduisant la beauté majestueuse et charmante de Marie-Antoinette. Tout ce qui semblait rappeler le souvenir de la royauté fut réduit en débris. Quelques rouleaux de louis et deux bagues disparurent dans les vastes poches de deux piquiers. Avant de rendre leurs comptes aux Comités, ils commençaient par se payer de leurs peines.

M. de Loizerolles et François les laissaient faire. Peu leur importait qu'on volât de l'or ou des bijoux; ils regretteraient sans doute les portraits de la famille royale, offerts par les souverains à des serviteurs dévoués, mais le culte qu'ils gardaient pour leurs maîtres restait enfermé au fond d'une âme fidèle.

Les misérables se livrèrent à une perquisition minutieuse, fracturant plutôt qu'ils n'ouvraient les meubles, saisissant les manuscrits et les entassant au fond d'une cassette, en laissant échapper tantôt des plaisanteries ignobles, tantôt de sanguinaires menaces.

Les deux suspects laissaient faire, avec une sorte d'indifférence; ils ne pouvaient rien attendre de la prétendue justice devant laquelle ils allaient comparaître, et tous deux éprouvaient une hâte égale de voir se terminer cette perquisition. Leurs regards trahissaient une angoisse muette; ils comprenaient trop que leur plus rude épreuve n'était pas encore subie.

Le citoyen Fabricius posa la main sur le bouton d'une porte.

— Il nous reste encore à visiter cette chambre.

Le vieillard répondit avec une vivacité mêlée d'émotion :

— Elle ne renferme aucun papier, je vous le jure.

— C'est possible, mais elle est habitée.

— Par ma femme... une femme malade que tuerait une violente émotion.

— Bah! fit Fabricius, si elle meurt, ce ne sera jamais qu'une aristocrate de moins.

Une dernière fois le jeune homme fut tenté d'appeler la force à son aide, mais son père lui dit d'une voix grave :

— La dignité dans le malheur est une vertu, mon François.

Puis se tournant vers les sectionnaires, le vieillard ajouta :

— Vous pouvez vous fier à ma parole, je ne chercherai point à m'évader ; je réclame seulement le droit d'avertir ma compagne du sort que vous lui réservez.

Loizerolles ouvrit, puis il referma doucement la porte de la chambre de sa femme.

Tout au fond, dans une alcove tendue de soie ramagée, une femme pâlie par la souffrance, se tenait appuyée du coude sur les oreillers. Trop faible pour se lever, mais dévorée d'inquiétude, elle écoutait les pas et les voix des sectionnaires poursuivant leur perquisition.

Quand elle aperçut son mari, la malade poussa un cri de joie.

— Simon, fit-elle, que se passe-t-il, tu n'es pas seul?

— François est avec moi, répondit le vieillard.

— Mais ce n'est pas François qui élève une voix menaçante? Parle! parle! Simon, si mon corps est faible, je suis vaillante par le cœur!

— Je le sais depuis que tu es ma femme.

— Ta liberté est-elle menacée?

— Hélas! répondit le vieillard, je ne me suis pas perdu seul. Mon imprudence vous a tous compromis, sacrifiés, peut-être...

— Quand? comment? demanda la malade.

— Tout à l'heure, au cimetière de la Madeleine, où je priais sur la tombe du roi...

— Tu as été surpris?

— Surpris et arrêté!

La malade porta vivement la main à sa poitrine.

— Arrêté!

Elle ajouta, en regardant son mari avec une angoisse croissante :

— Tu parlais de François...

— Hélas! on n'a pas séparé le fils du père.

— Aide-moi, Simon, dit la malade d'une voix ferme, si mon mari est arrêté, je le suis aussi ; si mon mari est suspect, je suis suspecte comme lui ; si l'on conduit mon mari à l'échafaud, je dois monter dans la même charrette.

— Chère et admirable femme! fit le vieillard.

Avec une force et une promptitude que son état rendait presque miraculeuses, la vaillante créature s'habilla, s'enveloppa d'une mante de soie, jeta un fichu de point d'Espagne sur sa tête, détacha de la muraille un petit crucifix, puis, s'appuyant sur le bras de M. de Loizerolles, elle lui dit en souriant :

— Je suis prête.

Le vieillard éprouva un attendrissement profond. Il mit un baiser plein de respect affectueux sur le front de sa femme, puis ses yeux parurent passer la revue des objets familiers remplissant cette chambre. Ils s'arrêtèrent sur un pastel, représentant une femme dans l'éclat de sa dix-huitième année, costumée en bergère, et s'appuyant sur une houlette enrubannée.

— Je t'aimais bien ! dit M. de Loizerolles à sa femme, je t'aimais bien, quand ce portrait traduisait à peine le charme de ton visage, mais aujourd'hui, je le chéris cent fois mieux. Ici même, je tiens à te le dire, car ici s'est passée la moitié d'une vie que tu fis heureuse entre toutes les vies. Ton affection et ton dévouement méritaient mieux que le sort qui t'attend, et qu'hélas ! j'ai attiré sur toi.

— Ne t'accuse pas, répondit la malade ; quel que soit le motif entraînant ton arrestation et la mienne, j'approuve ta conduite, car tu ne peux avoir agi que suivant les lois de l'honneur. Ton bras, Simon, offre-moi ton bras comme à la cour de Versailles. La persécution et la mort n'effraient que les coupables et les lâches.

Le vieillard ouvrit la porte et dit aux sectionnaires :

— Nous voici, messieurs, marchons.

Alors seulement la femme courageuse qui suivait sans regrets et sans peur son mari, aperçut son fils, et comprit que lui aussi se trouvait compromis.

François ! murmura-t-elle, pauvre François !

— Remercions Dieu de ne point nous séparer ! répondit le jeune poète.

— Allons ! en route, les aristocrates ! dit un sectionnaire.

— Vous vous expliquerez au Comité révolutionnaire ! ajouta un piquier.

A cette époque, toute salle de Comité s'ouvrait sur une prison, et l'on ne quittait la prison que pour aller à la mort.

Alors toute autorité, s'arrogeant le droit d'arrêter les suspects, possédait une vaste chambre près du lieu où elle se trouvait établie ; la maison de la police et la municipalité en possédaient également.

Dans ces pièces plus ou moins vastes, se tenaient en permanence deux ou trois hommes habillés de carmagnoles, coiffés de bonnets phrygiens. Les espions, les observateurs de l'esprit public et les patriotes leur amenaient des victimes par fournées incessantes ; aux Jacobins, surtout, où les membres de ce groupe se faisaient remarquer par une férocité inouie.

Ce fut au Comité le plus voisin du domicile de M. de Loizerolles que l'on conduisit le vieillard, sa femme et son fils.

Au moment où les prisonniers pénétrèrent dans cette salle, le citoyen Fabricius était en train d'éblouir le cabaretier qui lui tenait compagnie, en lui communiquant son appréciation sur les mœurs nouvelles, amenées par la révolution. Fabricius, ancien clerc de bailliage, en avait rapporté l'esprit de chicane et d'argutie. Une grande soif de jouissances, une ambition sans bornes en avait fait dès l'origine un partisan d'un gouvernement de sang et de violences. Il s'improvisa orateur de la rue et des clubs, et, grâce à une façon assez habile de grouper les phrases sonores, il parvint à fasciner plus d'un ignorant, et à se créer une sorte de popularité.

Le chef des sectionnaires s'avança vers lui.

— Citoyen Fabricius, dit-il, nous venons de remplir un devoir sacré en arrêtant un ami de Pitt et Cobourg, sa femme et son fils. L'aristocrate était agenouillé sur la tombe du tyran Louis Capet, dont le peuple libre a fait justice.

Fabricius et Hannibal, le cabaretier, se redressèrent, afin de se donner une attitude en rapport avec leur rôle.

Ce fut le clerc de bailliage qui procéda à l'interrogatoire :

— Quel est votre nom? demanda-t-il au vieillard.

— Jean-Simon-Avit de Loizerolles.

— Votre âge?

— Je suis né à Paris, en 1732.

— Vous avez servi le tyran?

— J'ai eu l'honneur d'obtenir et de garder la confiance du roi Louis XVI, dont je porte le deuil... Si vous souhaitez connaître mes états de service, les voici : — En 1771, lors de la lutte de la Cour et des Parlements, ces Cours étant tombées en désuétude, je cessai de plaider, et M. le duc de Choiseul me fit nommer intendant de l'île de Corse. — En 1787, je fus créé conseiller d'État. — La même année, sur le rapport de M. de Paulmy, conseiller de la reine, je fus chargé par celle-ci d'un travail spécial...

— Sur quel sujet? demanda Fabricius.

— Sur les *Prérogatives des reines de France*.

— Un éclat de rire d'Hannibal interrompit le vieillard.

— Ton affaire est réglée, dit Fabricius.

Il se tourna vers la femme de Loizerolles :

— Et toi, citoyenne ?

— Les opinions de mon mari sont les miennes, répondit la noble femme ; je garde un respectueux souvenir de Louis XVI et de Marie-Antoinette; et je demande à partager le sort de M. de Loizerolles.

— Accordé ! répondit Fabricius.

Le clerc s'adressa ensuite au jeune homme :

— Après le loup et la louve, c'est le tour du louvard. Si tu ne t'entêtes pas dans les opinions de ta famille, si tu renies ses crimes, la Nation, dans sa magnanimité, pourra te témoigner de l'indulgence.

— Je n'en demande pas, répondit le poète.

— Tu pourrais devenir soldat, reprit Fabricius, faire partie d'un club.

— Je ne te demande pas de conseil, ajouta fièrement François.

— Soit ! ton âge ?

— Vingt ans.

— Ton nom ?

— François-Simon de Loizerolles.

— Ta profession ?

— Je suis poète, comme André de Chénier, mon ami...

Fabricius traça rapidement quelques lignes qu'il remit à un sectionnaire, puis s'adressant au vieillard :

— On examinera tes papiers, citoyen, quoique la preuve de tes conspirations avec l'étranger et de ton attachement au tyran se trouve dans tes réponses mêmes. En attendant, en route pour la section du Jardin-des-Plantes.

Simon de Loizerolles serra la main de sa femme, reprit sa place au milieu des piquiers, et la petite troupe suivit le chemin indiqué par le citoyen Fabricius.

Cécile et la comtesse de Civray, frappées dans leurs affections les plus chères, mais libres encore, et capables de s'occuper du salut de leurs amis, n'eurent qu'un seul désir : celui de venir en aide à la famille qui les eût accueillies sans se soucier de se compromettre, si une réunion fatale de circonstances ne les avait fait arrêter à l'instant même où la comtesse allait frapper à leur porte.

— Cela portera bonheur à Henri si nous nous dévouons pour les autres, dit Mme de Civray. Il s'agit d'apprendre où l'on va conduire nos amis.

— Les deux femmes se prirent le bras, et suivirent de loin les piquiers.

Au moment où la famille de Loizerolles quittait la salle de la section du Jardin-des-Plantes, un des hommes qui devaient la conduire en compagnie d'un groupe de suspects, s'écria :

— A la prison Lazare ! Tout regorge ailleurs.

— Tu entends ? demanda la comtesse à Cécile... à Saint-Lazare !

où l'on a enfermé mon fils... Henri aura du moins la consolation de se trouver au milieu de ses amis...

— Qu'allons-nous faire, ma tante ? demanda Cécile.

— Nous rapprocher de la prison d'Henri.

Elles s'embrassèrent en pleurant et redescendirent du côté de la prison.

L'horrible déception qui venait de briser le cœur d'Henri de Civray laissait au fond de son âme un tel désespoir qu'il songea, avec une sorte de soulagement, qu'une mort prompte ne pouvait manquer de suivre rapidement son incarcération. L'unique vœu qu'il formait encore était de cacher à sa mère une condamnation imminente, et de l'obliger à quitter la France, dans l'espérance de le rejoindre à la frontière.

Robert Comtois, que son intérêt devait rendre complice de cette fraude, l'entretenait dans ce projet durant la nuit qu'ils passèrent du Comité qui les déclara suspects, aux différentes prisons, à la porte desquelles frappèrent inutilement leurs gardiens, avant de trouver place à la prison Lazare.

On poussa Henri de Civray et Robert dans une chambre sans meubles ; mais, comme Robert glissa une pièce d'or dans la main de celui des hommes qui paraissait le plus récalcitrant, on promit pour le lendemain aux prisonniers un logis plus commode.

Peu importait en ce moment à Henri dans quel lieu il se trouvait, et ce qui allait lui advenir. Il songeait à sa mère pour la pleurer, à Jeanne pour la maudire. Il se souvenait, avec une tristesse navrante, des rêves bâtis sur une amitié d'enfance trop vite transformée en ardente tendresse ; il se rappelait, avec remords, son opposition aux souhaits maternels, le dédain dans lequel il avait tenu cette ravissante Cécile, dont il n'avait pas même daigné interroger la secrète pensée. Alors il lui semblait que sa mort était un juste arrêt du ciel, et il l'accepterait comme une expiation d'un passé désormais impossible à racheter.

— Que ferais-je de la vie, maintenant, pensait-il? La déception que je viens de subir me brise, m'humilie, me désespère. Et cependant, tout en reconnaissant mon aveuglement et ma folie, suis-je certain que, si demain je me trouvais libre, j'obéirais au vœu de ma mère?... Si je le faisais, ce serait avec le sentiment de l'expiation, et Cécile vaut mieux qu'une pitié réparatrice... Ah ! je me souviens trop des heures passées à Civray, du dévouement de Jeanne pour ma mère, de la tristesse de ses adieux, de la grandeur de son sacrifice.... Fou que je suis! Elle ne se sacrifiait pas? Ma mère commandait. Ma mère la chassait d'un toit où elle s'était accoutumée à vivre, et Jeanne partait, les yeux secs, le cœur plein de haine. A-t-elle dit un mot, poussé un soupir pour faire révoquer cette sentence? Non! avant tout, Jeanne est orgueilleuse, et son orgueil l'a poussée jusqu'au crime. Est-ce moi qui l'ai bannie? N'ai-je pas, au contraire, tout tenté pour obtenir qu'elle restât? Ne savait-elle pas que je souhaitais en faire ma femme? Si le mot qui lie n'a pas été prononcé, Jeanne comprenait les réticences de mon respect... Elle pouvait attendre! Si elle croyait avoir à se venger de moi, au moins ne devait-elle pas frapper sur le cœur de ma mère! Ah! malheureuse et misérable Jeanne! Oui, malheureuse, car il faut qu'elle ait bien souffert pour en être venue à commettre un tel crime, et à me causer une déception si amère!

Henri de Civray cacha son front dans ses mains, et demeura plongé dans un silence que Robert ne troubla, ni par une question, ni par une banale espérance.

Il comprenait qu'il devait laisser à Henri le temps de se remettre du coup violent qui venait de l'atteindre.

Pendant ce temps, le fils de l'ancien intendant préparait ses plans.

Il ne doutait point qu'on le mettrait en liberté au bout d'un jour ou deux. Alors il rejoindrait la famille de Civray, et, sous prétexte d'enlever à la comtesse les préoccupations du départ et d'assurer avec sa fuite la conservation de sa fortune, il se ferait remettre les diamants et l'or de la comtesse; puis au moment où Cécile et Mme de Civray se disposeraient à la fuite, on les arrêterait comme suspectes. Robert resterait en possession de leur fortune, et pourrait jouir enfin de ces plaisirs dont il sentait en lui grandir les ardentes convoitises.

Il avait trop d'intelligence pour ne pas prévoir qu'une réaction suivrait la sanglante orgie révolutionnaire, et il se promettait d'embrasser une vie facile, et de faire oublier, sous un titre sonore, le nom plébéien de Robert Comtois.

Tandis qu'Henri songeait à Jeanne, Robert répétait le même nom avec l'espoir de savourer bientôt une prompte vengeance :

Ou Jeanne, abjurant ses dédains, consentirait à devenir sa femme, ou sur elle aussi il ferait un jour tomber la sévérité du Comité du Salut Public. Il serait facile à Robert de faire perdre à la jeune fille la réputation de patriote que venait de lui mériter sa prétendue trahison de la famille de Civray. Si Henri, plongé dans le tumulte de ses pensées, n'avait point reconnu Jeanne au milieu de la foule, les regards de Robert n'avaient pu s'y tromper. Il restait de sang-froid au milieu de ce drame, dont il faisait à son gré mouvoir les acteurs. Jeanne avait suivi Henri de Civray, afin de connaître dans quelle prison on l'enfermerait. Dès qu'elle le pourrait, elle multiplierait les moyens de lui procurer la liberté; et Robert, libre d'espionner ce qui se passerait aux alentours de la prison Saint-Lazare, Robert dénoncerait Jeanne comme traître à la patrie, en raison de ses correspondances avec les suspects : il la placerait entre la guillotine et un mariage qui jusqu'alors lui avait fait horreur.

Chose étrange, au milieu du conflit de leurs pensées, les prisonniers ne trouvèrent pas long le reste de cette nuit. Ni l'un ni l'autre ne goûta de sommeil, mais chacun d'eux prit à tâche de persuader à son compagnon qu'il avait trouvé dans le repos l'oubli de ce qui s'était passé durant cette fatale soirée.

L'aube parut. Une aube grise et triste; le jour vint, et le jour amena, dans la chambre où se trouvaient Robert et le comte de Civray, le geôlier Naudot.

— Je vous ai promis un logement convenable, dit-il avec une grande politesse, en s'adressant à Henri, veuillez me suivre.

Le comte se leva, et Naudot l'introduisit dans une petite pièce meublée d'une façon suffisante.

Quant à Robert, il fut placé dans le cabinet voisin.

— Pensez-vous que l'on nous interroge bientôt? demanda Henri à Naudot.

— Je ne le souhaite pas pour vous, répondit le gardien.

— Et moi, je le désire fort. Innocent de tout crime, je tiens à prouver cette innocence; ou, si l'on me condamne pour mes opinions religieuses et mon amour pour le Roi, je ne disputerai pas ma tête.

— Il ne dépend pas de moi d'avancer ou de reculer votre comparution devant le tribunal, répondit Naudot. J'ai des devoirs à remplir envers ceux qui m'ont confié la charge que j'occupe, des devoirs d'humanité à observer à l'égard des prisonniers. Je ferai mon possible pour adoucir votre séjour ici, et j'ai la certitude que vous n'entendrez sortir de la bouche d'aucun de ceux que je garde et surveille, un seul mot de plainte ou même de blâme contre moi.

— Me sera-t-il permis de voir ma mère?

— N'y comptez pas.

— Pourrai-je lui écrire?

— Tous les prisonniers correspondent avec leurs familles. Jusqu'à ce moment, nous n'avons reçu aucun ordre qui interdise l'échange de lettres. Vous trouverez dans cette prison le citoyen Roucher, un savant, dit-on, un poète, comme son ami Chénier, eh bien! le citoyen Roucher écrit chaque jour à sa fille, celle-ci lui envoie ces livres, des fleurs.

— Apportez-moi donc ce qu'il faut pour écrire, répondit le comte de Civray.

Un moment après, Naudot revenait chargé de divers objets.

En même temps, Robert franchissait le seuil de la chambre d'Henri.

— Monsieur le comte, lui dit-il d'une voix qui affectait la franchise, nous n'aurons peut-être qu'une journée, que dis-je, une matinée afin de prendre des mesures indispensables à votre salut.

— Je ne serai pas sauvé, répondit Henri.

— Admettons cette hypothèse, monsieur le comte, quoique nous soyons obligés de convenir que le gouvernement de la Terreur oublie, dans des prisons diverses, bon nombre de gens qu'elle a mis sous les verrous. Vous êtes perdu si l'on vous juge, soit! mais on peut laisser à Saint-Lazare le comte de Civray, et quiconque gagne du temps peut sauver sa tête. D'ailleurs, si vous ne songez point à vos intérêts, je suis certain que vous n'oubliez point ceux de madame la comtesse.

— Pauvre noble et sainte mère! Combien elle souffrira!

— Certes, et nul ne le sait mieux que moi qui connais la profondeur de son amour maternel. Quoique l'on nous ait arrêtés ensemble, nous pouvons nous trouver séparés. Votre nom vous condamne, mon dévouement pour vous m'accuse, mais je comprends trop quel besoin la comtesse de Civray peut aujourd'hui avoir de mes services, pour ne point saisir tous les moyens d'échapper à mes juges. Mon attachement pour vous, monsieur le comte, peut me faire partager votre échafaud, ou me forcer à émigrer avec votre famille.

— Je sais, répondit Henri, je sais, Robert, à quel point je puis compter sur ton dévouement. Avant que tu me l'exprimes, j'ai compris ce que tu considères comme un double devoir. N'hésite point dans ton choix. Regarde-moi, ainsi que je le fais moi-même, comme un homme perdu... si absolument perdu, Robert, qu'il refuserait de vivre si ses juges le lui offraient. Certains malheurs nous condamnent plus vite que tous les jugements du monde. Tu consoleras ma mère, tu veilleras sur Cécile... Dieu merci, elles sont parvenues à sauver une partie de notre fortune, et je ne redoute point pour elles la misère durant l'exil. Multiplie des efforts surhumains pour échapper aux bourreaux, c'est la dernière preuve d'attachement que j'exige de toi à cette heure.

— Je vous obéirai, monsieur le comte, répondit Robert, mais ne croyez point qu'il sera facile de persuader à la comtesse de quitter Paris, tant qu'elle vous saura en prison.

— Elle doit me croire libre, répondit Henri.

— Comment la convaincrai-je de votre départ ?

— Rien de plus simple, répondit Henri de Civray, je te remettrai une lettre par laquelle je t'instruirai de mon départ, en te donnant rendez-vous à la frontière. Ma mère et Cécile te suivront, sans opposition, sans défiance. Quand elles se trouveront à l'abri du péril, tu leur révéleras la vérité ; ma mère se résoudra à vivre pour Cécile, et toutes deux me pleureront.

— Cette lettre, monsieur le comte ?

— Je vais l'écrire à l'instant même ; si par hasard tu es appelé avant moi devant tes juges, et que tu sois acquitté, je serai délivré de l'angoisse que ma mère et ma cousine partageront des périls semblables aux miens.

Le comte se mit à écrire, et Robert s'absorba dans de sinistres pensées.

La lettre d'Henri contenait peu de lignes. Il eût craint, en s'abandonnant à l'impétuosité des sentiments qui remplissaient son cœur, de donner quelques doutes sur la sincérité de sa résolution. Il se borna au pieux mensonge qui pouvait assurer le salut de sa mère.

Cette lettre faisait de Robert l'arbitre de la destinée de Cécile et de sa tante.

Lorsque Comtois la tint entre ses mains, il crut qu'il possédait déjà la fortune des Civray.

Pendant le reste de la journée, Henri ne se sentit pas le courage de se mêler à ses compagnons d'infortune. Il eût fallu, devant eux, contraindre ses regrets, et la seule consolation qu'il éprouvât était de s'y abandonner.

Robert partagea sa solitude.

Mais ni l'un ni l'autre ne prononça le nom de Jeanne Raimbaud.

Comme il l'avait prévu, Robert fut rapidement mandé devant ses juges. Ou plutôt, afin de continuer la sinistre comédie commencée rue Saint-Honoré, on tira Robert de la prison Lazare pour le rendre simplement à la liberté !

Ce fut alors qu'il courut à la petite maison de Mme de Civray, et lui persuada de quitter Paris pour obéir aux ordres de son fils.

Le crieur de journaux, en révélant à la comtesse l'arrestation d'Henri, la fit renoncer à ce projet, et Cécile, devenue instinctivement défiante à l'égard de Robert, entraîna Mme de Civray hors d'une demeure dont le secret se trouvait déjà vendu, et fit perdre au fils de Comtois le fruit d'une double trahison.

Il fallut cinq heures pour enlever les prisonniers. (Voir page 129.)

## CHAPITRE XI

## A SAINT-LAZARE

La prison Lazare, comme on le disait alors à cette époque, s'éveillait lentement et secouait la torpeur fiévreuse de la nuit.

Les sentinelles quittaient leurs postes. On partageait aux bouledogues une abondante pâtée, pour les récompenser d'avoir erré dans les cours en troublant par des aboiements furieux le repos des prisonniers.

Les guichetiers traversaient les couloirs en faisant sonner des trousseaux de clefs énormes. On entendait un bruit confus de portes, de verrous tirés, de jurements sonores. Des hommes, en carmagnole et en bonnet phrygien, chantaient le *Ça ira* à pleine gorge, tandis que les crieurs répétaient sous les murs de la prison, et dans la rue Paradis qui l'avoisinait :

— Achetez les numéros gagnants à la loterie Sainte-Guillotine. L'une après l'autre s'ouvrirent les portes des couloirs, et les prisonniers abandonnaient les petites chambres dans lesquelles on les enfermait pendant la nuit. Ils attendaient avec impatience l'heure de se retrouver ensemble. Des pièces assez vastes leur servaient de salon, de bibliothèque, de salle de concert. Tous les efforts tendaient à faire oublier la situation présente et à rappeler les jours meilleurs que, peut-être, ils ne devaient plus revoir. Pour la plupart des captifs, les murailles sales et tristes de Saint-Lazare succédaient aux galeries de Versailles, aux gracieuses élégances de Trianon. Dans cette prison, comme dans toutes les autres de Paris : les Oiseaux, l'Abbaye, l'hôtel Talaru, la Conciergerie, le Luxembourg, captifs ou captives apportaient un soin égal à conserver, au milieu de leurs épreuves, les traditions du monde où ils avaient vécu. La vie commune, qui semblait dans ces tristes circonstances devoir les faire négliger, leur donnait une valeur nouvelle.

Au moment où se retrouvaient les malheureux promis à l'échafaud, il eût été impossible de lire l'ombre d'une crainte sur leurs visages. Quelques-uns, il est vrai, se flattaient de rester oubliés dans la prison, et comptaient sur une crise prochaine qui emporterait, dans la tourmente révolutionnaire, ceux-là mêmes qui l'avaient soulevée. Mais la plupart, connaissant le nombre grossissant des *fournées*, savait que son tour ne tarderait pas à venir. Tous affectaient d'oublier l'horreur de leur position. On multipliait les moyens de passer agréablement les heures. Grâce à un clavecin et à quelques instruments de musique, on organisait d'excellents concerts.

Les hommes lisaient ou écrivaient dans la salle servant de bibliothèque, tandis que les femmes brodaient ou parfilaient.

On échangeait des journaux achetés à prix d'or, des journaux dans lesquels on trouvait la liste d'amis déclarés suspects, de parents trop chers qui, du tribunal étaient montés dans la charrette approvisionnant la guillotine. On préparait les lettres destinées à des êtres aimés et qui devaient leur parvenir grâce à des dévouements ignorés. Dans les angles de la salle de travail, des artistes reproduisaient les traits de leurs compagnons d'infortune.

Il pouvait être huit heures du matin, quand deux jours après l'arrestation de Henri de Civray, et le lendemain de la terrible soirée qui vit surprendre Loizerolles sur la tombe de Louis XVI, Naudot, le gardien de la prison Saint-Lazare, tira les verrous des trois petites chambres dans lesquelles on avait enfermé le vieillard, sa femme et son fils.

La physionomie de l'ancien lieutenant du bailliage de l'artillerie de l'arsenal conservait le calme admirable dont les terribles scènes de la veille n'avaient pu le faire se départir; sa femme, que son état maladif rendait d'une extrême impressionnabilité nerveuse, se dominait assez pour garder la force de sourire. D'ailleurs, elle conservait près d'elle les seuls objets de ses affections, et s'efforçait de garder espoir dans l'avenir.

Quant à François, soit excès de confiance dans son innocence, soit force d'âme au-dessus de son âge, il conservait, unie à la gravité précoce des penseurs, cette flamme du regard des poètes qui le faisait remarquer au milieu des jeunes gens de son âge.

Il pressa fortement la main de son père, baisa la main de sa mère avec un tendre respect, s'inquiéta de leur santé, puis, rassuré sur ce point, il tourna autour de lui un regard plus sympathique que curieux.

La famille de Loizerolles se demandait si elle allait trouver, parmi les malheureux peuplant Saint-Lazare, des compagnons d'infortune prêts à leur faire en quelque sorte les honneurs de la prison. Ils se trouvaient perdus dans ce dédale de chambres et de couloirs. Ignorant ce que permettait la quasi bonté des geôliers et ce qu'interdisaient les règlements, ils restaient debout, groupés, serrés l'un contre l'autre, attendant qu'une main se tendît vers eux.

Tout à coup, une voix pleine et affectueuse dit ces vers :

— Oui, puisque je retrouve un ami si fidèle,
Ma fortune va prendre une face nouvelle.

François de Loizerolles se retourna vivement :

— André de Chénier !
— François !
— Je ne vous demande point ce qui a motivé votre arrestation, reprit le jeune Grec, vous avez servi le roi, et vous croyez en Dieu, en voilà plus qu'il n'en faut pour vous amener ici.

Chénier se tourna vers madame de Loizerolles, dont il porta respectueusement la main à ses lèvres.

— Vous trouverez, lui dit-il, de nobles et dignes compagnes. Ceux qui nient l'influence consolatrice de la femme devraient venir ici, ils en sortiraient convaincus.

Une douairière en cheveux blancs et une charmante jeune fille s'avancèrent.

Celle-ci paraissait âgée de seize ans à peine. C'était une ravissante créature blonde, avec des prunelles d'un bleu sombre. Une telle expression de grâce, d'innocence et de finesse brillait sur son visage que l'on comprenait pourquoi André Chénier avait fait fleurir ce beau vers sur ses lèvres :

> Ma bienvenue ici me rit dans tous les yeux.

En même temps que la comtesse de Croisemont, elle s'approcha de Mme de Loizerolles, qui se trouva vite entourée.

Roucher rejoignit André et François.

— Depuis combien de temps êtes-vous ici? demanda Loizerolles à l'auteur des *Mois*, je vous croyais à Sainte-Pélagie.

— Je ne regrette point d'être à Saint-Lazare, j'y ai trouvé Chénier et vous arrivez. Quand le malheur nous écrase nous devons nous rapprocher davantage, nous autres que Dieu charge de chanter l'espérance, et de marcher le regard au ciel ; mais matériellement, je me trouvais mieux là-bas. La table était meilleure, la gaieté plus franche, l'espace plus grand. Je pouvais consacrer le double de temps à ma traduction de *Thompson*.

L'impossibilité où sera le Comité de me garder longtemps me rassure... Encore quelques jours, et moi et mon « petit suspect » nous rejoindrons celles qui nous pleurent dans ce logis de la rue des Noyers, où vous avez daigné venir... Toi aussi, Chénier, tu seras rendu à la liberté!... Qu'est-ce que la République peut faire de nous, des poètes! Moi, j'ai chanté les jardins et les champs, traduit Virgile, et répété les poèmes d'Homère ; toi, tu es un jeune Grec égaré sur la terre de France, à l'heure où elle n'a plus à nous donner ni syrinx pour accompagner nos idylles, ni lyre pour soutenir la note grave de nos vers... Ma femme et ma fille multiplient les démarches pour obtenir ma liberté. Quant à toi, tu seras sauvé par ton frère.

— Qui sait? répondit Chénier, on ne me pardonnera sans doute pas mes vers antijacobins.

— C'est possible ; mais les odes républicaines de Marie-Joseph, ses hymnes en honneur de la liberté, ses drames dans lesquels il fait vibrer la grande voix du patriotisme, suffiraient pour faire absoudre tes philippiques contre les sans-culottes !

— Je ne m'y fie pas, répondit Chénier ; et tiens, Mlle Lenormand qui passe dans le couloir, grave et triste comme une sibylle, n'oserait me parler comme tu le fais.

François de Loizerolles se rapprocha des deux poètes :

— Pouvez-vous m'apprendre sous quel prétexte on a incarcéré Mlle Lenormand ? Elle prophétisait l'avenir, mais je ne sache pas que les républicains aient interdit la cartomancie.

— Ils n'aiment point les prophètes, souvenez-vous de Cazotte.

— Enfin, de quoi Mlle Lenormand est-elle coupable ?

— Elle a osé dire, répondit Roucher, que la République serait d'une courte durée, et que le duc de Provence monterait sur le trône de Louis XVI.

— Mais, dit Loizerolles, elle oubliait le Dauphin.

— Elle ne l'oubliait point, répondit Roucher, mais elle connaît les infâmes traitements que lui inflige son bourreau, le cordonnier Simon.

François fit un pas en avant.

— Je veux savoir... dit-il.

Roucher l'arrêta brusquement.

— Garde-toi de l'interroger, aujourd'hui surtout, lui dit-il ; notre sibylle semble très absorbée, et nous respectons une rêverie à laquelle succèdent des heures d'une lucidité effrayante.

— J'attendrai, répondit François. Mais vous, de Chénier, reprit-il, n'avez-vous jamais eu la curiosité, dangereuse peut-être, mais trop commune, de soulever le voile de l'avenir ?

Chénier tressaillit, et répondit en fixant ses regards bleus sur François :

— Vous avouerai-je ma faiblesse ? Je ne l'ai point osé ! Je tiens à deux choses en ce monde : à l'amitié et à la poésie. A la poésie qui, depuis que je pense et que je rêve, m'a semblé digne du culte de toute ma vie ; à l'amitié, qui me paraît la source de fécondes consolations.

J'ai sacrifié à la poésie ma jeunesse ardente, je me considérais comme un pontife chargé d'entretenir le feu sur son autel ; pour elle, la chaste Muse, assise à l'ombre des hêtres, pressant une lyre sur son cœur, et gardant à ses pieds les syrinx, les pipeaux et les flûtes antiques, j'oubliais ce qu'à mon âge on appelle le plaisir, et je me sentais heureux de ressusciter dans mes vers la forme majestueuse ou charmante des anciens... Mais depuis que cette prison s'est ouverte, depuis que mes strophes se sont empreintes d'ironie, de colère et de haine, depuis que j'ai ajouté la corde d'airain de l'indignation à cette lyre qui rendait des harmonies à l'aide des sept cordes d'or, la **Muse** vaporeuse a pris une forme terrestre ; la poésie s'est incarnée pour moi sous la figure d'une femme, d'une jeune fille, presque une enfant... Semblable infortune nous rapproche. La pitié, la tendresse qu'elle m'inspire me rendent craintif et tremblant. Pour la sauver, je le sens, j'affronterais tous les périls ; mais, quand il s'agit d'apprendre quelle sera la limite de la vie durant laquelle il me sera permis de la vénérer et de la chérir, la force me manque. Quand Mlle Lenormand passe près de moi je détourne la tête, et je marche plus vite, comme si je m'attendais à lui entendre prononcer une irrévocable sentence.

La conversation de Loizerolles et d'André de Chénier dura jusqu'à l'heure du repas.

Au moment où les prisonniers allaient passer dans la salle à manger, Chénier offrit la main à Mme de Coigny, qui l'accepta avec un sourire.

Simon de Loizerolles soutenait sa femme, dont les émotions subies avaient doublé les souffrances, et son fils François entourait d'attentions délicates une douairière ayant à peine la force de se traîner en suivant la muraille.

Après le repas, les amateurs faisaient un peu de musique.

Ce fut durant le concert que le comte Henri de Civray, entré le dernier dans la salle, et à demi caché par le montant d'une porte, reconnut la famille de Loizerolles.

Son cœur battit avec violence.

Dans cet enfer, il trouvait des amis. Avec eux, il pouvait parler de sa mère, de Cécile dont le souvenir s'imprégnait en ce moment d'un charme mélancolique.

Tandis que la comtesse de Dammartin chantait un air de Gluck, que jadis Marie-Antoinette accompagnait au clavecin, Henri se rappelait la grâce timide de sa cousine, il se souvenait des témoignages de sa craintive affection ; il comparait cette pure et ravissante jeune fille à Jeanne qui l'avait vendu, comme Judas, pour quelques deniers.

Lorsque s'éteignit le chant poignant et large que Mme de Dammartin venait d'interpréter avec un talent remarquable, Henri de Civray se fraya un passage au milieu de ses nouveaux compagnons, et s'inclina devant Mme de Loizerolles.

— Vous ici ! Monsieur, s'écria-t-elle, pourquoi ? depuis quand ?

— Pourquoi ? Madame. Pour la même raison qui vous a fait incarcérer, sans nul doute. L'attachement de ma famille à Louis XVI es connu, et je ne cherche point à dissimuler mes convictions. J'ai été amené ici pendant la nuit, il y a deux jours; pour la première fois je me réunis à mes compagnons d'infortune.

— Et votre mère? demanda Mme de Loizerolles d'une voix tremblante, car nul n'osait s'informer de ses amis sans craindre de rouvrir une blessure.

— Hélas! Madame, j'ignore où elle se trouve en ce moment, mais j'ai l'espoir qu'elle est en sûreté. Le fils d'un ancien serviteur s'est chargé de lui faire franchir la frontière. Elle avait cru, dans sa tendresse, me ménager un asile sûr, et j'ai été trahi par mes hôtes. Si j'avais la certitude qu'elle ne court aucun danger, je ferais bon marché de ma vie.

Henri et Simon de Loizerolles rappelèrent les souvenirs d'années heureuses, pendant lesquelles Mme de Civray avait connu la femme du lieutenant général du bailliage, et pendant un moment, eux aussi, échappèrent à l'amertume du présent.

François de Loizerolles s'était rapproché de Roucher.

— Mais enfin, demanda celui-ci, sous quel prétexte vous emprisonne-t-on? Je comprends que ses poésies aient rendu Chénier suspect, mais vous...

— Mon cher ami, dit Roucher, il ne faut pas même un prétexte aux misérables qui nous jettent en prison, et séparent ainsi un père de sa fille, un mari de sa femme. Je me reposais d'avoir écrit le poème des *Mois* en traduisant Virgile; j'initiais ma fille Eulalie aux beautés de la langue d'Homère et de la langue d'Ovide; je cachais ma vie comme un sage, et les objets de ma tendresse comme des trésors, mais vous connaissez la loi de septembre 93...

— Non, mon ami, répondit François de Loizerolles; je suis un poète comme vous. Quand vous chantiez les *Mois*, j'écrivais un poème sur le *Printemps*, et je ne me souciais guère des lois de septembre...

— Lesquelles déclarent suspects, à l'article 8, ceux qui, n'ayant rien fait contre la liberté, n'ont également rien fait pour elle. Quant à moi, j'avoue n'avoir rien fait pour la liberté. On avait d'ailleurs un autre motif pour m'incarcérer.

— Lequel?

— A tort ou à raison, il s'est fait un peu de bruit autour de mon nom.

— A raison, répondit **Loizerolles**. Vous êtes un des poètes de ce temps dont on attend davantage.

Chénier ajouta en serrant la main de Roucher :

— On t'a surnommé l'Ovide moderne.

— Cette opinion trop bienveillante du public causa, sans nul doute mon incarcération, répondit l'auteur des *Mois*. Tu te souviens, Chénier, de cette parole de Saint-Just à la Convention : — « Un individu ne doit être ni vertueux ni célèbre devant vous. Un peuple libre et une assemblée nationale ne sont faits pour admirer personne. » Or, j'ai toujours tâché de mériter l'estime, et, sans viser à la renommée, je me réjouissais de léguer à mes enfants un nom environné de quelque éclat. Enfin, André, si la phrase de Saint-Just ne te paraît pas suffisante, souviens-toi de la proposition de Dubois-Crancé, qui voulait que tout citoyen réclamant une carte de civisme ou une entrée en qualité de membre du club des Jacobins, pût répondre à cette question : — « Qu'as-tu fait pour être pendu si la contre-révolution arrivait ? » — Or, comme je n'ai nullement mérité d'être pendu, il en résulte que je ne possède aucun droit à une carte de civisme, et à mon entrée au club des Jacobins... Voilà pourquoi on m'a jeté à Sainte-Pélagie.

— C'est abominable ! s'écria François de Loizerolles.

— Sans doute, mais logique, aussi. Quoi de surprenant à ce qu'une société qui n'est autre chose qu'une direction d'assassinats s'entoure de gens solidaires les uns des autres, en raison de la réciprocité de leurs forfaits.

— Cela ne m'explique pas pourquoi on t'a transféré ici ?

— Est-ce que quelqu'un est aujourd'hui tenu d'expliquer quelque chose... Ce que je n'oublierai jamais, c'est l'horrible nuit pendant laquelle, moi et quatre-vingts de mes compagnons, nous fûmes réveillés en sursaut par des bruits de pas dans les corridors, des jurements, des coups de crosses de fusils. Nul ne nous avait prévenus d'un changement probable. Le froid était extrême. On était au 3 janvier. Nous pensions, comme la plupart de nos compagnons, quitter Sainte-Pélagie pour la Conciergerie. D'autres croyaient la prison minée, et criaient qu'on allait nous faire sauter. On nous fit descendre au milieu d'un désordre, d'une émotion, d'une terreur générale. Des adieux s'échangèrent, on nous jeta dans des charriots, et, en ce moment, nous éprouvions un sentiment de hâte terrible d'apprendre ce que l'on allait faire de nous. Je cédai comme mes compagnons à la tristesse de cette surprise, mais je repris vite la placidité de mon caractère, et comprenant que mes bourreaux ne termineraient pas vite la tâche de ce transfèrement, je me mis à transcrire ces vers touchants de Virgile :

> Qualis populea mœrens philomela sub umbra,
> Amissos quœritur fœtus...

Il fallut cinq heures pour enlever de leurs chambres, et entraîner dans les charrettes les prisonniers que l'on changeait de prison. J'employai ce temps à finir cette traduction, et le lendemain, je l'envoyai à ma fille. Ce travail m'avait permis d'oublier le froid de cette nuit de janvier, et les menaces de l'avenir. Mais, quand, au petit jour, je passai devant la maison qu'habitait ma famille, quand je traversai à pied, entre des sans-culottes ivres, cette rue où j'avais connu toutes les joies du foyer, mon cœur se gonfla, mes yeux se mouillèrent, et je pleurai, oui, je pleurai...

— Cher grand cœur! dit Chénier en serrant la main de son ami.

Roucher reprit d'une voix que faisait vibrer l'émotion :

— Ce moment de désespoir fut rapide; une nouvelle souffrance me rendit ma force d'âme. En dépit de l'heure matinale, des hommes et des femmes se groupèrent aux abords de la prison. Les uns, par un geste hideux, nous faisaient comprendre quel sort nous attendait. On ramassait dans le ruisseau des ordures et des pierres pour nous les jeter. Nul ne tentait de nous protéger, de nous défendre; les porteurs de piques qui nous escortaient n'étaient pas les derniers à nous insulter et à nous maudire. Nous étions quatre-vingts prisonniers, et moins de dix patriotes nous conduisaient comme des moutons que l'on mène à l'abattoir. Certes, l'évasion eût été possible. Le lacis des rues, l'heure matinale, tout se réunissait pour assurer le succès à notre audace, et chacun de nous resta, cependant... Notre fuite aurait compromis la sûreté d'êtres chers, d'amis généreux. Mieux valait subir son sort sans se plaindre, et attendre la liberté, non pas de la justice, mais de la Providence. Nous arrivâmes ici brisés par l'inquiétude et par les fatigues de la nuit. Il faut rendre cette justice à Naudot, qu'il fait notre séjour presque supportable à Saint-Lazare. Il n'est presque geôlier que de nom. Il nous ouvrit les grands corridors sur lesquels les chambres ont leur entrée. Chabroud s'empara d'une vaste pièce renfermant trois couchettes; je le suivis, un ami compléta la chambrée, et depuis nous ne nous sommes pas quittés. Plus tard, je demandai qu'il me fût permis de garder près de moi mon petit Émile, et on me le permit. Cet adoucissement, joint à l'active correspondance que j'entretiens avec ma fille, me fait prendre ma captivité en patience.

— Oui, dit François, je comprends quel allégement ce cher ange apporte à vos chagrins.

— Sa gaieté ranime mon courage. Sa présence m'aide souvent à tromper la vigilance des gardiens. Tant qu'il me sera possible de l'avoir à mes côtés et d'écrire à ma fille, je supporterai mon sort avec patience. Cette terrible épreuve aura eu pour résultat de m'apprendre toute la valeur de l'intelligence et du cœur de ma fille. Sa correspondance, dans laquelle se reflètent ses sentiments élevés et tendres, est aujourd'hui mon trésor le plus cher... Si jamais, car nul de nous n'a le droit de compter sur le lendemain, si jamais, à l'appel du soir, tu entends prononcer mon nom, Chénier, jure-moi d'accepter comme un dépôt sacré ces lettres qui ont été la consolation de mes jours d'épreuves.

— Tu verras passer cet orage, répondit Chénier. Toute crise aigüe ne saurait durer. La France est atteinte d'une sanguinaire folie, Dieu lui rendra le calme, la force et la dignité.

— Qui sait si nous la reverrons jamais grande! s'écria Roucher.

— Je vous en supplie, dit François de Loizerolles, cher maître, ne m'enlevez pas toute espérance de salut, quand je tremble pour la vie de mon père.

— Vous avez raison, François. Aussi bien, les femmes se rapprochent de nous; au milieu d'elles j'aperçois votre digne mère et cet ange qu'on appelle Mlle de Coigny... Les poètes ne doivent ni effeuiller les roses, ni effaroucher les oiseaux, ni faire couler des larmes des yeux des jeunes filles... Tenez, quand je vois cette forme svelte, ce pur profil, cette chevelure blonde, je me prends à tenir à la vie, à l'espoir, à redemander la paix, le bonheur et le printemps... Et à propos de printemps, François, vous composiez un poème qui devait vous en rendre les charmes...

— Cela est vrai, j'y rêvais et j'en récitais les premiers vers, tandis que revenant du côté de Paris, je traversais les Champs-Elysées... A cette même heure, poursuivit le jeune homme en frissonnant, on arrêtait mon père au cimetière de la Madeleine.

— Oublions Saint-Lazare en faisant des vers, dit Chénier. Ne formons-nous pas déjà une pléiade?

— Et comment débute ce poème? demanda Roucher.

— Est-ce qu'on récite des vers devant l'auteur de la *jeune Tarentine*, devant le chantre des *Mois!*

— Certes, fit Roucher, j'aime les jeunes poètes! Ils font des vers jeunes. Vous avez lu devant moi le début de votre œuvre, et je m'en souviens encore :

> Que ce jour est brillant! Le céleste flambeau
> Fait sortir l'univers des ombres du tombeau.
> Les doux zéphyrs soufflant la chaleur et la vie
> Des chantres des forêts eveillent l'harmonie.

Au même instant, Mlle de Coigny, Mme de Loizerolles et plusieurs femmes rejoignirent les poètes.

Un groupe plus nombreux se pressa vers l'extrémité du corridor, du côté de la fenêtre par laquelle il était possible aux prisonniers d'apercevoir l'angle de la rue.

— Venez, dit Mme de Loizerolles à Henri de Civray, qui sait si vous n'allez pas reconnaître de loin votre mère? Les feuilles du soir lui ont appris déjà dans quelle prison on vous a conduit, elle vous aime, donc elle vous cherche, et une mère qui cherche son fils le trouve toujours.

Henri poussa un soupir profond, et suivit madame de Loizerolles

Au moment où Mme de Civray vit entraîner la famille de Loizerolles, il lui sembla que toute chance de salut s'évanouissait pour elle et, l'affolement la prenant, elle fut sur le point de s'écrier :

— Et moi aussi, je suis royaliste ! et moi aussi, je crois en Dieu ! Vous m'avez enlevé mon fils, prenez donc ma vie !

— La vue de Cécile défaillante l'empêcha seule de se livrer, car la force lui manqua subitement ; elle s'abandonna dans les bras de Mme de Civray, qui étouffa un cri et jeta autour d'elle un regard éperdu.

— Au même moment, une jeune fille, vêtue avec une charmante simplicité, s'approcha de la comtesse, tira de sa poche un flacon et le fit respirer à Cécile.

— Ce n'est rien ! dit-elle, la faiblesse, l'émotion…

— Vous avez raison, Mademoiselle, répondit Mme de Civray, une émotion trop terrible…

— Connaissiez-vous donc la famille de Loizerolles, Madame ?

— J'allais lui demander asile…

— Moi, reprit la jeune fille, je venais prendre de ses nouvelles, afin d'en donner à mon père, qui se trouve en ce moment à la prison Saint-Lazare.

— A Saint-Lazare ! C'est là que des misérables ont conduit mon fils, murmura Mme de Civray avec un sanglot.

La jeune fille parut hésiter, mais la crainte céda vite à un sentiment généreux. Elle regarda Mme de Civray, puis émue jusqu'au fond du cœur par l'expression douloureuse de son regard, elle rep t :

— Vous m'avez dit, Madame, qu'au moment de l'arrestation des amis de mon père vous alliez leur demander un asile?

— Oui, Mademoiselle.

— Avez-vous d'autres connaissances, d'autres protecteurs à Paris?

— Le sais-je ! s'écria douloureusement Mme de Civray. Depuis que j'y suis, je n'entends parler que de prisons et d'échafaud. La plupart de nos amis ont fui. Le reste se cache et tente d'échapper aux bourreaux. Où retrouver ceux dont l'appui nous serait indispensable?...

— Madame, reprit la jeune fille, il se fait tard ; vous n'avez pas sans doute de carte de civisme. Prononcer votre nom serait déjà vous condamner. Nulle maison ne s'ouvrira devant vous, car vous êtes suspectes, de l'heure où vous ne prouvez pas que vous pactisez avec les tyrans... Si vous le permettez, au nom de ma mère, je vous offrirai une modeste hospitalité.

— Vous, mon enfant, me rendre un tel service, sans me connaître !

— Madame de Loizerolles est votre amie.

— Sans doute, mais...

— Quant à moi, Madame, je me nomme Eulalie Roucher.

Cécile se tourna vivement vers la jeune fille.

— Seriez-vous la fille de l'auteur des *Mois ?*

— Oui, répondit Eulalie, et j'ai le droit d'être fière plus encore du caractère que du talent de mon père.

— Ma tante, fit Cécile, vous ne pouvez refuser l'offre de Mademoiselle ; que deviendrions-nous durant cette nuit ? Nous devons rester libres, si nous voulons revoir mon cousin, votre fils.

Mme de Civray saisit les deux mains d'Eulalie :

— Je remercie Dieu d'avoir mis un ange sur ma route, lui dit-elle.

— Venez vite, Madame, reprit la jeune fille, quittons les abords du cimetière, on commence à vous regarder avec défiance. Si simple que soit votre toilette, elle semble trop luxueuse aux amis de l'égalité.

C'était bien Jeanne, en effet, autour de la prison. (Voir page 138.)

## CHAPITRE XII

### EULALIE ROUCHER

Les trois femmes hâtèrent le pas.

Avec une grâce charmante et pour faire oublier à la fois à ses protégées le danger qu'elles couraient encore et le service qu'elle leur rendait, Eulalie leur parla de sa famille, de l'avenir qui rendrait la liberté aux proscrits.

D'ailleurs, dit-elle, nous n'en sommes point absolument séparés. La pensée, les soins journaliers, une correspondance active nous rapprochent de nos chers captifs. Je sais qu'à toute heure du jour le souvenir de mon père nous suit. En pourrait-il être autrement? Ne pouvant parler, nous écrivons. Il connaît non seulement nos actes, mais les moindres de nos pensées. Du fond de son cachot, il achève mon éducation. Je lui envoie des fleurs, il me retourne des vers. Et si vous saviez, Madame, avec quelle joie je confectionne les mets qu'il aime le mieux! je suis certaine qu'il perdrait l'appétit, si je ne m'occupais plus de sa cuisine. Tout est motif à consolation, à distraction dans ces prisons horribles. Les captifs s'invitent entre eux, et on dîne en ville de corridor à corridor. Pour vous apprendre d'une façon complète le régime des prisonniers, je vous lirai les lettres de mon père... Tenez! il pourrait ne pas être un grand poète qu'il resterait le plus noble, le meilleur des pères! Quelle tendresse déborde de sa correspondance, en même temps quelle sagesse, quelle résignation, à la volonté de la Providence. Mais je ne me borne pas à lui écrire, je le vois souvent, presque chaque jour.

— On peut donc pénétrer à Saint-Lazare?

Eulalie secoua la tête.

— J'y suis entrée deux fois seulement à l'aide d'un déguisement, mais mon père trouve cette audace trop dangereuse et il m'a défendu de m'y exposer de nouveau... Heureusement j'ai trouvé un autre moyen. Il existe un cabaret d'où il est facile d'apercevoir sur les fenêtres de la prison Saint-Lazare. Un grand nombre de parents, d'amis des captifs s'y donnent rendez-vous et pendant une minute, on échange un regard, un soupir, un baiser... C'est du bonheur pour toute la journée...

— Ainsi vous croyez que je pourrai voir mon fils?

— Je préviendrai mon père qui, lui-même, avertira monsieur votre fils.

— Quand je vous disais que vous êtes un ange!

— La souffrance dilate le cœur, Madame.

— Oui, Mademoiselle, mais seulement quand le cœur est bon.

Chaque mot d'Eulalie ravivait le courage de Mme de Civray; mais tandis qu'elle cédait à la persuasive influence de la fille de Roucher, elle ne pouvait s'empêcher de songer à cette Jeanne qu'elle avait aimée, et qui venait de vendre pour cinq cents livres la liberté et la vie du fils de sa bienfaitrice.

Enfin Eulalie se dirigea vers la petite porte d'une maison modeste, située rue des Noyers, l'ouvrit avec une clef dont elle avait pris soin de se munir, puis elle dit presque bas à Mme de Civray :

— Laissez-moi monter seule, Madame, l'escalier est obscur, je vais redescendre à l'instant.

Légère, empressée, elle gravit l'escalier. Mme Roucher, qui attendait avec impatience le retour de sa fille, s'élança au-devant d'elle et la serra dans ses bras, avec la joie que l'on éprouve à retrouver un être cher qui a couru des dangers. Tout était si bien péril alors qu'en voyant s'éloigner ceux que l'on aimait, on ne savait jamais s'il serait permis de les revoir.

— Mais, dit rapidement la jeune fille, je ne suis pas seule ; j'amène deux femmes que j'ai trouvées proche du logis de Mme de Loizerolles, au moment où l'on entraînait nos meilleurs amis...

— Eux aussi ! s'écria Mme Roucher.

Elle mit un baiser sur le front d'Eulalie.

— Tu as bien fait, dit-elle, cela nous portera bonheur de nous dévouer pour autrui.

Une minute après, Mlle Roucher revenait précédant Mme de Civray et Cécile.

— Soyez les bienvenues, dit la femme du poète. Le cœur et la maison vous sont ouverts à la fois. Le malheur a détruit l'égoïsme : nous pleurerons ensemble ceux que nous avons perdus. Ensemble nous nous réjouirons à la pensée de revoir ceux dont on nous a séparés.

Il fallut peu de temps à Mme Roucher et à sa fille pour disposer la chambre qu'elles offrirent à la comtesse et à sa nièce. C'était celle du père de famille. Meublée avec goût, elle était remplie d'œuvres d'art, dues au pinceau de ses amis, et garnie d'une nombreuse bibliothèque. Sur le bureau se trouvaient des papiers dont l'apparent désordre avait été scrupuleusement respecté. Des bouquets d'asters bleus remplissaient deux grands vases.

— Vous voici chez vous, Madame, dit Eulalie.

Elle embrassa Cécile et se retira.

Les deux femmes tombèrent à genoux et pleurèrent.

La pensée de revoir son fils, de veiller sur lui, de partager les soins dont Eulalie comblait son père, adoucit la douleur de la comtesse. Elle s'endormit, et rêva qu'elle voyait un ange ouvrir toutes grandes les portes de la prison.

Quand elle s'éveilla, il faisait grand jour.

La toilette des deux femmes fut vite terminée ; elles quittèrent leur chambre et pénétrèrent dans un petit salon où se trouvait Eulalie.

La jeune fille achevait en ce moment la longue lettre qu'elle destinait à son père.

A côté d'elle se groupaient des aquarelles commencées, les œuvres d'Homère qu'elle s'essayait à traduire, des poètes latins dont Roucher lui avait appris à comprendre les beautés. Puis, dans un désordre apparent, des tapisseries éclatantes, des broderies délicates ; des cahiers de musique prouvaient que la fille du chantre des *Mois* s'essayait à tous les arts et touchait à toutes les études.

— Comme vous êtes savante ! lui dit Cécile avec une naïve admiration.

— Moi ! vous vous trompez, Mademoiselle, je comprends combien j'ignore de choses en entendant causer mon père. Il place toute sa joie, et parfois il ajoute toute sa gloire, dans les progrès que je fais. Je lis Virgile et je traduis Homère pour lui être agréable, comme je m'applique à ces travaux d'aiguille pour contenter ma mère. Mais vous verrez quelles fines pâtisseries je réussis pour les prisonniers ; j'excelle dans l'art de confectionner les gourmandises que j'envoie à Saint-Lazare. Est-ce que dans la Bible nous ne voyons pas la princesse Thamar pétrir un gâteau de farine, et dans les contes de fées, les filles de rois laisser leurs anneaux d'or dans la pâte des galettes dorées ? Vous m'aiderez désormais, j'en suis certaine.

En ce moment, un ravissant enfant de six ans fit irruption dans la chambre.

— Ma sœur ! dit-il, ma sœur ! J'irai avec toi à Saint-Lazare. Je verrai mon père. Notre mère le permet. Il y a si longtemps que je le désire. Sois tranquille ! je serai très sage dans la rue, pour ne point attirer l'attention, et quand tu remettras à Naudot le panier renfermant les provisions destinées à notre père, je lui dirai d'un air très aimable : « Bonjour, citoyen ! » De cette façon je ne serai pas suspect.

— Cher petit ! répondit Eulalie, je t'amènerai avec joie si notre mère l'approuve. Une autre sœur serait peut-être jalouse de la tendresse que notre père te témoigne ; mais moi, qui place ma joie dans son bonheur, je te remercie de te montrer doux, intelligent et bon.

— Nous permettrez-vous de joindre nos lettres à votre correspondance ? demanda Cécile.

— De grand cœur. Vous m'accompagnerez, si vous le voulez, mais votre cousin n'étant pas prévenu ne paraîtra sans doute pas à la fenêtre.

— Qu'importe ! répondit Cécile, ce me sera déjà une consolation de regarder la croisée où, peut-être, il m'apparaîtra demain.

Une heure plus tard, les deux femmes quittèrent la rue des Noyers.

A mesure qu'elles approchaient de la prison Saint-Lazare, elles s'apercevaient que le nombre des passants augmentait. Le mot passants n'était pas le mot propre. Il était facile de voir que les gens, remplissant les rues voisines, erraient dans ce quartier faute d'oser stationner sous les fenêtres de la maison d'arrêt. Les uns attendaient l'occasion de faire parvenir une lettre, un paquet, des livres ; les autres demandaient par quel moyen leur arriverait la réponse qu'ils souhaitaient. Tous les âges, tous les rangs se confondaient. Les vieillards et les adolescents, les enfants et les jeunes gens regardaient, les yeux gros de pleurs, les portes dont un caprice pouvait leur refuser l'entrée.

Certes, Naudot était loin de ressembler aux gardiens de prisons qui combinent avec leur métier celui de tortionnaire. Il élargissait, autant qu'il le pouvait, le cercle des compensations à des douleurs déjà trop vives. Mais au-dessus de Naudot se trouvaient les membres des comités, dont les visites inattendues troublaient brusquement la quasi-quiétude des captifs.

Que de preuves de pur dévouement, de délicate tendresse, de constante amitié, de la part de tous ceux qui, comme Eulalie, attendaient qu'on leur permît de remettre à Naudot les provisions destinées aux captifs. Ainsi que le craignait Mlle Roucher, Cécile n'aperçut point Henri de Civray. Celui-ci se croyait à jamais séparé des siens. Il n'attendait ni aide ni consolation ; il cédait, à des compagnons près de la fenêtre, une place qu'il aurait occupée inutilement.

Eulalie et son frère purent à loisir contempler Roucher. L'enfant envoya des baisers du bout de ses doigts, et le prisonnier tendit les bras comme s'il voulait presser l'enfant sur son cœur.

Lorsque Eulalie eut remis à Naudot ce qu'elle destinait à son père, elle désigna un cabaret à sa compagne et lui dit :

— Les plus belles, les plus riches, les plus nobles femmes de Paris, y ont été tour à tour servantes ; peut-être aurez-vous le courage de les imiter pour voir plus souvent et plus longtemps votre fiancé.

— Qui vous a dit ? demanda Cécile en devenant pâle.

— Personne... Mais votre joie à l'idée de le revoir, la sollicitude qu'il vous inspire...

— Vous êtes déjà mon amie, répondit Cécile. Ma confiance en vous sera donc entière ; mais Henri de Civray n'est pas mon fiancé : sa mère me le destinait pour mari, je l'aime ; mais Henri me préfère une fille ambitieuse que ma mère accuse de l'avoir trahi...

— Et vous, Cécile, l'accusez-vous aussi, cette femme ?

— Moi ! je ne sais si je dois...

Elle s'arrêta brusquement et se recula dans l'angle d'une muraille :

— Là, dit-elle, là. voyez-vous cette jeune fille, si pâle et toujours si belle, c'est Jeanne Raimbaud, celle dont Henri voulait faire sa femme...

Eulalie regarda lentement celle que Mlle de Saint-Rieul lui désignait.

C'était bien Jeanne, en effet, autour de la prison, demandant des renseignements aux gardiens qui en sortaient pour les besoins du service.

Qu'espérait-elle? rien! Qu'attendait-elle? Pas même un mot de pitié, un signe de pardon. Elle savait trop que quiconque éléverait la voix le ferait pour la maudire. Aussi Jeanne suivait l'impulsion de son âme, sans se préoccuper des déceptions, des souffrances, du martyre.

Elle demeura longtemps debout, les yeux fixés vers cette fenêtre d'où tombaient tant de regards voilés; puis, sa tête se courba, deux grosses larmes roulèrent sur ses joues, et elle s'éloigna à pas lents.

Eulalie Roucher saisit les deux mains de Cécile :

— N'accusez jamais de trahison cette pauvre fille. J'ai vu souffrir plus que vous, et, je vous le jure, vous vous méprenez sur son compte d'une façon cruelle.

— Si je le savais! s'écria Cécile.

— Que feriez-vous?

— Je lui demanderais pardon de l'avoir soupçonnée.

Au même moment, Cécile entraîna sa nouvelle amie avec les signes d'une profonde terreur. Elle avait cru reconnaître Robert parmi les curieux qui se promenaient aux abords de Saint-Lazare.

C'était lui, en effet; lui, qui, furieux de son échec, pensait que la comtesse et sa nièce, instruites de l'heure à laquelle elles pourraient apercevoir Henri, rôderaient autour de Saint-Lazare. Il ne renonçait point à l'espérance d'entrer en possession de l'or et des diamants de Mme de Civray, et il comptait les faire arrêter le jour où il les apercevrait en quelque lieu que ce fût. Sa dénonciation avait porté fruit, la perte des deux femmes était résolue d'avance.

— Peut-être avez-vous raison, en ce qui concerne Jeanne, dit Cécile; mais, quant à l'homme que j'ai heureusement reconnu assez tôt pour lui échapper, je suis certaine qu'il a résolu de nous vendre.

Après avoir traversé un grand nombre de rues étroites, Cécile ralentit sa marche; quand elle se retourna, elle n'aperçut plus Robert.

Mais cette rencontre était une menace, et elle comprit qu'il lui serait impossible d'accompagner Mlle Roucher pendant sa visite quotidienne.

Celle-ci regagna en toute hâte le logis de la rue des Noyers.

Elle rapportait une lourde lettre de son père en échange de celle qu'elle avait laissée pour lui. Sa mère devait seule décacheter cette grande enveloppe. Peut-être renfermait-elle une nombreuse correspondance qu'on la chargeait de faire parvenir à des amis, à des parents dévorés d'inquiétude.

Aussi, quand elle entra chez elle, Eulalie courut se jeter dans les bras de Mme Roucher, tandis que Cécile répétait avec effroi à sa tante :

— J'ai vu Robert... Robert guettant près de la prison d'Henri.
— Pour tenter de le délivrer peut-être?
— Non! non! murmura Cécile.

Elle ajouta :
— Je l'ai rencontrée aussi, elle... Jeanne...
— T'a-t-elle vue, la misérable ?
— Elle ne voyait personne, elle pleurait.
— De honte et de remords.

Cécile n'ajouta rien, et, cachant son visage dans ses mains, elle songea à tout ce qui s'était passé pendant ces trois mortelles journées.

Tandis que Cécile et la comtesse se demandaient quels nouveaux dangers pouvaient les menacer, la femme et la fille du poète ouvraient le paquet volumineux que Roucher avait placé au milieu des livres et des objets divers qu'il retournait à celles dont l'occupation unique était d'adoucir les souffrances de son emprisonnement.

Eulalie poussa un cri de joie en voyant soigneusement desséchée la branche d'aster que, deux jours auparavant, elle avait envoyée à son père. Des vers touchants l'accompagnaient. Le cœur affectueux de Roucher se répandait dans des strophes charmantes. Rien de plus tendre que les éloges donnés à cette « Minette » qu'il regarde comme le modèle des filles, de plus grave que ses conseils, de plus judicieux que les leçons par lesquelles il continuait à guider, à éclairer ce jeune esprit doué d'un précoce génie. En lisant les lettres de son père, peut-être Eulalie sentit-elle une joie mêlée d'une sorte d'orgueil ; être louée par un tel père était pour elle la plus chère des récompenses.

Mais tandis qu'elle lisait et relisait l'élégie qu'elle devait garder comme une pieuse relique, Mme Roucher décachetait, à son tour, la longue lettre qui lui était destinée. Elle en avait à peine lu la moitié qu'elle poussait une exclamation douloureuse.

Emile, inquiet, se jeta dans ses bras, croyant qu'elle venait d'apprendre une mauvaise nouvelle, et Eulalie se pencha sur sa mère dont elle couvrit le front de baisers.

— Qu'as-tu ? qu'as-tu ? lui demanda-t-elle.

— Vous le saurez tout à l'heure, mes bien-aimés, répondit Mme Roucher en pressant ses deux enfants sur sa poitrine.

Elle ne se hâtait point de parler. Il semblait, au contraire, qu'elle craignît de révéler le secret qui déjà lui coûtait des larmes.

Enfin elle approcha de ses lèvres la lettre de son mari, comme si ce contact devait lui communiquer une force nouvelle, puis, éloignant d'elle le joli visage d'Émile, et le regardant bien en face :

— Tu es tout petit, lui dit-elle, tout petit... Emile, mon cher Émile ! il te faudrait, à cette heure, du courage comme à un homme, car moi, hélas ! j'ai bien peur d'en manquer.

— Que survient-il donc ? demanda Eulalie, tu ne serais point si pâle s'il ne s'agissait d'un malheur.

— N'est-ce pas toujours une vive peine de se séparer de ses enfants ? demanda Mme Roucher. Dieu le sait, je vous aime d'une égale tendresse, et ma seule joie est de vous garder tous deux serrés sur mon cœur.

— Est-ce qu'on veut nous séparer ? fit Émile, dont le visage s'enflamma. Je ne le veux pas ; d'abord, je n'y consentirai jamais.

— Tu es un enfant courageux, brave et tendre, et c'est, mon Emile, parce que je te juge ainsi que j'aurai le courage de te dire :

— «Quitte-moi, ton père est plus malheureux que nous, va le consoler. » Cependant je pleure, tu le vois, je souffre... Sait-on jamais quand on reverra ceux qui vous sont enlevés, maintenant ?

— Je ne comprends pas encore, ma mère, dit Eulalie.

— Ton père a demandé et obtenu l'autorisation d'avoir Émile près de lui.

L'enfant se redressa :

— Alors ne pleure plus, ma mère ; s'il s'agit d'aller partager la prison de papa, je suis prêt. Tous les jours je lui parlerai de toi, de ma sœur... Ah ! le cher et bon père. Il a eu raison, me voilà maintenant suspect comme lui. Je t'écrirai, j'écrirai à ma sœur. Je ferai si bien, que papa ne s'ennuiera plus. D'ailleurs, maintenant, tu es bien certaine qu'on ne lui fera pas de mal, je le défendrai ; je sens que je deviendrai brave comme un petit lion. Ne crois pas que je t'aime moins parce que je suis content de rejoindre mon père ; mais il est plus malheureux que nous... Nous nous verrons d'ailleurs. Vous viendrez sur la porte du cabaret d'Hannibal, mon père me prendra dans ses bras et je vous enverrai des baisers.

— Ainsi, tu n'auras pas peur?

— De qui? des geôliers? Non. Je n'ai jamais fait de mal; les méchants seuls doivent trembler, je l'ai entendu dire à papa.

— Quand Émile entrera-t-il à Saint-Lazare? demanda Eulalie.

— Demain, répondit la mère.

Émile s'occupa à rassembler quelques joujoux. Sa mère mit en ordre un trousseau modeste. Tout le reste du jour, cet enfant déjà tant aimé fut entouré d'un redoublement de tendresse.

Lorsque Mme de Civray rejoignit son hôtesse, celle-ci lui dit avec un sourire luttant mal contre les larmes qui la gagnaient :

— Vous demandiez, madame la comtesse, si vous pouviez correspondre avec votre fils? Tenez, voici votre messager. Soyez certaine qu'Émile remettra vos lettres... Nous le conduisons demain à Saint-Lazare.

— Merci, Madame, répondit la comtesse, ma lettre sera prête.

Pendant le repas, il ne fut question que d'Émile, de son installation à la prison. On renouvela les recommandations, on multiplia les baisers.

Mme de Civray passa une partie de la nuit à écrire. Au matin elle avait terminé une grosse missive, à laquelle Cécile ajouta quelques lignes.

Mme Roucher, sa fille et leurs nouvelles amies accompagnèrent l'enfant, et le remirent entre les mains de Naudot, qui leur dit avec bonté :

— Ne craignez rien, citoyennes, le petit va devenir l'enfant gâté de tous mes pensionnaires.

— Je serai sage et bon, dit Émile, je parlerai de vous avec mon père; quand il pourra sortir de Saint-Lazare, vous me reverrez le premier. Embrassez-moi, Madame, ajouta Émile, en s'adressant à la comtesse avec une grâce enfantine, je rendrai votre baiser au comte Henry de Civray. Vous le voyez, j'ai bien retenu le nom.

— Dieu vous bénisse! cher enfant, dit la comtesse.

Mme Roucher et Eulalie le serrèrent une dernière fois dans leurs bras, et la porte se referma sur l'enfant, qui ne devait plus s'appeler que le « Petit suspect. »

Roucher ne doutait point du dévouement de sa femme. Il savait qu'elle ferait pour le consoler le sacrifice de la présence d'Émile, et cependant, en le voyant, il se sentit attendri jusqu'aux larmes.

Après les premières effusions, et avant qu'on s'occupât de son installation, Émile dit gravement à son père :

— Veux-tu m'indiquer dans quelle chambre habite le comte de Civray ?
— Comment le connais-tu ?
— J'ai des papiers à lui remettre.
— Toi ?
— De la part de sa mère et de sa cousine.
— Ah ça ! fit en riant Roucher, tu entretiens sérieusement une correspondance avec les émigrés ; te voilà suspect au moins autant que nous .. Qu'est-ce que cette comtesse de Civray...
— Ma mère m'a dit que le comte Henri t'apprendrait cette histoire.
— Viens donc, dit Roucher en emmenant l'enfant.

Henri se trouvait seul dans sa chambre. Bien qu'il eût reçu le plus cordial accueil de tous ses compagnons d'infortune, il ne se sentait pas le courage de se mêler longtemps à des groupes dont la gaieté contrastait trop avec son invincible tristesse.

Le poète le trouva plongé dans un morne accablement. Non point qu'Henri s'effrayât de l'avenir, il avait bien assez du passé pour y trouver des causes de désespoir.

— Monsieur le comte, lui dit Roucher, François de Loizerolles nous a présentés l'un à l'autre ; je viens chez vous afin de permettre à mon fils de remplir sa mission.

— Monsieur le comte, ajouta Émile en s'approchant d'Henri, et en lui présentant son joli visage, votre mère m'a chargé de vous rendre les baisers qu'elle m'a donnés.

— Ma mère ! s'écria Henri ; tu connais ma mère, cher enfant !

— Elle semble aussi bonne qu'elle est triste, et votre cousine Cécile est bien jolie ; je l'aime beaucoup... Nous ne nous sommes pas quittés depuis deux jours, et ce qui me console, c'est l'espérance de la voir à la porte du cabaret d'Hannibal... Lisez cette lettre, vous apprendrez bien des choses.

Roucher voulut se retirer, Henri le retint.

— Monsieur, lui dit-il, les paroles de cet enfant me font deviner que votre femme et votre fille ont accompli un nouvel acte de dévouement. Je tiens à prendre devant vous connaissance de cette lettre.

Roucher attendit et assit Émile sur ses genoux.

— Je ne me trompais pas ! fit Henri en refermant la lettre. Ma mère et ma cousine, perdues dans Paris, n'ayant personne qui pût répondre d'elles, poursuivies par des haines mystérieuses, auraient été perdues si votre fille ne s'était trouvée là. Cette charmante Eulalie, dont vous parliez hier, a conduit ma mère rue des Noyers. Elle est, grâce à votre femme, à l'abri du péril. La seule consolation que je puisse attendre m'est venue de vous, Monsieur ; à partir de cette heure, je vous supplie de devenir mon ami.

— Tant que durera ma vie, répondit Roucher.

La visite du poète et d'Émile se prolongea chez le comte de Civray. Quand Roucher se retira, le courage était rentré dans le cœur du jeune homme, et le poète allait préparer l'aménagement du « petit suspect ».

La cellule de Roucher n'était pas grande :

Un lit, une table, des chaises, quelques planches afin de ranger ses livres.

Roucher enleva un matelas de son lit, le plia en deux, l'enferma dans les six feuilles d'un paravent, et dit à Émile :

— Tu es chez toi.

L'enfant, à son tour, rangea un sabre de fer-blanc, des jouets modestes, et désormais dans cet espace étroit allait tenir tout le bonheur dont la tendresse paternelle peut remplir le cœur d'un père.

Vers le soir, seulement, Roucher rejoignit ses amis.

On venait de faire de la musique ; Mlle de Coigny avait chanté avec une grâce infinie la romance de *Pauvre Jacques*, et les applaudissements finissaient, quand un des prisonniers s'avança vers Chénier.

— A votre tour, Monsieur, lui dit-il ; après avoir pleuré aux doux accents de la jeune fille, nous avons besoin d'entendre de mâles paroles, et ces odes inspirées dans lesquelles vous flétrissez la révolution et ses séides.

— Les vers dont vous me parlez sont bien graves, monsieur le marquis, répondit André.

Mlle de Coigny s'approcha. Elle s'appuyait sur le bras de la comtesse d'Ailly.

— Vous n'êtes pas généreux, monsieur de Chénier, dit-elle de sa voix d'or; quand nous faisons de la musique, vous pouvez nous entendre ; si vous parlez poésie avec messieurs Roucher et Loizerolles, vous vous cachez comme des conspirateurs. Et cependant, croyez-le, nous avons besoin que de sublimes images, des sentiments ardents et nobles nous enlèvent aux angoisses présentes. On n'a pas le droit de cacher son génie ; comme un flambeau sacré il doit nous brûler de ses flammes.

— Mademoiselle, répondit André Chénier avec un sourire triste, je ne chante plus *Pannychis* ni *Myrto la Tarentine*.

— Récite-nous *l'Ode des Suisses*, dit Roucher; l'ode des Suisses, en honneur de qui les Constitutionnels et les Jacobins instituèrent la fête de la liberté ; de ces quarante fils de l'Helvétie condamnés au bagne à la suite de l'insurrection de Nancy, qui coûta la vie à l'héroïque Desilles, et qui furent plus tard honorés d'un triomphe, au milieu duquel des hommes en carmagnoles portaient processionnellement une galère sur laquelle les Suisses étaient si dignes de ramer!

Chénier promena son clair regard sur les amis qui l'entouraient. Il s'adossa à la muraille, croisa les bras sur sa poitrine, puis d'une voix ferme, timbrée, il dit ces vers dans lesquels éclataient tour à tour l'indignation et l'ironie :

> Ces héros que jadis, sur un banc de galères,
> Assit un arrêt outrageant,
> Et qui n'ont égorgé que très-peu de leurs frères
> Et gagné que très-peu d'argent.

Puis il poursuivit, sentant grandir sa colère et son âpreté, jusqu'à ce qu'il arrivât à cette **fulminante apostrophe** :

> A vous, enfants d'Eudoxe et d'Hipparque et d'Euclide,
> C'est par vous que les blonds cheveux
> Qui parèrent le front d'une reine timide
> Sont tracés en célestes feux ;
> Par vous, l'heureux vaisseau des premiers Argonautes
> Flotte encor dans l'azur des airs ;
> Faites gémir l'Atlas sous de plus nobles hôtes,
> Comme un dominateur des mers ;
> Que la nuit de leurs noms embellisse les voiles,
> Et que le nocher aux abois
> Invoque en leur galère, ornement des étoiles,
> Les Suisses de Collot d'Herbois.

De vifs applaudissements saluèrent l'ode d'André, dont la poésie rappela, au souvenir des prisonniers, le nom du jeune héros tombé à Nancy, victime de sa fidélité au roi et de son respect pour la discipline.

La présence d'Émile fit seule diversion aux pensées graves et tristes qui venaient de s'emparer de tous. Le petit suspect, comme l'appelait Roucher, conquit les sympathies générales, et toutes les femmes, toutes les mères, posèrent un baiser sur son front quand sonna l'heure de se séparer.

Alors des adieux s'échangèrent, des mains loyales s'étreignirent, et Chénier releva une marguerite blanche qui venait de s'échapper de la chevelure blonde de Mlle de Coigny.

Celle-ci vit le mouvement du poète, étendit la main comme si elle voulait reprendre la pauvre fleur perdue, mais la voix du geôlier retentit dans le corridor, et la jeune fille s'enfuit en jetant à Chénier un regard de reproche qu'adoucissait un sourire.

Le petit suspect allait prendre possession de son paravent à six feuilles.

LES VICTIMES

Ses clients lui racontaient les pompes des cérémonies des Tuileries. (Voir page 146.)

## CHAPITRE XIII

## LE CABARET DE LA RUE PARADIS

Il existait à l'angle de la rue Paradis un marchand de vin, dont chaque jour voyait s'augmenter la clientèle, et qui changeait de servantes avec une incroyable facilité. Rarement on voyait huit jours chez lui le même visage.

Les habitués du cabaret, commissaires de la République, sansculottes purs, ne jurant que par le cœur de Marat et Maximilien l'*In-*

*corruptible*, ne s'en seraient pas plaints si ces servantes avaient paru gaies et eussent répondu à de grosses. plaisanteries, tout en versant le vin bleu. Mais la plupart étaient pâles et tristes, et trahissaient dans leur maintien une contrainte visible. Il arriva même souvent qu'elles cachèrent leurs mains sous leurs tabliers ou s'enfuirent à la cuisine, quand on fit mine de les approcher de trop près ou de les questionner trop longuement.

Ce matin-là, deux femmes, d'un âge différent, s'empressaient autour des tables. Un observateur attentif aurait vite remarqué que, chaque fois qu'un sans-culotte s'adressait à la plus jeune, sa compagne, qui lui ressemblait d'une façon frappante, s'empressait de trouver un prétexte pour éloigner la jeune fille.

Celle-ci était une charmante enfant, délicate, au teint transparent, au regard brillant d'intelligence. Dès qu'elle pensait n'être point observée, elle jetait un rapide regard sur la prison Saint-Lazare, puis elle échangeait à voix basse un mot avec sa compagne.

Un porteur de carmagnole interpella l'enfant d'une voix brutale :
— La jolie fille, dit-il, du vin et un sourire pour un membre du club des Cordeliers.

Le regard cynique de l'homme effraya la servante, que le buveur essaya de saisir par sa jupe de toile; mais la jeune fille s'enfuit avec un geste de biche effarouchée, et la femme qui lui aidait à remplir son office s'empressa de placer sur la table un cruchon de vin.

— Ah ça! fit le sans-culotte, qui t'a demandé quelque chose, à toi ? Je suis de la maison, Gracchus me connaît; j'aime la jeunesse, et tu peux porter à d'autres tables ta figure d'enterrement... Je veux que la belle officieuse me serve, et elle me servira...

Puis, voyant que la plus âgée des deux femmes demeurait immobile et muette, le buveur frappa la table de son bâton. A ce signal, le citoyen Gracchus, avantageusement connu dans sa section pour accepter les assignats et se conformer à la loi du *maximum*, montra sa face réjouie.

C'était un grand maigre, criant bien haut qu'il avait été un des vainqueurs de la Bastille. Un débris de pierre de l'une des tours, enclavé dans du plomb, lui servait d'épingle. Quand il sortait, la cocarde de son bonnet affectait une dimension inusitée et le dénonçait d'une façon absolue comme sans-culotte et pur montagnard. Il émaillait ses phrases d'invocations à la liberté et à l'incorruptible Robespierre.

Par exemple, jamais il ne se laissait entraîner à aucune des fêtes révolutionnaires. Ses clients lui racontaient les pompes des cérémonies des Tuileries et du Champ-de-Mars, l'initiaient aux mystères de la déesse Raison et lui rapportaient les discours des orateurs, ceux de Saint-Just quand il revenait de l'armée, ceux de Couthon en qui vivaient seuls le cœur et la tête. Il approuvait d'une façon bruyante les phrases philosophiquement nuageuses et souvent terribles de Robespierre. Son enthousiasme répondait de la solidité de ses principes. Le nombre des buveurs, qui s'attablaient chez lui, allait chaque jour en augmentant. Il n'était même pas rare de voir des femmes, coiffées d'un bonnet à cocarde, s'asseoir dans l'embrasure d'une fenêtre, et prêter l'oreille aux récits des patriotes.

Chez Gracchus venaient boire également, pendant leurs heures de repos, les gardiens de la prison voisine.

Ils parlaient avec complaisance des événements qui s'y passaient, citant les noms de leurs prisonniers, donnant des détails intimes sur leur santé, leurs habitudes, leurs espérances.

Ils paraissaient se réjouir infiniment des sévérités de la Convention, des rages sanguinaires de Fouquier-Tinville, des brutalités d'Henriot.

Tandis qu'ils faisaient ces récits, les curieux affluaient chez Gracchus qui se frottait les mains, versait à boire aux geôliers et doublait leur verve par ses exclamations patriotiques.

Chaque fois que l'on parlait d'une visite domiciliaire, d'un *rapiotage*, d'une « fournée » dont le nombre paraissait exorbitant, Gracchus éclatait de rire à se tenir les côtes.

— Bah! disait-il, on n'en guillotinera jamais assez! Si j'avais le temps, je me rendrais chaque jour à la place du Trône-Renversé pour voir les dernières grimaces des aristocrates.

Les habitués des tribunes de la Convention et les Furies de l'échafaud applaudissaient des deux mains à l'enthousiasme républicain de Gracchus; puis, au moment où les gardiens et les guichetiers de Saint-Lazare se disposaient à regagner la prison, les curieux les entouraient, les pressaient, et si les citoyens de la Montagne n'eussent pas été à demi ivres, ils auraient vu un des buveurs, ou une des curieuses, glisser aux gardiens un journal, une lettre, une fleur, une boucle de cheveux, en murmurant un nom.

Ce jour-là, les gardiens de la prison Saint-Lazare n'étaient pas encore venus, et l'enragé consommateur, qui s'obstinait à exiger un sourire de la jeune servante de Gracchus, ne paraissait pas d'humeur à permettre qu'on lui résistât.

— Gracchus! fit-il en redoublant ses coups de bâton sur la table, arrive ici, et réponds avec la franchise d'un vrai sans-culotte.

— T'ai-je jamais donné le droit de me soupçonner?

— Je ne dis pas, mais...

— Mais quoi! reprit Gracchus en se campant devant le buveur. J'ai fait mes preuves, j'ai donné plus de gages que toi à la République une et indivisible. J'ai pris la Bastille, quand tu ne criais pas même encore : Vive la Liberté! Quelles feuilles trouve-t-on sur ma table? Celles qui contiennent les louanges de la Révolution, et les devoirs des purs à l'égard de la Nation. Et toi, qu'as-tu fait pour le pays? Rien. Tu bois comme un ivrogne, et tu cries comme un coq.

— Je ne parle pas de toi, je connais tes principes. Mais il n'en est pas de même de tes servantes.

— Je n'ai point de servantes, répondit Gracchus, et je m'étonne que tu te serves d'expressions aussi anti-républicaines. Je paie des officieuses, voilà tout ce que me permet l'égalité.

— Eh bien! soit, tes officieuses... Sont-elles dans de bons principes? Doivent-elles verser du vin aux habitués et leur témoigner des égards?

— Sans aucun doute.

— Comment s'appelle la plus jeune de tes officieuses?

— Gentiane, répondit le cabaretier, ce nom te semble-t-il suffisamment républicain?

— A cela je n'ai rien à dire.

— Alors que réclames-tu?

— Gentiane a refusé de me verser à boire.

— Ton verre est plein, citoyen.

— Oui, mais c'est sa camarade qui m'a servi.

— Que t'importe, pourvu que tu boives?

— Il m'importe beaucoup. J'exige que cette petite Gentiane m'obéisse, ou sinon je dirai..

Gracchus s'avança d'un air menaçant :

— Que diras-tu, citoyen Échalot?

— Que tes servantes ou tes officieuses ont l'humeur trop raide et les mains trop blanches.

— Tu dirais cela, toi, Échalot!

— Oui, je le dirais, et à la section, encore.

— Retire cette parole, Échalot, répondit Gracchus dont le visage perdit soudainement sa bonhomie souriante. Je suis connu pour mon civisme! et si, par malheur, tu me dénonçais, moi, un des vainqueurs de la Bastille...

— Bah! répliqua Échalot, on a bien guillotiné Camille Desmoulins; il avait cependant donné plus de gages que toi à la Révolution. Desmoulins avait inventé la cocarde au jardin du Palais-Royal... On a envoyé Danton à l'échafaud, parce qu'on le soupçonnait de modérantisme... On pourra bien accuser Gracchus, Gentiane, ou sinon...

— Cette fille est libre de ne point recevoir d'ordres d'un ivrogne, répondit le cabaretier. Je suis en règle avec l'autorité. Si tu effarouches les jeunes filles, elles ont raison de se cacher... Robespierre a institué une fête en honneur de la Pudeur.

Le buveur, excité à la fois par la folie du vin et la rage du civisme, allait sans doute riposter, quand Naudot pénétra dans la salle.

— J'ai soif! dit-il, la journée a été rude.

En une minute Gentiane fut près du gardien de la prison.

— Que s'est-il donc passé, citoyen? demanda-t-elle anxieuse.

Puis se retournant vers sa compagne :

— Approchez, Julienne, nous allons apprendre des nouvelles.

— Les nouvelles, les voici : pas plus tard que ce matin, soixante hommes, la baïonnette au bout du fusil, sont entrés à la prison Lazare, conduits par le savetier Wilcheritz, un pur, un ami de Simon, le cordonnier qui se fit l'instituteur du petit Capet... Wilcheritz les fit ranger sur deux rangs, à l'extrémité de chaque corridor, en me signifiant d'empêcher les prisonniers de communiquer entre eux... C'était un fameux tour, allez! Les aristocrates, croyant que l'heure de la mort était venue, s'adressaient leurs adieux. Ils s'embrassaient et se montraient le ciel, comme si quelqu'un devait les y attendre, et puis...

— Et puis? demanda Gentiane d'une voix haletante.

— Wilcheritz s'est montré magnanime. Il s'est contenté de leur prendre le reste de leur argent et de rationner leurs vivres. Désormais, il ne sera permis de manger de la viande qu'à un seul repas, et seulement quatre onces par jour, le tout assaisonné de légumes; pour boisson, les prisonniers auront de l'eau rougie... C'est assez, n'est-ce pas, pour des gens qui ont fait tant de soupers de Lucullus... Hein! citoyen Gracchus, n'est-ce pas que Wilcheritz est un grand homme, un remarquable administrateur de police, un savetier de génie?

— Oui, mille fois, répondit Gracchus en appuyant ses poings sur ses hanches, et en laissant éclater un rire sonore.

— Ah! fit l'ivrogne, Gentiane ne semble pas de ton avis.

La jeune fille, blanche comme son fichu de linon, se cramponna des deux mains au bras de Julienne. Le cabaretier lança un regard significatif du côté des deux femmes, et reprit, en s'adressant à Échalot :

— Je réponds du civisme de Gentiane. Hier, elle m'a chanté le répertoire des chansons républicaines ; elle connaît le catéchisme des droits de l'homme, et porte une cocarde grande comme un pavot. Elle est gentille, je suis bien avec l'autorité, et je prierai le citoyen David, l'ancien ami de Marat, de la faire entrer dans le programme des prochaines fêtes patriotiques.

— L'idée est bonne! fit Naudot en se levant.

Un brusque mouvement du gardien de la prison Lazare fit tomber sa coiffure. Gentiane se précipita pour la ramasser, et, en la relevant, elle saisit rapidement, dans la doublure, une lettre à laquelle elle s'empressa de substituer un autre papier.

— Merci, ma jolie fille, dit Naudot, pour vous récompenser je voudrais faire quelque chose qui vous fût agréable, mais la maison que j'habite n'est pas gaie... Voyez, une seule fenêtre donne sur la rue Paradis, et c'est à peine si trois personnes peuvent s'y tenir de front.

En disant ces mots, Naudot se recula pour laisser passer Gentiane, et murmura à son oreille :

— A droite Chénier, puis de Loizerolles... Après, Henri de Civray...

Les yeux de Julienne et ceux de la jeune fille se fixèrent sur la fenêtre pendant une seconde ; un signe rapide, adressé aux servantes par l'un des captifs, remplit leur cœur d'une rapide consolation. Le beau visage de Gentiane rayonna sous ses larmes, et, par un mouvement instinctif, elle saisit la main de Naudot.

— Vous êtes bon! dit-elle, vous êtes bon!

Mais le buveur, qui avait deviné une partie de cette scène, renversa le cruchon de vin que Gracchus venait de remplir, et, saisissant le cabaretier par sa carmagnole :

— Tu vas me suivre au Comité! dit-il, je te déclare suspect ; je réclame ton incarcération, en attendant qu'on lise ton nom sur le journal du soir... J'ai le droit de parler haut, moi! Je suis un pur, j'ai pris la Bastille... J'étais aux Carmes, à l'Abbaye, c'est moi qui ai tendu le verre de sang, qu'elle a bu, à la Sombreuil, et qui arrachai la fille de Cazotte des bras de son père... J'ai porté des piques, et travaillé les deux bras dans le sang, chaque fois qu'il s'est agi de venger la République des conspirateurs et des traîtres... Je ne suis pas plus aveugle que manchot. Tu donnes dans ton cabaret des facilités séditieuses. Les servantes, qui se succèdent chez toi, n'ont jamais lavé une assiette... Ce sont des aristocrates aux mains blanches, qui échangent des signaux avec les prisonniers de Lazare... Et je ne jurerais point que Naudot n'est pas du complot... Les agents de Pitt et Cobourg, les partisans de l'émigration, tous ceux qui les favorisent, à mort! La guillotine n'est pas émoussée et demain ton affaire sera faite,

Le misérable se leva, jeta sur Naudot un regard plein de défiance, adressa au cabaretier un geste de menace, exécuta un moulinet rapide avec son bâton, et cria d'une voix rauque, en désignant la fenêtre de Saint-Lazare, derrière laquelle se pressait un groupe de prisonniers :

— J'en appelle à tous les Sans-Culottes, dignes de ce titre, membres du club des Cordeliers ou des Jacobins... La maison de Gracchus est le centre d'une conspiration. Il s'entend avec les suspects. Je le dénonce aux vrais patriotes... Gracchus est traître à la République ! A mort, Gracchus ! les aristocrates à mort !

La foule, qui s'amassait autour de l'ivrogne, répéta :

— A mort, les traîtres !

Ce fut un signal. La plupart des curieux prirent le parti d'Échalot. On était à cette époque plus disposé à accuser qu'à défendre. La crainte de paraître tiède poussait les craintifs à témoigner leur zèle avec une sorte de furie. Un fort de la halle fit un geste atroce, traduisant la chute du couperet sur le cou d'un condamné ! Deux femmes entonnèrent le *Ça ira* d'une voix aigüe, les poings menaçants se tournèrent vers Gracchus, et Naudot, comprenant que la dénonciation du buveur pouvait avoir des suites graves, à une époque où le silence était souvent aussi dangereux que la parole, quitta rapidement le cabaret et regagna son poste.

En dépit de leur angoisse, les deux femmes étaient restées debout, regardant la fenêtre des captifs, cette fenêtre derrière laquelle se montraient de chers visages. Le tumulte grandissait dans la rue. Gracchus, craignant qu'on brisât ses vitres, voulut placer ses volets ; au même moment un caillou l'atteignit à la tête. Se hâtant de rentrer dans l'intérieur du cabaret, il dit rapidement aux deux femmes, qu'il arracha à leur contemplation douloureuse :

— Madame la comtesse, demain cette boutique sera fermée par ordre de l'autorité, et l'on me dénoncera au Comité du Salut public. La mort de l'être obscur, Gracchus, ne pourrait en rien servir notre cause. Une dernière fois je vais changer de nom, de quartier, et tenter de soulager de grandes infortunes ou de consoler de grands chagrins. Soyez tranquille ! je garderai des intelligences avec Naudot... Mme Roucher, qui vous a amenée ici, dans l'espoir que de temps à autre vous pourriez voir votre fils, vous procurera cette joie... Quant à moi, je crois n'avoir plus que le temps de protéger votre fuite...

Il ouvrit la porte étroite donnant sur un couloir et ajouta :

— Fuyez ! les émeutes finissent toujours par des assassinats !

— Dieu vous bénisse ! Monsieur ! dit la plus âgée des deux femmes.

Je compte assez sur la Providence pour croire que nous nous reverrons.

— Au ciel, madame la comtesse, mais c'est égal : Vive le Roi!

Les deux femmes s'échappèrent en se tenant par la main.

Dans la rue, le tumulte grandissait; quelques citoyens, excités par Échalot, prétendaient que leur devoir était de briser les meubles du cabaretier, en attendant qu'on l'entraînât à la prochaine section pour y répondre de son manque de civisme.

Alors, à son tour, comprenant qu'il devait jouer une dernière partie, Gracchus quitta la boutique. Comme il était effrayé des clameurs de la foule, il se jeta dans une sorte d'alcôve sombre. En une minute, il quitta son costume de cabaretier qui le désignait aux rancunes de la foule, changeant de vêtements, sans pour cela affecter des dehors plus élégants, il assujettit une ceinture de cuir autour de ses reins, descendit dans sa cave, grimpa jusqu'à un soupirail et se trouva dans la rue opposée.

— Gracchus est mort, fit-il avec un sourire.

Au même moment, les forcenés, ayant à leur tête le vainqueur de la Bastille, pénétraient dans la boutique de Gracchus.

Ce fut inutilement qu'ils la fouillèrent.

— Quand je vous disais que ce misérable trahissait la patrie ! s'écria Échalot ; quand je vous répétais que ses prétendues servantes cachaient de grandes dames, venues pour regarder les prisonniers! Encore une conspiration avortée, une conspiration ayant autant de ramifications que celle du Luxembourg.

— Imbécile! cria le fort de la halle, si tu n'avais été ivre, tu aurais dénoncé Gracchus sans faire de tapage, et, à cette heure, le gouvernement tiendrait le fil de la conspiration.

— Qui nous prouve, ajouta une femme, que tu n'étais pas son complice?

— Moi! moi, qui voulais vous le livrer...

— Après qu'il a pris la clef des champs.

— Moi qui ai dénoncé ses officieuses aux mains blanches!

— C'est vrai! mais tu ne les as pas traînées au Comité.

— Échalot n'est pas un pur! cria une femme.

— Il est suspect! ajouta un jeune homme coiffé d'un bonnet phrygien.

— Je le crois coupable! ajouta le fort de la halle.

— Oh! les gueux! les misérables! hurla Échalot! calomnier un vainqueur de la Bastille, un membre des Jacobins, un sans-culotte muni d'une carte de civisme.

— Gracchus, aussi, en possédait une.

— En route ! tu l'expliqueras avec le Comité.

— Vous savez bien qu'on ne s'explique jamais! on est guillotiné avant.

Un éclat de rire accueillit les dernières paroles d'Échalot En un moment il se trouva entraîné, poussé, porté par la foule qui le conduisit au milieu des huées et des injures. Il ne fut cependant pas possible à l'ivrogne de poursuivre la route qu'on prétendait lui faire achever, il roula dans le fossé, où, roué par les coups de pied des patriotes, il demeura tout saignant.

L'apparition d'un crieur de journaux changea subitement les dispositions de la foule qui abandonna Échalot à demi mort.

Pendant ce temps, les deux femmes, qui s'étaient enfuies de la boutique du cabaretier, s'efforçaient de conserver une allure tranquille. La plus jeune, la plus timide, s'appuyait sur le bras de sa compagne. De temps en temps elle tournait la tête, afin de s'assurer qu'on ne la suivait pas. Mais les rues étaient relativement tranquilles ; elles purent s'arrêter un moment, et respirer dans les bras l'une de l'autre.

— Je t'en prie, ne pleure pas ! dit la plus âgée des deux femmes.

— Hélas ! nous sera-t-il possible de le revoir ?

— Nous chercherons, nous en trouverons le moyen. Ce qui est arrivé hier était fatal. Le plus surprenant est que Sainville ait pu si longtemps tromper la défiance de ses clients, et faire tour à tour passer, pour des servantes de cabaret, des femmes qui se cachaient chez lui afin de voir, pendant des instants rapides, les prisonniers de Saint-Lazare... Au lieu de verser des larmes, tu devrais bénir Dieu de nous avoir donné la consolation d'échanger, avec Henri, des lettres qui nous rendaient un peu de courage.

— Vous avez raison, ma tante, répondit la jeune fille, mais nous avons tant à craindre, que j'oublie ce que nous pouvons encore espérer.

Elles ne tardèrent pas à entrer dans la rue des Noyers. Là, était le salut pour elles.

Mme Roucher et Eulalie les attendaient en proie à une grande inquiétude. C'était la fille de Roucher qui avait enseigné à ses amies le moyen de voir le jeune comte de Civray, du fond du cabaret de Sainville qui, sous le nom de Gracchus et l'apparence d'un marchand de vin, cachait un homme dévoué aux proscrits, et qui, vingt fois déjà, avait risqué sa vie, afin de procurer aux parents de malheureux prisonniers, des entrevues avec leurs frères, leurs pères et leurs fils. Sainville, comprenant un jour la valeur de l'emplacement du cabaret d'un homme connu sous le nom de Georget, lui acheta la maison, les meubles et la clientèle, et paya le tout une somme assez forte pour tenter un avare. Il fut convenu que Georget le ferait passer pour un voisin de son village, et lui apprendrait le commerce.

Il ne fallut pas longtemps à Sainville pour se mettre au courant. Naudot, le premier, devina le dévouement de cet homme, et ce fut grâce au gardien de la prison que, peu à peu, les mères, les filles, les sœurs des condamnés, travesties en servantes, purent venir, de temps à autre, passer une journée dans le cabaret du citoyen Gracchus. La clientèle du cabaretier se trouvait bien mêlée ; les grandes dames, les belles jeunes filles qui, par dévouement, se condamnaient à verser à boire à des Jacobins, à entendre leur conversation aussi stupide, à écouter leurs refrains sanguinaires, quittaient souvent la maison de Sainville écœurées et demi-mortes ; mais elles emportaient l'ineffable consolation d'avoir échangé un regard avec un captif, ou bien Naudot, durant une de ses stations au cabaret, leur avait remis une longue lettre qui promettait d'échanger une correspondance. Mais ce moyen ne laissait pas d'être dangereux. Gracchus, après avoir joui d'une grande faveur, en raison de la modicité de ses prix, finit par devenir suspect. Des tricoteuses s'avisèrent de trouver que ses servantes avaient trop de distinction dans les traits, de décence dans le maintien ; on jasa dans le quartier. Les purs doutèrent du patriotisme de Gracchus. Un seul mot pouvait faire éclater l'orage sur la tête de Sainville. Échalot s'en chargea. Sa fuite, qui coïncidait d'une façon précise avec le redoublement de rigueur dont on allait user à l'égard des prisonniers, allait frapper aussi la famille Roucher, dont les lettres faisaient la consolation et la joie.

Peut-être celles que remit Cécile à Eulalie seraient-elles les dernières reçues?

Mme Roucher et Eulalie lurent les pages tombées du cœur du poète et du père avec des yeux voilés de larmes.

Ces lettres, comme toutes celles qui forment sa correspondance, étaient des chefs-d'œuvre de grâce et de sentiment. Roucher s'oubliait pour sa femme, pour sa fille, cette Eulalie qu'il appelle familièrement « Minette » ; leurs deux noms reviennent sans cesse sous sa plume. Les battements de son cœur se traduisent à chaque ligne. Quand il oublie le danger de sa situation, il revient à ses auteurs favoris : à Thompson, à Virgile. Il parle avec adoration du « petit suspect » devenu cher à tous les prisonniers. Quelles lettres que les lettres de Roucher ! Comme elles montrent dans sa sereine transparence l'âme du rêveur, du philosophe, du père, du chrétien. Il tremble que le souffle de la douleur froisse et courbe les êtres qui lui sont chers. Loin de leur parler de ses angoisses, il les initie à ses espérances ; il les entretient de la famille de Loizerolles avec affection et respect. Il traite le vieux Simon-Avid de Loizerolles en maître, et François en adepte. Il raconte les journées passées dans les grands couloirs, tandis que chacun d'eux initie ses amis à ses conceptions nouvelles. Après que Roucher a lu une traduction de Virgile, Loizerolles récite un chant du *Printemps*, et Chénier récite de sa voix harmonieuse une de ces idylles que l'on croirait composée à l'ombre des lauriers-roses ombrageant l'Eurotas.

Quand il a parlé littérature avec « Minette », il l'entretient de Mlle de Coigny, il lui peint sa grâce touchante, sa bonté angélique. Il cite les vers qu'André Chénier a faits pour elle.

Arrivée à ce passage de la lettre de son père, Eulalie se pencha, saisit la missive à deux mains, et dit à sa mère d'une voix altérée :

— André écrit des vers pour Mlle de Coigny, André nous oublie...

Elle n'en dit pas davantage, elle éclata en sanglots, et Mme Roucher reçut dans ses bras sa fille défaillante.

— Eulalie ! s'écrie-t-elle, dis-moi que je me trompe, dis-moi ..

— Je n'ai jamais songé à autre chose, ma mère... André Chénier n'est-il pas le plus grand poète de ce temps? Mon père, en l'introduisant dans notre intimité, n'avait-il pas fait le même rêve? J'ai toujours cru que son désir et le vôtre nous fiançaient dans l'avenir...

— Ma bien-aimée, répondit Mme Roucher, aujourd'hui, il n'existe plus d'avenir pour les femmes... Pleure, si ton cœur se brise en ce moment, mais pleure devant moi seule et devant Dieu... Quand nous tremblons pour la vie de ceux qui nous sont chers, avons-nous le droit de songer à notre destinée?

— Mère, mon père semble plein de confiance.

— Ton père possède l'âme la plus recueillie, la plus paisible que je connaisse, répondit Mme Roucher en caressant les cheveux de sa fille, avec une tendresse et une douceur qui signifiaient plus que toutes les paroles. Je connais le compagnon de ma vie, il ne tremblera point devant le danger, il ne pâlirait point en face de la mort... Mais l'habitude de vivre près de lui m'a rendue clairvoyante, et je manque de la confiance qu'il semble garder.

— Nos amis nous rassuraient hier, en nous parlant du revirement qui se produit dans les impressions du peuple

— Sans doute, ma chérie, la vue des ruisseaux de sang qui coulent sur les places et dans les rues écœure beaucoup de gens... On ne transforme pas un quartier en abattoir, sans qu'un jour la conscience publique se réveille... Les marchands de la rue Saint-Honoré ont réclamé contre le passage des charrettes, mais la guillotine fonctionne encore d'une façon plus terrible sur la place du Trône-Renversé qu'elle ne le faisait sur la place de la Révolution... Un peuple, si perverti qu'il soit par des misérables, ne voit point passer impunément des tombereaux, traînant au supplice un roi innocent, une noblesse fidèle, un clergé héroïque... Le dégoût du meurtre amènera la chute des meurtriers... Mais, quand sonnera cette heure? Combien, jusque-là, verrons-nous la révolution dévorer de victimes? On affirme que Fouquier-Tinville a reçu ordre de couper cent cinquante têtes par jour... Plus de 8,000 suspects encombrent les prisons. On y a jeté, l'autre nuit, 300 familles du faubourg Saint-Germain... Et sous quel prétexte, grand Dieu! L'un est coupable de porter un grand nom; celui-ci est riche, cet autre célèbre. Tel gentilhomme a servi la royauté; tel autre a vu évader un de ses parents. Cet homme a regretté les Girondins; cet autre prend le parti de la révolution avec un zèle qui le rend suspect. Ce jeune homme a paru applaudir au succès d'Hébert; ce vieillard a souri de la clémence de Danton... Les furies de la guillotine gardent leurs places au tribunal et continuent à suivre les convois des victimes... Non! non! cette tragédie sanglante n'est point terminée encore... Prie toujours pour ton père, pour Émile et pour moi, qui mourrais si je devais les perdre... Mais éloigne de ton cœur toute faiblesse, et offre ton bonheur pour le salut de ceux que tu aimes.

— Oui, mère, vous avez raison; je dois m'oublier, je dois demander la liberté pour les prisonniers, la fin de l'épreuve pour les martyrs, et si le Seigneur nous rend ceux que nous pleurons, je le bénirai tous les jours de ma vie.

La jeune fille tomba à genoux, joignit les mains et fondit en larmes.

— Pauvre ange! murmura Mme Roucher.

Eulalie resta seule dans sa petite chambre, savourant l'amère jouissance de pleurer sans témoins.

Elle tressaillit en entendant frapper discrètement à sa porte.

C'était Cécile qui, inquiète de son absence, la venait chercher.

Les deux jeunes filles se regardèrent, se prirent les mains, puis, spontanément, devinant quelle semblable douleur meurtrissait leurs âmes, elles s'embrassèrent en s'appelant ma sœur.

Elle n'est plus ici, répondit un homme à la voix rude. (Voir page 168.)

## CHAPITRE XIV

### LA CITOYENNE ROSE-THÉ

Réfugiée en un logis modeste, après avoir quitté sa boutique de lingerie, Jeanne n'eut plus qu'une pensée : se dérober aux regards de ceux qui l'avaient connue ; qu'un but, sauver le comte de Civray et prouver son innocence à Henri comme à sa mère.

Jeanne portait au cœur une double blessure, dont Dieu seul connaissait la profondeur ; mais elle était de celles que la douleur grandit et que sanctifie l'amour du sacrifice. Comment parviendrait-elle à convaincre ses bienfaiteurs que jamais elle n'avait dénoncé Henri de Civray? la pauvre Jeanne l'ignorait, mais elle comptait sur la Providence, qui vient en aide aux innocents et aux opprimés.

Pendant deux jours, elle erra aux alentours de la prison; mais elle ne tarda pas à comprendre que cette place se trouvait activement surveillée. La rencontre qu'elle y fit de Robert, rencontre qui pouvait amener pour elle non moins de trouble que de dangers, la dissuada de s'établir aux environs de Saint-Lazare.

Elle se croyait obligée de laisser la place libre à la mère, qui cherchait à voir son fils à travers les barreaux de la fenêtre donnant sur la rue de Paradis.

Cependant Mme de Civray se trouvait impuissante à sauver Henri. Elle possédait de l'or, des diamants, et loin de s'en servir, elle devait les cacher, car ils eussent constitué un danger, tandis que Jeanne, vivant de son travail, n'inspirerait de défiance à personne.

Elle fuyait les abords de Saint-Lazare, poursuivie par le regard accusateur de Cécile, quand au tournant d'une rue, deux chevaux effrayés, ruant dans leurs brancards, firent subitement reculer le véhicule, et arrachèrent un cri d'épouvante à une jeune et jolie blonde qui se trouva brusquement prise entre la charrette et la muraille.

Le léger panier qu'elle portait roula sur le pavé, et son inquiétude se doubla de la pensée du dommage qu'allait lui causer la négligence du charretier, qui venait de s'éloigner de ses chevaux.

Jeanne comprit vite le danger. D'un bras vigoureux elle repoussa la charrette, soutint la jeune fille, releva lestement le linge qui venait de rouler dans le ruisseau, et elle en remplit le panier.

— Voici, lui dit-elle, je ne dirai pas le malheur réparé, mais votre esprit plus tranquille.

— Tranquille! fit la jeune fille, je reportais ce linge à une pratique, et le voici dans un bel état. Tout est à recommencer par la faute de ce charretier brutal. Mais cela ne se passera pas ainsi. Je suis une brave citoyenne, vivant de mon travail. Je réclamerai devant l'autorité. Il faudra bien qu'on me paie le dommage. Si je ne cherche querelle à personne, je ne souffre pas davantage qu'on me nuise. Vous témoignerez pour moi!

— Appuyez-vous sur moi, dit Jeanne en lui offrant son bras.

La blanchisseuse accepta l'offre de Jeanne, qui prit le panier.

Le charretier, maugréant, fut maintenu par la foule qui prenait parti pour les deux jeunes filles, et l'on gagna la prochaine section.

Là, il fallut s'expliquer.

— Voilà, citoyen, dit la blanchisseuse en tirant de sa poche une carte de civisme : Je me nomme Rose-thé, je demeure dans la rue de la Loi, on me connaît pour ma conduite. Ce garçon a failli m'écraser, et il a renversé dans le ruisseau le linge que je portais à mes pratiques... Voyez dans quel état il se trouve. Je devrai passer la nuit à le laver et à le repasser... Du linge blanc comme neige, des gilets de piqué éblouissants, des jabots comme aucune repasseuse n'en plissa jamais... Il faut que j'aie du talent dans ma partie, puisque ce linge appartient au citoyen Robespierre et ces bonnets à Eléonore Duplay... Si vous ne me rendez pas justice, je cours chez l'incorruptible Maximilien, et je lui explique ce qui vient de se passer.

— Combien demandes-tu? dit l'un des membres de la section que le nom de Robespierre impressionnait.

— Mille livres en assignats, répondit Rose-Thé, et j'y perdrai.

Le charretier jura qu'il ne possédait pas la somme et Rose-Thé exigea qu'on emmenât le délinquant en prison, faute de mieux.

La petite blonde quitta la salle de la section, un peu calmée par l'impression favorable que sa vue et son récit venaient de produire sur les citoyens qui l'avaient vue et écoutée.

— Voulez-vous bien venir chez moi? dit Rose-Thé à Jeanne.

— Certes, répondit celle-ci.

— Ce n'est pas loin, d'ailleurs... Vous êtes vraiment bien bonne pour moi...

Jeanne et Rose-Thé parlèrent peu durant le trajet. La petite blanchisseuse gagna la maison qu'elle habitait, gravit un escalier sombre et ouvrit la porte d'une chambre meublée avec assez de goût.

— C'est gentil chez moi, n'est-ce pas? dit Rose-Thé! Je savonne et je repasse dans les deux autres pièces. Je veux que mes pratiques me trouvent coquettement installée, cela leur donne confiance.

Jeanne s'occupait à tirer du panier le linge maculé.

— Il ne s'agit pas seulement de laver tout cela, reprit Rose-Thé, les rubans de la citoyenne Duplay ne peuvent plus servir, et je ne saurai pas refaire les nœuds de son bonnet.

— Qu'à cela ne tienne, répondit vivement Jeanne, je suis lingère.

— Vous! cela se trouve joliment bien ! Alors vous consentez à m'aider ? La plupart des ouvrières à qui j'aurais pu demander ce service sont au Champ-de-Mars, où l'on fait je ne sais quelle cérémonie.

— Nous n'en aurons pas pour longtemps, dit Jeanne avec un sourire.

La pauvre fille voyait dans l'accident dont Rose-Thé venait d'être victime un moyen de trouver tout de suite un abri et peut-être une amie.

Avec une bonne grâce charmante et une rapidité tenant du prodige, Jeanne trouva chez Rose-Thé les objets dont elle avait besoin pour son travail. A mesure que la blanchisseuse réparait le désordre des bonnets de la citoyenne Duplay, fille du menuisier chez qui logeait Robespierre, Jeanne attachait des rubans, chiffonnait des cocardes.

On entendait à la fois dans la petite chambre le bruit mat du fer heurtant la table et le son plus léger des ciseaux de Jeanne.

En même temps que les outils s'agitaient, les jeunes filles jasaient. Rose-Thé, jeune et jolie blonde aux cheveux frisottés, avait des yeux gris, riants et doux, une taille ronde, la voix gaie comme celle d'un oiseau, la démarche alerte. Son caractère était aimable et bon. Jamais Rose-Thé n'avait nui à quelqu'un. La Duplay avait été l'amie de sa mère, c'est à ce souvenir qu'elle devait la pratique et la protection de Robespierre.

Elle perdit sa mère avant que celle-ci pût lui apprendre la prière, car on priait encore quand elle vint au monde, et les qualités de l'enfant ne purent se développer faute d'un souffle qui les fît s'épanouir.

— Si vous voulez, dit Rose-Thé à Jeanne, nous irons ensemble reporter mon ouvrage. Vous verrez Robespierre. On assure qu'il est un grand homme; tout ce que je sais, moi, c'est qu'il est joliment difficile à satisfaire. Jamais ses gilets ne sont assez blancs, et ses jabots assez finement plissés. C'est le plus coquet des membres du gouvernement. Pouvez-vous m'expliquer cette minutie dans les choses de la toilette, cet amour des couleurs tendres, des fleurs, de tout ce qui est gai, joli, brillant, et ce besoin de condamner à mort de pauvres gens coupables de ne pas aimer ce gouvernement-ci?

— Vous ne l'aimez donc pas, vous? demanda Jeanne tout en nouant un ruban au bonnet de la fille du menuisier.

— Oh! voyez-vous, je suis patriote parce que la citoyenne Duplay m'a répété que c'était mon devoir, mais jamais je ne dénoncerai un aristocrate, jamais je n'aiderai à emprisonner un grand seigneur.

— Vous avez bon cœur, dit Jeanne.

— Il me semble que vous ne l'avez pas mauvais non plus, répliqua Rose-Thé! C'est très courageux ce que vous avez fait pour moi sans me connaître.

— Je remplissais mon devoir, dit Jeanne.

— Oh! je ne crois pas que l'on soit obligé de risquer sa vie pour le salut d'autrui. Un tour de roue de plus, et vous étiez morte.

— Vous vous trompez, Rose-Thé, on le doit.

— Eh bien! franchement, je n'en aurais pas le courage.

— Qu'en savez-vous? demanda Jeanne. Vous êtes-vous jamais trouvée assez malheureuse, assez abandonnée pour souhaiter que Dieu vous permît de mourir en accomplissant une action louable? Avez-vous assez souffert pour ne plus tenir à la vie? D'ailleurs, dans les instants dont vous parlez, on ne s'appartient plus. Un souffle de générosité nous pousse, et nous cédons à un sublime instinct.

Rose-Thé parut songeuse.

— Personne ne m'a jamais parlé comme vous, dit-elle. Je n'éprouve pas tout ce que vous sentez, je ne saurais donc aussi bien le dire, mais il me semble que vous avez raison.

— Vos bonnets sont finis, dit Jeanne en se levant.

— Vous partez? demanda Rose-Thé, avec une sorte d'effroi!

Alors vous êtes pressée de me quitter?

— Moi! personne ne m'attend. Je suis une orpheline.

— Écoutez, dit Rose-Thé, si vous êtes seule au monde, je vous dois la vie, et je ne me consolerai jamais de ne pas faire quelque chose pour vous. Moi aussi, je suis orpheline... Si, jusqu'au moment où vous aurez trouvé une situation convenable, vous voulez demeurer ici, nous nous associerons, et peut-être augmenterons-nous notre commerce et doublerons-nous nos profits.

Jeanne se leva et tendit les deux mains à la blanchisseuse.

— Est-ce sincère ce que vous me dites-là?

— Oui répondit Rose-Thé, et je vous assure que vous me ferez grand plaisir en acceptant.

— Eh bien! fit Jeanne, j'accepte. Jusqu'à ce que vous ayez trouvé pour moi une situation lucrative chez un des membres du comité du salut public, gardez-moi. Je me dévouerai à vous, et je vous aimerai... Que direz-vous à vos amis pour leur expliquer ma présence?

Rose-Thé regarda Jeanne avec plus d'attention :

— Je répondrai de vous, dit-elle, et, s'il le faut, je vous conduirai chez la citoyenne Duplay en disant que vous êtes mon ouvrière.

Une heure plus tard, un petit lit était dressé pour Jeanne dans la chambre de repassage. Et, ce soir-là, Jeanne se coucha donc en remerciant Dieu avec effusion.

La vie qu'elle mena avec Rose-Thé fut tout ce qu'elle en pouvait attendre. Jeanne travailla avec d'autant plus d'ardeur qu'elle tenait à ne point rester à charge à sa compagne.

Rose-Thé conduisait Jeanne chez ses clients, et s'efforçait de la rendre populaire dans son quartier. Il vint même au moment où

Jeanne ne craignit plus de faire les courses de sa compagne. Son amie, à qui elle dit avoir perdu sa carte de civisme, lui en fit donner une parfaitement en règle, et il devint possible à Jeanne de rôder dans tous les quartiers avoisinant la prison. Elle eut même un jour la pensée d'aller voir une de ses anciennes pratiques, Mme Roucher, qui prenait chez elle sa lingerie, avant que l'arrestation du comte de Civray l'eût obligée à vendre sa boutique. Elle savait que le poète se trouvait en prison à Saint-Lazare, que le comte Henri était son compagnon de captivité, peut-être, en causant avec Mme Roucher ou sa fille, apprendrait-elle quelque chose.

Il faisait une belle soirée, et Jeanne se glissa dans les rues comme une ombre.

Elle venait d'entrer dans la rue des Noyers, quand elle vit sortir de la maison de Mme Roucher deux femmes dont la tournure la frappa, bien qu'elles fussent enveloppées dans des mantes cachant à la fois leur taille et leur visage.

Un soupçon traversa l'esprit de la jeune fille ; elle le repoussa, tant l'idée qui venait de l'assaillir lui parut étrange et impossible.

Jeanne monta l'escalier de Mme Roucher.

Celle-ci avait toujours fait grand cas de Jeanne. Ignorant quelles causes l'avaient décidée à fermer sa boutique de lingère, elle crut que la tempête révolutionnaire avait perdu la clientèle des *Trois-Grâces* et causé la ruine de la jolie marchande.

Eulalie manifesta surtout une grande joie en revoyant Jeanne.

— Comment, c'est vous, Jeanne ! s'écria Eulalie, je vous croyais loin de Paris, pis que cela même, peut-être incarcérée. Lorsque je me suis présentée au magasin des *Trois-Grâces*, j'y ai trouvé Réséda, petite personne assez suffisante qui, d'un air pincé, m'a répondu qu'elle manquait absolument de vos nouvelles.

— En effet, répondit Jeanne, qui poussa un soupir de soulagement, en voyant que Mlle Roucher ignorait comment elle était partie de son magasin, chassée en quelque sorte par la vindicte publique, j'ai cédé ma boutique, mais je travaille toujours, et je viens vous demander de me conserver votre clientèle. Je partage mon logement avec une jeune blanchisseuse, qui fréquente bien un peu les puissants du jour, et vous savez, Mademoiselle, ce que sont les puissants ; mais elle est bonne fille, je lui ai rendu un faible service dont elle me garde une profonde reconnaissance, et chez elle, je suis en sûreté.

— Mme de Loizerolles, son mari, son fils, ont été arrêtés ensemble. Nous connaissons cette famille depuis longtemps. Les goûts littéraires du lieutenant du bailliage, et de son fils François, les rapprochaient de mon père. Quelles charmantes soirées nous avons passées ici, tandis qu'André Chénier nous lisait ses vers... Les Loizerolles, me dit mon père, ont trouvé beaucoup d'amis à Saint-Lazare : Mme de Bruissant, Mlle de Coigny, le comte Henri de Civray...

Le cœur de Jeanne se mit à battre avec violence, mais elle le contint à deux mains, et garda le courage de ne pas lever les yeux.

— Tandis que mon père, François, André Chénier font des vers, que chaque gentilhomme s'efforce d'oublier le lieu qu'il habite et le destin qui le menace, M. de Civray s'enfonce, paraît-il, dans une tristesse croissante. Ce n'est point la peur de la mort qui le bouleverse, car il paraît, au contraire, que chaque jour, à l'heure de l'appel des prisonniers, il s'élance vers l'homme chargé de lire la liste fatale, et ne s'éloigne qu'après avoir entendu prononcer le dernier nom. On dirait qu'il éprouve une déception en ne s'entendant pas nommer. Il fuit plutôt qu'il ne recherche ses compagnons d'infortune ; le seul dont il aime la compagnie est un prêtre vieilli dans le sacerdoce. Mon père semble regretter beaucoup de ne pas connaître davantage M. de Civray, il se sentait pour lui une véritable sympathie.

Jeanne garda le silence, elle se sentait étouffer. Henri vivait. Il regrettait de vivre, il appelait la mort comme une délivrance, mais il vivait ! Rien n'était perdu, tant qu'il resterait à la malheureuse fille l'espoir de le délivrer.

Elle resta quelque temps avec Eulalie, se fit remettre différents objets, et elle se levait pour partir quand la porte du salon, dans lequel Jeanne se trouvait avec Mlle Roucher, s'ouvrit subitement, et Mme de Civray entra.

Le bruit de la porte avait fait retourner les deux jeunes filles, qui se trouvaient en pleine lumière, tandis que Mme de Civray et sa nièce restaient dans l'ombre.

La comtesse laissa échapper un cri d'épouvante :

— Vous ici ! malheureuse ! fit-elle en s'avançant vers Jeanne, vous ici ? Y a-t-il encore de l'argent à gagner et des proscrits à vendre... Mademoiselle, poursuivit la comtesse, en s'adressant cette fois à Eulalie, j'ai traité cette créature comme ma fille, en récompense de mes bienfaits elle a détruit l'avenir et le bonheur de ma famille... Je l'ai aimée jadis presque autant que je chéris Cécile, cette misérable a vendu le secret de la retraite de mon fils.

Eulalie se recula instinctivement.

— Ne croyez pas cela, Mademoiselle ! dit Jeanne en joignant les mains, ne le croyez pas ! Des circonstances terribles, fatales, m'accusent ; la vérité sera connue un jour... Madame la comtesse, vous ne serez convaincue de mon innocence que le jour où je mourrai pour sauver monsieur Henri ! Eh bien ! s'il vous faut cette preuve, vous l'aurez... Vous l'aurez, je vous le jure !

Elle resta un moment les mains tendues vers Mme de Civray, mais la comtesse se recula contre la muraille. Cécile aurait voulu pouvoir interroger Jeanne ; elle se sentait portée à la croire innocente, mais la passion maternelle de Mme de Civray l'aveuglait assez à cette heure pour que toute tentative d'explication devînt inutile.

Les yeux de Jeanne se tournèrent vers mademoiselle Roucher. Eulalie lut dans ce regard une incommensurable douleur, elle n'y trouva la trace d'aucune faute.

— Me chassez-vous aussi, Mademoiselle ? demanda Jeanne.

— Lorsque tant d'innocents montent chaque jour sur l'échafaud, répondit Eulalie, qui oserait affirmer la culpabilité de quelqu'un ?

— Mademoiselle, dit la comtesse de Civray, il ne nous reste plus qu'à vous remercier de votre hospitalité, et à quitter ce toit où nous fûmes aimées, protégées ; notre secret ne nous appartient plus ; demain vous seriez compromise, et nous nous verrions arrêtées... De l'heure où cette créature a franchi votre seuil, nous sommes condamnées à ne jamais vous revoir. Tant qu'Henri vivra, j'espèrerai son salut et je me croirai obligée de me garder à lui.

— Insultez-moi, foulez-moi aux pieds, dit Jeanne, qui se releva superbe d'indignation et rayonnante d'innocence. Moi aussi, je dois vivre, lutter et vaincre. Un jour, un jour qui est proche, madame la comtesse, vous serez à mes pieds comme tout à l'heure j'étais aux vôtres. Vous me supplierez de reprendre près de vous la place qui m'est ravie, vous m'offrirez davantage encore, et je refuserai tout ! tout, entendez-vous ! A mon tour, je me montrerai implacable. De cette Jeanne, qui se fût fait tuer à votre service, vous avez broyé le cœur sans pitié, sans remords. Cette fois vous avez oublié votre devoir de chrétienne. Je tâcherai, moi, de me souvenir du mien. Voulez-vous connaître à cette heure pourquoi vous n'avez rien à craindre, et pourquoi je n'ai pas trahi votre fils ? Je vais vous le dire, car il faut bien que mon cœur crie avant de se briser... Le comte de Civray a souhaité faire de moi sa femme, nous avions grandi ensemble et son amitié fraternelle se changea vite en un sentiment plus tendre. Le jour où vous le comprîtes, Mlle Cécile était là, et vous lui destiniez la place que j'avais conquise... Alors vous me renvoyâtes de Civray...

renvoi adouci, pensiez-vous, par vos bienfaits... Hélas! vous vous êtes grandement trompée... Ce ne fut pas votre volonté qui m'éloigna du château, mais ma conscience... J'aurais pu entamer avec vous une lutte dont infailliblement je serais sortie victorieuse, et je ne l'entrepris pas... Je masquai mon visage, j'éteignis le son de ma voix, je calmai les battements de mon cœur, et, quand votre fils me supplia de lui révéler ma pensée, de lui dire si ses vœux me trouvaient indifférente, je jouai une horrible comédie, je feignis une froideur mensongère, et me condamnant à un long martyre, je quittai Civray après lui avoir dit : — Je ne vous aime pas! — Je mentais, Madame, je mentais! J'aurais consenti à rester au château en qualité de servante pour le voir encore. Je partis pour Paris et son souvenir me suivit dans mon exil ; cinq ans entiers se sont écoulés depuis que mes yeux, voilés de pleurs, virent disparaître les tourelles de Civray, et cette douleur persiste, elle me poursuit, elle me dévore... Rappelez-vous, rappelez-vous mon trouble, lorsqu'à Paris vous êtes venue me prier de cacher M. Henri dans ma pauvre maison... Ses sentiments trop longtemps refoulés menaçaient de s'éveiller avec une ardeur nouvelle, et je ne voulais pas, je ne pouvais pas accueillir à cette heure l'hommage que jadis j'avais repoussé. Ah! madame! en me soupçonnant d'avoir trahi le comte, vous m'avez fait autant de mal que j'en avais eu en le repoussant pour vous prouver ma reconnaissance... Et ce n'est pas tout! Non, Madame, ce n'est pas tout... Vous aviez voulu dans l'intérêt de votre fils le rapprocher de celle qui fut sa sœur d'adoption ; l'épreuve fut trop forte pour son cœur, les souvenirs du passé se réveillèrent. Menacé de tous côtés par la mort, il me supplia de devenir sa femme, et je refusai encore. Je refusai! Et, en acceptant son offre, si j'avais eu soif de vengeance comme vous le supposez, je triomphais dans mon orgueil et ma tendresse... Mon devoir parla cette fois encore plus haut que la tentation. Mais, Madame, l'épreuve fut presque au-dessus de mes forces... Et c'est à l'heure où je me sacrifiais, à l'heure où le comte Henri m'offrait son nom, sa fortune, que je l'aurais vendu pour cinq cents livres! Allons donc! est-ce possible? Si vous doutez, interrogez votre fils... Je sais bien qu'on a jeté quelques pièces d'or sur ma table, qu'on a produit une lettre dans laquelle ma signature se trouvait habilement contrefaite... Qu'est-ce que cela, je vous prie, quand je pouvais d'un mot toucher au but de mon rêve. Votre fils a cru que je l'avais trahi parce qu'il s'est vu repoussé; mais qu'au prix de tout ce que je possède, de ma vie même, je pénètre dans sa prison, que je lui crie la vérité que le désespoir vient d'arracher du fond de mes entrailles, et vous verrez si un seul jour, une seule heure, il me soupçonne encore. Le comte de Civray, dédaigné, a pu me soupçonner; le comte Henri, certain de ma parole, me tendrait encore un anneau de mariage.

Jeanne n'attendit point l'effet produit par ses paroles; elle redoutait trop que sa présence chassât Mme de Civray de l'hospitalière demeure de la femme de Roucher. Sa main convulsive pressa les doigts tremblants d'Eulalie, puis elle s'élança hors de la chambre.

— Mon Dieu! s'écria la comtesse, en soulevant le corps inerte de Cécile, cette enfant vient de s'évanouir.

En effet, Cécile ne doutait plus, elle; une terrible lumière s'était faite dans son esprit; les paroles de Jeanne l'avaient convaincue; mais en même temps elle acquérait une terrible certitude : son cousin ne l'aimait pas, il ne l'avait jamais aimée. Les projets de madame de Civray ne recevraient point d'accomplissement, même si le comte échappait à l'échafaud, et ses rêves à elle, ses jeunes rêves de dix-huit ans venaient de s'effeuiller sous un vent d'orage.

Madame de Civray se mit à sangloter près de Cécile.

— Je t'en prie, lui disait-elle, reviens à toi! rouvre les yeux; tout ce qui aujourd'hui nous attriste s'aplanira dans l'avenir.

Mais tout en couvrant de baisers le front de sa nièce, Mme de Civray ne pouvait s'empêcher de tressaillir en se rappelant les paroles de Jeanne. Car, cette pauvre fille disait vrai : quand elle souffrait le martyre, on l'accusait d'un crime; à l'heure où elle se dévouait, un odieux soupçon venait la flétrir.

Comment réparer maintenant un passé douloureux? Que dire? Qu'entreprendre? Mme de Civray aurait voulu avoir Jeanne près d'elle; lui parler longuement cœur à cœur; la remercier de la force qu'elle avait montrée, la supplier de garder le même courage, lui répéter qu'elle lui rendait à la fois sa confiance et sa tendresse. La pauvre femme eût pleuré dans les bras de celle qu'elle avait tant aimée, et ses baisers lui eussent fait du bien. Mais Jeanne était partie. Quand reviendrait-elle? Mme de Civray la reverrait-elle même jamais?

Lorsque Cécile, un peu remise de son émotion, se fut retirée dans sa chambre, la comtesse de Civray demanda à Eulalie :

— Jeanne ne vous a-t-elle point laissé son adresse?

— Pardon, Madame, la voici : elle habite avec une jeune blanchisseuse, rue de la Loi; voyez ce que Jeanne Raimbaud a écrit.

— Dieu merci, fit Mme de Civray, je pourrai la revoir.

Elle cacha l'adresse dans sa robe et entra dans la chambre de Cécile, qu'un violent accès de fièvre venait de saisir.

Pendant ce temps, Jeanne regagnait la rue de la Loi.

Une rougeur ardente colorait ses joues; son pouls battait avec force. Elle monta l'escalier en courant, et tomba sur un siège avant d'avoir la force de prononcer une parole.

— Comme tu as couru! lui dit Rose-Thé.

— Oui, répondit Jeanne, j'ai couru.

— Quelqu'un t'a-t-il effrayée, que tu sembles si émue?

— Non, dit Jeanne, le désir de rentrer me poussait, voilà tout.

— Aurais-tu donc flairé une bonne nouvelle?

— Une bonne nouvelle, pour moi?

— Pourquoi pas? J'ai la mémoire fidèle, ma bonne Jeanne, et je comprends qu'il faut aimer ses amis pour eux, et non pour soi. Nous gagnons ici le nécessaire, cela est vrai, mais plus la République monte, plus les affaires baissent. A force de devenir purs, les citoyens deviennent malpropres. Les tricoteuses ne s'occupent guère d'avoir des cornettes soignées, et sous les carmagnoles on ne voit pas souvent de linge blanc. Il y a des hauts et des bas dans le métier; si l'on savait où cela s'arrêtera, ce ne serait rien. Mais on parle de couper cent mille têtes... Plus tard on décimera toute la France, qui sait! Avec la guillotine en permanence on fait du chemin. Je me tirerai toujours d'affaire, grâce à Éléonore Duplay; mais toi, ma petite Jeanne, tu pourrais bien ne plus avoir de nœuds de rubans à faire.

— Je le sais, dit Jeanne.

— Le jour où je manquai d'être écrasée rue Honoré, tu me témoignas le désir d'entrer en qualité d'officieuse dans une bonne maison...

— Eh bien! je t'ai trouvé une place... J'ai reporté tantôt les gilets de Maximilien Robespierre, tandis que tu te rendais rue des Noyers. L'incorruptible n'y était pas, mais quelqu'un l'attendait avec Éléonore... Ce personnage parlait de sa femme, de ses enfants, se plaignait de n'avoir plus d'officieuse, et priait la citoyenne de lui en trouver une.

Je me suis alors avancée.

« — Citoyen, ai-je dit, j'ai ton affaire : une fille de vingt-trois ans, active, adroite, qui saura soigner les enfants et habiller ta femme. Je ne crois pas qu'elle se montre exigeante pour la question d'argent. Quant à sa moralité, j'en réponds.

Le citoyen partit d'un grand éclat de rire :

« — La caution de Rose-Thé, fit-il.

« — Certes, repris-je, et elle vaut mieux que bien d'autres. J'ai figuré dans les fêtes de la Pudeur, et ma réputation est incorruptible comme celle de Robespierre. Au surplus, si mon amie ne te convient pas, c'est un cadeau que je ferai à quelqu'autre de mes pratiques.

« — Au contraire, répondit-il, envoie-la-moi ce soir, si tu le peux. » Et voilà pourquoi je t'ai dit : Tu as une bonne place.

— Et c'est? demanda Jeanne anxieuse.

Rose-Thé lui tendit l'adresse sur un petit papier.

— Là! fit Jeanne, c'est là que tu m'envoies?

— As-tu peur? demanda Rose-Thé en regardant sa compagne.

Jeanne se jeta dans les bras de Rose-Thé :

— Je t'ai sauvé la vie, dit-elle, nous sommes quittes.

— Non pas! Je garde le droit de me montrer reconnaissante.

— Faut-il m'y rendre tout de suite dans cette maison ?

— Avant ce soir, du moins.

— Je vais préparer mon paquet, dit Jeanne.

Jeanne plaça précipitamment le peu de linge et d'effets qu'elle possédait, car elle avait fui sa boutique en y abandonnant la plus grande partie de son trousseau.

Quand tout fut prêt, elle s'assit sur une chaise, resta un moment silencieuse, puis elle serra Rose-Thé dans ses bras.

— Si nous ne devons pas nous revoir, lui dit-elle, je prie Dieu qu'il vous fasse heureuse. Dans tous les cas, croyez-le, vous m'avez rendu le plus grand service qu'une pauvre créature, comme moi, pouvait recevoir en ce monde.

Elle prit son paquet à la main, descendit lentement l'escalier, et se dirigea vers l'adresse indiquée.

Le lendemain, dans la journée, une femme échevelée, au visage pâle, trahissant une distinction parfaite, se présenta chez la petite blanchisseuse de la rue de la Loi et demanda la citoyenne Jeanne Raimbaud.

— Elle n'est plus ici, répondit par une fenêtre un homme à la voix rude, elle est maintenant officieuse chez Fouquier-Tinville.

— Fouquier-Tinville ! répéta la femme en noir avec épouvante.

— Lui dirai-je que vous êtes venue la demander? Vous plairait-il de m'apprendre votre nom, citoyenne?

— Rien! rien! Ne lui dites rien! fit la dame en deuil.

Elle rabattit sur son visage le capuchon de sa mante, et descendit les escaliers en trébuchant.

— Mon fils est perdu ! murmura-t-elle, perdu par ma faute !

Elle se rapprochait de la porte, s'efforçait d'entendre. (Voir page 173.)

## CHAPITRE XV

### L'OFFICIEUSE

Jeanne ne se dissimulait aucune des difficultés qu'elle allait rencontrer, afin de remplir convenablement l'emploi qu'elle acceptait. Sacrifier sa vie n'eût rien été en comparaison de la torture journalière à laquelle la pauvre fille allait être en proie. Il lui faudrait mentir à toute heure, masquer son visage, vivre au milieu d'hommes de sang, dont un mot, une signature, pouvaient envoyer le comte de Civray à l'échafaud. Réussirait-elle dans son projet, apprendrait-elle chez l'Accusateur public assez de secrets pour arriver à son but, ne se créait-elle point une illusion généreuse? Jeanne se demandait tout cela en se dirigeant vers la demeure de Fouquier-Tinville.

L'Accusateur public se trouvait au tribunal à l'heure où Jeanne y entra. Elle fut introduite par une lourde créature bouffie et blême, préposée au soin de la cuisine, et qui confectionnait pour le magistrat des plats succulents.

Les terroristes étaient loin de s'en tenir au brouet des Spartiates, et tandis que les murs de toutes les prisons de Paris regorgeaient de victimes et retentissaient du bruit des sanglots, dans bon nombre de petites maisons, situées à peu de distance de Paris, on donnait de joyeux soupers où les convives se couronnaient de roses.

L'officieuse chargée de la cuisine fit entrer Jeanne dans une pièce richement décorée, où toutes les élégances du dix-huitième siècle se trouvaient réunies.

La citoyenne Fouquier-Tinville, vêtue de blanc, coiffée d'un bonnet de dentelles orné d'une cocarde tricolore, enseignait à un de ses enfants une sorte de catéchisme révolutionnaire. Elle était encore belle, et rien ne semblait plus effrayant que d'entendre sortir de cette bouche fraîche les terribles principes qu'elle s'efforçait d'enseigner à ses fils.

Le regard vif de la citoyenne Fouquier-Tinville inspecta rapidement toute la personne de Jeanne. Peut-être la trouva-t-elle un peu trop jolie, mais la gravité du visage de la jeune fille corrigeait ce défaut.

— Écoutez, lui dit Mme Fouquier, mon ancienne officieuse s'appelait Véronique, cela me dérangerait d'apprendre un autre nom, vous convient-il d'hériter de celui-là?

— Parfaitement, citoyenne, reprit Jeanne.

— Que savez-vous faire? Rose-Thé, qui vous a recommandée, a grandement loué votre mérite.

— Il faudra peut-être en rabattre, citoyenne, mais vous serez contente de moi. Je sais coudre, coiffer, je passe pour une lingère habile, et je ferai vos toilettes au besoin.

— Combien voulez-vous gagner?

— Ce que gagnait Véronique.

— Fort bien, dit la citoyenne Fouquier-Tinville ; je reçois ce soir, vous trouverez une robe blanche dans un cabinet de toilette. Attachez-y des nœuds rouges. Vous me coifferez ensuite.

Jeanne salua et sortit.

L'épreuve n'avait pas été aussi difficile qu'elle l'aurait pu craindre;

avec une rapidité de coup d'œil qui était une des qualités de cet esprit droit et sagace, Jeanne se rendit compte de la disposition des pièces composant l'appartement.

Le grand salon de réception communiquait avec la pièce servant de bureau à l'Accusateur public. Une tenture dissimulait une autre porte — celle de la cuisine, — porte qu'il devenait aisé d'entr'ouvrir sans crainte d'être vu, si l'on voulait écouter ce qui se disait dans le cabinet du magistrat.

Cette pièce renfermait une bibliothèque assez riche, occupant un des panneaux ; le second était garni d'un immense cartonnier d'acajou, dont les vingt-quatre tiroirs portaient des lettres rouges d'une dimension énorme. Dans ces cartons s'entassaient les dossiers des prisonniers que devait examiner le sinistre fonctionnaire de la République. Non loin d'un bureau sacramentel réservé à Fouquier, il s'en trouvait un plus petit devant lequel travaillait un secrétaire.

Celui-ci s'appelait Marcus. Il arrivait avec le jour, et ne sortait jamais avant dix heures du soir.

Pendant quinze heures, il restait courbé sur sa triste besogne, dépouillant des dossiers, expédiant des lettres, dressant des listes de suspects, auxquelles succédaient des listes de condamnés.

Jeanne l'aperçut au moment, où, feignant de se tromper, elle ouvrit rapidement la porte du cabinet de travail.

Leurs regards se croisèrent.

Marcus Siccard avait vingt-cinq ans, une haute taille, des membres musculeux. Ses cheveux foisonnaient et frisaient sur un front dénonçant de l'intelligence, tandis que le développement du bas du visage trahissait une obstination contre laquelle devaient disparaître tous les obstacles. Des regards ardents luisaient sous des sourcils sombres. La bouche épaisse, rouge et sensuelle, était grande ; le nez fin et droit corrigeait une partie de ce que ce visage trahissait de violence.

Marcus posa la plume sur son bureau, et regarda Jeanne.

Celle-ci passa tranquille, froide, et sortit par le grand salon.

— Voilà une officieuse qui me semble inquiétante, murmura Marcus.

Il se replongea dans son travail, tandis que Jeanne rassemblait les rubans et les dentelles devant servir à l'ornementation de la robe de la citoyenne Fouquier.

Au bout de deux heures, cette toilette était un chef-d'œuvre.

— En vérité, Véronique, dit la citoyenne Fouquier-Tinville, Rose-Thé ne m'avait point exagéré vos mérites. Si vous coiffez avec goût, et si vous m'habillez de même, je ne pourrai, en toute justice, vous donner le même prix qu'à la sotte fille que vous remplacez. Je doublerai la somme.

— La citoyenne a le temps de songer à ce détail, dit Jeanne, en dénouant les cheveux de sa maîtresse.

Elle les frisa, les étagea en boucles savantes, les couvrit d'un bonnet de dentelle de la forme de ceux dont l'histoire pare Charlotte Corday, et quand la femme de l'Accusateur public se trouva prête, elle ne put retenir un sourire de contentement.

— Voilà qui est parfait ! dit-elle.

Quant à Jeanne, elle ne put s'empêcher de frissonner. Ces rubans rouges, sur cette robe blanche, lui faisaient l'effet de taches de sang.

Pendant les quelques jours qui suivirent, elle acheva de gagner les bonnes grâces de sa maîtresse ; les enfants la trouvèrent douce et complaisante. Elle les attirait près d'elle comme si le contact de ces jeunes êtres la reposait un peu. Tout le jour, dans cette maison, où femme et enfants étaient jeunes et beaux, on n'entendait parler que d'assassinats, d'exécutions, d'arrestations. Au moins les enfants gardaient une naïveté qu'une éducation précoce ne leur avait point encore enlevée. Des sentiments tendres restaient dans leurs âmes. Jeanne et eux se comprenaient. Après les avoir attirés, elle espérait en faire d'innocents complices.

Du reste, Jeanne ne tarda point à prendre dans toute la maison une sorte d'influence à laquelle chacun cédait sans le savoir.

Minerve, la lourde cuisinière de Fouquier-Tinville, avait été jusqu'alors chargée de nettoyer le bureau de son maître. Elle s'acquittait peu ou mal de ce soin, dérangeait les papiers, ou, si on l'avait grondée pour ce fait, elle cessait de promener le plumeau sur les tables. Jeanne lui vint en aide un matin, et Minerve prit l'habitude de céder à Jeanne cette partie de sa tâche. D'abord celle-ci agit avec une grande circonspection. Elle parcourut des yeux les feuilles éparses, les lettres commencées, les listes à demi complètes. Quiconque, à cette heure matinale, l'aurait surprise dans le bureau de Fouquier-Tinville, eût sans doute été surpris de la voir prendre des notes rapides. Le soir, à son tour, Jeanne écrivait. Tantôt elle prévenait par un billet laconique une famille devenue suspecte, de chercher un nouveau gîte; tantôt elle indiquait dans quelle prison se trouvaient un père, une sœur, une mère. Elle confiait ces lettres à des commissionnaires qu'elle avait l'art de découvrir, et joignait une pièce d'argent à sa lettre.

Jamais aucun de ceux qu'elle sauvait de la sorte ne se douta de qui lui venait un avertissement salutaire, sa conscience et Dieu lui suffisaient.

Le cabinet de toilette de la citoyenne Fouquier, contigu à la cuisine, était devenu l'atelier de Jeanne, elle y passait une partie de ses journées. L'oreille au guet, elle connaissait chaque bruit de la maison. Quand elle se croyait certaine de ne point être dérangée, elle quittait sa place, se dirigeait vers la cuisine, se rapprochait de la porte, et s'efforçait d'entendre ce qui se disait dans le cabinet de l'Accusateur public.

Un matin, il lui sembla vaguement reconnaître la voix de l'interlocuteur de Fouquier-Tinville.

Celui-ci parlait haut, d'un accent méprisant et courroucé ; le second personnage répondait humblement. On devinait, en l'écoutant, qu'il se faisait petit devant le terrible fonctionnaire :

— Pourquoi m'avez-vous demandé une place d'Observateur de l'Esprit public, si vous ne savez la remplir? Je vous ai enrôlé parce que vous avez promis de remettre entre les mains de la justice du peuple deux femmes, deux ci-devant, dont la fortune pourrait aider au soulagement de familles patriotes tombées dans la misère. Sans cela, avions-nous besoin de vous? Bien plus, quand nous vous avons ouvert les rangs des *Observateurs*, nul acte ne vous méritait encore cette prérogative. Vous n'aviez donné aucun gage de votre civisme. Prenez garde! je pourrais croire que votre situation actuelle sert tout simplement à masquer des intentions liberticides. Votre titre vous protège jusqu'à cette heure ; mais, si d'ici à trois jours, vous ne nous avez pas livré un certain nombre d'ennemis de la nation, je me souviendrai que vous avez été au service des ci-devant Civray, et je vous enverrai rejoindre à la prison Lazare l'héritier de cette famille.

— Citoyen, répondit l'homme que Fouquier menaçait, j'ai tout lieu de croire que la mère et la cousine du prisonnier, dont vous parlez, habitent la rue des Noyers, par deux fois, je les ai rencontrées dans ce quartier. Le matin du jour où le peuple, suspectant Hannibal brisa les volets de son cabaret, je venais de reconnaître ces deux femmes dans les pauvres servantes du marchand de vin. Le tapage des patriotes les effraya, elles se sauvèrent, et depuis...

— Depuis, tu n'as rien trouvé.

— Paris est si grand.

— Je t'ai donné trois jours, ajouta Fouquier-Tinville.

— Je vous réponds, d'ici là, d'avoir fourni des preuves de mon zèle. Je suis sur la piste d'un prêtre, logé dans les combles d'une maison que je soupçonne de servir d'asile à des fanatiques venant pour assister à la messe. Si d'un seul coup je faisais arrêter le curé et ses fidèles, cette capture-là vaudrait bien celle de deux femmes.

— Sans nul doute.

— Me vaudrait-elle de l'avancement?

— Un avancement immédiat.

— Citoyen, je vais le mériter.

Jeanne, avec des précautions infinies, réussit à entrebâiller la porte, et au moment où l'Observateur de l'Esprit public allait sortir, elle aperçut son visage.

— Robert! murmura-t-elle, je m'en doutais.

La porte fut refermée, et Jeanne regagna sa place en chancelant.

— Ainsi, dit-elle, je le trouverai sans fin sur ma route, poursuivant de sa haine celles que je m'efforce de sauvegarder, celui dont j'ai entrepris de racheter la vie, même au prix de la mienne. Mme de Civray n'est plus en sûreté dans la maison de sa nouvelle amie; elle en doit sortir au plus vite, aujourd'hui, avant ce soir, s'il est possible. Mais Robert, qui soupçonne déjà la présence de la mère d'Henri dans la rue des Noyers, va surveiller tout le quartier; s'il m'y rencontre, par hasard, je suis perdue. Il me suivra, me dénoncera, et le but que je poursuis ne sera jamais atteint. Il faut les prévenir, cependant; comment m'y prendre?

Jeanne réfléchit un moment, puis son visage s'éclaira.

— Rose-Thé me servira d'intermédiaire, dit-elle; Rose-Thé n'est pas suspecte; elle est bonne fille, et le culte qu'elle professe pour la République ne la pousserait jamais à dénoncer des femmes. Pourvu que je puisse la rejoindre.

L'officieuse de la citoyenne Fouquier-Tinville se mit à fourrager dans les tiroirs d'un chiffonnier, puis prenant un amas de fichus et de bonnets légèrement défraîchis:

— Il me semble, dit-elle, que tout ceci aurait grand besoin des soins de la blanchisseuse. Si la citoyenne le permet, je lui porterai ce petit paquet; en revenant je passerai chez la fleuriste, afin de commander des bouquets pour ce soir.

— Vous pensez à tout, Véronique. Tenez, prenez ce bijou et faites-moi le plaisir de le garder.

La jeune fille le regarda, et laissa échapper un cri.

C'était une toute petite guillotine en or, qu'à cette époque il était à la mode de porter en guise de médaillon. On la glissait dans un ruban rouge qui, lié autour du cou, imitait la ligne sanglante du couperet.

— Merci, dit Jeanne, je m'en parerai ce soir.

— Je serais bien aise en même temps de te voir quitter cette robe sombre. Rien n'attriste une maison comme les vêtements de deuil.

— J'ai perdu mes parents..., balbutia Jeanne.

— A ce compte, dit la citoyenne Fouquier avec un sourire, tout Paris serait en deuil, et cependant, tandis que mon mari et ses amis protègent la République contre ceux qui la veulent abattre, et suppriment les ennemis de la Révolution, les femmes vraiment patriotes respirent d'autant plus que la nation triomphe et que l'on supprime ceux qui s'élevaient contre elle.

— Je ne possède pas d'autre robe, reprit Jeanne.

— Qu'à cela ne tienne, je te fais cadeau de ma robe bleue.

Jeanne remercia, salua et sortit.

Sans doute elle souffrirait de quitter le deuil qu'elle portait depuis le jour où elle s'éloigna de Civray, mais il s'agissait d'accomplir un nouveau sacrifice, et elle se trouvait prête. Pour le moment, il suffisait qu'elle jetât une mante sur ses épaules.

Elle trouva Rose-Thé très songeuse.

— Qu'as-tu? demanda Jeanne à la jeune blonde.

— Je me trouve malheureuse aujourd'hui, parce que l'ambition m'est venue; je voudrais m'installer au rez-de-chaussée et je n'ai pas la somme nécessaire pour cela.

— Écoute-moi, lui dit Jeanne, je te procurerai ce qu'il te faut à la condition que tu prendras deux ouvrières que je t'indiquerai.

— Jeanne, dit la jeune fille, avec méfiance, réponds-moi franchement, qui sont ces femmes?...

L'officieuse de la citoyenne Fouquier-Tinville pâlit subitement.

— Si tu m'interroges, fit-elle, je n'ai plus rien à dire, rien! je n'ai point demandé ton nom à l'heure où tu faillis être écrasée.

Rose-Thé secoua la tête.

— Jeanne! Jeanne! dit-elle, plus d'une fois il m'est venu à la pensée, en te regardant et en t'écoutant, que tu n'étais point ce que tu parais être. Toutes tes habitudes sont d'une grande dame... Et cependant tu sais travailler... Tu parles trop bien pour être une fille du peuple.

— Tu te trompes, Rose-Thé, fit Jeanne, oui, sous ce rapport, tu te trompes. Mon père était valet de chambre, ma mère une pauvre fille qu'il avait épousée pour sa beauté. Je suis vraiment ta sœur par ma naissance; et si j'en ai appris plus que toi, c'est que ceux qui m'élevèrent crurent faire mon bonheur en m'instruisant...

— Oh ! Je ne te suspecte pas ! fit la blanchisseuse.

— Et quand ce serait ! Est-ce qu'aujourd'hui les fils ne sont pas tenus de dénoncer leur père, les femmes de livrer les secrets de leur mari ? Va ! le danger est à chaque pas si près de nous que je comprends qu'on demande de quel côté il souffle.

— Alors, dit Rose-Thé, nous nous associons pour les bénéfices, et je prendrai les deux femmes que tu me recommandes.

— Elles t'apporteront un billet sur lequel sera écrit : « Nous sommes celles que vous attendez. »

— Si l'on m'interroge sur leur compte ?

— L'une est la veuve, l'autre est la nièce d'un ébéniste nommé Germain.

— Voilà qui suffit, dit Rose-Thé,

Jeanne revint en courant chez elle.

Un grand point était gagné ; elle avait un asile pour Mme de Civray et pour Cécile. Il ne lui restait plus qu'à prévenir la famille Roucher. Mais Jeanne cette fois n'aurait pu recourir à un commissionnaire. Ce qu'elle avait à dire était trop grave. Il fallait qu'elle vît Mme Roucher et Eulalie.

Ce soir-là, on donnait un grand dîner chez Fouquier-Tinville, et tandis que les maîtres seraient à table, Jeanne pensa qu'il lui serait possible de s'esquiver.

En effet, après avoir montré autant de goût que de zèle dans les soins qu'elle donna à la coiffure et à l'habillage de sa maîtresse, elle quitta la demeure de l'Accusateur public et prit aussitôt le chemin de la rue des Noyers.

Une grande déception l'attendait. Ni Mme Roucher, ni Eulalie n'étaient chez elles, et sans nul doute la comtesse et Cécile ne s'y trouvaient pas davantage. Où les chercher ? Le temps pressait. Les espions de Robert guettaient peut-être dans la rue. Il lui restait quelques heures à peine pour sauver, malgré elles, celles qui l'avaient accusée, et à qui elle pardonnait avec une abnégation si parfaite.

La pauvre fille attendit quelque temps, tapie dans l'ombre que projetait une porte cochère, puis tout à coup une pensée rapide lui traversa l'esprit.

— C'est une inspiration de Dieu ! murmura-t-elle.

Alors, s'enveloppant plus étroitement dans sa mante, elle s'achemina du côté de la rue St-Honoré.

A cette époque où les temples du Christ devenaient le théâtre d'odieuses saturnales, où des filles en tunique grecque et au bonnet phrygien s'asseyaient sur l'autel, où les couvents servaient d'écurie aux chevaux, où les crucifix décloués de la croix avaient reçu les crachats de la multitude, où l'on buvait dans les vases sacrés le vin de l'orgie, où les cierges de l'autel s'allumaient pour éclairer des scènes monstrueuses, Dieu, que l'on chassait de sa maison, ne fuyait cependant pas son peuple. Banni des superbes monuments élevés par la piété des rois, le dévouement des peuples, l'inspiration des artistes, il se réfugiait dans des mansardes, dans des greniers inconnus, rappelant la pauvreté de l'étable de Bethléem, et la tristesse lugubre des catacombes. Dans ces retraites, dont la porte pouvait être à toute minute enfoncée par la crosse de fusil d'un sans-culotte, les fidèles apportaient la ferveur des néophytes des glorieux commencements du christianisme. La prière pouvait être suivie du martyre. Le prêtre et les fidèles surpris aux genoux de leur Dieu, pouvaient tomber assassinés sur les degrés de l'autel improvisé. Ce rapprochement de l'adoration et de la mort, du sacrifice de la messe et de l'échafaud, communiquait à la ferveur un élan magnifique. Beaucoup de cœurs, oublieux de Dieu pendant les années prospères, se rapprochaient de lui pendant la persécution.

Les fidèles se reprenaient à s'aimer comme les nouveaux disciples dont les païens disaient avec un sentiment d'admiration et d'envie : « Voyez donc comme ils s'aiment! »

Chaque fois que la messe devait être mystérieusement célébrée par un prêtre, errant de refuge en refuge, des émissaires dévoués couraient l'apprendre à leurs amis. On arrivait à des heures différentes, avec mille précautions. Il ne s'agissait pas seulement de son salut personnel, mais de celui d'un grand nombre. On célébrait l'office divin pendant la nuit, et souvent les chrétiens, qui se séparaient sur le seuil de la chapelle improvisée, rencontraient des bandes de piquiers et de jacobins entraînant vers les sections de nouveaux suspects.

La maison vers laquelle se dirigeait Jeanne servait depuis longtemps de retraite à un vieux prêtre, que le dévouement d'une pauvre femme avait réussi jusque-là à soustraire aux recherches les plus actives. Il vivait non pas dans un cabinet, dans une logette, dans un trou, mais dans l'énorme boîte d'une horloge à poids, fabriquée jadis en Allemagne, et dont la taille dépassait celle de tous les meubles de ce genre. L'horloge se trouvait tellement en vue, ses poids montaient et descendaient si régulièrement, le coucou articulé sortait si gentiment de sa cage à toutes les heures, battant des ailes, et ouvrant son bec, que les plus habiles limiers envoyés dans le logis de

Suzette n'avaient pas eu l'idée de se demander si l'on avait pu faire de la boîte de cette horloge un réduit suffisant pour cacher pendant quelques heures un homme que l'on recherchait activement. Une étroite sellette permettait de s'y asseoir ; et l'air y pénétrait à travers une rosace découpée, placée au-dessous du petit châlet habité par l'oiseau.

Lorsque la vieille Suzette ne redoutait rien, le vieux prêtre, vêtu d'un costume d'ouvrier, pouvait rester dans la mansarde ; au moindre bruit alarmant, il se dissimulait à tous les regards.

Près de la mansarde, s'étendait un vaste grenier dont l'hôtesse du vieux prêtre avait la jouissance absolue. Elle y avait placé plusieurs caisses dans un apparent désordre ; mais plusieurs fois par semaine, ces caisses se rangeaient avec symétrie, se couvraient de linge blanc, de chandeliers, de vases de fleurs. L'autel, un pauvre autel, se trouvait préparé pour le saint Sacrifice.

Quant aux fidèles, ils accouraient de loin, souvent, empressés, le cœur ému, l'âme pleine d'une ardente foi et d'une espérance ineffable.

C'était vers la maison de Suzette que Jeanne se rendait à ce moment.

Mme Roucher et sa fille connaissaient le secret des saintes cérémonies qui s'accomplissaient dans ce grenier. Le prêtre proscrit y avait béni plus d'un jeune couple, baptisé des petits enfants, donné la communion à des fidèles menacés qui demandaient le pain de vie afin d'avoir la force d'achever un difficile voyage, dont le terme serait peut-être le seuil même de la chapelle.

Combien de fois, Jeanne, dont le cœur saignait par tant de blessures cachées, était-elle venue dans le grenier de Suzette chercher la force de souffrir sans se plaindre. Sans doute alors elle courait un danger, mais mille fois moindre cependant que celui qui la menaçait. En cherchant à surprendre la comtesse de Civray, Robert pouvait l'avoir reconnue, suivie. Ce n'était point pour elle qu'elle tremblait à cette heure, elle consentait à mourir, mais auparavant elle voulait achever son œuvre.

Avant de pénétrer dans le couloir de Suzette, elle s'arrêta, le corps caché dans l'ombre, la tête penchée en avant, explorant la rue silencieuse. Mais, si perçant que fût le regard d'un homme, il ne pouvait pas la découvrir là. Un quart d'heure se passa de la sorte ; quand elle crut qu'elle pouvait se rassurer d'une façon absolue, elle gravit les quatre étages de la maison, puis s'arrêtant devant une porte étroite, dont la peinture brune s'écaillait par plaques, elle frappa doucement.

Une vieille femme lui ouvrit.

— Me reconnaissez-vous ! Suzette, lui demanda l'ancienne lingère.
— Oui, Jeanne Raimbaut, oui, je vous reconnais, entrez.
— J'assisterai à la messe, Suzette, après je remettrai une lettre à Mme Roucher, si elle est au nombre des fidèles.
— Elle s'y trouve avec deux autres dames.
— Dieu soit béni ! Je remplirai ma mission.

Jeanne entra dans le grenier. Sauf le point lumineux de l'autel, cette pièce énorme se trouvait dans l'ombre. Les charpentes de la toiture semblaient s'enfoncer dans un vague sans fin. Tout le monde était agenouillé sur le sol raboteux. La plupart des femmes voilaient leur visage de leurs mains, sans doute afin de cacher leurs larmes. Les hommes, debout, graves, avaient cette attitude humble et forte à la fois qui caractérise ceux qui se tiennent prêts à affronter un péril quand leur conscience l'ordonne.

Le prêtre, ayant achevé de passer sa chasuble, s'approcha de l'autel.

Il était très vieux, de longs cheveux blancs tombaient sur son vêtement de brocart, sa tête belle et reposée tremblait légèrement et communiquait à toute son attitude quelque chose de grand et d'attendri tout ensemble. Il avait la voix douce et profonde, et les paroles sacrées, en passant sur ses lèvres, s'imprégnaient d'une singulière ferveur. Les chrétiens prosternés aux pieds de ce prêtre ne voyaient pas seulement l'autel ; derrière le crucifix, ils devinaient le bourreau.

Les larmes répondaient souvent aux paroles de l'officiant, et jamais Jeanne ne se sentit au cœur une plus poignante émotion que durant cette messe célébrée dans un grenier.

Quand le saint sacrifice fut achevé, le prêtre baptisa quelques petits enfants, nés au sein de cette terrible tourmente révolutionnaire qui dressait l'échafaud du père à côté du berceau de l'enfant.

Jeanne n'attendit point que les pieuses cérémonies fussent terminées ; elle quitta sa place, puis gagnant la porte du grenier, soigneusement enveloppée dans une mante dont les plis cachaient sa taille, et dont le capuchon rabattu dérobait ses traits, elle laissa sortir les fidèles, jusqu'à ce qu'elle reconnût Eulalie Roucher. Alors glissant le billet qu'elle avait préparé dans les mains de la jeune fille, elle lui fit signe de garder le silence, et se glissant dans la foule elle disparut.

En se trouvant dans la rue elle se sentit sauvée. Il lui fallut peu de peine pour reconnaître Mme et Mlle Roucher, la comtesse de Civray et sa nièce. Toutes quatre semblaient se concerter et causaient avec animation.

— Si c'était un piège? murmura Mme de Civray restée défiante.

— Celui ou celle qui nous voudrait trahir aurait envoyé des policiers arrêter le prêtre et les fidèles.

— Adieu donc! dit la comtesse de Civray à Mme Roucher, et puisse Dieu vous rendre l'admirable mari que vous pleurez.

— Je demanderai qu'*il* protège votre fils! ajouta la femme du poète.

Un moment après, deux des femmes prirent le chemin de la rue de la Loi, qui s'appelle aujourd'hui la rue de Richelieu.

Jeanne les suivit à distance.

Quand elles eurent franchi le seuil de la maison habitée par Rose-Thé, l'officieuse de la citoyenne Fouquier-Tinville respira :

— Encore une fois elles sont à l'abri! murmura-t-elle.

Jeanne ne songea plus qu'à regagner la demeure de sa maîtresse. Quand elle revint, la fête finissait en orgie. Des sanglots gonflaient sa poitrine, lorsqu'un coup de sonnette la rappela à son devoir d'officieuse.

La citoyenne Fouquier-Tinville venait de rentrer dans sa chambre.

Debout, devant une glace, elle enlevait ses boucles d'oreilles, et continuait à haute voix une conversation avec son mari, qui venait d'entrer dans son cabinet.

— Ma chère, dit l'Accusateur public à sa femme, à cette heure même a lieu, à la prison Lazare, une petite scène capable de faire mourir de peur tous les oiseaux que nous y gardons en cage. Figure-toi que pour me créer une nouvelle prison, j'ai imaginé d'envoyer à Naudot tous les scélérats de Bicêtre.

Un éclat de rire de Mme Fouquier-Tinville accueillit la nouvelle que lui apprenait son mari.

— Eh bien! franchement, dit-elle d'une voix musicale comme une corde de harpe, je paierais cher pour voir ce spectacle après notre soirée... C'est impossible, n'est-ce pas? N'en parlons plus... Demain j'irai au tribunal .. Décidément, Fouquier, j'aime mieux ses émotions que celles du théâtre... Les pièces du citoyen Marie-Joseph Chénier sont bien froides à côté de ce qui se passe quand tu présides.

Jeanne parut sur le seuil de la chambre; elle prenait sa poitrine à deux mains et semblait prête à défaillir.

— J'étais vraiment charmante ce soir, dit la citoyenne Fouquier-Tinville à son officieuse ; décidément Rose-Thé ne vous avait pas trop vantée.

LES VICTIMES

Ce fut la plus épouvantable boucherie de prêtres. (Voir page 182.)

## CHAPITRE XVI

## LA JEUNE CAPTIVE

Tandis que s'achevait la brillante soirée de l'Accusateur public, une scène bien différente se passait à la prison Saint-Lazare.

Les captifs venaient de chercher dans le sommeil l'oubli des menaces suspendues sur leurs têtes, après avoir échangé les adieux, les poignées de main de chaque soir; Mlle. de Coigny avait reçu, d'André Chénier, une poésie nouvelle; Émile dormait, roulé dans son paravent

Ce fut la plus épouvantable boucherie de prêtres. (Voir page 182.)

## CHAPITRE XVI

## LA JEUNE CAPTIVE

Tandis que s'achevait la brillante soirée de l'Accusateur public, une scène bien différente se passait à la prison Saint-Lazare.

Les captifs venaient de chercher dans le sommeil l'oubli des menaces suspendues sur leurs têtes, après avoir échangé les adieux, les poignées de main de chaque soir; Mlle de Coigny avait reçu, d'André Chénier, une poésie nouvelle; Émile dormait, roulé dans son paravent à six feuilles; Roucher et François de Loizerolles rêvaient à leurs mutuels travaux. Les appels des guichetiers, des gardiens, les hurlements des mâtins que l'on lâchait dans les cours s'étaient apaisés.

Chacun, lassé de sa journée, allait reposer, en dépit du cri que se lançaient les sentinelles. Le mouvement de Paris s'éteignait, les derniers réverbères faisaient trembloter leur petite lumière. La lecture que les geôliers appelaient le « Journal du soir », était finie. Treize prisonniers, ayant reçu leur acte d'accusation, venaient de partir pour la Conciergerie, et les parents, les amis qu'ils abandonnaient, étaient les seuls qui ne se fussent pas endormis. Pour beaucoup de captifs, cette nuit devait être la dernière, et cependant, la plupart reposaient.

Tout à coup, un grand vacarme retentit aux environs de la prison.

Au fracas des roues de plusieurs chariots, criant sur les pavés inégaux, se mêlaient des vociférations, puis des bruits mats et sourds, comme si un bâton s'abattait sur une chair vivante.

Le pas régulier des soldats accompagnait le retentissement des sabots des chevaux et des claquements de fouets des conducteurs.

Durant cette nuit du 13 février 1794, se préparait un drame sombre dont la prison Saint-Lazare allait devenir le théâtre.

Il ne suffisait point aux bourreaux d'arracher les pères des bras de leurs enfants, d'incarcérer les jeunes gens, d'insulter les femmes, de poursuivre tout ce qui portait un nom ou possédait une renommée, il fallait encore tenter d'avilir les malheureux en les confondant avec les derniers des misérables.

Bicêtre servait alors de lieu de détention aux assassins, aux voleurs, aux faussaires. On y entassait les grands coupables ayant échappé à une condamnation capitale. La folie mentale et la démence criminelle se partageaient les cabanons de ce lieu maudit, où achevait de mourir la créature descendue au niveau de la brute.

En enfermant dans la même prison les suspects et les assassins, on espérait faire descendre les prisonniers à l'abjection des seconds, par l'habitude de la vie commune, et ses inévitables frottements.

Quand s'éleva le tumulte occasionné par l'arrivée des chariots de Bicêtre, quand ces quatre-vingts hommes, qui n'avaient plus d'humain que l'apparence, se ruèrent en poussant des cris féroces dans le réfectoire, où les gardiens les poussaient à coups de bâton, les captifs crurent qu'on venait les enlever en masse, pour leur faire subir une de ces exécutions sauvages dont les Carmes et l'Abbaye avaient été le théâtre. Ce fut, en effet, la plus épouvantable boucherie de prêtres et de moines que l'histoire ait eue à enregistrer, et cette horrible hantise justifiait jusqu'en une certaine mesure leur panique soudaine.

La plupart tombèrent à genoux, la prière monta du fond de toutes les âmes, cette prière de l'agonie, qui demande la force nécessaire pour l'acceptation du calice.

Naudot s'avança courageusement au milieu des fous et des assassins de Bicêtre; mais si énergique que fût le concierge, si résolus que se montrèrent ses aides, ils ne purent rien obtenir des misérables qui ne virent dans les captifs de Saint-Lazare que des victimes dont impunément ils pouvaient devenir les bourreaux. Les menaces, les coups de bâton demeurèrent sans résultat, et si les bandits parurent se calmer en entendant parler de les mettre aux fers, cette tranquillité apparente ne dura que le temps dont ils avaient besoin pour se concerter entre eux.

Naudot, à demi rassuré, venait à peine de sortir que les assassins et les fous de Bicêtre s'empressent d'exécuter leur plan. Ils amassent les bancs et les tables meublant la salle, ils en forment un bûcher, puis y mettent le feu. Ils s'élancent par les fenêtres et les portes brisées, gagnent les couloirs, les traversent en brandissant des tisons enflammés; enfin, les plus hardis escaladent la muraille et s'évadent.

En un moment, le désordre et l'épouvante sont au comble. Des cris d'effroi éclatent dans les couloirs. Après avoir pensé qu'on voulait les emmener en masse, les captifs s'imaginent qu'ils vont périr par le feu. Les gardiens occupés à s'opposer aux progrès des flammes et à poursuivre les bandits, oublient leurs prisonniers; chaque fenêtre, chaque lucarne reflète les sinistres lueurs de l'incendie; les captifs résignés à la mort sont au moins résolus à périr ensemble.

Chénier entend les cris de Roucher suppliant que l'on sauve le petit Émile; les deux amis sont déjà dans les bras l'un de l'autre; la famille de Loizerolles arrive à son tour; André songe à Mlle de Coigny, et gagne l'extrémité du corridor. Toutes les portes sont ouvertes, les groupes intimes se forment, les suprêmes adieux s'échangent; l'incendie grandit toujours, en dépit des secours qui arrivent du dehors.

Le quartier Saint-Lazare est en rumeur; des nouvelles sinistres circulent; la force armée mandée par Naudot accourt en toute hâte. Dans les sections, on répand le bruit que les prisonniers s'insurgent. et de tous côtés accourent, afin d'être témoins d'une répression qui ne peut manquer d'être sanglante, les porteurs de torches et de piques, les curieux, les sectionnaires, au milieu desquels circulent des observateurs de l'Esprit public. Un sans-culotte, plus zélé que ses camarades, s'écrie qu'il faut prévenir le commandant de la garde de Paris; cette motion obtient l'applaudissement de la foule :

— Oui! oui! Henriot! Henriot! criaient cent voix.

Une vingtaine de citoyens, connus pour leur civisme, se ménagent, à l'aide de bâtons et de piques, une trouée au milieu de la canaille, et s'élancent dans toutes les directions, afin de ramener la force armée. En attendant l'arrivée d'Henriot, le tumulte grandit aux abords de la prison, et l'effroi arrive à son comble dans l'intérieur de Saint-Lazare.

Une heure se passe de la sorte. Enfin, un mouvement d'oscillation se produit dans la foule, un bruit sourd retentit sur le pavé; au milieu des citoyennes en tricot et des hommes en carmagnole, on distingue des uniformes de soldats.

Le premier sentiment de Naudot en entendant accourir les cavaliers de la garde de Paris est de se réjouir. L'intensité de l'incendie s'apaise. Les prisonniers ont cessé de craindre pour leur vie. Les portes de la prison Saint-Lazare s'ouvrent devant Henriot qui descend de son cheval et se précipite dans la salle du greffe. Les soldats le suivent en tumulte. Naudot n'a pas le temps d'expliquer la cause de ce vacarme, que déjà Henriot, se tournant vers ses hommes, s'écrie d'une voix formidable :

— Frères! surveillons les prisons! Il se trame dans ces asiles un complot contre la liberté; les coupables qu'enferme ici la justice du peuple veulent à tout prix s'en ouvrir les portes, afin d'assassiner ses représentants et les meilleurs démocrates. Qu'ils tremblent! leur punition sera prompte et la loi inexorable. Je sais bien qu'ils recommenceront leur folle, leur criminelle tentative, eh bien! voilà des balles, des cartouches... Au moindre mouvement, tirez! Donnez-leur la mort... La mort les attend...

Naudot s'avança vers Henriot, et lui répondit d'une voix calme :

— Citoyen commandant, ce ne sont point les prisonniers, dont la garde m'est confiée, qui ont causé le tumulte. Ce n'est point leur main qui a mis le feu aux boiseries du réfectoire, mais bien les misérables fous et les assassins de Bicêtre qui, enfermés ici cette nuit, ont tenté d'incendier la prison.

Henriot furieux se retourna vers Naudot :

— Tais-toi! lui dit-il avec violence, je ne t'interroge pas! Prends garde que ta promptitude à défendre des suspects ne te fasse soupçonner de modérantisme tout au moins. L'argent de Pitt et Cobourg stipendie toutes les consciences, même celles des geôliers. Ouvre devant moi les portes.

Naudot obéit.

Dans le réfectoire, le feu achevait de s'éteindre, et les fous mêlés aux criminels, vautrés sur le plancher, brûlés, blessés, entravés, hurlaient la *Carmagnole* et le *Ça ira*. Ils s'attendaient à un châtiment terrible et narguaient la mort pour ne point avoir l'air de la craindre.

Le commandant de la garde de Paris parut voir en eux, non pas les incendiaires et les fauteurs du désordre, mais les boucs émissaires d'une conspiration dangereuse.

Il eut pour ces coupables des regards de mépris, mais ce fut tout. C'est contre les innocents qu'Henriot se réservait d'appliquer les sévérités des lois nouvelles.

Pour lui, l'acte monstrueux commis par les fous et les assassins de Bicêtre devenait une bonne fortune, un prétexte plausible pour raviver contre les prisonniers une persécution qu'avaient ralentie les bons procédés de Naudot. Il allait devenir facile d'exercer un « rapiotage » général, et de rendre écrasant le joug de la captivité supporté jusque-là avec assez de patience. Les chambres furent en un moment envahies, et les soldats reçurent ordre de fouiller les meubles, de bouleverser les lits, d'enlever aux prisonniers l'argent qu'ils possédaient, leurs rasoirs, de priver les femmes même de leurs ciseaux. Les captifs ne devaient plus posséder que cinquante livres.

Des mains brutales brisèrent les coffrets renfermant de précieuses correspondances, des portraits d'êtres chers, des cheveux d'enfants, des tresses d'aïeules, tout ce qui constitue les reliques du souvenir. Les femmes pleuraient silencieusement en voyant violer les mystères de leur cœur; les hommes, comprenant le danger d'une révolte, s'efforçaient de demeurer calmes.

Roucher avait réussi à mettre en sûreté la correspondance de sa femme et celle d'Eulalie. Au moment où les soldats pénétrèrent chez lui, Émile épouvanté se jeta dans les bras de son père :

— As-tu des armes? demanda Henriot à l'auteur des *Mois*.

Celui-ci désigna ses plumes, ses crayons, ses manuscrits.

— Voilà les seules dont je fasse usage, répondit-il.

— Pas de raillerie, reprit Henriot, sans quoi je tirerais de toi une vengeance éclatante et terrible. Tu es un ami de la Gironde : tes livres suffisent pour révéler tes opinions.

— Je ne sache point, répondit Roucher au Brasseur, que l'incorruptible Robespierre, qui fait porter des bouquets de fleurs et d'épis dans les cortèges de ses fêtes religieuses, patriotiques et agricoles, puisse suspecter un homme comme moi, si amoureux de la nature, qui a commenté Virgile et traduit les *Saisons* de Thompson.

— Le comité révolutionnaire appréciera tes moyens de défense.

— J'y compte, répondit gravement Roucher.

— Pour la seconde fois, as-tu des armes?

— Non, fit Roucher, mais ce petit enfant a pour jouets un fusil de bois et un sabre de fer-blanc... Dois-je te les remettre, citoyen?

— Sur l'heure.

Le petit Émile, dont la raison se développait d'une façon précoce dans ce milieu douloureux et terrible, courut lui-même chercher ses jouets et les tendit au Brasseur.

— Je vous les rends, dit-il, et je ne les regrette point; ils ne sont bons à rien, puisqu'ils ne peuvent me servir à défendre mon père.

— Petit louveteau! fit Henriot en adressant à Émile un geste menaçant, tu le défendrais contre moi, ce père, n'est-ce pas?

— Oui, répondit Émile, en regardant fixement Henriot.

— Et tu comploterais pour le sauver?

— Je ne sais pas ce que c'est que comploter, répondit Émile, mais je sais, que s'il le fallait, je saurais mourir comme un homme pour ceux que j'aime.

D'un mouvement brutal, Henriot repoussa l'enfant. Celui-ci ne poussa pas un cri, il demeura debout, ses grands yeux fixés sur Henriot, comme s'il cherchait à lire dans sa pensée.

La bande du Brasseur continua ses perquisitions.

Les instruments de musique furent enlevés aux captifs. Ils ne pourraient plus faire entendre à leurs amis les airs connus, aimés, ces vieux airs qui leur rappelaient Gluck, Piccini, Louis XVI, Marie-Antoinette, qui, avec le duc de Provence, avait chanté tant de rôles de villageoise sur son théâtre de Versailles.

Les dés, les cartes, les trictracs furent également saisis.

Après cinq heures de violences, d'injures, de vols effrontés, le brasseur Henriot et ses soldats quittèrent la prison, et le commandant de la garde de Paris eut soin auparavant d'entrer au greffe, et de se faire remettre par Naudot le livre d'écrou.

Il écrivit à côté du nom de Roucher :

« Chef de la révolte à la prison Lazare, porteur d'armes blanches et d'armes à feu. »

Les armes à feu et les armes blanches étaient le sabre de fer-blanc d'Émile et son fusil de bois.

Cette ligne d'Henriot suffisait pour envoyer Roucher à l'échafaud.

Dans la journée qui suivit cette nuit terrible, le commandant fit son rapport à la Convention ; il déclara qu'il venait de sauver la patrie, te conclut en déclarant que la révolte étouffée par lui était une ramification de la *Conspiration du Luxembourg*.

Depuis longtemps cette conspiration servait de prétexte à toutes les cruautés, à toutes les exactions exercées contre les captifs.

Or, il n'y avait jamais eu au fond, de conspiration au Luxembourg.

Lors du procès de Danton, que Couthon, Robespierre et Marat avaient intérêt à faire disparaître, les prisonniers du Luxembourg résolurent de profiter de l'émotion causée par la mise en accusation du célèbre orateur, pour soulever le peuple contre la tyrannie du triumvirat de l'échafaud.

Une conférence nocturne eut lieu dans la chambre du général Dillon, entre Chauvette et quelques autres captifs. Divers amis du dehors, avec lesquels ils avaient pu se concerter, leur promirent un appui efficace.

La femme de Camille Desmoulins, qui n'avait pu fléchir Maximilien Robespierre en faveur de son mari, devait exciter la pitié de la foule au moment où Danton et Camille seraient conduits au supplice. La vue de cette belle jeune femme de dix-sept ans, désespérée par la condamnation de son mari, et rendue éloquente par sa douleur et ses larmes, ne pouvait manquer de soulever une émotion puissante.

Elle demanderait justice, en rappelant aux masses ce que Camille Desmoulins avait fait pour la République ; elle entraînerait le peuple à la Convention, et le peuple en chasserait les coupeurs de têtes, dont le chef rêvait déjà le protectorat de Cromwell.

L'ancien président du conseil, Antonelli, connaissait le complot ; il eût réussi sans la trahison de La Flotte. Ce misérable vendit ses compagnons dans l'espoir de sauver sa vie, et il écrivit à la Convention une lettre qui fut lue en séance par Billaud-Varennes.

Ce fut alors que la Convention prit une décision terrible et décréta que tout prévenu de conspiration, qui insulterait à la justice nationale, serait mis hors des débats, et privé de son droit de défense.

En supprimant les avocats et les défenses des accusés, le tribunal ne gardait plus que le droit de tuer.

Vaillant, Amar et Vallier, membres du comité, transmirent ce décret à Fouquier-Tinville qui devait le changer en une arme terrible

L'exécution de Danton et de Camille Desmoulins devenait le signa. d'une recrudescence sanguinaire.

Vingt-sept captifs impliqués dans la Conspiration du Luxembourg la payèrent de leur vie.

Parmi les noms compris dans cette longue liste, se trouvaient Roumi, le général Dillon, Chauvette, de Grammont, le général Beysser, la veuve d'Hébert, et cette jeune Lucile qui, durant le trajet de la Conciergerie à la place de la Guillotine, ne cessa d'accabler ses juges de malédictions, et de reprocher au peuple d'avoir laissé tuer lâchement Camille Desmoulins

Dès lors s'organisèrent dans Paris des tueries en masse.

Fouquier-Tinville en profita pour s'abandonner à une fureur qui, supprimant l'homme de loi, ne laissait subsister que la bête fauve.

— Bientôt, disait-il au président Dumas, on écrira sur la porte des prisons : « MAISON A LOUER. »

La *conspiration* du Luxembourg servait au comité à se délivrer presque sans jugement de tous les suspects.

Ce fut sous l'impression produite par ce complot que l'on accusa les captifs de Saint-Lazare d'avoir voulu incendier la prison. On rejetait sur eux toute l'horreur des scènes terribles soulevées par les fous et les assassins de Bicêtre.

Un seul homme éleva la voix et protesta contre les accusations d'Henriot et ses violences : Ce fut Naudot, l'honnête concierge de la prison. Mais, quelque dévoué qu'il fût aux malheureux dont la surveillance lui était confiée, il ne put leur rendre les instruments de musique brisés par les soldats du commandant de la garde de Paris, pas plus que les objets d'or et d'argent qui devaient enrichir les assassins et payer leurs crapuleuses orgies.

Les instances courageuses de Naudot ne demeurèrent cependant pas infructueuses ; et, peu de temps après la nuit du 13 février, les prisonniers de Bicêtre furent reconduits à leurs cabanons.

Suivant la coutume, pendant toute la nuit, une voix enrouée cria sous les fenêtres :

— Achetez le journal du jour, vous y lirez la grande colère du *Père Duchesne*, vous y lirez la liste des *Gagnants à la loterie de Sainte-Guillotine*.. Qui veut le nom des condamnés ?...

Mlle de Coigny devint d'une pâleur mortelle.

— Quelle réponse à vos paroles d'espérance... Vous qui me disiez d'espérer, murmura Chénier.

Emile parut, et Mlle de Coigny, le prenant sur sa poitrine, laissa tomber des larmes sur la tête blonde de l'enfant.

Vraiment à cette heure elle était bien belle.

Les premiers rayons d'un beau soleil d'hiver jouaient sur son front et sur les anneaux de sa chevelure dorée. Une mélancolie pénétrante couvrait comme un voile son ravissant visage. On sentait que sa jeunesse, forte d'espérances spontanées et vivaces, aurait voulu se rattacher à l'espoir, tandis que la raison déjà austère du poète la rappelait à l'épouvante de la réalité.

A quelques pas, en face d'elle, se tenait André Chénier.

Son beau et large visage se dessinait sous une conique chevelure d'un noir de jais. La pâleur de son teint faisait davantage ressortir le bleu sombre de ses yeux. Il s'absorbait dans la contemplation de cette jeune fille dont les bras caressants retenaient Émile Roucher.

— Écoutez, Mademoiselle, dit le poète d'une voix dont les sonorités gardaient le lointain écho de la patrie d'Homère, il me semble que cet instant est solennel, et que j'ai tout à la fois le devoir et le besoin de vous parler de moi... Il est des heures où le cœur dicte son testament, non pour la foule, mais pour une seule âme... Je vous le disais tout à l'heure, je suis de ceux qui meurent jeunes, mon heure s'approche, et je crois déjà distinguer le tintement de mon glas... Le malheur rend crédule et donne vite confiance... Lorsque j'entrai dans cette prison, je ne vous avais encore jamais vue et je vous reconnus tout de suite. Une part de mon cœur se donna subitement à vous. Si j'avais gardé le droit de compter sur de longues années, je n'eusse jamais osé vous demander un sourire d'encouragement, une larme de pitié... Mais ce que vous me confierez, vous le direz à un mourant qui ne s'en souviendra que dans le ciel. Laissez-moi parler ainsi, sans m'interrompre. Faites-moi l'aumône de cette pitié suprême, et jusqu'à ma dernière minute je vous bénirai pour cette bonté... Tout poète se double un peu d'un devin. Je sais prédire comme je sais chanter... Les hommes m'ont peu connu, même les plus chers, François de Loizerolles est trop jeune, Roucher trop grave, et pourtant Dieu sait combien je les aime tous deux... Il reste toujours sur mon cœur un voile mystérieux qu'une main de femme, de vierge, de sainte, a seule le droit et le pouvoir de soulever. Voulez-vous être cette chaste muse, voulez-vous être cet ange ?

— Moi ? fit Mlle de Coigny.

— Je dois mourir, que craignez-vous ?

— Que vous mouriez... répondit Mlle de Coigny.

— Ne prononcez pas de telles paroles, Mademoiselle, vous me feriez regretter ce monde souillé de tant de crimes, cette France dans laquelle on massacre les innocents au nom de la Liberté. Est-ce qu'il reste une place dans la vie pour nous autres qui pensons dans la langue des dieux ?

Mlle de Coigny immobile, les deux mains croisées sur ses genoux, regardait Chénier à la molle clarté d'un jour déclinant.

Chénier reprit de sa voix mélancolique :

— Il est des êtres dont la naissance semble prédestinée à tous les bonheurs. Mon père était consul général, je possédais une adorable mère et un frère aîné, dont le plus grand désespoir est aujourd'hui son impuissance à me sauver. Je ne parle pas des deux autres, ils n'exercèrent aucune influence sur ma vie. Ni Sauveur, ni Constantin ne laisseront un nom ; Marie-Joseph a attaché le sien à des odes et à des tragédies qui le rendirent célèbre avant que je fusse connu. Si jamais vous entendez dire : — « Marie-Joseph pouvait sauver André et l'a laissé mourir, » défendez Marie-Joseph au nom de la vérité sainte, au nom de celui qui ne pourra se lever pour le défendre. Si vous saviez avec quelle terreur je redoute que l'histoire, en rapprochant nos deux noms, y joigne le souvenir d'Abel et de Caïn.... Je vous lègue une vérité à proclamer, Mademoiselle, promettez-moi de dire à tous que je crois à la tendresse de mon frère, et que j'en ai des preuves ; Marie-Joseph se perdrait sans regret pour me sauver...

— Je vous le promets, répondit Mlle de Coigny tout émue.

André poursuivit :

— Dès ma première jeunesse, l'inconnu qui s'agitait en moi ne me révélait point encore le mot de ma destinée ; la gloire des armes me séduisit. J'avais trop admiré les héros d'Homère pour ne point rêver d'égaler leurs exploits. Je me fis soldat, espérant comme Camoëns tenir d'une main la plume et de l'autre l'épée. Je rêvais de chanter sur la lyre une épopée composée avec le glaive. Je comptais sans les résidences fastidieuses de province, sans les mesquineries contre lesquelles je me heurtai... J'étais sous-lieutenant au régiment d'Angoumois, quand je rompis avec la carrière militaire. Je savais enfin ce que je voulais, et je vins à Paris pour y vivre en poète. Paris ! n'était-ce point à la fois Athènes et Rome ? J'y fus presque heureux, et si je n'avais changé l'élégie pour la satire, la poésie pour la prose, et le livre pour le journal, je serais encore libre, plein de vie et d'espérance. Mais le courant m'entraîna : le volcan grondait, l'atmosphère devenait brûlante ; j'écrivis le *Supplément* du n° 13 du *Journal de Paris*, et ce que contient ce supplément ne me sera point pardonné par Robespierre. J'aimais la France, le Roi, et je croyais en Dieu ; je plains les victimes et je hais les bourreaux : c'en est assez pour dicter ma sentence.

— Mais on peut vous oublier en prison ! dit la jeune fille avec la ferveur de l'espérance. La Convention se tue par ses propres excès.

— Oui, répondit Chénier, ce que vous dites-là, Mademoiselle, Simon de Loizerolles me l'affirmait hier; Tallien et ses amis soulèvent un parti dans la Convention, et ce parti est celui de la clémence. Je ne vous affirmerai point que la clémence fait le fond de l'âme de Tallien, mais il a près de lui une femme dont l'influence est grande sur son esprit, et pour qui le ciel se montrera indulgent en faveur de ce qu'elle fait aujourd'hui.

— Vous l'appelez? demanda Mlle de Coigny.

— C'est une Espagnole, Thérésa Cabarus. Arrêtée à Bordeaux au mois de décembre de l'année qui vient de finir et qui vit périr les hommes les plus purs et les plus dignes, Thérésa Cabarus inspira à Tallien, qui venait de créer la Terreur à Bordeaux, un sentiment d'admiration assez vif pour qu'elle obtînt de lui tout ce qu'elle désirait. Elle demanda la liberté, la vie des prisonniers. Cet acte de justice compromit si fort Tallien vis-à-vis de ses collègues qu'ils le rappelèrent à Paris. Le représentant du peuple dut se défendre, devant les Montagnards, d'avoir cédé à un sentiment d'humanité.

Depuis ce moment, affirme-t-on, et dans la crainte de se voir traité de suspect, et envoyé à l'échafaud de Danton, il prépare en silence la chute de Robespierre. Et je crois que pour Thérésa, Tallien renverserait des colosses plus forts que Robespierre.

— Espérez, alors.

— Je ne verrai point la chute du monstre qui se targue d'incorruptibilité, décrète l'existence de l'Être suprême, et qui décapiterait Paris s'il le pouvait faire d'un seul coup de couperet. Peut-être, Mademoiselle, pour arriver à certains affranchissements, faut-il des victimes absolument pures : les vierges de Verdun sont mortes, la Reine, Madame Élisabeth, l'abbé de Salignac-Fénelon, qui fut un saint et dont la fin fut celle d'un martyr... Il manque des poètes sur les sanglants tréteaux de la guillotine, j'y monterai.

— Oh! c'est affreux! c'est affreux!

— Vous, Mademoiselle, vous vivrez... Vous me parliez hier du ciel que vous trouvez sublime, de la terre qui vous semble belle, et cette nuit j'ai composé cette élégie, je vous la lègue : du poète, il ne reste que des chants.

— Lisez-les! lisez-les! dit Mlle de Coigny d'une voix tremblante.

Chénier commença d'une voix harmonieuse, qu'adoucissait encore la mélacolie de l'attente des heures suprêmes :

L'épi naissant mûrit de la faux respecté ;
Sans crainte du pressoir, le pampre tout l'été
    Boit les doux présents de l'aurore ;

Et moi, comme lui belle, et jeune comme lui,
Quoique l'heure présente ait de trouble et d'ennui,
    Je ne veux pas mourir encore.

L'illusion féconde habite dans mon sein ;
D'une prison, sur moi, les murs pèsent en vain,
    J'ai les ailes de l'espérance.

Échappée au réseau de l'oiseleur cruel,
Plus vive, plus heureuse, aux campagnes du ciel,
    Philomèle chante et s'élance.

Est-ce à moi de mourir ? Tranquille je m'endors
Et tranquille je veille ; et ma veille au remords
    Ni mon sommeil ne sont en proie.

Ma bienvenue ici me rit dans tous les yeux.
Sur les fronts abattus, mon aspect dans ces lieux
    Ramène presque de la joie.

Je ne suis qu'au printemps ; je veux voir la moisson ;
Et comme le soleil, de saison en saison,
    Je veux achever mon année ;

Brillante sur ma tige, et l'orgueil du jardin
Je n'ai vu luire encor que les feux du matin
    Je veux achever ma journée.

O mort ! tu peux attendre ; éloigne, éloigne-toi ;
Va consoler les cœurs que de honte et d'effroi,
    Le pâle désespoir dévore.

Pour moi, Palès encore a des asiles verts,
Les Amours des baisers, les Muses des concerts ;
    Je ne veux pas mourir encore.

Mademoiselle de Coigny se leva.

— Je veux vivre, dit-elle, vivre pour devenir votre femme, et voici mon anneau de promesse.

Elle prit ses ciseaux d'or, coupa une boucle de sa chevelure blonde, la roula sur son doigt, et la remit à Chénier.

— Et maintenant, lui demanda-t-elle, voulez-vous encore mourir?

— Ah ! s'écria André d'une voix tremblante de joie, cette existence, dont j'avais fait le sacrifice, je la disputerai à la Révolution, au Comité, au bourreau. Dès ce soir, j'écrirai à Marie-Joseph et je le supplierai de mettre tout en œuvre pour faire éclater mon innocence, et me rendre une liberté que vous me donnez le droit à vous consacrer.

Le beau visage de Mlle de Coigny rayonna sous ses larmes.

— Je savais bien, dit-elle, que vous ne voudriez pas mourir.

LES VICTIMES

Son secrétaire travaillait à la confection des dossiers. (Voir page 193.)

## CHAPITRE XVII

## MARCUS

Fouquier-Tinville n'était pas encore sorti afin de reprendre ses fonctions de magistrat coupeur de têtes. Le tigre rentrait un moment ses griffes. Il se reposait des fatigues d'une longue veille passée dans la « petite maison » d'un des membres du tribunal révolutionnaire. Son secrétaire travaillait à la confection de dossiers qu'il ne se donnait pas même la peine d'examiner. A quoi bon ? puisque les cinq mille captifs détenus dans les prisons de Paris, les palais et les couvents, accommodés en cachots, étaient condamnés à tomber sous le couteau de la guillotine. Pourquoi lire des listes de proscrits, si *quatre cent mille* innocents, embastillés dans toutes les villes de France, devaient mourir à leur tour? Comme on ne trouvait point que les arrestations, faites à Paris d'après les dénonciations des Observateurs de l'Esprit public, pussent suffire au besoin d'égorgement qui s'était emparé des membres du tribunal, la province faisait à la capitale des envois de condamnés.

Il y avait des arrivages d'hommes et de femmes voués à la guillotine, comme autour des abattoirs on voit des troupeaux de bœufs et de moutons destinés au couteau et à la masse du boucher.

De tous les coins de la France, on charriait des victimes à la Conciergerie. Elle s'emplissait, elle débordait des convois des départements.

Rarement, on prenait la peine de transférer ces malheureux! N'était-il pas plus simple de s'en débarrasser tout de suite par le massacre? Fouquier-Tinville s'était, deux jours auparavant, donné la jouissance de voir vingt malheureuses femmes arrivant du Poitou, qui, brisées par la fatigue d'une longue route, s'étaient étendues sur le pavé de la cour de la Conciergerie, et dormaient du sommeil lourd de la bête de somme. Leurs vêtements étaient devenus des haillons, leurs pieds saignaient, sur leurs faces se voyaient de longs sillons de larmes. Elles pleuraient même durant le sommeil et devaient presque passer des charrettes qui les avaient amenées dans le tombereau de l'exécuteur.

Fouquier se trouvait donc en belle humeur, et causait gaiement avec son secrétaire, quand Jeanne lui vint demander s'il pouvait recevoir un groupe de jeunes filles.

— Certainement, répondit-il.

— Je vais les introduire, citoyen.

Jeanne sortit, et ne tarda pas à paraître suivie d'une dizaine de jeunes filles, toutes différentes de taille, de chevelure et de visage. Un seul trait les caractérisait d'une façon uniforme : l'effronterie de leur regard.

Il faut le dire, cependant, toutes étaient belles, d'une beauté commune parfois, mais incontestable. Si la distinction leur manquait, la plupart gardaient une fraîcheur éclatante.

— Que voulez-vous, citoyennes? leur demanda Fouquier-Tinville.

La plus âgée du groupe s'avança :

— Je me nomme Églé, lui dit-elle, je vends des fleurs, et l'on me connaît pour mon patriotisme. Nous habitons toutes le même quartier, proche des Halles, et l'ambition nous est venue. Dame! citoyen Accusateur, tu comprends, maintenant que la République a mis les jolies filles à la mode, on est bien aise d'être dans les honneurs. Nos amies, quand elles sont prises du désir de briller en public, manœuvrent mystérieusement. Nous, au contraire, nous nous sommes réunies, et il a été convenu que nous viendrions en corps te demander de nous faire figurer dans les fêtes de la République.

— En quelle qualité? reprit Fouquier-Tinville.

— Dame! je ne sais pas, répondit Églé, pourvu qu'on nous mette de beaux costumes. Habille-nous en déesse Raison, en Pudeur, en Nymphes, en tout ce que tu voudras. Nous voulons monter dans des chars, nous asseoir sur des autels, avoir place dans les cortèges, jeter des fleurs aux patriotes, et nous faire donner, par le choix que tu feras de nous, un brevet de beauté qui ne saurait nous nuire.

Fouquier-Tinville se mit à rire.

— Vraiment oui, Églé, tu es ambitieuse; je t'approuve fort, et je regrette seulement de ne pouvoir faire droit à ta requête : tu t'es trompée de porte, ma jolie fille, c'est chez l'incorruptible Robespierre qu'il fallait te rendre.

Églé fit une moue significative.

— J'aime mieux m'adresser à toi, citoyen Accusateur.

— Sur quoi se fonde ta préférence?

— Nous savions que tu ne nous ferais pas interdire ta porte.

— Et tu crains que Robespierre...

— Oh! s'il n'y avait que lui, reprit Églé avec un sourire, il l'ouvrirait au contraire à deux battants. Il inventerait une cérémonie pour y placer les plus belles personnes, et il se tiendrait au milieu d'elles, portant un bouquet à la main, et pontifiant devant la foule... Mais Robespierre n'est pas le maître...

— Bah! fit en souriant Fouquier-Tinville, qui s'amusait toujours beaucoup, quand on lui racontait les nouvelles de l'intérieur de Maximilien.

— Vois-tu, citoyen, la fille de Duplay le menuisier, la belle Éléonore, car elle est très belle, ne permet pas aux femmes d'entrer chez Robespierre. C'est une louve, une hyène que cette créature-là. Elle est jalouse de l'Incorruptible, à lui planter un couteau dans le cœur. Maximilien commande à Paris, mais Éléonore lui fait peur.

— Tu me fournis une excellente idée, ma jolie Églé.

— Laquelle, citoyen ?

— Je vais te remettre une lettre de recommandation... Le messager ou la messagère de Fouquier-Tinville entre partout. Tu seras témoin de la rage de cette belle lionne qu'on appelle Eléonore Duplay. Si, par hasard, Maximilien ne te rendait pas justice, reviens ici, et compte sur moi.

— Merci, citoyen Accusateur, dit Églé.

La troupe coquette qu'elle conduisait sourit, salua et quitta le bureau.

Fouquier-Tinville poussa un grand éclat de rire.

— Marcus, dit-il à son secrétaire, le feu va prendre aux copeaux du menuisier Duplay. Ce sera bien fait! Pourquoi Maximilien prétend-il être plus sage que les républicains ses collègues? Il n'en a pas le droit et nous devons y mettre bon ordre... Pendant mon absence, commence le dépouillement des dossiers que t'a remis Robert... Ce garçon, qui promettait beaucoup, baisse d'une façon singulière... La ci-devant comtesse de Civray et sa nièce, qui portaient sur elles des valeurs considérables, ont échappé à toutes les recherches... Il faudra surveiller ce Robert Comtois, je le crois capable de s'approprier ce qui revient de droit à la République.

L'Accusateur public prit un grand portefeuille et quitta son bureau.

Un moment après, Jeanne y entrait, tenant dans ses bras une gerbe de fleurs.

Fouquier-Tinville aimait les fleurs autant que Robespierre.

Avec une lenteur de mouvements, qui semblait due à une excessive fatigue morale plutôt qu'à la lassitude physique, Jeanne remplit les grands vases, et rangea les roses avec le goût particulier à cette créature charmante.

Tout à coup elle se recula et son visage se couvrit de rougeur.

Dans la glace placée en face d'elle, Jeanne avait vu se refléter la figure du secrétaire de Fouquier-Tinville.

L'expression en était si violente, elle trahissait une admiration si passionnée que la pauvre Jeanne se sentit plus effrayée à la pensée d'avoir fait naître un tel sentiment dans l'âme de Marcus, qu'elle ne l'eût été d'une menace de son maître.

Cependant, comme elle était douée d'une grande force d'âme, elle feignit de n'avoir ni surpris le regard de Marcus, ni deviné ce qui se passait dans son âme. Son beau visage conserva sa placidité, et sans s'occuper du jeune homme, elle continua à ranger ses fleurs.

Le calme de Jeanne augmenta la fièvre brûlant les veines de

Marcus; il se leva et s'élança vers Jeanne, mais si grande était la candeur que respirait toute la personne de la jeune fille qu'il sentit bientôt la timidité succéder à l'audace.

Cependant, il comprenait que désormais il lui était impossible de se taire.

Son secret l'étouffait.

Ce secret, il le cachait au fond de son âme depuis que Jeanne remplissait les fonctions d'officieuse chez l'Accusateur public.

Marcus appartenait à une famille tenant à la basoche depuis plus d'un siècle. Il devait à l'éducation paternelle l'amour de la lutte, l'ambition de parvenir, le dédain des moyens employés pour atteindre le but qu'il s'était fixé.

Tant que la révolution couva sourdement, il en suivit les progrès avec une fièvre latente. Ses vingt ans, pleins de sève et d'aspirations, battirent des ailes à l'idée de voir se réaliser ses rêves.

Cependant, s'il crut le moment favorable pour se frayer un chemin, il eut assez d'intelligence pour comprendre qu'il ne se trouvait encore à la hauteur d'aucune situation politique.

Il se mit dès lors à travailler avec l'emportement d'une nature passionnée, demandant à l'histoire ses faits, à la philosophie ses enseignements dangereux; il cherchait avec persistance l'occasion de se rencontrer avec les hommes représentant les opinions nouvelles.

Jusqu'à ce moment Marcus, tout en adoptant la morale des philosophes, en rêvant en France une république idéale, calquée sur celle d'Athènes plutôt que sur celle de Lacédémone, conserva une sorte d'honnêteté native, puisée dans l'éducation de la famille. Il se croyait assez fort, tout en remplaçant l'Évangile par l'Encyclopédie, pour garder un esprit droit, un cœur honnête, une vie exempte de tout reproche.

Il ne se jeta pas dans la révolution à corps perdu.

Entraîné par les sophismes, épris de liberté par instinct, souhaitant l'égalité par orgueil, quitte à s'élever ensuite au-dessus des autres, il glissa sur la pente du mal avec une lenteur qui, tout d'abord, ne lui permit pas de s'apercevoir du chemin parcouru.

Dans la société d'hommes violents, ses sentiments s'aigrirent, s'exaltèrent; les passions, en se déchaînant en lui, avancèrent un éclat facile à prévoir.

Après avoir souhaité une république athénienne, il ne songea qu'à changer Paris en cette ville de Corinthe, où ne pouvaient aller que les plus riches d'entre les Grecs.

Dès lors, il comprit les spoliations faisant tomber dans les mains des chefs de l'État des sommes fabuleuses, grâce auxquelles ils donnaient libre carrière à leurs appétits ; les proscriptions qui chassaient du sol français la noblesse dont elle avait été la gloire, et laissaient à sa place, pour en occuper les hautes dignités, des hommes sortis du tiers ou des bourgeois devenus redoutables par leur nombre.

Le courant l'entraîna. Pour ne point demeurer en arrière de ceux dont il s'était fait le disciple et l'ami, afin d'éviter de leur devenir suspect, à mesure que des idées subversives servaient des ambitions féroces, il dut témoigner plus d'ardeur pour le triomphe de la révolution. Les premiers crimes commis furent mis sur le compte de l'entraînement d'un peuple ivre de liberté. Les emprisonnements devinrent plus fréquents, les assassinats se succédèrent, la proscription s'étendit des nobles au clergé, pour finir par embrasser ceux que l'on suspecta de regretter le Roi et d'honorer la religion. Marcus, qui d'abord avait senti se révolter au fond de son âme ses derniers bons sentiments, contint l'effroi secret qui s'empara de lui, dans la crainte de se voir accuser de modérantisme.

Lors du procès des Girondins, il réfréna son indignation. Un ami le prévint en secret qu'on ne le considérait plus comme un de ceux sur qui l'on pouvait compter d'une façon absolue.

Il devait prendre des précautions. En même temps, les passions contre lesquelles il avait lutté se déchaînèrent avec violence. Il assista aux soupers des chefs du pouvoir, et noya dans l'ivresse les derniers de ses remords.

Marcus, ne pouvant plus reculer sans être perdu, se jeta tête baissée dans les saturnales révolutionnaires.

Plus il voyait mourir, plus il tenait à la vie. Il ne comprenait pas l'existence sans plaisirs, succédant à d'autres plaisirs, sans or prodigué pour satisfaire des désirs naissants, aiguillonnés par les satisfactions de la veille.

Ses vingts ans bouillonnaient comme un cratère. Il ne voulait ni ne pouvait en réfréner les ardeurs.

A force de parler dans les clubs, où sa facilité de parole lui procura des succès qui achevèrent de le griser, il parvint à posséder une notoriété dans Paris.

Alors il se sentit en voie de parvenir à tout.

Les événements l'ayant rapproché de Fouquier-Tinville, il sollicita la faveur de lui servir de secrétaire. Cette situation pouvait être à la fois une satisfaction d'orgueil et une défense. Près de l'Accusateur public, il devenait inattaquable. Il se réjouissait à l'idée de connaître ses secrets, de fouiller dans les dossiers, de tenir dans ses mains des milliers de vies. Il s'accoutuma à dresser des listes de proscription, à accumuler des noms illustres sur des feuilles que lisaient le soir les geôliers.

Marcus éprouva bientôt, comme son maître Fouquier-Tinville, la soif du sang et le besoin des émotions violentes que procuraient les séances du tribunal.

Il se complut à être témoin de drames horribles, à voir couler des pleurs de femmes, à surprendre les caresses ardentes d'enfants auxquels on ravissait leur père.

Les scènes effroyables du jugement, des fournées de la guillotine, des groupes d'hommes et de femmes marchant à l'échafaud le grisaient, comme les Romains aimaient à se repaître de la vue du massacre des chrétiens par les gladiateurs ou les bêtes féroces.

A l'heure où Jeanne entra chez Fouquier-Tinville, le cœur de Marcus ouvert à des passions furieuses ne semblait capable de contenir aucun sentiment généreux.

La vue de Jeanne Raimbaud le frappa comme une révélation.

Depuis deux années, il vivait au milieu des déesses Raison, des Nymphes, et autres personnages emblématiques figurant dans les cortèges se déroulant au Champ-de-Mars et aux Tuileries, habillées à l'antique et coiffées de bandelettes. Son regard avait perdu l'habitude de se reposer sur des physionomies sereines. Sans doute, à la barre du tribunal, il avait vu de nobles femmes, contemplé d'augustes visages, mais autour de celles-là l'approche de la mort mettait un reflet à part, un nimbe rappelant celui des martyrs. Il ne pouvait fonder sur ces victimes aucune espérance, il lui était même interdit de les suivre au milieu d'un rêve. Ces belles têtes pâles, lui apparaissant au milieu des tricoteuses de la guillotine, et des furies de l'échafaud, roulaient une heure plus tard sous le couteau de Sanson.

Mais Jeanne! Jeanne dont la fierté s'alliait si bien à une beauté parfaite, irrésistible; Jeanne, dont chaque pas, chaque geste, chaque mot révélaient la grâce et trahissaient des habitudes contraires au rôle qu'elle remplissait dans la maison de l'Accusateur public ; Jeanne devint subitement l'objet d'une passion contre laquelle Marcus ne songea point à se défendre, et qui, subitement, lui élargit le cœur dans la poitrine.

Il ne comprit pas qu'il se trouvait séparé de Jeanne par un abîme Pressentant un mystère dans la vie de la jeune fille, il résolut de le pénétrer d'abord, et de s'en servir plus tard.

Les femmes absolument chastes sont rarement en garde contre l'explosion des sentiments qu'elles font naître.

Absorbée par une douleur profonde, ayant sans cesse devant les yeux le but qu'elle devait poursuivre, Jeanne ne s'aperçut point de la persistance de Marcus à se placer sur son passage, ni de la fixité ardente de son regard quand il se trouvait près d'elle. Le souvenir du comte de Civray l'envahissait d'une façon trop douloureuse ; la lutte qu'elle subissait entre sa tendresse et son devoir ne laissait dans sa pensée aucune place pour une idée étrangère.

Il fallut que le hasard la plaçât en face d'un miroir, et lui fit saisir, dans le jeu des glaces, le regard de Marcus, pour qu'elle comprît ce qu'elle devait redouter du secrétaire de Fouquier-Tinville.

Afin de prouver qu'elle ne comprenait et ne redoutait rien, Jeanne mit une lenteur affectée à remplir les jardinières, et ne parut point s'apercevoir que Marcus quittait son bureau afin de se rapprocher d'elle.

Elle acheva sa besogne, et elle se disposait à sortir du cabinet de Fouquier-Tinville, quand Marcus lui dit d'une voix agitée :

— Mademoiselle...

A cette époque, et dans la situation qu'occupait Jeanne chez le magistrat de la Révolution, ce titre pouvait cacher un piège, et se changer plus tard en condamnation.

La jeune fille le comprit, et levant sur Marcus un regard un peu railleur :

— Que voulez-vous, citoyen ?

A son tour, elle souligna le mot par l'intonation.

Marcus devina qu'il faisait fausse route. Il venait d'obéir à son instinct qui lui conseillait le respect à l'égard de l'officieuse de Fouquier, qu'il soupçonnait d'appartenir à une classe élevée ; Jeanne se mettait sur la défensive, il ajouta donc rapidement :

— Citoyenne, pourquoi ne vous placez-vous pas sur les rangs, afin d'être saluée déesse ? vous seriez certaine de l'emporter sur Églé et ses compagnes.

— Certaine ! fit Jeanne, oh ! non, citoyen, je n'en serais pas sûre. Ces jeunes filles sont charmantes, elles comptent des amis puissants qui les protègent ; laissez-leur le triomphe de marcher en costume grec au milieu d'une foule païenne ; j'ai trop peu de temps pour remplir ici tous mes devoirs.

— Vous êtes si belle ! murmura Marcus.

— Assez, citoyen, dit Jeanne, je ne suis point accoutumée aux compliments, je ne les aime pas.

— Dites plutôt que vous dédaignez celui qui vous les adresse.

— Du dédain, moi! Et pour vous! Qui suis-je donc, sinon l'officieuse, la servante de la citoyenne Fouquier-Tinville. Je n'ai pas besoin de me payer de mots. Ce n'est point le titre de valet qui doit humilier, mais la situation. Pauvre, je suis servante, c'est-à-dire la dernière de cette maison, tandis que vous êtes le secrétaire intime d'un homme qui tient entre ses mains la vie des dix mille prisonniers dispersés dans les prisons de Paris.

— Officieuse, servante! vous?... s'écria Marcus, allons donc. Oui, vous recevez un salaire, vous habillez la femme de l'Accusateur public; pour tous vous semblez une fille intelligente, sachant chiffonner des rubans et lier les cheveux d'une bandelette dorée; on vous regarde comme plus adroite que les autres, voilà tout. Si la belle Thérésa Cabarus vous connaissait, elle chercherait à vous enlever à votre maîtresse actuelle. Il est permis peut-être, à tous ceux qui vous approchent et qui vous voient, de se méprendre sur ce que vous êtes véritablement, mais moi! moi qui sens pour vous un entraînement irrésistible, je ne m'y trompe pas!

— Citoyen!

— Et tenez, à cette minute même vous vous trahissez. Le mépris dont s'empreint votre regard, l'intonation de votre voix sont d'une femme qui a vécu au milieu d'un monde que vous affectez de ne pas connaître.

Jeanne secoua la tête.

— Vous vous trompez, dit-elle, j'appartiens au peuple et j'en suis sortie.

— Qui donc vous a appris cette fierté d'attitude, cette correction de langage? Où vous a-t-on enseigné ce qui ne s'acquiert que par le frottement continuel d'une société choisie? Est-ce en vous livrant à de durs travaux que vous auriez gardé ces mains blanches? Non! non! vous trompez ceux qui vous entourent et qui vous emploient; vous mentez à votre passé, à votre éducation pour une raison que j'ignore. En entrant chez Fouquier-Tinville, vous avez un but que vous poursuivez avec l'obstination tranquille qui fait le fond de votre caractère. Oh! tenez! depuis deux ans, je me suis jeté à corps perdu dans une révolution que vous devez haïr, j'ai touché à la hache, j'ai les mains rouges. Et cependant, je vous le jure, si vous avez un secret, vous pouvez me le confier...

— Je n'ai point de secrets, répondit Jeanne, dont le visage garda sa pâleur de marbre.

— Vous me repoussez?
— Je n'ai ni à vous accueillir ni à vous repousser.
— Mais je vous aime! vous le voyez bien!
— Vous avez tort, citoyen Marcus.
— Et vous me répondez : — « Vous avez tort » — de cette voix sans timbre, avec laquelle vous transmettriez un ordre. Votre front ne rougit pas sous mon regard, tant vous vous sentez forte de votre froideur. Je vous avoue que j'ai fait de votre tendresse le but de ma vie, et vous n'êtes pas même saisie d'un frisson de terreur.
— J'ignore la crainte, répondit Jeanne.
— Je puis cependant devenir redoutable.
— Alors vous êtes à plaindre.
— Me défendez-vous d'espérer?
— Absolument.

Ce fut au tour de Marcus de pâlir.

— Mais, reprit-il, si je disais à Fouquier-Tinville ce que je soupçonne, ce que je sais, car il est des intuitions qui sont des révélations... Si je lui apprenais que vous êtes une aristocrate déguisée, poursuivant ici quelque but mystérieux?

— Vous le surprendriez fort, répondit Jeanne. Je suis entrée chez lui munie d'une carte de civisme parfaitement en règle, et présentée par mon amie Rose-Thé, blanchisseuse de l'incorruptible Maximilien. Voilà des titres et des preuves, j'espère... Mais vous étonneriez bien davantage la citoyenne Fouquier-Tinville, dont je prépare les parures et qui n'a jamais rencontré une semblable officieuse... Vous avez, ce me semble, peu de suite dans les idées, citoyen Marcus... Vous affirmez m'aimer, et cependant vous me menacez... Dois-je donc désormais vous craindre?

— Il faudrait me prendre en pitié, dit Marcus. En ce moment, je suis sincère, je vous aime, je me donne à vous, si vous le voulez, ce que vous exigerez me sera sacré... Je ferai ce que vous m'ordonnerez de faire.

— Je n'ai qu'une prière à vous adresser.
— Laquelle?
— Oubliez ce que vous venez de me dire, comme j'essaierai de le faire moi-même.
— Ah! s'écria Marcus, vous m'obligerez à vous haïr.

Le regard de Jeanne se posa sur le regard de Marcus. Pendant une seconde, tous deux parurent mesurer leurs forces, lui pour l'attaque, elle pour la défense, puis avec sa belle et calme vaillance habituelle, Jeanne lui répliqua :

— Quel mal vous ai-je fait pour que vous me haïssiez ?
— Vous me repoussez.
— Les sentiments se commandent-ils ?
— Parlez, dites, croyez-vous que jamais je puisse vous plaire ?
— Jamais, dit Jeanne en secouant la tête.
— Et je serai condamné à cette torture de vous voir tous les jours !
— J'éviterai de me trouver sur votre passage.

Marcus saisit son front à deux mains :

— Implacable ! vous resterez implacable !

La jeune fille le regarda de nouveau, puis elle releva les dernières fleurs et, avec le calme qui, rendant plus irrésistible encore le charme de sa beauté, elle quitta le cabinet de Fouquier-Tinville.

Mais quand elle se retrouva seule dans la petite chambre où elle avait coutume de travailler, la sérénité dont elle s'était fait un masque tomba subitement.

Jeanne comprit que l'amour de Marcus la chasserait d'une maison où elle était entrée afin de tenter de sauver le comte de Civray. Tant que le jeune secrétaire avait gardé le silence, il était possible à ces deux êtres, si dissemblables de goûts et de croyances, de vivre en paix sous le toit du sanglant magistrat de la République. Mais, de cette heure, la situation allait devenir périlleuse. Sans doute la femme de l'Accusateur public tenait à Jeanne, mais Fouquier-Tinville attachait peut-être plus de prix encore aux services de son secrétaire.

Ce que Jeanne avait résolu de faire, elle devait se hâter de l'accomplir, sans se dissimuler les difficultés contre lesquelles se heurtaient son ignorance des choses et des lieux.

Le temps lui manquait pour étudier, pour surveiller. Cependant elle n'hésita pas, et résolut de tout préparer pour un départ prochain.

A tout hasard, elle songea à mettre la citoyenne Fouquier dans ses intérêts.

Rien n'était plus facile. Belle et coquette, la femme de l'accusateur public aimait la louange et la toilette. Tout lui devenait prétexte à parure. Comme elle avait formé le projet d'assister à une des prochaines séances du tribunal, elle souhaitait une toilette d'un caractère à part, et Jeanne possédait assez de goût pour réaliser les rêves d'élégance de sa maîtresse.

Avant d'entrer chez elle, Jeanne masqua son visage d'un sourire.

— Voici, dit-elle à sa maîtresse, ce que j'ai trouvé de mieux comme étoffe pour votre toilette de séance : Pas trop de gaieté dans les couleurs, rien de triste non plus. Un bonnet à haute forme, modelant bien la tête, à ce bonnet un nœud tricolore flottant, une ceinture plus large relevant le ton brun de la jupe. Sur la poitrine, un fichu de gaze bouffante, agrafé par un bouquet de roses couleur soufre.

— Tu es certainement la perle des officieuses, dit la citoyenne Fouquier, je tiens à toi ; j'espère bien que tu ne me quitteras jamais.

— De mon plein gré, sans nul doute, citoyenne, mais qui peut prévoir les événements ?

— Si tu te mariais, par exemple...

— Je n'y songe guère, répondit Jeanne, en souriant ; mais il pourrait advenir que quelqu'un y pensât trop, et que ses poursuites me forçassent à quitter cette maison.

— Quoi, demanda la citoyenne Fouquier, l'homme dont tu parles habite ici ?

Jeanne fit un signe affirmatif.

— Marcus ? ajouta la jeune femme en regardant Jeanne en face.

— Le citoyen Marcus, vous avez deviné.

— Comment peut-il ne pas te plaire ?

— Je ne compte pas me marier.

— C'est bien !, reprit la femme de l'Accusateur public, je te défendrai contre lui. Je ne puis te promettre de le faire renvoyer, car mon mari attache, je ne sais pourquoi, un grand prix à ses services, mais du moins je ferai en sorte de te délivrer de ses importunités.

— Ce sera difficile.

— Oh ! ce que je veux, je le veux bien.

— Lui aussi, murmura Jeanne. Je vous remercie cependant de votre promesse, citoyenne, et j'espère que Marcus se lassera. Cette place me semble douce et facile à remplir, j'y resterai tant qu'il me sera possible d'y vivre.

Jeanne venait d'obtenir un résultat important. Sa maîtresse ne manquerait point de prendre son parti, même contre Fouquier-Tinville, et si elle se trouvait forcée de quitter subitement la maison de l'Accusateur, son départ passerait pour une conséquence de l'irritation causée par les importunités de Marcus. Enfin, si celui-ci, poussé par la jalousie et le désir de la vengeance, l'accusait d'avoir joué un rôle, dissimulé son véritable rang et tramé des complots contre la République, Jeanne opposait à cette accusation la révélation qu'elle venait de faire à sa maîtresse des sentiments de Marcus.

Le reste du jour elle se sentit donc rassurée, mais elle n'en résolut pas moins de tenter, le soir même, ce qu'elle avait projeté pour le salut du comte Henri de Civray.

LES VICTIMES

Qui ne sert point la Révolution la trahit. (Voir page 209.)

## CHAPITRE XVIII

## L'OBSERVATEUR DE L'ESPRIT PUBLIC

Robert Comtois, loin de renoncer à son œuvre, la poursuivait avec une patience aiguillonnée par l'importance que devait avoir le succès. Il savait que sa fortune dépendait de la capture de la comtesse de Civray et de Cécile de Saint-Rieul; mais chaque fois qu'il s'était placé sur le passage des deux femmes, ou qu'il avait cru trouver leur trace, quelqu'un s'était mis entre lui et sa proie, faisant échouer les plans les mieux combinés, et déroutant l'espion dans sa marche tortueuse.

Cependant, il devenait indispensable qu'il réussît, non seulement pour s'emparer de la fortune que les deux femmes conservaient, mais encore afin de détourner les soupçons de Fouquier, qui commençait à croire que Robert, loin de poursuivre les ci-devant, s'entendait avec eux, afin de les protéger et de leur aider à passer la frontière, et celui-ci était bien près de devenir suspect à son tour.

Afin d'inspirer confiance à l'Accusateur public, Robert avait fait miroiter devant lui l'or et les diamants de la comtesse de Civray. Or les chefs du parti républicain semaient l'or autour d'eux, en échange de fastueux plaisirs. Les spoliations quotidiennes suffisaient à peine à leurs prodigalités, et Fouquier tenait aux pierreries de Mme de Civray, autant que Robert lui-même.

Celui-ci, après avoir perdu la trace de la comtesse, qu'il avait trois fois rencontrée rue des Noyers, revint à son premier plan, consistant à guetter autour de la prison Lazare ; la tendresse de la comtesse de Civray pour son fils ne devait-elle pas fatalement la pousser de ce côté?

Depuis le jour où la prévoyante Jeanne lui ménagea un asile chez Rose-Thé, la comtesse et Cécile avaient, par prudence, adopté le même costume que leur hôtesse. Elles l'aidaient dans une partie de son labeur, pour éviter la suspicion du quartier. Les seules heures de consolation qu'elles éprouvassent étaient celles durant lesquelles il leur était possible d'assister aux offices nocturnes dans le grenier de la rue Saint-Honoré, ou de se rencontrer avec Mme Roucher et sa fille, aux abords de la prison. Alors elles échangeaient des promesses d'amitié indestructible ; Eulalie prenait les lettres de la comtesse et les joignait à son courrier qui, en dépit des efforts d'Henriot et de sa bande, continuait à parvenir à son père. Mme de Civray recevait, en échange des pages remplies d'amour et de larmes qu'elle adressait à son fils, des missives dans lesquelles Henri épanchait sa tristesse. Il avait perdu la force de tromper sa mère en lui laissant un peu de confiance ; loin de l'encourager dans la tenacité de son espoir, il s'efforçait de la préparer à une séparation inévitable. Henri, ne croyant point à son salut, attendait la mort avec une résignation puisant sa source dans sa foi et dans sa douleur. Mais la certitude de mourir, qui se trahissait dans chacune de ses lettres, n'empêchait point sa mère de conserver l'espérance. Cécile éprouvait, elle aussi, le besoin de croire au salut de celui dont le souvenir ne la quittait jamais. Sa tendresse désintéressée grandissait au lieu de s'éteindre. Sa pure flamme brûlait en montant vers le ciel, sans qu'une pensée d'égoïsme l'eût ternie. Certaine de n'être pas nécessaire au comte de Civray, elle ne lui gardait pas moins dans son cœur une place fraternelle. Elle aussi écrivait, se faisant l'écho des bruits du dehors, des nouvelles colportées, des conversations entendues, des journaux vendus. Et durant ses heures de solitude, Henri lisait et relisait ces témoignages de tendresse sans ombre, emplissant son cœur du parfum de la jeune âme qui s'épanchait à chaque ligne.

A certaines heures de la journée, pendant lesquelles les prisonniers pouvaient, à travers la fenêtre donnant sur la rue Paradis, apercevoir des êtres chers, et les reconnaître en dépit des déguisements sous lesquels ils se cachaient, une foule de parents, d'amis, se pressaient aux abords de Saint-Lazare. Chénier, Roucher et Henri de Civray étaient sûrs de trouver à une même place un groupe de femmes unies dans un sentiment identique. Pendant des minutes, qui leur semblaient toujours trop rapides, ils emplissaient leur cœur de la vision d'êtres aimés, et puisaient dans les regards, dans les baisers échangés à travers la distance, la force d'attendre jusqu'au lendemain.

Les Observateurs de l'esprit public connaissaient ces rendez-vous mystérieux ; plus d'une fois, des filles, des épouses, des mères furent arrêtées au moment où elles adressaient des signaux aux prisonniers.

Durant plusieurs mois, Mme de Civray fut presque à l'abri du danger. Mme Roucher et Eulalie jouissaient d'immunités et de facilités dont profitaient ses amies. Roucher était si évidemment innocent que l'on semblait tolérer ce qui pouvait adoucir ses souffrances. Il fallut l'arrivée du convoi de Bicêtre, la tentative d'incendie des forçats, et les déclarations d'Henriot à propos d'un prétendu complot liberticide, pour changer les règlements de la prison, introduire les rapiotages, inventer la table commune, et supprimer presque toute correspondance entre l'extérieur et les détenus. Avec la persécution, s'augmenta la violence du désir des prisonniers et de leurs familles de se voir, de s'entendre. La douleur, la tendresse redoublèrent d'ingéniosité. Les déguisements se multiplièrent, et les Observateurs eurent à lutter contre la persévérance et l'adresse des victimes.

Robert ne fut pas le moins actif des agents de la République. Ses maladresses, ses défaites, loin de le décourager lui inspirèrent une âpreté croissante pour suivre la piste d'une chasse monstrueuse. Lui aussi multiplia les travestissements, et après avoir perdu plusieurs semaines dans l'attente d'une rencontre qui mit entre ses mains Mme de Civray et Cécile de Saint-Rieul, il s'attacha un jour à deux marchandes de fleurs portant un éventaire richement garni de bouquets. Il s'était grimé en ouvrier avec une perfection si parfaite que la comtesse ne se douta nullement de la surveillance dont elle était l'objet. Certain de ne point se tromper, et résolu à réparer ses premiers échecs, Robert suivit à distance la comtesse de Civray et la vit entrer dans la maison de la rue de la Loi qu'habitait Rose-Thé.

Il marcha derrière elles, et sans s'adresser au citoyen remplissant l'office de portier, il gravit l'escalier, et vit Mme de Civray et sa nièce heurter à une porte sur laquelle se trouvait écrit à la craie :

ROSE-THÉ, *blanchisseuse de fin.*

Au même moment, la porte faisant face à celle de Rose s'ouvrit sur le carré, et une tête de mégère hideuse, hagarde, coiffée de cheveux semblables à une couvée de reptiles noués, apparut dans la baie noire d'une petite chambre.

Cette femme suait le vice et la méchanceté. On la devinait à la fois avare et cruelle. Robert comprit qu'il venait de trouver une complice.

— Citoyenne, lui demanda-t-il, pourriez-vous me dire s'il reste une chambre à louer dans cette maison?

— Le portier le sait mieux que moi, répondit-elle d'une voix rogue.

— Sans doute, mais le portier est absent.

— C'est juste, il est appelé en témoignage contre un aristocrate qui a demeuré dans cet immeuble, et qui a failli nous compromettre tous. Heureusement ce soir l'affaire sera dans le sac : jugé à midi, exécuté à quatre heures, c'est dans l'ordre.

— Vous n'aimez pas les aristocrates? demanda Robert en souriant.

— Moi! Je voudrais les voir égorger jusqu'au dernier.

— Voilà les sentiments d'une bonne patriote.

— Ceux qui ne pensent pas comme moi méritent la guillotine, autant que les ci-devant.

— De sorte que, si vous pouviez rendre service à la République?

— Elle peut me demander mon vieux sang, la République, parlez... Vous avez l'air de traquer un gibier?

— C'est possible, mais pour le surprendre il faut un affût.

— Et l'affût est une chambre sur le palier?

— Vous l'avez deviné.

Les yeux de la mégère flamboyèrent.

— Il y a donc des aristocrates ici? demanda la hideuse vieille. Vous pouvez compter sur moi pour vous aider à les prendre. Où se cachent-elles, ces damnées? Allez-vous les dénoncer tout de suite?

— Quarante livres en or pour vous, si vous m'aidez, reprit Robert.

— Quarante livres !

Robert crut que la misérable trouvait la somme trop modique.

— Et le double, si je réussis.

— Vous réussirez, dit la mégère, vous réussirez.

— J'aviserai, répondit Robert. Entrons chez-vous d'abord.

Il attendit en vain que Mme de Civray et Cécile quittassent le logis de Rose-Thé, elles y restèrent, et la conviction de Robert fut faite : c'était bien là qu'elles habitaient.

Dès le lendemain matin, avant l'heure des séances du tribunal, il se rendit chez Fouquier-Tinville.

Celui-ci était sorti, Marcus seul se trouvait dans son bureau.

Jeanne était à l'office dont elle avait fait un poste d'observation.

Le son de voix de Robert, arrivant jusqu'à elle, l'avertit de se tenir sur ses gardes. Ce n'était pas assez de ce qui venait de se passer entre elle et Marcus, elle devinait une complication nouvelle. Une révélation pouvait l'obliger à changer ses plans et peut-être rendre nécessaire le changement de domicile de la comtesse de Civray. L'oreille collée à la porte, elle écouta avidement les paroles échangées entre Marcus et l'Observateur de l'esprit public.

Celui-ci paraissait contrarié de ne point être reçu par le magistrat.

Marcus lui dit d'une voix qui n'était pas exempte de raillerie :

— Peut-être vaut-il mieux pour toi, citoyen Robert, que tu ne le rencontres pas. Le maître me semble de méchante humeur à ton endroit, et, au nombre des nouveaux dossiers que j'ai classés dernièrement, j'ai le regret de t'apprendre que j'ai trouvé le tien.

— Le mien ! s'écria Robert, je suis considéré comme suspect ?

— Et à juste titre. Qui ne sert point la révolution la trahit. Or, après avoir juré de nous livrer deux femmes, dont la fortune pouvait rendre de réels services à la patrie, tu es accusé de les avoir sauvegardées, moyennant un large acompte sur cette même fortune.

— Et ce dossier ? demanda Robert, la gorge serrée.

— Doit être placé demain matin sur le bureau du citoyen Fouquier.

— C'est bien, fit Robert, avant son départ pour le tribunal, la ci-devant Civray et sa nièce seront dans les mains de votre maître.

— Tu en es certain ?

— Comme de ma vie.

— Oh ! sur ta vie, je ne parierais pas grand'chose.

— Tu aurais tort. Cette nuit même je les ferai arrêter.

— C'est bien, fit Marcus, dans tous les cas tu es averti. Fournis une preuve de dévouement à la République, ou expie ton indifférence, sinon ta trahison.

— A demain, dit Robert.

Marcus ouvrit un dossier gonflé de papiers, et répéta :

— A demain.

Quand Robert fut sorti, Marcus haussa les épaules en murmurant :

— Je ne donnerais pas un assignat d'un écu de la tête de cet homme.

Jeanne avait tout entendu.

Cette fois, elle n'en pouvait douter, Robert connaissait la retraite de Mme de Civray.

Robert surveillait ou faisait surveiller le logis de la rue de la Loi ; elle ne pouvait s'y présenter sans courir le risque d'être reconnue, livrée ; et, si elle jouait sa liberté avant d'avoir sauvé la comtesse et son fils, tous deux seraient bien perdus. Elle se demanda si elle ne courrait point rue des Noyers, chez Mme Roucher, mais elle renonça encore à cette idée. En dépit d'un passé qui aurait dû le protéger, Roucher demeurait suspect, et Jeanne était convaincue qu'il échapperait difficilement à la haine de ses ennemis. La pauvre et généreuse fille demandait à Dieu une inspiration, quand la femme de l'Accusateur public rentra de la séance du tribunal pour laquelle Jeanne lui avait coupé une parure de si haut goût.

— Dis-moi, tu as préparé ma toilette de linon? La soirée sera gaie, je l'espère. Mets des fleurs partout, et amène-moi les enfants

— Citoyenne, dit Jeanne, la robe de linon a quelques faux plis et réclame le coup de fer de la repasseuse.

— Tu as encore le temps de la porter chez Rose-Thé. Tu l'attendras, va vite et reviens de même.

— Oui, citoyenne, répondit Jeanne.

Elle quitta la chambre de sa maîtresse, et entra dans le cabinet qui lui servait d'atelier de travail, mais presque au même instant, elle poussa un cri d'angoisse si vibrant que la femme de Fouquier, et l'officieuse occupée à la cuisine accoururent en même temps :

— Qu'y-a-t-il? demanda la citoyenne Fouquier.

— J'ai voulu marcher trop vite, un faux mouvement m'a fait tourner le pied... Je souffre cruellement...

— Pauvre fille! soigne-toi, on va t'apporter des compresses d'eau froide...

— Ah! et votre robe de linon?

— La cuisinière la portera, donne tes indications pour Rose-Thé.

Jeanne traça quelques lignes à l'adresse de la jeune fille, et remit le billet à sa compagne.

Celle-ci partit immédiatement. Quand elle arriva chez la blanchisseuse, elle trouva la jeune fille occupée à donner le dernier coup de fer à un gilet de piqué, garni de franges, gilet que devait mettre l'homme auquel la Révolution donna le titre d'Incorruptible. Rose-Thé déplia la lettre, la lut lentement et parut réfléchir.

— Eh bien! lui demanda l'officieuse de la cuisine, es-tu contrariée d'avoir à repasser la robe de la citoyenne Fouquier-Tinville?

— Moi, répondit Rose-Thé en se remettant, ce m'est au contraire un grand honneur. En trois minutes j'aurai fini.

— C'est que, je n'ai guère le temps d'attendre.

— Crois-tu que ta maîtresse l'ait davantage? Mes ouvrières sont sorties en ce moment, tu remporteras la robe.

L'officieuse parla, entre ses dents, de rôti brûlé, de ragoût mal cuit, mais déjà Rose-Thé étalait la robe sur la table, et à grands coups de fer en effaçait les légers plis.

— Voilà, citoyenne, dit-elle au bout d'un moment.

Elle plia la robe, la plaça dans un panier dont elle chargea la cuisinière, puis, après avoir refermé la porte sur la vieille femme, elle reprit la lettre de Jeanne afin de la mieux comprendre :

« Ma petite Rose, je t'avais demandé asile pour deux femmes que leurs malheurs rendent dignes de tous les respects... Un misérable a découvert leur retraite ; si elles ne partent sur l'heure, elles sont perdues... Je t'ai sauvé la vie, m'as-tu dit plus d'une fois, sauve-moi l'honneur en leur procurant un nouvel asile. »

— J'avais bien lu! dit Rose-Thé! Et d'ailleurs cette lettre ne m'apprend rien. N'avais-je pas deviné, dès le premier jour, que ces prétendues ouvrières sont des ci-devant. Qui m'eût prédit que j'accueillerais des ennemies de la Liberté, que j'en arriverais à aimer des aristocrates, eût été taxé par moi de mensonge. Car enfin, je suis républicaine moi! Et cependant, j'en suis venue là. D'abord, je les ai accueillies pour payer la dette contractée à l'égard de Jeanne ; mais ensuite je les ai aimées pour elles-mêmes, si belles, si douces, si patientes, si différentes des portraits que l'on me faisait des aristocrates. Mon cœur s'est pris tout doucement. J'ai fait plus que de les aimer, j'ai été heureuse de les croire. Il me semble qu'elles ont fait éclore une âme en moi. Je les ai écoutées parler de Dieu avec curiosité, puis avec plaisir. Je me refusais encore à les croire, et néanmoins j'éprouvais de la joie à les entendre. Cela me reposait des propos des patriotes, des vœux de la nation, du civisme des clubs. Elles ne parlaient guère que de mourir, mais on était tenté d'envier leurs dangers, leurs larmes, et le supplice auquel il ne semblait pas qu'il leur fût possible d'échapper, quand on voyait le calme de leur visage. Si toute autre que Jeanne m'avait dit : — Chasse-les ! j'aurais pris cet ordre pour un piège ; mais Jeanne les aime, et je sais qu'elle verserait son sang pour racheter leur vie. C'est dur, oui, c'est dur, d'aller dire à ces infortunées : Vous n'avez plus de toit, partez ; allez devant vous, dans la rue, sur les places, dans les carrefours où des bandes de patriotes ivres vous ramasseront ce soir.

Rose-Thé essuya deux larmes qui roulaient sur ses joues.

— Il faut agir, cependant, dit-elle ; Jeanne me prévient que ce soir elles seront arrêtées.

La jeune fille se leva et poussa la porte de la petite chambre occupée par Mme de Civray.

Celle-ci, assise dans un fauteuil de paille, gardait appuyée sur son épaule la tête pâlie de Mlle de Saint-Rieul. Les mots manquaient à ses lèvres pour consoler la jeune fille ; elle comprenait qu'elle ne pouvait plus faire refleurir l'espérance dans le cœur de Cécile, et ne trouvait que les encouragements de la résignation chrétienne, au lieu de mots exprimant pour l'avenir une confiance, dont l'âme de la jeune fille éprouvait une soif ardente.

Loin d'affaiblir dans son cœur son amour pour son cousin, l'absence, la persécution, l'emprisonnement attachaient davantage son souvenir à Henri de Civray. Elle le chérissait pour les souffrances qu'il avait endurées, pour les poignantes émotions qu'elle lui devait, et cette tendresse exclusive et pure doublait tous ses déchirements et toutes ses angoisses. Cécile le savait à n'en pouvoir douter, son cousin ne l'aimait pas, son cousin ne l'aimerait jamais. Il accusait Jeanne de l'avoir renié, trahi, vendu ! et cependant il la chérissait encore. Il ne pouvait éprouver pour elle que du mépris, et il l'aimait encore, il l'aimait toujours. Il voulait mourir pour lui léguer son souvenir avec ses remords. Rien de ce qui lui venait de Cécile ne le consolait, ne le calmait. Elle ne comptait point dans son âme. C'était une enfant, une parente pauvre. Si elle n'avait jamais réclamé l'hospitalité de Civray, la comtesse n'aurait point éprouvé la même répulsion à marier Henri à Jeanne Raimbaud. Celle-ci, n'ayant point été offensée, n'eût jamais couvé l'idée d'une vengeance. Cécile avait été le mauvais ange de sa vie. L'orpheline se répétait qu'Henri pensait ces choses, tandis qu'elle restait immobile, perdue dans des pensées douloureuses, le front appuyé sur l'épaule de Mme de Civray, écoutant au fond de son âme des paroles amères, évoquant des fantômes, et regardant l'avenir avec plus de tristesse encore que le passé.

En voyant entrer Rose-Thé, Cécile leva le front et sourit.

— Entrez, lui dit-elle, j'ai du plaisir de vous voir. A une époque où tout semble vénal, cruel et mauvais, cela fait du bien de regarder un visage de bonne fille, si dévouée qu'elle nous garde et nous aime... Allez, Rose, ma tante et moi nous vous chérissons sincèrement.

— Je fais si peu de chose, balbutia la jeune fille.

— Si peu de chose !

Vous savez bien ce que vous risquez en nous gardant. Nous n'avons point de cartes de civisme, et vous ne nous avez demandé que ce qu'il nous a plu de vous dire. Au moment où nous vivons, c'est exposer sa vie que d'accueillir des étrangers.

— Mademoiselle..,

— Vous voyez que vous savez...

— Je sais que, vous et votre tante, vous m'inspirez un respect profond, que j'ai cessé de trembler pour moi à force de trembler pour vous.

— Bonne Rose! sans vous l'une des prisons de Paris se serait ouverte pour nous.

— Ne me dites pas cela !

— C'est la vérité ; que serions-nous devenues ? Quel hôte nous eût accueillies ? On eût flairé en nous des ci-devant, et nous aurions été perdues. Vous ne nous avez rien dit, mais vous compreniez que vous jouiez votre tête en nous sauvant.

— J'avais moi-même contracté une dette de reconnaissance.

— Vous ne nous avez jamais dit envers qui ?

— A quoi bon! la personne qui vous envoya vers moi ne voulait pas être connue.

— Dieu la bénira, dit Cécile avec ardeur.

— Je l'espère, Mademoiselle... Elle a beaucoup souffert, elle souffre encore beaucoup.

— Les larmes qu'elle essuie devraient lui être comptées.

— Elle en versera encore.

— Sur elle ?

— Sur les autres, surtout.

— Ne pouvons-nous rien pour elle ?

— La croire, lui obéir.

— La croire... Que veux-tu dire ?

— Supposez que l'asile qu'elle vous avait choisi ait cessé d'être sûr.

— Quoi! s'écria Mme de Civray, tu nous renverrais de cette maison?

— Moi! Dieu m'en garde, Madame; vous avez fait de moi une créature nouvelle. Depuis que je vous connais et que je vous aime, il se passe dans le fond de mon cœur des choses que je ne puis définir. Je commence à me repentir de fautes dont j'ignorais la gravité; à haïr ce que l'on m'avait dit être bon; à souhaiter la fin de ce que j'appelais par ignorance l'ère de la liberté, quand c'est le règne de l'injustice et de la guillotine. Ne doutez pas de moi, je vous en conjure. En vous suppliant de me quitter, je vous sauve la vie.

— Ainsi, notre retraite est découverte?

— Vous devez être arrêtées cette nuit.

— Où nous cacher, où fuir? demanda Mme de Civray. S'il ne s'agissait que de moi, je me résignerais, mais je ne suis pas seule au monde. Je dois vivre pour mon fils, vivre pour Cécile qui deviendra ma fille, et dont la piété filiale sera récompensée. Rose! Rose! sauvez-nous, comme vous nous avez sauvées déjà.

— Je ne puis rien! dit la blanchisseuse avec abattement, rien! Mais une personne qui vous honore et vous aime, celle qui vous avait envoyée ici, me dit de vous prier de ne point manquer de me faire parvenir demain votre nouvelle adresse, peut-être aura-t-elle de graves et heureuses nouvelles à vous communiquer,

— Nous partirons, dit Mme de Civray, nous partirons sans attendre davantage. Ceux qui comptent nous livrer au comité révolutionnaire pourraient, s'ils nous trouvaient ici, vous confondre dans la même accusation, et qui sait ce qui adviendrait de vous!

— Je réclamerais l'appui de Robespierre.

— Non, dit Mme de Civray, vous ne le feriez plus pour les raisons que vous m'avez dites. Vous comprenez trop que la vie sans Dieu, une nation sans morale, un peuple sans maître sont impossibles. Je vous connais mieux que vous ne vous connaissez-vous-même, vous vous perdriez en nous défendant.

— Oh! Madame! Madame! fit la jeune blanchisseuse, se peut-il que vous pensiez tant de bien de moi!

— Et pourquoi non, mon enfant? Personne ne vous a donné une éducation chrétienne, et, cependant, au milieu des scènes de fureur et de débauche furieuse dont vous avez été témoin, vous avez gardé un cœur bon, un esprit juste. La reconnaissance que vous conservez vous a rendue pitoyable pour moi. Je vous aime et je vous estime, mon enfant, je vais vous en donner la plus grande des preuves.

— Oh! merci! merci, Madame,

— Je veux vous apprendre mon nom, vous l'avez deviné, l'habit de la petite bourgeoise travestissait mal la grande dame. Je suis la comtesse de Civray, et Cécile est ma nièce. Mon fils se trouve en ce moment à Saint-Lazare, et je ne quitterai point Paris sans lui... Je ne suis pas pauvre, Rose, et je vais déposer chez vous tout ce qui me reste de ma fortune. Je ne veux prendre que quelques louis, quant au reste, vous me l'apporterez en proportion de mes besoins, car vous saurez toujours ce que je suis devenue.

— Un tel dépôt, Madame! je ne l'accepte pas.

— Vous l'accepterez, mon enfant, et je sais que vous n'en détournerez pas une obole.

Mme de Civray prit le petit sac de cuir dans lequel elle enfermait ses diamants, et les fit jouer entre ses doigts sous les yeux de Rose-Thé, émerveillée par ce ruissellement d'étincelles.

— Serrez ceci, dit en souriant la comtesse, je vous les redemanderai un jour. Si, par la volonté de la Providence, je succombais ainsi que Cécile, informez-vous de mon fils... Henri de Civray, et remettez-lui ces diamants... Vous y joindrez cet or, mon enfant; mais je vous ordonne de disposer d'une partie de cette somme, si elle était nécessaire pour assurer votre liberté.

Rose-Thé sanglotait aux genoux de la comtesse.

Quand elle fut un peu plus calme, elle chercha avec celle-ci le moyen de mettre le trésor en sûreté. Une cachette fut subitement ménagée dans l'angle d'une poutrelle; puis Mme de Civray, munie seulement de quelques louis, quitta le logis de la blanchisseuse après l'avoir serrée dans ses bras.

— J'aurai de vos nouvelles? demanda Rose-Thé en se retournant.

— Demain, répondit la comtesse de Civray.

Cécile et sa tante descendirent l'escalier, et se croisèrent au troisième étage avec les deux femmes en deuil que la mégère de la mansarde affirmait à Robert devoir être des aristocrates.

Elles échangèrent un regard, se reconnurent, puis se saluèrent d'un triste sourire.

Un moment après, Mme de Civray et Mlle de Saint-Rieul se trouvaient dans la rue de la Loi.

Elles songèrent tout d'abord à s'éloigner du quartier devenu dangereux pour elle. La comtesse restait pensive, Cécile n'osait parler la première. Cependant elle s'appuya affectueusement sur le bras de sa tante et lui demanda :

— Devines-tu qui nous a fait prévenir que l'on devait nous arrêter ?

— Non, répondit la comtesse.

— Je le sais, moi.

— Tu le sais !

— Oui, une seule créature peut encore se préoccuper de notre sort, et c'est la même qui nous procura un asile chez Rose-Thé !

— Quoi ! tu penserais ?...

— Ma tante, répondit Cécile, je suis parvenue à dompter mon cœur, et à voir clair dans les actes d'autrui. J'ai pu souffrir par le fait d'une personne dont le nom seul vous cause un tressaillement, mais je lui rends aujourd'hui justice. Le jour où, chez Mme Roucher, elle trouva des accents qui me brisèrent le cœur, elle me laissa convaincue. Jeanne Raimbaud nous protège, Jeanne Raimbaud nous sauve...

— Ne sais-tu point quelle maison elle habite ?

— Si, ma tante, et c'est pour cela que je crois à son dévouement. J'ai bien réfléchi et bien pleuré, la douleur m'a éclairée. Jeanne n'a jamais ni trahi ni vendu personne. Jeanne aime trop profondément Henri pour ne pas nous sauver par tendresse pour lui.

— Tais-toi, Cécile, tais-toi ! si cela était ?...

— Jeanne serait plus grande que vous qui l'avez méconnue, que moi qui l'ai haïe.

— Oh ! fit la comtesse, ce serait horrible de lui avoir infligé un pareil tourment.

— Elle nous l'a pardonné, puisqu'elle ne nous abandonne pas. Je suis sûre qu'elle n'oublie pas Henri, et que l'œuvre entreprise par elle réussira au delà de ce que vous attendez.

— Alors, Cécile, combien nous aurons à réparer.

— Oh ! la réparation sera bien simple, ma tante, vous marierez Jeanne à Henri.

— Et toi ? demanda la comtesse de Civray.

— Je me réjouirai de leur bonheur.

— Et mon beau rêve ? demanda la comtesse.

— Vous ne deviez point en avoir de plus cher que d'envier la félicité d'Henri.

— Ah ! toi aussi, tu as un grand cœur !

— Dieu m'en tiendra compte ! répondit Cécile avec un soupir.

Mme de Civray et sa nièce avaient marché devant elles machinalement. Elles fuyaient par peur sans savoir où. Un pont se présenta devant elles, elles le passèrent, puis elles se trouvèrent en face d'un monument lugubre, et bientôt se perdirent au milieu d'une foule grouillante. Elles se trouvaient en face de la Conciergerie.

LES VICTIMES

La Concierge protestait vaguement. (Voir page 225.)

## CHAPITRE XIX

### LA VOLEUSE DE DOSSIERS

Jeanne se trouvait seule enfin dans la petite pièce où elle avait coutume de se tenir lorsqu'elle travaillait aux costumes et aux toilettes de sa maîtresse.

L'officieuse dormait depuis longtemps. Fouquier-Tinville, las d'un dîner terminé par une orgie, ne devait pas s'éveiller avant le jour.

Jeanne se trouvait maîtresse de remplir la mission qu'elle s'était imposée en entrant dans la maison de Fouquier-Tinville.

Cependant, au moment de rentrer chez l'Accusateur public, elle sentit un dernier frisson l'agiter de la nuque à la plante des pieds. Elle éprouva non de l'hésitation, mais le sentiment qu'elle livrait à cette heure une bataille suprême, et qu'une défaite coûterait la vie à trois innocents.

Enfin elle pénétra dans le cabinet de travail de Fouquier-Tinville, et posa sur la cheminée la lampe qu'elle tenait à la main.

La vaste pièce, dans laquelle travaillait d'ordinaire le magistrat de la Révolution, avait un aspect lugubre. Sur les deux bureaux de l'Accusateur et de son secrétaire s'entassaient des liasses de dossiers. Les tapis tachés d'encre, les plumes tombées à terre, attestaient la hâte du travail. Chacun venait d'achever une besogne dont le résultat était de faire tomber en plus grand nombre les têtes des suspects.

Jeanne commença par examiner les papiers couvrant le bureau de Fouquier-Tinville. En dépit de l'angoisse qui lui broyait le cœur, elle procéda méthodiquement, lentement, lisant les premières lignes de chaque pièce, parcourant des listes marquées de signes étranges équivalant à des coups de hache, ou de signes : F majuscules également significatifs. A cette heure, où la fièvre brûlait ses membres et son cerveau, elle s'imposait un sang-froid indispensable à l'accomplissement de son œuvre. Une distraction pouvait lui faire oublier, négliger la page nécessaire, le dossier qu'elle venait prendre au péril de sa vie.

Elle achevait de fouiller dans les papiers de Fouquier-Tinville. Tout à coup un nom attira son attention.

— André Chénier! murmura Jeanne, André Chénier, qui fut sur le point d'obtenir le périlleux honneur d'être le défenseur de Louis XVI... l'ami de François de Loizerolles, le compagnon d'Henri... Je préviendrai sa mère, elle ne le croit pas si près du péril. Je crierai à son frère Marie-Joseph : — Sauvez-le! — et peut-être son influence combattra-t-elle celle de Fouquier-Tinville.

Jeanne prit le brouillon de la liste sur laquelle se trouvait le nom d'André Chénier et le cacha dans son sein. Cela lui porterait bonheur de ne point se montrer égoïste dans son dévouement.

Mais en vain chercha-t-elle encore le dossier d'Henri de Civray.

Après avoir compulsé les papiers couvrant la table du bureau, elle ouvrit les tiroirs.

Le premier débordait d'or.

Dans le second, elle trouva des portraits de jeunes et ravissantes femmes, entourés de diamants, des tabatières enrichies de pierreries, des montres merveilleuses, des bagues, des colliers, tout ce que le « rapiotage » exercé dans les prisons livrait aux juges des suspects.

Elle referma le tiroir rempli de richesses volées, et chercha vainement dans les autres. Quelques cartes de civisme, des passeports en blanc, prêts à être vendus des sommes folles à ceux qui consentiraient à payer leur vie au prix de leur fortune, attendaient les acquéreurs. Les derniers compartiments contenaient des lettres interceptées, adressées à des captifs par des mères au désespoir, des épouses désolées. Jeanne chercha si elle n'en trouvait point une de quelqu'un à qui il lui serait possible de rendre service. Le nom de Mme Louis de Chénier frappa ses regards, la mère d'André redemandait son fils.

Jeanne en prit l'adresse, et la joignit à la liste qu'elle avait trouvée.

Après avoir inspecté le bureau de Fouquier, et s'être assurée qu'il ne renfermait aucune pièce relative à la famille de Civray, Jeanne se dirigea vers la seconde table, sur laquelle écrivait d'ordinaire le secrétaire Marcus. Elle n'y trouva rien.

Il ne restait plus à Jeanne qu'à fouiller dans les tiroirs du cartonnier. Les lettres rouges, timbrant chaque casier, simplifiaient sa besogne. Elle ouvrit le carton portant un C. sanglant.

Une liasse de papiers frappa tout d'abord ses yeux : Jeanne jeta un cri de joie. Elle tenait le dossier du comte Henri, dont le nom écrit en lettres énormes était accompagné du mot *suspect*, à l'encre rouge.

La condamnation du comte était renfermée dans ce mot.

Fouquier-Tinville savait où trouver ce dossier, il le laissait dans ce tiroir en attendant l'exécution de la promesse de Robert, afin de faire juger à la fois Mme de Civray, Henri et Mlle de Saint-Rieul. Par une cruauté raffinée, l'Accusateur public se plaisait à combiner des drames d'une réalité effrayante. Avant de les envoyer à l'échafaud, il rapprochait des êtres chers afin de boire leurs larmes et de s'enivrer de leurs angoisses. Mais Jeanne était là, la vaillante Jeanne, qui sacrifiait sa vie pour sauver celle de ceux qu'elle aimait.

Elle tenait le précieux dossier serré sur sa poitrine, et repoussait le casier C. quand une main nerveuse s'abattit sur son épaule.

— Voleuse! dit une voix étouffée.

Jeanne se retourna hagarde, terrifiée.

Marcus était à ses côtés, Marcus qui avait tout vu, tout compris.

Jeanne se recula en s'accotant au cartonnier.

Tout était perdu, perdu sans retour; elle le devina au regard de triomphe que jeta sur elle le secrétaire de Fouquier-Tinville.

— Ces papiers! dit-il les dents serrées, rendez-moi ces papiers.

— Jamais, répondit Jeanne.

Un éclair de férocité brilla dans les regards de Marcus.

Il éprouva une joie farouche à la pensée de faire souffrir à la fois dans son âme et dans son corps celle qui l'avait repoussé avec dédain.

Ses doigts de fer saisirent les frêles poignets de Jeanne, et il les pressa avec une telle violence que la jeune fille devint aussi pâle que si on les eût broyés dans des tenailles.

— Ces papiers! répéta Marcus, rendez-moi ces papiers.

Jeanne ne répondit pas. Mais la pâleur de son visage devenait livide, et une ombre cerna brusquement ses paupières.

— Enfin ! lui dit Marcus, le voilà donc ce secret que tu croyais dérober à tous. Nieras-tu, maintenant, ma perspicacité? Tu pouvais tromper tout le monde, même Fouquier-Tinville, ce fou sinistre qui boirait volontiers le sang qu'il fait répandre; mais moi! moi! comment as-tu pu croire que je me laisserais prendre à tes pièges? Est-ce que les yeux d'un homme qui aime ne percent pas des mystères plus obscurs que ceux-là? Ne t'avais-je pas dit dans une heure de folie : le nom dont tu t'affubles est un mensonge, tes fonctions sont un jeu; tu as vécu dans un milieu que je hais; tu appartiens à une caste que j'abhorre!

Jeanne releva le front, et elle eut le courage de répondre :

— Eh bien ! oui, dit-elle, j'ai menti. Je suis entrée dans cette maison afin d'y perpétrer ce que vous appelez un vol... Après? On me tuera, allez-vous dire... que m'importe! Puis-je regretter la vie? Non, je ne pleure que mon impuissance. Dieu n'a pas permis que je réussisse dans mon projet, faites maintenant de moi tout ce que vous voudrez... Quand vous aurez achevé de me briser les poignets, vous reprendrez ces papiers; vous appellerez à l'aide; on me jettera dans une des prisons de Paris, ou plutôt, ce qui sera plus expéditif, on m'incarcérera tout de suite à la Conciergerie. Loin de nier mes actes, je m'en glorifierai. Le procès ne sera pas long, et je ne me défendrai pas. Croyez-vous qu'il ne faille pas plus de courage à une jeune fille comme moi, pour jouer le rôle auquel tous ont été pris excepté vous, qu'il n'en faut à un homme qui vous ressemble pour agir comme un tortionnaire?

Les doigts de Marcus se desserrèrent.

Le regard de Jeanne se fixa sur celui du jeune homme.

— Et vous disiez m'aimer! reprit-elle.

— Oui, dit Marcus, je t'aimais hier, aujourd'hui je te hais.

— Ce n'est pas vrai, dit Jeanne en continuant à le regarder en face, car l'amour rend capable de tous les héroïsmes, et celui que tu dis avoir n'aboutira qu'à m'envoyer à l'échafaud. Quelle misère et quelle honte si je t'avais écouté, si j'avais été assez aveugle et assez faible pour croire à ces yeux ardents, à cette parole hypocrite, à cette éloquence passionnée. Je sentais la griffe du tigre, même sous l'apparente douceur de ton geste. Tu as trop fait couler de sang pour n'en être pas ivre et ne point vouer à la guillotine celles qui auraient la faiblesse de t'entendre. Si j'avais eu dans le cœur le sentiment dont tu parles sans le connaître, il m'aurait porté à braver tous les périls, à endurer toutes les souffrances pour la consolation et le salut d'êtres chers.

— Tu l'avoues, fit Marcus les dents serrées, tu voulais sauver l'homme dont le nom est écrit sur ce dossier !

— Oui, fit Jeanne.

— C'est ton affection pour lui qui t'empêche de m'aimer.

— Que vous importe ! répondit Jeanne.

— Ce qui m'importe ! tu oses le demander quand ta pensée me trouble jusqu'au fond de l'âme, quand je sacrifierais mes ambitions à tes vouloirs... Oh!, tu ne sais pas de quoi j'étais capable pour mériter un peu de cette tendresse que tu prodigues à cet Henri de Civray !

— Je sais une chose, dit Jeanne, c'est que vous me dénoncerez demain, et que mon nom s'ajoutera à l'une des listes que je viens de lire.

— La mort ne t'effraie pas ?

— Elle ne peut effrayer que les coupables.

— Ne l'es-tu point, toi qui méprises les lois de ton pays ?

— Ce qu'ordonne un comité de misérables ne me semblera jamais l'expression de la volonté de tous.

— Tu es jeune, tu es belle, la mort est horrible.

— La mienne ressemblera à un martyre.

— Ainsi, tu braves ma haine après avoir repoussé ma tendresse ?

— Je ne vous brave pas, répondit Jeanne, j'attends que vous éleviez la voix pour me dénoncer à Fouquier-Tinville.

— Obstinée ! misérable obstinée ! répéta Marcus, oui j'appellerai à l'aide, je te livrerai toute palpitante d'angoisse à l'Accusateur public. Le dossier que tu viens de dérober me livre le nom de celui que tu aimes. Sois tranquille ! tu le reverras une fois, une seule, à la barre du tribunal !... Je m'enivrerai à mon tour de tes larmes ; hier je me sentais capable de tout pour te conquérir, à cette heure, je ne puis comprendre d'autre joie que celle de te perdre... Mais défends-toi donc ! dis-moi que je me trompe, que cet Henri de Civray ne te tenait pas au cœur... explique-moi le motif qui te faisait agir !

— A quoi bon! dit Jeanne, vous ne me comprendriez pas!
— Si! je te comprendrai, parle... parle...

La jeune fille soupira longuement en tordant légèrement ses bras.

Les doigts de fer de Marcus les serraient toujours.

Le jeune homme lâcha les poignets de Jeanne, mais en même temps il s'empara des dossiers.

Un dernier espoir venait de traverser l'âme de la jeune fille :

Si obscure que fût devenue l'âme de Marcus, un sentiment violent l'animait à cette heure. Jeanne pouvait peut-être exiger au nom de la passion qu'elle avait inspirée ce qu'elle avait tenté d'accomplir. Qui sait s'il était impossible de faire naître dans le cœur du jeune homme un sentiment assez noble pour l'arracher à sa vie fangeuse?

Il s'agissait de livrer un nouveau combat, contre un adversaire qui l'effrayait et lui répugnait. Elle accepta cette lutte suprême.

— Je ne vous ai point trompé, reprit la jeune fille, je me nomme Jeanne Raimbaud, et mon père était au service du feu comte de Civray. J'ai grandi dans cette famille. On m'a fait instruire, on m'a aimée, et j'y ai pris le goût des belles et nobles choses. Plus tard je quittai le château, et je vins m'établir à Paris dans un magasin de lingerie. Des événements terribles m'en ont chassée. La comtesse de Civray, venue à Paris avec son fils, s'en est vue séparée. Le comte est à Saint-Lazare, et Robert Comtois vous a promis de vous livrer ma bienfaitrice, ainsi que sa nièce Mlle de Saint-Rieul. Je formai un projet fou, car le cœur a ses folies; je résolus d'entrer en qualité de servante chez Fouquier-Tinville, afin de dérober le dossier du comte Henri, et par là de parvenir à retarder son jugement... Gagner du temps, n'est-ce point gagner la vie, à une époque comme la nôtre!... Je savais que l'on pouvait me surprendre, et que je paierais cette tentative de ma tête, mais je ne me trouvais pas le droit de marchander le dévouement à qui m'avait prodigué la tendresse et les bienfaits.

— Oserais-tu dire que tu n'aimes pas cet Henri de Civray?

— J'ose vous répondre que jamais sœur ne fut plus tendrement attachée à son frère, répondit Jeanne dont l'accent faiblit.

— Ainsi, tu sais ce qui t'attend?

— La mort.

— Et tu ne regrettes rien?

— Je regrette d'avoir échoué.

Je dois tout à la famille de Civray, et je la sauverais au prix de mon sang.

— Jeanne, dit Marcus lentement, comme s'il éprouvait une grande douceur à prononcer ce nom, si vous le vouliez pourtant?
— Que voulez-vous dire?
— Savez-vous bien quelle est ma position politique?
— Oui, fit Jeanne, qui ne put s'empêcher de tressaillir, vous êtes l'aide, le confident de Fouquier-Tinville, vous préparez sa sinistre besogne, vous pouvez perdre ou sauver qui bon vous semble.
— Oui, je le puis. Deviens ma femme, et je t'abandonne les dossiers que tu voulais voler.
— Moi! fit Jeanne avec épouvante, moi votre femme!
— Tu aimes le comte de Civray plus qu'un frère; mais je connais assez les créatures qui te ressemblent pour savoir que jamais elles ne faillissent à une promesse. Si tu deviens ma femme, tu me seras dévouée quand même, et tu rempliras tes devoirs. Consens, et Fouquier-Tinville ne verra jamais ces pièces. Il les redemandera peut-être au greffier, mais celui-ci, ne les retrouvant pas, imaginera quelque mensonge, et fournira du reste assez de besogne à l'Accusateur public pour qu'il oublie un prisonnier dans le nombre de ceux que nous devons envoyer à l'échafaud.
— Et sa mère, et sa fiancée? ajouta Jeanne.
— Je te remettrai des passeports pour elles.
— Quand cela?
— Dans deux jours.
Et ce jour-là, tu me suivras?...
J'en mourrai pensa Jeanne; mais elle se reprit et dit fermement:
— Je vous suivrai.
Marcus se dirigea vers le bureau de Fouquier-Tinville, et y prit des passeports tout estampillés et signés.
— Dans deux jours ces passeports seront en règle; dans deux jours tu tiendras ta promesse.
— A la condition, ajouta Jeanne, qu'au moment même où vous me viendrez prendre pour me conduire devant l'officier municipal qui régularise aujourd'hui les mariages, le comte Henri de Civray, nanti des papiers que vous lui aurez procurés, se trouvera à côté de sa mère.
— Il y sera, répondit Marcus.
— Et maintenant, dit Jeanne, il ne me reste plus qu'à fuir cette maison.
— La fuir! tu veux donc te vendre toi-même!
— Mais ces dossiers anéantis?
— Tout passera sur le compte d'une erreur du greffier. Il en a tant

d'autres d'un autre genre à sa charge, que celle-ci n'ajoutera pas grand chose à son actif. L'affaire de Robert permettra d'oublier celle des Civray. Tu resteras dans cette maison, jusqu'à l'heure où j'apprendrai à Fouquier-Tinville que je te prends pour femme.

Des larmes montèrent aux paupières de Jeanne. Elle n'avait pas compté sur la torture nouvelle de demeurer dans cette maison odieuse.

Cependant elle comprit la justesse de l'observation de Marcus, et quand elle se trouva près de la porte de la lingerie, elle lui dit d'une voix étouffée :

— Je resterai, monsieur Marcus.

Pendant que Jeanne buvait le fond de son amer calice, une scène bien différente se passait rue de la Loi, dans la maison habitée par la blanchisseuse de Robespierre.

Robert, nanti des renseignements de la mégère, et certain de la présence de Mme de Civray et de Cécile, n'attendait plus que le moment de les livrer. Il savait qu'il leur arrivait fréquemment de se rendre dans le grenier de la rue Saint-Honoré, où un vieux prêtre proscrit célébrait la messe. Il préféra guetter la sortie des deux femmes que de les arrêter chez Rose-Thé, dont il redoutait l'influence. Deux de ses hommes armés furent chargés de faire le guet dans la rue ; Robert se réservait la joie de les conduire à la section voisine, et d'annoncer le lendemain à Fouquier-Tinville qu'il avait enfin mis la main sur les trésors de la comtesse, et qu'elle pourrait être traduite devant le tribunal révolutionnaire, en même temps que son fils. Il sentait qu'il avait besoin de cette revanche pour convaincre Fouquier de son dévouement à la Révolution. Vers onze heures du soir deux femmes, soigneusement enveloppées dans les plis de leurs mantes, sortirent de l'allée de la maison surveillée. Leur taille, leur démarche annonçaient que l'une était beaucoup plus jeune que l'autre. Mince, élégante, craintive, elle se serrait contre sa compagne et paraissait lui demander protection. Chacune d'elles tenait à la main un petit paquet.

Robert siffla d'une certaine façon ; ses quatre camarades sortirent de l'ombre, et en un instant les malheureuses femmes se virent cernées par les misérables qui les emmenèrent.

La salle des sections était tellement encombrée que Robert eut peine à s'y frayer un passage. Il posa la main sur l'épaule de la plus âgée de ses prisonnières, et dit à un homme coiffé d'un bonnet de laine brun, et ceint d'une écharpe rouge :

— Citoyen, je t'amène du gibier de guillotine.

L'homme à la ceinture rouge se frotta les mains :

— Des femmes! dit-il, j'aime mieux ça, surtout si elles sont jolies. Nous n'avons depuis ce matin que des prêtres qui refusent le serment, et des ci-devant qui crient : — « Vive le roi! » — Si les citoyennes que tu nous amènes veulent reconnaître leurs erreurs, nous serons prêts à leur délivrer des cartes de civisme.

— Je les connais, celles-là! répondit Robert, tu n'en obtiendras pas grand'chose.

— Ça, les citoyennes, reprit l'homme à la ceinture, levez vos capuchons, et qu'on voie votre visage.

La jeune fille poussa un cri d'effroi, et crispa ses doigts dans les plis de sa mante.

— J'ai peur! j'ai peur! répéta-t-elle. Ma mère, défends-moi.

Mais la mère ne pouvait plus rien pour l'enfant; des mains brutales venaient d'arracher sa mante de ses épaules, et son beau visage, ruisselant de pleurs, apparaissait sous les rayons des quinquets fumeux.

— Malédiction! s'écria Robert, je me suis trompé.

Il bondit vers la prisonnière :

— Qui es-tu? comment t'appelles-tu? lui demanda-t-il.

Je suis la baronne de Langeac, répondit la jeune femme, nous sommes vos prisonnières, conduisez-nous dans tel cachot que vous voudrez, mais ne nous insultez pas.

Robert saisit les deux sacs de cuir et les éventra d'un coup de couteau. Chacun d'eux renfermait de la lingerie, et une modeste somme de billon dont le poids avait trompé la rapacité de Robert.

L'interrogatoire de Mme de Langeac ne fut pas long; du reste, Robert se souciait peu de ce qui allait lui advenir. Il ne songeait qu'à réparer son erreur, et à retourner rue de la Loi.

Abandonnant ses prisonnières aux hommes de la section, il revint avec ses agents à la maison habitée par Rose-Thé, bien résolu cette fois à ne tenir aucun compte de la colère que pourrait manifester la jeune fille.

Arrivé sur le seuil, il heurta violemment à la porte. Une femme du peuple vint ouvrir : Robert exhiba sa carte d'Observateur de l'esprit public et s'élança dans l'escalier, après avoir commandé à deux de ses hommes de rester dans la rue, dans le cas où les ci-devant tenteraient de fuir par une issue secrète. Les agents se postèrent à l'entrée, tandis que la concierge protestait vaguement contre cet acte de supicion.

Dès que Robert parut sur le palier, la mégère qui l'avait renseigné une première fois se porta au-devant de lui :

— Vous venez les prendre ! dit-elle avec un rire de hyène, voilà leur porte... En prison ! En prison, ces damnées aristocrates !

— Prends garde que l'on t'accroche à une lanterne, fit Robert en secouant l'épaule de la vieille ; tu as menti, misérable sorcière ! ces deux femmes ne sont pas celles que je cherche.

— Ce sont des dames de la cour, des ci-devant.., cela se voit à leur regard fier, à leurs petites mains, à leur peau blanche... Vous voulez des aristocrates, vous en avez, c'est tout ce qu'il vous faut !

Robert repoussa la vieille au fond de son bouge, et alla heurter à la porte de Rose-Thé.

Celle-ci resta longtemps sans répondre, elle crut d'abord qu'on se trompait. Ce fut seulement en entendant crier : — « Au nom de la loi ! » — et résonner sur sa porte de lourdes crosses de pistolets, qu'elle comprit qu'on allait opérer chez elle une visite domiciliaire.

La veille, cette perspective l'aurait grandement effrayée. Mais à cette heure, sûre de n'avoir chez elle rien de suspect, elle se fit un jeu de railler les citoyens trop zélés qui venaient chez elle faire une perquisition.

— Un peu de patience ! fit-elle, en passant sa jupe avec une lenteur calculée, j'ouvrirai certainement. mais quand je serai en tenue convenable. Ah ! mes souliers... ne vous impatientez pas, citoyens piquiers, je suis prête dans une minute. Si les femmes sont tenues de respecter la loi, la loi est obligée de respecter la pudeur des jeunes filles, surtout quand la loi est représentée par des Jacobins... Ma cornette sur mes cheveux, et je suis à vous...

Rose-Thé tira les verrous et apparut souriante.

Robert la repoussa avec violence.

— Entrez, vous autres ! dit-il, et fouillez partout... La comtesse de Civray est ici... Je l'ai vue franchir le seuil de cette porte.

Rose-Thé mit ses deux poings sur ses hanches dans une attitude de mutine insolence :

— Sais-tu bien à qui tu parles, citoyen Observateur ? A la blanchisseuse de Maximilien l'Incorruptible, rien que cela ! A l'amie d'Éléonore Duplay, dont ma mère fut la nourrice. Ah ! tu te permets de me soupçonner d'incivisme ? Tu violes mon domicile pour y chercher des ci-devant ! Et tu crois que je ne me plaindrai pas ? Mais je crierai comme une agasse, je demanderai vengeance à Maximilien, et il me la fera. Chez moi, des comtesses ! qu'y feraient-elles vraiment ! Repasseraient-elles les robes de la citoyenne Fouquier-Tinville, les gilets de Maximilien, et les bonnets d'Éléonore ? Tu fais trop de zèle, citoyen ! Je te préviens que tu y gagneras de devenir suspect.

— Citoyen Robert Comtois... dit un des compagnons de l'Observateur, cette petite citoyenne ne semble point avoir froid aux yeux.

— Merci de m'avoir appris le nom de votre camarade, j'ai bonne mémoire et je ne l'oublierai point... Cherchez, fouillez, j'y tiens maintenant... Voilà les clefs des armoires... bouleversez le linge... Il n'y a guère de meubles dans ce cabinet, et le lit n'a point été défait ! Je me promets de rire demain à tes dépens, citoyen Robert. Si tu tiens à ta place, je le regrette pour toi ; ce que tu fais à cette heure suffira pour te la faire perdre.

— Ne parle pas tant, et ne ris pas si haut, ma jolie fille, dit Robert, dont le visage bilieux trahissait une haine furieuse, tu n'exerces pas seule ton métier ; il y a deux jours, tu avais des ouvrières ?

— Je ne m'en cache pas.

— Elles habitaient avec toi.

— Naturellement.

— Où sont-elles, à cette heure ?

— Comme elles ne trouvaient point leur salaire suffisant, elles sont parties.

— Nous les interrogerons.

— Comme vous voudrez, répondit Rose-Thé.

— Tu sais leur adresse ?

— Je ne la leur ai point demandée. Sans doute elles auront trouvé de l'ouvage ailleurs. Après les avoir payées, je ne me suis pas cru le droit de les questionner.

Robert adressa à Rose-Thé un geste de menace.

Les piquiers, après avoir dérangé les meubles, bouleversé les paquets de linge, revinrent d'un air confus :

— Rien ! dirent-ils, rien !

— C'est égal, citoyen Robert, dit Rose-Thé, voilà une nuit blanche que tu me fais passer, prends garde qu'elle te coûte cher.

L'Observateur fit un signe à ses compagnons, et tous ensemble quittèrent à la fois le logis de la blanchisseuse.

Quand ils eurent disparu, Rose-Thé joignit les mains :

— Je ne sais guère prier, dit-elle, mais c'est égal, mon Dieu, je vous remercie.

Quand fut venue pour Robert l'heure de se présenter chez Fouquier-Tinville, il s'y rendit l'esprit inquiet. Pour la seconde fois, il manquait à sa parole de livrer Mme de Civray et Mlle de Saint-Rieul...

— Ah ! te voilà, citoyen Observateur, lui dit Fouquier. As-tu mis la main sur la fortune des deux aristocrates ?

— Non, citoyen Accusateur, répondit Robert d'un air confus ; mais je prendrai ma revanche, je croyais avoir suivi une bonne piste, et je me trompais. Cependant, j'ai conduit à la section la ci-devant baronne de Langeac, et j'espère qu'en raison de cette capture, tu me laisseras du temps pour retrouver le gibier que je poursuis.

En ce moment, le bruit d'une jeune voix se fit entendre, et un tourbillon d'étoffes passa devant le bureau de Fouquier-Tinville.

— Je viens me plaindre, citoyen ! dit Rose-Thé avec sa crânerie habituelle. Mon civisme est connu, je travaille pour ta femme, pour Éléonore Duplay, pour Robespierre, et cette nuit, le citoyen que voilà, se disant Observateur de l'esprit public, est entré chez moi, fouillant mon logis, m'accusant de loger des ci-devant. Je suis Rose-Thé, tu me connais ; mais lui, qui est-il ? Que veut-il ? N'a-t-il pas été le premier à sauvegarder la liberté des femmes qu'il feint de poursuivre ? Il parle de millions ! je n'ai que mon fer à repasser, mais, rien ne prouve qu'il ne garde pas les diamants des ci-devant dans quelque cachette, tandis qu'il t'amuse par de vagues promesses.

— Petite misérable ! s'écria Robert exaspéré.

— Tu l'entends, citoyen, reprit Rose-Thé. Et voilà un homme occupant un emploi dans la République ! Il m'a suspectée ; je l'accuse, il est venu violer mon domicile ; je demande qu'on lui enlève le droit de commettre des vexations nouvelles. Je suis venue d'abord chez toi, si tu ne me rends pas justice, j'irai de ce pas chez Robespierre.

— Ta carte ? demanda Fouquier-Tinville à Robert.

Celui-ci la prit dans son carnet, et la tendit à l'Accusateur.

— Tu t'es rendu indigne, par ton manque de zèle, de remplir ces fonctions, je te casse ! Et si dans deux jours tu n'as pas fourni de preuves éclatantes de ton civisme, je te fais arrêter comme suspect.

— Merci, citoyen ! dit Rose-Thé, en souriant, et maintenant je vais rendre à ta femme les fichus qu'elle m'a confiés.

Rose-Thé sortit lentement, tandis que Fouquier chassait d'un geste Robert et ses compagnons !

— Arrêté dans trois jours, guillotiné dans quatre, répéta-t-il au moment où Robert quittait le cabinet.

Pendant ce temps, Rose-Thé se jetait dans les bras de Jeanne.

— Ne crains rien, dit-elle, toutes deux sont sauvées.

Quand la blanchisseuse quitta le logis de l'Accusateur, elle cachait dans son corsage une lettre de Jeanne Raimbaud, et dont la suscription portait : *A la citoyenne Louis Chénier, rue Clovis, n° 97.*

LES VICTIMES

Une bande de forcenés entraînaient un ecclésiastique. (Voir page 234.)

## CHAPITRE XX

## LA FAMILLE DE CHÉNIER

Une femme dont le type trahissait l'origine orientale, et qui, dans la maturité de l'âge, conservait presque sans ombre l'éclatante beauté de la jeunesse, se tenait assise dans un salon garni de meubles incrustés de nacre, tendu de portières de soie brochée d'or et couvert d'un tapis à la laine souple, aux couleurs vives. Bien qu'elle portât un costume européen, cette femme, dans la façon de tresser sa belle chevelure noire, dans les babouches ornées de semence de perles qu'elle portait aux pieds, dans le voile de gaze blanche enveloppant la tête, conservait quelque chose des pays lointains où elle était née, et des habitudes de son enfance. Des instruments de musique, suspendus en trophée à l'une des parois de la muraille, des croquis épars sur une table, des livres en langues diverses, chargeant les rayons d'une bibliothèque, prouvaient le nombre de ses talents et la variété de ses aptitudes. Mais, à cette heure, elle oubliait les guzlas suspendues aux tentures de satin broché d'or, les boîtes d'aquarelles, les étuis de pastels entr'ouverts, les livres d'Homère et les œuvres des Grecs modernes. Celui qui aurait étudié cette femme, étendue sur un large divan, se serait vite convaincu que sa pose n'était point celle de la mollesse, mais plutôt celle de l'abandonnement que communique une profonde douleur. Elle demeurait immobile faute d'avoir la force d'agir. Le voile, qui couvrait à demi son visage, dérobait en même temps ses pleurs, et ses doigts chargés de pierreries se tordaient, tandis qu'un spasme soulevait sa poitrine haletante.

Parfois elle se soulevait, le coude relevé, l'oreille tendue, cherchant à reconnaître, au milieu des bruits divers de la maison, un pas bien connu ; mais nul ne pénétrait dans la maison silencieuse, et la jeune femme retombait sur les coussins, en proie à l'accroissement d'une douleur arrivant aux limites du désespoir.

Lorsque son regard consultait la pendule, elle ne pouvait comprendre que la marche des aiguilles fût si lente, quand les battements de son cœur s'accéléraient jusqu'à l'étouffer. Enfin, après deux heures dont la durée lui parut mortelle, elle tressaillit, rejeta en arrière son grand voile et se dressa sur ses pieds.

La porte s'ouvrit, et un jeune homme, dont la beauté rappelait celle de la mère, s'approcha rapidement du divan.

Il était très pâle, et ses grands yeux noirs se baissèrent quand il se trouva en face de celle qui l'attendait.

— Eh bien ! Marie-Joseph, que t'a dit Robespierre ? demanda-t-elle d'une voix haletante.

— Ma mère, répondit le jeune homme, calmez-vous, je vous en supplie ; rappelez à vous le courage dont vous avez donné tant de preuves.

— Du courage, de l'énergie ! Je n'ai en ce moment que des larmes. Je ne suis pas une Spartiate, moi ! Qu'a dit Robespierre ? parle, tu vois bien que tu me fais mourir...

— Je n'ai rien obtenu, répondit le jeune homme d'une voix sourde,

Robespierre, ne tenant compte ni de mes services, ni de mes succès, me regarde maintenant comme un modéré dangereux, en attendant que peut-être il me déclare suspect. L'auteur de *Fénelon* et de *Charles IX* est presque accusé de trahir la patrie, sous prétexte qu'il n'a pas voté les honneurs du Panthéon au misérable dont le couteau de Charlotte Corday débarrassa la France. Un moment même j'ai cru que mon insistance, pour demander l'élargissement de mon frère, serait considérée comme un crime. Au premier mot que j'ai dit en faveur d'André, Maximilien m'a répondu : « Celui qui a écrit l'*Avis aux Français* est traître à la patrie ! »

— Traître à la patrie, lui, mon André, ce cœur généreux, cet enthousiaste, ce pauvre et doux poète qui n'a jamais aimé que la Grèce, sa patrie, et la France, qui devait adopter sa jeune gloire. Tu n'as pas plaidé suffisamment la cause de ton frère, Marie-Joseph; tu n'as pas dit tout ce qui pouvait toucher Maximilien...

— Croyez-vous donc qu'on le puisse attendrir, ma mère ! J'attendrais plus de pitié du bourreau que de celui qui s'est fait nommer l'Incorruptible, et dont nul ne connaît les ambitions secrètes. Il me redoute trop pour faire quelque chose en ma faveur. Ma popularité a plus d'une fois balancé la sienne, et il ne permet pas que l'on s'élève au-dessus de lui. Le jour où *Charles IX* fut joué pour la première fois, j'aurais pu prendre avec les plus forts le gouvernement des affaires, et Danton avait doublé mon succès en s'écriant : « *Figaro* a tué la noblesse, *Charles IX* tuera la royauté ». Camille Desmoulins trouvait qu'un succès semblable avançait « plus les affaires que les journées d'octobre. » Robespierre, qui a fait guillotiner Danton et Camille, s'attaque maintenant à la famille des Chénier. Il ne me pardonne pas ma gloire, et sachant qu'il m'atteindra au cœur en frappant André, il a refusé de me le rendre. Oh! tenez, ma mère, ne dites pas que j'ai mal prié, que j'ai négligé une seule des raisons capables d'attendrir cet homme, s'il pouvait être attendri. Je me suis humilié devant lui, je l'ai supplié, je me suis mis à ses genoux, il a vu couler mes larmes... Et son sourire m'a seul répondu. Tenez, cela est horrible, tandis que je demandais la liberté, la vie d'André, des bandes de Jacobins passaient dans la rue Honoré hurlant sous les fenêtres de Robespierre mes odes à la liberté.

— Oui, cela est horrible! horrible! fit Mme Chénier, en prenant son front à deux mains. Je ne t'accuse plus, Marie-Joseph, tu as dû parler suivant ton cœur et ta conscience, je suis seule coupable et, seule, je frappe devant Dieu un cœur qu'il châtie pour ses injustices et ses fautes

— Toi! s'écria le jeune homme, toi, l'irréprochable compagne de mon père, toi, la mère dévouée par excellence...

— Je me juge et je me condamne à cette heure, mon fils. Dieu m'avait donné quatre enfants, et je n'en ai véritablement adoré qu'un seul... Va, le châtiment qui m'écrase m'éclaire, je n'ai pas su ouvrir les bras assez grands pour vous serrer tous sur ma poitrine. Aurais-je dû laisser s'exiler Hélène, et la marier à un vieillard qui l'emmena à l'Ile-de-France, où elle est morte? Constantin et Sauveur, mes deux aînés, ne furent-ils point sacrifiés à leurs cadets! Toi-même le dois reconnaître. André fut moins aimé que toi. J'avais pour lui de la tendresse, une profonde estime, je ne comprenais pas les côtés mystérieux de cette nature d'élite. Ses tristesses étranges me peinaient parfois, et sans comprendre qu'il leur devait une part de son génie, je le laissais me quitter pour suivre en Suisse, en Italie, les Trudaines, ses généreux amis. C'était toi qui étais à la fois mon orgueil et ma joie. J'aimais la fougue de ton caractère, je partageais tes ambitions, j'excusais tes passions, je manquais de courage pour réfréner tes folies. Les mères ont parfois de ces sentiments pour les fils prodigues! Je me grisais de ta gloire, de ta popularité bruyante. Quand une salle de théâtre croulait sous les bravos de la foule acclamant tes œuvres, il me prenait des envies folles de crier à tous : — « C'est mon fils! c'est mon fils! »

Ma vanité maternelle nuisait à mon cœur. Je ne te donnais pas seulement une part plus grande d'amour, j'en vins à renier mes idées, mes goûts, pour adopter tes goûts et tes idées. Je suis née aristocrate et fière. Je tirais autrefois vanité de descendre de la famille des princes de Lusignan, et quand dans tes vers passionnés tu parlais de l'égalité de tous j'aurais accepté de vivre près de toi comme une femme du peuple. Nos traditions de famille, les services rendus par ton père, notre nom même, dont les illustrations remontent assez loin pour que vous ayez pu embrasser la carrière des armes et porter un blason, tout semblait devoir me garder fidèle au passé, et cependant quand tu devins républicain, j'oubliais tout pour te suivre dans la voie terrible où tu te lançais. Je me fis démagogue avec toi, tandis qu'André restait royaliste.

Tu votais la mort de Louis XVI, André s'offrait pour le défendre; et cependant, c'est encore toi que je préférais... Les mères sont coupables, vois-tu, quand elles donnent à l'un de leurs enfants une part de tendresse plus grande qu'à ses autres frères. Il fallut un coup de foudre pour me réveiller. Ce coup de foudre fut l'arrestation d'André à Passy. Alors je compris ma faute, mon crime, j'en demandai pardon à Dieu, mais Dieu ne m'a pas pardonné, puisque Sauveur est encore à la Conciergerie, et qu'André reste à Saint-Lazare.

— C'est affreux! affreux! s'écria Marie-Joseph.

— Oui, cela est affreux, dit Mme Chénier en saisissant les deux bras de son fils, et en le regardant avec une fixité trahissant presque la folie, car sais-tu ce que l'on dira un jour : « Marie-Joseph pouvait sauver son frère et il ne l'a pas fait! »

— Taisez-vous! taisez-vous par pitié, ma mère.

— Ce n'est pas vrai, je le sais, je le crois, mais les autres! Mais la foule! Mais tous ceux qui savent que dans le récit de vos divisions est renfermée l'histoire même de la Révolution... Va, je le sais, je le sens, à propos de ton nom et du sien, on rappellera Caïn et Abel! Et moi, moi, la mère, j'entendrai accuser l'un de mes fils après qu'on m'aura assassiné les autres.

— Il me reste un moyen de me justifier, ma mère.

— Lequel? demanda Élisabeth.

— C'est de demander à partager le sort de mon frère.

— Toi! s'écria Mme de Chénier en jetant ses deux bras autour du cou de son fils, ne suis-je pas assez éprouvée; ne trouves-tu pas qu'il règne assez de désespoir dans cette maison, pour l'augmenter par cette menace? Est-ce que je te soupçonne de haïr ton frère, moi! Ne sais-je pas que la différence de vos opinions séparait vos esprits sans désunir vos âmes? Non!, non! Marie-Joseph, je ne te reproche rien! Pour sauver André et Sauveur, tu as fait ce que tu as pu, mais l'homme le plus habile, le plus populaire, échouera quand pourra réussir une mère..

— Quoi! s'écria Marie-Joseph, vous iriez chez Robespierre?

— J'irai chez Barère; je me traînerai à ses pieds s'il le faut; je le supplierai au nom de ces sentiments d'humanité qu'il se vante de posséder. Je lui demanderai grâce au nom de sa mère, car il a eu une mère, cet homme! Il ne pourrait voir sans attendrissement une femme en pleurs lui demandant son fils... S'il demeurait sans pitié, je me rendrais chez Fouquier-Tinville; je forcerais sa porte, je demanderais à sa femme de prendre pitié de moi, à ses enfants d'embrasser ses genoux. Tu ne sais pas ce que peuvent les larmes d'une mère, Marie-Joseph!

— Rien n'est désespéré encore, dit l'auteur de *Charles IX* en serrant sa mère sur son cœur avec une tendresse désolée, on y regardera à deux fois avant de faire passer en jugement le frère d'un homme aussi populaire que moi. Robespierre se hâte de commettre des iniquités, sans songer à ce qu'il amasse de haines. Tallien, Bourdon de l'Oise, Carnot et leurs amis ont juré de le renverser. S'il le faut, je me joindrai à eux pour sauver André, et je demanderai la tête de Couthon, de Saint-Just et de Maximilien.

Aujourd'hui même, je verrai Tallien et ses amis. Ce soir, je t'apporterai des nouvelles. et je te jure qu'elles seront bonnes. On oublie Sauveur à la Conciergerie, et je ne suis pas inquiet sur son sort, mais nous avons au moins une semaine pour agir, et nous agirons.

Comme Marie-Joseph achevait ces mots, un de ces hymnes ardents, écrits par l'auteur de *Charles IX*, éclata dans la rue, répété par un chœur formidable. Ces strophes, dans lesquelles la Révolution échevelée promenait ses horreurs, et où la liberté brandissait un couperet, produisirent sur Marie-Joseph une impression mêlée de stupeur et de désespoir.

Ainsi, à l'heure où les sanguinaires magistrats de la République préparaient l'acte d'accusation de son frère, les Jacobins, les furies de l'échafaud entonnaient des chants qui maintenant le faisaient frissonner. Il lui semblait que seul il avait déchaîné la Révolution, armé les porteurs de piques, fomenté les haines stupidement furieuses des Jacobins, et dressé les poteaux rouges de la guillotine. Dérision amère! C'est en répétant ces airs qu'il croyait seulement patriotiques qu'on menait, à la place du Trône-Renversé, les tombereaux dans lesquels s'entassaient les victimes.

Marie-Joseph cacha son front dans ses mains.

— Mon Dieu! fit-il, mon Dieu! quel châtiment!

Madame de Chénier courut à la fenêtre.

Une bande de forcenés armés de piques, coiffés de bonnets phrygiens, venaient de massacrer dans la rue deux hommes qui avaient pris la défense d'un malheureux ecclésiastique entraîné maintenant dans le flot immonde de la populace, que l'odeur du sang excita.

Les femmes hurlaient avec les hommes. Et, chose plus horrible encore, dans leur besoin d'imitation, des enfants, enveloppés de haillons rouges, promenaient au bout de bâtons des têtes de chats fraîchement coupées, en répétant cette atroce parodie des litanies :

> Illustre lanterne, ayez pitié de nous!
> Illustre lanterne, écoutez-nous!
> Illustre lanterne, exaucez-nous!

Marie-Joseph arracha sa mère de la fenêtre.

Tandis que défilait cette procession ignoble, une jeune fille, fendant la foule avec peine, pénétrait dans l'allée de la maison de Mme de Chénier, et se précipitait dans le salon, où son fils la soutenait à demi évanouie. L'officieuse de Mme de Chénier n'avait pu retenir Rose-Thé.

— Madame! Madame! dit la jeune fille, voici un message pressé... J'ai juré de le remettre en vos mains. Lisez, puis agissez...

— Qui vous a chargée de cette commission? mon enfant.

— Jeanne Raimbaud. Vous ne la connaissez pas, Madame?... Mais elle souffre assez pour tenter de consoler les autres... Lisez donc, lisez.

Mme de Chénier parcourut les deux lignes jointes au brouillon de liste dérobé par Jeanne sur le bureau de Fouquier-Tinville.

Quand son regard rencontra le nom de son fils, elle poussa un cri déchirant et tomba à la renverse.

— Il s'agit d'un grand malheur, Monsieur? demanda Rose-Thé.

— D'un irréparable malheur, peut-être.

— Que puis-je pour vous? Monsieur.

— Veillez sur ma mère, il faut que je la quitte pour éviter des désastres plus grands.

— Et que lui dirai-je quand elle reprendra ses sens?

— Que je suis allé tenter de sauver mon frère.

Marie-Joseph s'élança hors de l'appartement.

Rose-Thé comprit qu'elle ne devait rien attendre que d'elle-même : elle trouva sur la table un flacon qu'elle fit respirer à la malheureuse femme ; celle-ci ouvrit les yeux, se souleva sur le divan et demanda en regardant autour d'elle :

— Où est mon fils, où est mon fils?

— Il va sauver son frère, Madame, répondit Rose-Thé.

Madame de Chénier se tordit les mains.

— Il ne réussira pas! murmura-t-elle. André mourra, mon André...

Des sanglots l'étouffaient, elle dut faire un effort surhumain pour conserver la force de se tenir debout.

Enfin elle y réussit, passa sur ses yeux une main tremblante, puis y voyant une bague de prix, elle dit à Rose :

— Garde ce bijou en souvenir du service que tu m'as rendu, mon enfant, et dis à celle qui t'a envoyée qu'une mère au désespoir a prié Dieu pour elle.

Mme de Chénier frappa sur un timbre et son officieuse parut.

— Je sors, dit-elle, une mante, une coiffure...

Rose-Thé embrassa la main de la malheureuse mère, et prit en courant le chemin de la rue de la Loi.

Mme de Chénier, dont les douleurs devaient avoir autant de retentissement que la célébrité de ses fils, avait joui durant sa jeunesse de tout ce qui concourt à donner le bonheur. Elle était née dans l'île de Chypre, et répétait avec orgueil qu'elle descendait des princes de Lusignan. Belle, intelligente, savante, aimable, elle dut à son père une instruction variée, et garda l'amour de l'étude à l'âge où souvent on ne songe qu'au plaisir. Son père, M. Santi-Lomaca, se fixa à Constantinople, et y parvint à une situation enviée. Il occupait un rang important à la cour du Sultan, et fit partie de l'ambassade envoyée au régent de France, par Achmed III. Il appartenait, sans nul doute, aux « huit notables dont il est fait mention dans la relation de l'audience accordée, par le roi Louis XV, à Céleby-Méhémet-Effendy, ambassadeur extraordinaire de l'empereur des Turcs, le 21 mars 1721. Plus tard, quand Élisabeth, avide d'apprendre, questionna son père sur les détails de son séjour à Paris et à Versailles, Santi-Lomaca lui fit sans doute, avec l'éloquence imagée des Grecs, une description pompeuse des fêtes auxquelles il avait assisté. Il avait vu les admirables jardins de Versailles, assisté aux concerts où l'on jouait les symphonies de Lulli, le protégé de la grande Mademoiselle, aux intermèdes du ballet du roi, aux fêtes pompeuses où jouaient les eaux montées par la puissante machine de Marly. Il lui parla, pendant les longues soirées, du couvert du roi, des grandes chasses, des collations élégantes servies chez le maréchal de Villeroy; il l'entretint du jeune monarque dont Méhémet-Effendy disait dans sa relation : « Il a de blonds cheveux d'hyacinthe et la démarche majestueuse de la perdrix. » L'imagination d'Élisabeth Santi-Lomaca s'emplit de ces récits et de ces images; elle se plut à réaliser dans sa vie de jeune fille grecque les souvenirs paternels. Tandis qu'elle se promenait à Constantinople couverte d'un voile de gaze blanche, lamée d'argent, au milieu d'un groupe d'esclaves, elle évoqua plus d'une fois les dames en paniers, en grand habit de cour, dont la tête poudrée portait tour à tour des aigrettes de diamants et des poufs de roses.

Elle étudia notre littérature, nos arts, notre histoire. Le luxe de l'empereur Mahmoud, dont elle appréciait les splendeurs, ne lui parut jamais valoir les élégances de Versailles. Elle aimait à questionner les nobles voyageurs, les ambassadeurs, sur un pays qui, plus tard, devait être le sien. La maison de M. Santi-Lomaca, tout en conservant les traditions et les coutumes de la vie grecque, adoptait aisément certaines habitudes occidentales, et quand M. Louis de Chénier demanda sa main, elle l'accepta pour époux avec une joyeuse confiance. Il était né dans un petit village situé sur la lisière du Poitou et de la Saintonge ; la modeste condition de sa fortune lui donna le désir de partir pour un pays où l'on pouvait conquérir à la fois la richesse et les honneurs. La Chambre de commerce de Marseille le chargea d'aller à Constantinople défendre les intérêts d'une importante maison. Plus tard, la protection du comte des Alleurs augmenta l'importance de sa situation, qui se trouva prospère au moment où Louis Chénier épousa Élisabeth Santi-Lomaca.

Ce fut à Constantinople que vinrent au monde ses fils et sa fille. Quand Louis de Chénier songea à quitter la Turquie pour revenir à Paris, Élisabeth dut se réjouir de voir un pays qu'elle ne connaissait que par les récits de son père, de son mari et des voyageurs.

Elle quitta sans regret Constantinople la ville-paradis des Orientaux, et salua, d'un dernier regard, le magique horizon de la Corne-d'Or ; les blanches murailles du sérail se découpant sur les verdures sombres ; les coupoles, les dômes, mettant dans le ciel bleu l'éclat de leurs dorures ; les minarets frêles, élégants comme les palmiers, les maisons roses de Scutari, le cimetière rempli de cyprès noirs, au milieu desquels se détachent les turbans de marbre des tombes.

La situation qui fut faite à son mari lui permit de s'installer à Paris avec un certain luxe. Sans avoir ses entrées à la cour, Mme de Chénier garda de hautes relations. Louis de Chénier, nommé consul général près de l'empereur de Maroc, laissa en France sa femme et ses enfants, et alla prendre possession d'un poste qu'il occupa l'espace de dix-sept années. En 1780, après avoir fait régler sa retraite, il rentrait à Paris et se réunissait à Élisabeth, à Constantin, à Sauveur, Marie-Joseph et André. Pendant plusieurs années ces deux derniers avaient habité dans le Languedoc, chez leur tante maternelle. La belle Grecque ne vit point les paysages du midi de la France, qui laissèrent un éblouissement dans le regard et dans la mémoire d'André. Ainsi que sa mère, il était doué de la faculté de voir le côté poétique et beau de toutes choses. Mais à l'heure où André quitta sa mère, celle-ci l'avait déjà accoutumé aux beautés des Muses hellènes, qui devaient se marier avec tant de charmes dans les vers d'André avec l'élégance des Muses françaises. Les fils de Mme de Chénier purent voir, chez leur mère, Palissot, auteur de la *Dunciade* ; le peintre David, qui avait opéré une révolution dans les arts ; l'académicien Stuart, le poète de Louis XVI et de la République, que l'on appelait Lebrun Pindare, et qui soupait parfois habillé d'une chlamyde et couronné de roses ; Florian, qui changeait son épée pour la plume facile qui raconta des *Bergeries* charmantes ; le comte Alfierie, dont les tragédies gardaient une âpre grandeur ; la comtesse de Stolberg, qui avait partagé les espérances et les infortunes du dernier des Stuarts ; la belle, l'intelligente Mme Vigée-Lebrun, qui nous laissa de Marie-Antoinette et de ses enfants d'adorables portraits. Élisabeth adorait les arts. Chaque jour le peintre Cazes donnait à ses enfants des leçons de dessin ; elle-même écrivait avec une facilité charmante des lettres dans lesquelles elle racontait les usages de la Grèce, en mêlant une érudition pleine de finesse à la grâce toute féminine de ses remarques. Elle correspondait avec Voltaire, discutait avec Guys sur l'antiquité des danses de la Grèce moderne, et peignait, avec des couleurs pleines de vérité et de poésie, la tristesse des funérailles telles qu'on les célébrait encore dans son pays.

A cette époque, Mme de Chénier était sincèrement royaliste. Elle tenait à l'ancienneté de sa famille, sur laquelle s'appuyait son mari, afin d'obtenir que Marie-Joseph et André pussent embrasser la carrière des armes. Ni l'un ni l'autre n'aimaient l'état militaire ; André donna sa démission et partit pour l'Angleterre avec M. de Luzerne ; Marie-Joseph venait d'écrire sa première tragédie : *Azémire*, et vint la faire siffler à Paris. Il devait prendre une terrible revanche de cet échec avec son *Charles IX*. Louis Chénier était assez bien en cour pour dédier ses *Recherches sur les Maures* à Son Altesse Royale, Monseigneur le comte d'Artois, fils de France, frère du Roi. Durant toute sa jeunesse, Marie-Joseph, le futur jacobin qui devait plus tard voter la mort de Louis XVI, signa ses articles et ses lettres : le Chevalier de Chénier, et les timbra d'un cachet portant un chêne, une tour et une étoile dans deux écussons surmontés d'une couronne de comte. André s'appelait un peu plus modestement : Chénier de Saint-André [1]

Un changement progressif s'opéra dans les idées de la famille Louis de Chénier s'aigrit, puis s'irrita du peu de succès qu'obtinrent ses démarches auprès du roi et de ses ministres. Marie-Joseph se sentit tout d'abord entraîné vers une révolution dans laquelle il s'imagina trouver les jours de la république de Fabricius. André, seul, conserva son culte pour la royauté, et demeura étranger aux manœuvres de Sauveur et de Constantin, comme aux ambitions de Marie-Joseph. Il écrivit ses idylles ravissantes, ses poèmes empreints du génie de la Grèce antique, son poème sur Homère exilé. Puis, à mesure que marchait une révolution dont il devinait les drames sinistres, il cinglait de son fouet vengeur les galériens de Collot d'Herbois, et se faisait l'antagoniste d'une Révolution qui, les deux pieds dans le sang, hurlait la *Marseillaise* !

Pauvre André ! Il n'avait pas compris ce que deviendrait plus tard cet hymne composé à un foyer d'Alsace par un homme doublement artiste, entre un vieillard en cheveux blancs et deux jeunes filles, et de la même plume qui avait chanté Myrto la Tarentine, il y ajouta l'invocation : *Amour sacré de la Patrie*. Il songeait alors aux ennemis menaçant les frontières, sans penser que les plus sanguinaires adversaires de la France étaient les Septembriseurs et les Jacobins qui, après avoir massacré les Suisses, allaient renverser les autels, emprisonner le roi, promener la tête de madame de Lamballe au bout d'une pique, pour finir par décréter la loi des suspects et dresser l'échafaud en permanence.

Mais si le doux André garda sa religion politique, sa mère, entraînée par Marie-Joseph, embrassa le parti de la Révolution. Elle la vit à travers l'ambition de son fils. Étrangère à nos lois, à nos mœurs, transportée tardivement sur le sol de la France, elle ne comprit peut-être pas bien toute l'horreur de ce qui allait se passer. Puis, quand elle se trouva sur une pente dangereuse, Marie-Joseph l'entraîna.

Élisabeth ne devait comprendre l'horreur de ce qui se passait qu'en voyant enlever ses deux fils. Alors la lionne blessée poussa un cri sauvage d'amour maternel.

Elle pleura à sanglots, elle se repentit en demandant pardon à Dieu de ses erreurs et de ses préférences. Il lui sembla qu'André devenait le plus cher de tous ses enfants, et que pour le retrouver elle sacrifierait Constantin et Sauveur jusqu'à Marie-Joseph, qui l'avait enivrée de ses triomphes.

Quand l'infortunée revint de l'évanouissement qui s'empara de ses sens au moment où Rose-Thé lui apprenait que le nom d'André se trouvait sur la dernière liste écrite par Fouquier-Tinville, elle n'eut plus qu'une volonté : courir chez ceux qui condamnaient son fils et leur demander sa vie.

Elle comprenait que la jalousie de Robespierre ne pardonnerait point à Marie-Joseph ses triomphes et son génie. Elle crut qu'elle réussirait mieux que lui, et courut chez Barère, puis chez Maximilien. Deux femmes en pleurs en sortaient, Mme de Chénier les reconnut : Marie-Joseph était l'ami de l'auteur des *Mois*.

— Que venez-vous faire ici ? demanda Élisabeth à Mme Roucher.

— Redemander mon mari, répondit l'infortunée en baissant son front sur l'épaule d'Eulalie. On m'a renvoyé le petit Émile, qui partageait la prison de son père. Les prisonniers sont plongés dans une terreur croissante, si un coup de main n'abat pas avant deux jours le sanglant triumvirat qui nous gouverne, Roucher est perdu...

— Et André avec lui ! ajouta Mme de Chénier.

— Barère a promis, ajouta Eulalie, mais Robespierre a peur ; depuis qu'il a rêvé que la jeune Cécile Renaud voulait l'assassiner, il voit dans chaque femme une nouvelle Charlotte Corday... C'est la citoyenne Éléonore Duplay qui garde sa porte, et nul ne passe, Madame, nul ne passe...

— J'attendrai, répondit Élisabeth, il faudra bien qu'il sorte ; j'attendrai sur sa porte, assise sur ses marches, je lui redemanderai mon enfant, je le vaincrai à force de prières et de larmes... S'il lui faut du sang, qu'il me prenne, moi ! Je ne laisserai pas mourir mon fils. Si André meurt, il me semblera que je l'ai assassiné !

— Vous, Madame ! vous ! s'écria Mme Roucher.

— Ah ! vous êtes heureuse ! répondit Élisabeth, vous avez équitablement partagé votre tendresse entre votre fille et le petit Émile, mais moi, je préférais Marie-Joseph. Il était mon orgueil, et je me sentais plus sa mère que celle d'André ! C'était ma faute, ce sera mon châtiment.

Mme Roucher et sa fille firent de vains efforts pour calmer l'infortuné. Tout fut inutile. Les sanglots d'Élisabeth trouvaient, dans l'âme tendre d'Eulalie, un écho d'autant plus douloureux, qu'elle cachait à tous, hors à sa mère, le secret de l'ardente sympathie qui l'entraînait vers André. Elle s'efforça de calmer les appréhensions de Mme de Chénier. Pauvre fille ! elle avait besoin de croire au salut du poète qu'elle implorait avec tant de larmes. Enfin, voyant que ni les prières, ni les paroles ne pouvaient calmer l'angoisse de Mme de Chénier, ni changer sa résolution, elles restèrent près d'elle, accotées contre la muraille, attendant que Robespierre sortît de sa maison.

Mais, durant le reste de cette journée, Maximilien ne sortit pas.

Vers le soir, une patrouille de Jacobins passa près des trois femmes, qui, prises de peur, quittèrent la rue Honoré pour regagner : les unes, la rue des Noyers ; la dernière, la rue Culture-Ste-Catherine.

Vingt-cinq détenus furent extraits de la prison. (Voir page 252.)

## CHAPITRE XXI

### LE JOURNAL DU SOIR

Tandis que Jeanne sacrifiait sa vie pour la liberté d'Henri de Civray, que Mme de Chénier courait chez Robespierre demander une grâce qui avait été refusée à Marie-Joseph et lui remettre un mémoire adressé au comité de Sûreté générale, André, s'enfermant dans sa cellule, paraissait oublier les consolations du naïf amour de Mlle de Coigny, pour ne songer qu'à l'indifférence des amis qui le laissaient sans nouvelles. Celui qu'on a surnommé le « doux André », ce cœur plein d'enthousiasme et de tendresse s'emplissait à cette heure des tristesses de l'agonie. Il se souvenait seulement des moments douloureux de sa vie, de la préférence de sa mère pour le brillant Marie-Joseph, préférence dont il avait cruellement souffert, sans oser cependant jeter un blâme sur sa mère. Il comprenait jusqu'à un certain point son orgueil maternel, il sentait que sa face bronzée et sérieuse attirait moins que la mâle figure de Marie-Joseph, dont la beauté rappelait celle d'Elisabeth Santi-Lomaca. André se rappelait avec amertume avoir passé sa jeunesse loin des caresses de sa mère. Il frémissait d'angoisse et presque de colère quand il entendait de loin des voix avinées répéter dans les rues les hymnes patriotiques de son frère. Il se disait que peut-être, tandis que la charrette immonde, qui venait maintenant chaque jour aux portes des prisons faire sa récolte de prisonniers, le cahoterait dans les rues de Paris pour le mener à la Conciergerie, et de la Conciergerie à l'échafaud, les Jacobins les hurleraient en chœur dans les rues.

André venait d'achever une élégie, quand François de Loizerolles frappa doucement à sa porte.

André courut lui ouvrir.

— Tu travaillais? lui demanda l'adolescent.

— Est-ce qu'on travaille encore? lui demanda Chénier. Je me contente d'écrire des strophes dans lesquelles déborde plus de douleur que de haine. Ce qui se passe autour de nous ne me permet plus de trouver les fraîches inspirations de ma jeunesse. Heureux es-tu de songer encore au printemps et de saluer l'espérance comme une aurore. Tiens, il y a quelques jours, sous l'influence de la parole d'un ange, Aimée de Coigny, je m'étais pris à recommencer des rêves de bonheur et d'avenir. Elle me communiquait la sereine confiance de ses seize ans. Je me prenais à croire que cette prison s'ouvrirait pour moi en l'écoutant me dire qu'elle deviendrait ma femme. Mais depuis! depuis, François, j'ai presque trouvé qu'il était de mon devoir de la fuir. Pourquoi aviver dans son cœur un sentiment dont les fleurs ne peuvent s'épanouir que là-haut? Puis-je offrir à cette enfant une bague de fiançailles, moi qui n'ai pas peut-être une semaine à vivre! Elle sera sauvée! son âge plaidera pour elle; mais moi, j'ai pour m'accuser l'ardente polémique que j'ai soutenue au *Journal de Paris*.

— Tu oublies ton frère?

— Non, je ne l'oublie pas. C'est un brave cœur, il multipliera des efforts impuissants pour me sauver. Robespierre le hait, et Robespierre sait qu'il le frappera en me laissant condamner. Oh! le malheureux! le malheureux! L'idée de ce qu'il souffrira des calomnies qui le poursuivront sera la plus grande douleur de mon agonie. Je t'en conjure, comme j'en ai déjà prié Mlle de Coigny, défends Marie-Joseph, quand j'aurai cessé de vivre.

— Je te le jure, répondit François de Loizerolles ; et maintenant, montre-moi tes vers.

André Chénier commençait à peine sa lecture quand il s'arrêta, surpris par le mouvement qui se produisait dans le grand couloir. On entendait des bruits de pas et de voix. Les prisonniers s'appelaient d'un accent étouffé. André et Loizerolles s'offrirent pour s'informer des causes de ce tumulte, et ils apprirent que le comité de Sûreté générale, ayant épuisé les sanglantes comédies de la prétendue conspiration du Luxembourg, allait poursuivre les conspirateurs de Saint-Lazare qui n'avaient pas plus conspiré que les autres.

Certes, les nouvelles de l'enquête sur la conspiration de Saint-Lazare pouvaient, à bon droit, effrayer les prisonniers; mais au moment où Chénier, Loizerolles et Roucher questionnaient leurs compagnons, le peintre Robert, dont le visage réflétait une vive joie, courut vers Roucher et lui serra la main d'une façon expressive.

— J'ai des nouvelles, lui dit-il, de grandes nouvelles.

— On les dirait rassurantes à l'air de votre visage, dit Loizerolles.

— Un ami dévoué m'a fait parvenir une lettre.

— Il reste donc encore hors d'ici des hommes dignes du titre d'ami ! murmura André.

— Certes, dit Robert, et je me flatte d'en garder. Roucher, mon cher Roucher, séchez vos larmes. Si j'avais eu, il y a une heure, la lettre que je tiens dans mes mains, je ne vous aurais point permis de vous affliger des nouvelles sinistres qui circulent au sujet de cette liste des conspirateurs de Saint-Lazare. Tout va changer, mes amis, tout change déjà. La chute du sanglant triumvirat qui nous opprime est imminente. Le triomphe de Barras et de Tallien semble assuré. Avant une journée nous serons débarrassés des monstres qui ont noyé la France dans des flots de sang.

Robert jouissait à Saint-Lazare d'une grande influence. C'était un homme d'un commerce sûr, d'une honorabilité sans tache, d'un talent rempli d'élégance. Quoique grand admirateur du Poussin, il paraissait cependant garder des préférences pour les faciles traditions de l'école de Boucher. Il avait raffolé de Trianon et de ses bergeries. Toutes les grandes dames de la cour s'étaient fait représenter par lui dans des costumes d'une afféterie charmante, ayant la prétention de se déguiser en laitières et en bergères. Sous Louis XIV, les marquises et les duchesses s'étaient fait peindre en Dianes; sous Louis XVI elles voulaient des houlettes, des pannetières et des moutons. Les ravissantes simplicités de Trianon créèrent une école dont le succès devint une flatterie à l'adresse de la Reine. Marie-Antoinette protégeait grandement Robert. Celui-ci avait été l'ami de Vernet, et conservait de ses relations avec lui un grand culte pour les beautés de la nature. Quand il s'entretenait de la Suisse, avec Roucher et André, son enthousiasme arrivait à l'éloquence. Il se plaisait surtout dans la société du chantre des *Mois*, dont la sérénité le reposait. De tous les captifs de la prison Saint-Lazare, Robert, par l'imprévu de sa causerie, et Roucher, par la placidité de son âme, étaient les deux prisonniers qui parvenaient le mieux à arracher leurs compagnons d'infortune à la désolante absorption de leurs pensées.

Les nouvelles reçues par Robert changèrent en une joie subite l'impression laissée par les nouvelles survenues de Verney qui avait remplacé le geôlier Semé à Saint-Lazare.

Mlle de Coigny, qui lisait si bien sur le front d'André quelles peines agitaient son âme, s'avança vers lui avec un sourire.

— Mon poète, dit-elle, « je ne veux pas mourir encore! » Ne vous en souvenez-vous plus?

— Je me souviens que je vous aime, dit-il d'une voix étouffée; mais je me reproche maintenant d'oser vous parler de ma tendresse.

— Nous n'avons plus rien à nous apprendre, lui dit-elle, mais je ne vous permets pas d'oublier.

Les conversations s'animèrent. On passa soudainement de l'excès de la crainte à l'excès de la joie. Les plus faibles, les plus souffrants d'entre les prisonniers quittèrent leur chambre; Mme de Loizerolles, que son état de santé retenait chez elle, s'assit à la table commune pour le dîner.

Lorsque Verney parut, il fut entouré, questionné, et ses réponses corroborèrent les nouvelles reçues par le peintre. De grands changements se préparaient dans le gouvernement. Robespierre tremblait pour sa vie. Tallien, Barras et leurs amis ne se quittaient plus. Peut-être à l'heure où il confirmait les espérances des prisonniers, le règne de la terreur était-il déjà fini.

A la fin de la journée le geôlier rassura plus complètement ceux qui le questionnaient. On avait compris les terreurs de Maximilien dans ses derniers discours, le bruit de son arrestation éclata comme un coup de foudre; on se serrait les mains, on se complimentait, on s'embrassait en pleurant de joie; les uns tombaient à genoux en remerciant Dieu, les autres versaient des larmes abondantes. La réaction était soudaine, complète. Oh! combien la vie paraissait bonne! avec quelle ardeur on se prenait à la joie d'exister. Des noms chéris s'échappaient de toutes les lèvres. Robespierre arrêté, le Triumvirat était perdu. Même si les Jacobins lui prêtaient leur appui et si Henriot lui restait fidèle, son châtiment n'en était pas moins sûr.

Nul ne songeait, en ce moment, aux fortunes englouties, aux situations perdues, on se sentait heureux et riche, à la pensée de retrouver ceux dont on se croyait à jamais séparé.

Chénier, Roucher, la famille de Loizerolles, Robert, se groupèrent dans l'angle du couloir, près de l'embrasure de cette fenêtre qu'égayait un rayon de soleil mettant un nimbe sur les cheveux blonds de Mlle de Coigny, comme au jour où André lui avait voué sa vie.

François et André avaient tenté d'attirer Henri de Civray, celui-ci était devenu plus sombre que jamais. L'idée de la liberté, si elle lui apportait la pensée de la joie avec laquelle il embrasserait sa mère, se mêlait au souvenir de la trahison de Jeanne. Il ne pensait même pas, sans une sorte d'effroi, à cette jeune et charmante Cécile dont Mme de Civray avait rêvé de faire sa femme. Son cœur atteint d'une plaie profonde ne supportait point l'idée de guérir. Il ressentait plutôt une sorte de joie amère, à garder la certitude qu'il vivrait avec cette douleur comme avec une fidèle compagne. L'intensité de la souffrance nous fait souvent souhaiter de ne pas guérir du mal qui nous dévore. Il s'enferma dans sa chambre, tandis que Trudaine, Roucher, Robert et François de Loizerolles parlaient de l'avenir.

— Que feras-tu, une fois ces portes ouvertes? demanda l'auteur du poème d'*Honoré* à Robert?

— Moi, répondit celui-ci, je m'empresserai de passer la frontière. Que peindrais-je en France, où l'on ne voit plus que des hommes vêtus en carmagnole qui, comme l'a dit Racine, lavent dans le sang « leurs bras ensanglantés », et des femmes métamorphosées en furies de la guillotine, ou travesties en déesse Raison? Si je n'ai plus mes laitières de Trianon, et la jeune reine qui jouait à la fermière dans son étable de marbre, j'irai chercher les Transtéverines, et retrouver les traces du Poussin. Les bergeries sont mortes pour longtemps. On ne me comprendrait plus en France, vois-tu, David a tout changé. Je ne lutterai point contre celui qui fut l'ami de Marat, il me semble que sa peinture me rappellerait toujours les horreurs dont je fus témoin.

Après avoir été prisonnier à Sainte-Pélagie et à St-Lazare, on a soif de liberté à la façon des hirondelles. Il faut de l'air, un ciel bleu, de l'eau, des montagnes. J'ai assez entendu le *Ça ira* pour souhaiter écouter le soir le murmure des cascades de Tivoli. Quand on a vu les patriotes et les Tricoteuses danser la carmagnole, et chanter *Mme Véto*, on se réjouit à l'idée de voir les belles filles de la campagne de Rome danser la saltarelle au son d'un tambour aux clochettes d'argent, et aux ronflements de la zampogne.

— Je vous promets de vous suivre ! s'écrièrent les trois Trudaine.

— Tu ne dis rien, André?

— Est-ce qu'André me quitte? reprit Trudaine. Je n'aime ma fortune que pour la partager avec mes amis, et il a assez d'esprit et de cœur pour me comprendre.

— Je suis certain, ajouta Robert, que Roucher sera du voyage. Il voudra montrer l'Italie à sa fille. Elle possède un sentiment si sincère et si vrai de l'art, que la vue de ses chefs-d'œuvre complétera une éducation déjà brillante. D'ailleurs, ne nous faisons point illusion, mes amis, la France, fût-elle délivrée du Triumvirat qui l'opprime, n'est pas prête de renaître à une tranquillité absolue. Quand s'ouvriront les portes de Saint-Lazare, du Luxembourg, de l'hôtel Talaru, des Oiseaux, de la Conciergerie, chacun comptera ses morts après avoir embrassé ceux qui restent. On rappellera les exilés partis à la suite des princes, on cherchera à rassembler les débris des fortunes détruites. Les terres ont changé de mains. On a décrété les églises de Dieu, et les châteaux des nobles, biens nationaux ; et peut-être leurs vrais maîtres n'y auront-ils plus aucun droit. Deux ans, cinq ans peut-être se passeront avant que la France se remette de la tourmente révolutionnaire. Nous aurons le temps de les passer dans une terre moins troublée.

— Soit! dit Chénier, nous partirons tous. Ma mère, accoutumée à la tranquillité de la vie des femmes grecques, se réjouira de quitter un pays soulevé comme un volcan. Sauveur oubliera comme moi sa captivité, et j'apprendrai à tous que jamais je n'ai soupçonné Marie-Joseph en prouvant combien je l'aime encore.

André chercha du regard Aimée de Coigny dont le sourire fut une réponse. Elle tenait le petit Émile sur ses genoux, et mit un baiser sur les cheveux blonds de l'enfant.

Roucher, gagné par la confiance de ses compagnons, s'abandonna à la joie de revoir ceux qu'il aimait. Il parla de sa femme, de sa fille avec un enthousiasme tendre. Jamais scènes plus touchantes ne se passèrent dans les lieux où l'on avait versé tant de larmes. On se sépara le soir en échangeant des mots affectueux, et, pour la première fois, l'ange du sommeil agita ses grandes ailes sur la prison Saint-Lazare.

Mlle Lenormand rencontra le geôlier au moment où il fermait les portes.

— Vous croyez aux nouvelles qui circulent? lui demanda-t-elle en le regardant en face.

— Oui, répondit Verney.

— Sur quoi fondez-vous cette certitude?

— Robespierre et ses complices seront guillotinés avant deux jours.

— Oui, répondit Mlle Lenormand de sa voix sibylline, mais deux charrettes remplies de martyrs rouleront avant ce temps jusqu'à la place sanglante.

— Deux! répéta Verney avec épouvante.

— Et, ajouta Mlle Lenormand, dans la bière roulante monteront deux hommes dont la France avait le droit d'être fière.

Verney jeta un regard furieux à Mlle Lenormand.

— J'espère bien, lui dit-il, que vous n'avez pas soufflé sur la joie de mes pensionnaires avec vos prédictions sinistres?

— A quoi bon! reprit-elle avec un mouvement d'épaules, vous-même briserez demain le cœur de l'un d'eux.

Le geôlier s'enfuit pour n'en pas entendre davantage, et Mlle Lenormand rentra dans sa cellule.

Cette nuit-là fut douce pour tous les captifs.

A l'aube, ils étaient debout.

Leur hâte d'apprendre quels événements avaient pu se passer, ou allaient s'accomplir, ne leur permit pas de prolonger les heures de repos. Ils avaient hâte de se revoir et de reprendre les consolants entretiens de la veille.

A peine se trouvaient-ils ensemble que Roucher rejoignit Robert.

— Mon ami, lui dit-il, achève, je t'en supplie, le portrait que tu as commencé!

Jamais aucun ne fut aussi ressemblant, et ne joignit autant de sérénité et de mélancolie. Je suis jaloux de celui que Sauvée fit, de Chénier, le mois dernier. Quand je me retrouverai à mon foyer, entre ma femme et ma fille, il me sera doux de leur montrer un *Moi* qu'elles ne connaissent pas, et dont tu as si bien rendu l'expression.

— Je ne sais rien te refuser, dit Robert.

L'artiste alla chercher son carton et ses crayons.

— Reprends la pose, dit-il à Roucher; là... Seulement, tu conçois, tout est à refaire, cela ne ressemble plus... A la pensée de revoir ta fille Eulalie, ton regard s'anime, ta joue se colore, le sourire revient sur tes lèvres... Je devrais garder cette ébauche, et commencer une nouvelle aquarelle.

— Non! non! je t'en prie, dit Roucher, je tiens à celle-là.

Au même instant, le geôlier, pâle comme la mort, traversa le couloir et s'approcha de l'auteur des *Mois*.

— Monsieur Roucher, lui dit-il, avez-vous du courage?

— Oui, répondit Roucher dont les lèvres frémirent.

Le geôlier baissa les yeux, et la force lui manqua pour continuer.

— Ce que tu n'oses m'apprendre, je vais te le dire : je suis perdu...

— Manini vient de m'apprendre que votre nom se trouve sur la liste de ceux qui passeront en jugement.

— Mon Dieu! mon Dieu! répéta Roucher.

Il y eut dans cette exclamation un si grand désespoir que Verney baissa la tête, sous le sentiment de son impuissance. Cependant, si grande était la sérénité habituelle de Roucher, et si admirable son empire sur lui-même, qu'il reprit avec un calme absolu :

— Puis-je vous confier mon enfant?

— Oui, répondit le gardien.

— Attendez-moi, je vous prie, dit Roucher.

Il entra dans sa cellule, rassembla ses livres, ses manuscrits, les plantes desséchées qu'il destinait à sa fille, les lettres qu'elle lui écrivait, ces lettres charmantes qui sont restées avec celles de Roucher un des documents les plus intéressants de la Révolution ; ses derniers vers, les traductions qu'il préparait pour sa fille, puis il cacheta ces pages où l'esprit et le cœur s'étaient tour à tour prodigués, et revenant vers le geôlier, il lui remit ce paquet.

— Ces papiers pour ma fille, dit-il.

Alors il s'approcha de Mlle de Coigny qui jouait avec le petit Émile.

Roucher serra son enfant dans ses bras avec une tendresse passionnée, puis d'une voix dont il s'efforçait de dissimuler l'altération :

— Mon enfant chéri, dit-il, j'ai été un égoïste, j'ai voulu garder pour moi tes baisers et jouir d'une tendresse qui fait le meilleur de mes joies. Je comprends aujourd'hui combien tu manques à ta mère. Rejoins-la, mon bien-aimé... porte à ta mère et à ta sœur mes caresses et mes larmes... Dis-leur que toutes mes pensées sont pour elles, que je leur envoie ma bénédiction... la bénédiction d'un cœur tout rempli de leur souvenir... Tu leur diras que j'ai vécu pour elles, que nous nous retrouverons, que...

Il étouffa un sanglot, et, étranglé par l'émotion, il serra passionnément Émile sur son cœur et le remit à Verney.

— Père, demanda Émile, nous nous reverrons bientôt?
— Quand il plaira à Dieu, répondit Roucher.

Il se détourna pour essuyer une larme, et cria à Verney :
—Emmenez-le! Emmenez-le!

L'enfant suivit le geôlier.

— Tu nous quittes donc? demanda Mlle de Coigny au petit suspect.
— Puisque nous allons tous être libres, dit Trudaine, il est juste que le petit suspect nous montre le chemin de la liberté!
— C'est cela! fit Roucher qui retomba sur son siège.
— Qu'as-tu donc? lui demanda Robert. Cette séparation volontaire te bouleverse au point que tu viens de retrouver l'expression d'hier. Que se passe-t-il en toi?
— Je viens de mentir, répondit Roucher.
— Toi!
— Oui, moi!
— Mentir... pourquoi? comment?
— Me jures-tu le secret?
— Ne suffit-il pas de le promettre!
— Tu as raison, Robert, ta parole vaut un serment. Tu tairas ce que je vais t'apprendre, parce qu'il n'est pas nécessaire d'affliger nos amis, et que le coup qui me frappe peut être détourné de leurs têtes. Je ne sais pas si nous en aurons bientôt fini avec la Terreur, mais ce qui est certain, c'est qu'aujourd'hui même je passerai en jugement.
— C'est impossible!
— Manini a montré à Verney la liste sur laquelle se trouve mon nom.

Robert laissa échapper un soupir déchirant.

— Tu vois bien, reprit Roucher avec une touchante mélancolie, que tu n'auras rien à changer à l'expression de l'image commencée... reprends tes crayons, ami, qui sait combien de temps il me reste pour poser devant toi...

Robert tressaillit en regardant Roucher; puis, entendant un éclat de rire de Trudaine, il se tourna de son côté avec une sorte de colère.

— Laisse-les croire, laisse-les espérer encore, dit Roucher, Dieu sait combien de temps ils conserveront l'illusion que le règne des assassins est fini.

Robert reprit ses crayons.

Pendant toute cette journée, il y eut quelque chose de plus terrible que la certitude de Roucher, ce fut la confiance des prisonniers.

Pendant le déjeuner, ils s'abandonnèrent à une gaieté que l'auteur des *Mois* ne pouvait voir sans frémir. Il se demandait quel horrible drame se jouerait le soir même, à l'heure où, d'habitude, se faisait ce que, dans leur ignoble langage, les crieurs appelaient la lecture du « *Journal du soir.* » On le manderait au tribunal révolutionnaire, mais sans nul doute on ne l'y manderait pas seul. Le prétexte du complot suffirait pour répandre le sang de nombreuses victimes. On n'avait d'ailleurs plus besoin de prétexte. Il fallait que les bières roulantes fussent pleines, et que les chevaux eussent leur charge. Depuis longtemps déjà les enlèvements dans les prisons se faisaient en masse. Peut-être parmi les têtes blanches, blondes ou brunes qu'il apercevait, une quarantaine étaient-elles promises au bourreau. Si la Terreur devait finir, elle avait hâte d'avancer sa besogne. Sanson n'était pas encore las, et les réservoirs pouvaient encore rouler des flots de sang. Le monstre appelé la guillotine avait encore soif. Avant de se briser, les rouages du gouvernement du Triumvirat allaient fonctionner encore. On en était venu non seulement à guillotiner des gens dont le seul crime était de croire en Dieu, de porter le nom légué par leurs aïeux, mais encore les gens acquittés par le tribunal révolutionnaire. Quand le chargement des charrettes n'était pas complet, on le terminait au hasard. Roucher savait cela et ne pouvait s'empêcher de frémir en regardant ses compagnons qui s'entretenaient de l'avenir avec une tranquillité souriante.

A la fin du déjeuner, Trudaine était tellement gai qu'il improvisa une chanson, raillerie d'un passé sanglant.

— Nous nous séparerons demain, dit-il, chantons aujourd'hui.

Quelques voix répétaient la chanson antirévolutionnaire des *Chemises de Marat*, les femmes se contentaient de sourire. En dépit de son courage, Roucher restait morne.

— Je parie, lui dit Chénier, que tu ne trouves pas une rime ingrate !

— Ma tête est si peu à moi ! dit Roucher.

— Bravo ! fit Trudaine, ce mot vaut mieux que mon couplet.

— Vraiment, tu es trop triste, ce soir, reprit André.

— C'est mon portrait qui se reflète sur mon visage.

Il étouffait, et ne se sentant plus la force d'en entendre davantage, il quitta la table, mit à Robert ses crayons entre les doigts, et lui dit :

— Travaille ! travaille ! tu sais que ce portrait doit être fini avant ce soir.

L'artiste plaça son carton sur ses genoux, et tandis qu'André parlait à Mlle de Coigny de la joie qu'il aurait à la présenter à sa mère, qui la chérirait comme cette jeune comtesse Hélène, partie pour l'île de France, Robert reproduisait avec une fidélité scrupuleuse et touchante les traits de son ami.

François de Loizerolles lisait un fragment de son poème, le *Printemps*, à son père, qui écoutait avec orgueil les vers de son fils.

— Qu'en pense ton ami André? lui demanda-t-il.

— Chénier m'aime trop pour me juger, répondit François.

— Oui, mais il te traite en frère.

— En frère cadet, père.

— Oui, mon François, reprit Loizerolles, de cette voix émue du père qui paie, en une minute, les efforts et les succès de la première jeunesse, tu deviendras célèbre à ton tour, tu auras ton jour de gloire et de triomphe. Cette espérance m'aide à souffrir plus patiemment les ennuis et les angoisses de notre captivité. Qui croirait, en voyant Sauvée faire le portrait de Chénier, Robert reproduire les traits de Roucher, André et toi cultiver la poésie comme au temps où vous étiez heureux et libres, que nous sommes en ce moment entre les mains de misérables qui disposent à la fois de notre bonheur et de notre vie?

— Oh! père! répondit François, nous en avons fini avec les catastrophes sanglantes.

— Dieu le veuille! répondit le vieillard.

Le reste de la journée se passa dans des entretiens familiers. Les femmes laissaient voir sur leur visage le reflet de leurs espérances. Leur parure prit les allures plus gaies de l'aurore de la liberté : le deuil faisait trêve. On s'attendait à chaque instant à voir s'ouvrir les portes de Saint-Lazare. Les noms de Tallien et de Robespierre se trouvaient dans toutes les bouches. On parlait de la destitution probable d'Henriot; Barras était à l'avance désigné comme son successeur. Paris subissait une fièvre intense, et l'on demeurait convaincu que cette crise serait la dernière. Le salut devait naître d'une suprême convulsion.

Mlle Lenormand, plus entourée que jamais, restait plus effrayée que fière de son rôle de prophétesse.

— Ne me demandez rien! répondit-elle à Mlle de Coigny qui lui tendait sa main délicate ; je me sens sous l'oppression d'une étrange douleur ; l'espoir de tous ne sert qu'à redoubler mes craintes, et sans trêve, devant mon regard, flamboie un chiffre fatidique.

— Bah! fit le baron de Trenk, j'ai passé ma vie dans les cachots, victime d'une conspiration abominable, je me regarde comme bien certain de ne pas tomber sous le couperet de la guillotine.

— Peut-être vaudrait-il mieux pour vous, cependant, que vous ayez échoué dans votre dernière évasion, répondit Mlle Lenormand.

— Promettez-moi un peu de bonheur, reprit Aimée de Coigny.
— Notre bonheur est dans la main de Dieu, Mademoiselle.

La charmante fille ajouta en rougissant :
— La vie de Chénier sera-t-elle longue autant que glorieuse?
— André de Chénier appartient à la famille des Immortels, répondit Mlle Lenormand.

Le poète, qu'attirait la présence d'Aimée, se rapprocha de Robert. En considérant le portrait que faisait l'artiste de l'auteur des *Mois*, il parut effrayé d'une ressemblance qui tout d'abord ne l'avait pas autant frappé. Robert avait exagéré la mélancolie de son ami, et on le lui avait reproché souvent. Maintenant, le visage de Roucher paraissait plus triste encore que son portrait.

— Pourquoi cette expression de douleur intense sur ton visage? lui demanda André. Quand chacun de nous s'abandonne à l'espoir, toi seul sembles avoir perdu confiance. Émile est parti, tes papiers sont en sûreté... Tu me caches un secret, un secret terrible...

Roucher parut hésiter.

— Parle! parle! lui dit Chénier avec angoisse.
— Tu es homme, répondit Roucher, sois fort! je peux, je dois tout te dire... Je passerai en jugement demain.
— Alors, répliqua Chénier, nous sommes tous perdus!
— Que dites-vous là de si mystérieux? fit Mlle de Coigny.
— Je récite à mon ami des vers que j'ai faits pour vous :

> Blanche et douce colombe, aimable prisonnière,
> Quel injuste ennemi te cache à la lumière...

Au même instant la voix rauque de Verney cria d'en bas...
— Le *Journal du soir*!

Un frisson parcourut le corps de tous ceux qui se trouvaient réunis, sous l'influence des consolantes nouvelles données par Robert, et des demi-confidences de Verney. Mais tout à coup ces fugitives espérances s'envolèrent brutalement. La voix du gardien allait demander des têtes au nom du comité de Sûreté générale.

Et cependant ce que l'on avait dit était vrai. La chute de Robespierre était considérée comme inévitable. Mais avant de disparaître le monstre voulait encore voir couler le sang des innocents.

Ce jour-là, 5 Messidor, vingt-cinq détenus, composant la première fournée des malheureux compris dans la liste des conspirateurs, inventés par Coquery et Manini, furent extraits de la prison Saint-Lazare et transférés à la Conciergerie.

La foule s'était précipitée sur l'échafaud. (Voir page 263.)

## CHAPITRE XXII

## LA DERNIÈRE ÉLÉGIE D'ANDRÉ CHÉNIER

Durant la nuit qui sépara le 5 du 6 thermidor, personne ne dormit dans la prison Saint-Lazare. André ne se berçait plus d'illusions, il comprenait que ses courageux articles dans le *Journal de Paris*, et son ode aux galériens de Collot-d'Herbois le désignaient à l'échafaud. Il rangeait fièrement les papiers qu'il voulait léguer à la postérité. Les suprêmes faiblesses de son cœur s'éteignaient dans le sentiment de sa mort prochaine. Il ne mourait pas en stoïque. A l'heure de rendre à Dieu cette âme noble, brûlant de tous les nobles enthousiasmes, il éprouvait à la fois le besoin de recevoir la bénédiction d'un prêtre, et de se savoir pleuré par une créature innocente.

Du reste, si quelque captif avait encore gardé un peu d'espoir après la scène de la veille, ce qui se passa dans le milieu de la journée aurait suffi pour enlever une dernière illusion. Vers deux heures on entendit un sinistre roulement, et ces voitures, si bien nommées les bières roulantes, vinrent se ranger dans la cour. Qui emmèneraient-elles ce soir-là? Les heures qui suivirent l'arrivée des véhicules éclaboussés par le sang des victimes serrèrent tous les cœurs. Les pères, les mères se rapprochèrent de leurs enfants. Les frères se jetèrent dans les bras de leurs frères.

— Nous qui affirmions si orgueilleusement être trois pour lutter contre la mauvaise fortune, dit l'aîné des Trudaine, nous périrons sans doute ensemble.

Aimée de Coigny pleurait dans les bras de l'abbesse de Montmartre.

Chénier se tenait au milieu d'un groupe formé par Roucher, Sauvée, Robert, Henri de Civray et les deux Loizerolles.

— Si je meurs, dit-il, j'ai un legs à faire.

— Lequel, demanda François de Loizerolles?

— Ma dernière ode, répondit Chénier.

Et d'une voix paisible, qui bientôt atteignit le diapason de la colère, André commença :

> Comme un dernier rayon, comme un dernier zéphire
> Anime la fin d'un beau jour,
> Au pied de l'échafaud j'essaye encor ma lyre.
> Peut-être est-ce bientôt mon tour;
> Peut-être avant que l'heure en cercle promenée
> Ait posé sur l'email brillant,
> Dans les soixante pas où sa course est bornée,
> Son pied sonore et vigilant,
> Le sommeil du tombeau fermera ma paupière!
> Avant que de ses deux moitiés
> Ce vers que je commence ait atteint la dernière,
> Peut-être, en ces murs effrayés,
> Le messager de mort, noir recruteur des ombres,
> Escorte d'infâmes soldats
> Remplira de mon nom ces longs corridors sombres.

Chénier s'arrêta.

Des piétinements de chevaux, un tumulte de voix dans la cour semblaient donner raison à ses vers. Un sourire effleura même ses lèvres, et il poursuivit :

> Quant au mouton bêlant la sombre boucherie
> Ouvre ses cavernes de mort,
> Pâtres, chiens et moutons, toute la bergerie
> Ne s'informe plus de son sort.
> Les enfants qui suivaient ses ébats dans la plaine,
> Les Vierges aux belles couleurs
> Qui le baisaient en foule, et sur sa blanche laine
> Entrelaçaient rubans et fleurs,
> Sans plus penser à lui, le mangent s'il est tendre.
> Dans cet abîme enseveli
> J'ai le même destin. Je m'y devais attendre :
> Accoutumons-nous à l'oubli.
> Oubliés comme moi dans cet affreux repaire,
> Mille autre moutons, comme moi
> Pendus aux crocs aigus du charnier populaire,
> Seront servis au peuple-roi.
> Que pouvaient mes amis ? Oui, de leur main chérie
> Un mot, à travers les barreaux
> Eût versé quelque baume en mon âme flétrie ;
> De l'or peut-être à mes bourreaux..
> Mais tout est précipice. Ils ont le droit de vivre.
> Vivez amis, vivez contents.
> En dépit de Bavus soyez lents à me suivre,
> Peut-être en de plus heureux temps
> J'ai moi-même, à l'aspect des pleurs de l'infortune,
> Détourné mes regards distraits ;
> A mon tour, aujourd'hui, mon malheur importune,
> Vivez amis ; vivez en paix.

Chénier vit rouler des larmes dans les yeux de Roucher et des trois Trudaine. Un remords soudain lui traversa le cœur. Sans doute, un grand nombre de ses compagnons de plaisir l'avaient oublié au sein de son malheur, mais ceux qui se pressaient autour de lui, après avoir été des lutteurs dans le combat qu'il avait soutenu pour la bonne cause, lui tendaient encore une main fraternelle. Les Trudaine étaient pour lui des frères, et dans l'âme de Roucher il trouvait l'écho de son âme.

Ses bras s'ouvrirent aux compagnons de sa jeunesse, et l'attendrissement remplaça l'amertume qui se faisait jour dans ces derniers vers. En sortant de cette étreinte qui fit monter à ses yeux de douces larmes, son esprit parut prendre une vie nouvelle. Le regard qu'il jeta autour de lui les tableaux qui frappèrent son imagination furent si sombres, il s'épouvanta et recula avec tant d'horreur devant la réalité qui remplaçait ses rêves héroïques, et ses espérances de gloire qu'il ajouta ·

> Que promet l'avenir ? Quelle franchise auguste
> De mâle constance et d'honneur ?
> Quels exemples sacrés, doux à l'âme du juste ;
> Pour lui, quelle ombre de bonheur,
> Quelle Thémis terrible aux têtes criminelles,
> Quels pleurs d'une noble pitié ?
> Des antiques bienfaits, quels souvenirs fidèles,
> Quels beaux échanges d'amitié
> Font dignes de regrets l'habitude des hommes ?
> La Peur blême et louche est leur dieu.
> Le désespoir !... Le fer. Ah ! lâches que nous sommes,
> Tous, oui, tous. Adieu, terre, adieu.
> Vienne, vienne la mort ! que la mort me délivre !

Il jeta ces derniers vers avec l'âpre dédain rappelant les lettres fameuses dans lesquelles il avait flétri le club des Jacobins et les fêtes données aux soldats de Châteauvieux. Mais Chénier possédait une grande âme. Il ne pouvait longtemps céder à un moment de faiblesse, si légitime qu'il pût être. Celui qui avait écrit les deux articles sur Louis XVI, qui attestent la noblesse de son caractère, comme ces vers prouvent son génie, devait vite se relever et reprendre sa virile audace. Ses amis l'écoutaient pleins d'admiration pour sa verve inspirée, et de respect pour cette lyre dont les cordes chantaient au pied de l'échafaud.

Au silence qui s'était fait dans les groupes succéda un murmure rempli d'émotion. Chénier le recueillit comme le plus cher des éloges, et rasséréné il reprit :

> Ainsi donc mon cœur abattu
> Cède au poids de ses maux ? Non, non, puissé-je vivre !
> Ma vie importe à la vertu ;
> Car l'honnête homme enfin, victime de l'outrage,
> Dans les cachots, près du cercueil,
> Relève plus altier son front et son langage,
> Brillants d'un généreux orgueil.
> S'il est écrit aux cieux que jamais une épée
> N'étincellera dans mes mains,
> Dans l'encre et l'amertume une autre arme trempée
> Peut encore servir les humains.
> Justice, vérité, si ma bouche sincère,
> Si mes pensers les plus secrets
> Ne froncèrent jamais votre sourcil sévère,
> Et si les infâmes progrès
> Si la risée atroce ou (plus atroce injure !)
> L'encens de hideux scélérats
> Ont pénétré vos cœurs d'une longue blessure,
> Sauvez-moi ; conservez un bras
> Qui lance votre foudre, un amant qui vous venge.

> Mourir sans vider mon carquois !
> Sans percer, sans fouler, sans pétrir dans leur fange
> Ces bourreaux, barbouilleurs de lois,
> Ces tyrans effrontés de la France asservie,
> Égorgée... O mon cher trésor,
> O ma plume ! Fiel, bile, horreur, dieux de ma vie !
> Par vous seuls je respire encor.

Les yeux gris-bleu d'André lançaient des flammes. Son visage bistré, léonin, paraissait enflammé ; ses lèvres tremblaient, son geste menaçait comme s'il eût aperçu devant lui les « barbouilleurs de lois » qu'il venait de stygmatiser, et les pourvoyeurs de la guillotine qui, à cette même heure, assis sur leur tribunal infâme, envoyaient à la mort des fournées d'innocents. Mais quand André baissa son regard, il ne vit devant lui, à demi noyées dans l'ombre des couloirs, que des femmes dont le nom était leur seul crime, et que leurs vertus trahissaient plus encore que leur fortune. Combien, parmi celles qui frémissaient en l'écoutant, en avait-il rencontré chez le comte des Alleurs, dans le salon de Mme d'Albany, chez le comte de Mautrand, ami des Trudaine. Il vit, appuyée sur l'épaule de Mme de Laval, qu'elle inondait des flots de sa blonde chevelure, la tête charmante d'Aimée de Coigny, et le regret de la vie le mordit au cœur ; cependant il poursuivit cette ode qui restera, comme il l'avait affirmé, le testament de son âme :

> Quoi ! nul ne restera pour attendrir l'histoire
> Sur tant de justes massacrés ;
> Pour consoler leurs fils, leurs veuves, leur mémoire ;
> Pour que des brigands abhorrés
> Frémissent aux portraits noirs de leur ressemblance :
> Pour descendre jusqu'aux enfers
> Chercher le triple fouet, le fouet de la vengeance,
> Déjà levé sur ces pervers ;
> Pour cracher sur leurs noms, pour chanter leur supplice !
> Allons, étouffe tes clameurs ;
> Souffre, ô cœur gros de haine, affamé de justice,
> Toi, Vertu, pleure si je meurs.

— Vous ne mourrez pas ! vous ne mourrez pas ! dirent vingt voix, et vous nous vengerez.

— En aurai-je le temps ? demanda Chénier.

— Je vous en supplie, dit Aimée de Coigny, donnez-moi ces vers.

— Ils vous appartiennent, puisqu'ils sont mon testament, dit Chénier.

— Vous êtes cruel, reprit la jeune fille en se rapprochant du poète.

— Ah! dit Chénier, j'aurais dû garder le courage d'étouffer dans mon cœur le sentiment que vous y avez fait naître. En vous le dévoilant j'ai cédé à un égoïste instinct. Les anciens confiaient leurs cendres à des urnes d'or ou de porphyre, j'ai voulu que ma mémoire fût gardée dans l'âme d'une jeune fille. Vous me pleurerez, amie, mais vous me survivrez. De ma tendresse éclose dans cette prison comme une fleur pâle et tardive entre des murailles, vous garderez un innocent et cher souvenir, dont vous pourrez plus tard, sans rougir, entretenir celui dont vous partagerez la vie. Oh! je vous en conjure, à cette heure solennelle où rien de mesquin, de mauvais, ne survit dans l'âme, ne vous dites point que vous me devez suivre, et que l'échange d'un sentiment involontaire vous doit enchaîner à mon sort. Vivez, luttez pour défendre une existence que je regrette à cause de vous... Vivez! plus tard quand le règne des méchants sera passé, ou si à prix d'or vous vous faites ouvrir ces portes, allez trouver ma mère, remettez-lui une copie de ces vers et l'adieu suprême que je vais écrire pour elle...

Mlle de Coigny regarda Chénier à travers un voile de larmes.

— Il faut promettre, lui dit gravement Mme de Laval.

— Je vous obéirai, André, répondit Aimée.

Chénier la quitta pour écrire à sa mère, et Robert reprit le portrait de Roucher auquel il voulait faire les dernières retouches.

Pour la seconde fois le fracas recommença dans la cour; il ne fallait plus en douter, on allait faire l'appel des prisonniers. Plusieurs captifs entouraient les prêtres détenus et leur confiaient les suprêmes secrets de leur conscience. Les fils se jetèrent dans les bras de leurs pères, des femmes étouffèrent des sanglots...

Verney parut, une liste à la main.

Les derniers rayons du soleil jouaient sur les dalles, suprême ironie à la scène de deuil qui allait se passer.

Un frisson vite réprimé parcourut les groupes.

— Les Élus de sainte Guillotine, cria Verney.

Roucher devint pâle, seul il avait la certitude de son malheur.

Robert et Chénier lui serrèrent silencieusement la main.

— Roucher, appela Verney.

Un murmure de pitié circula dans les groupes. Tous les prisonniers savaient que l'auteur des *Mois* payait de sa tête ses courageux articles au *Journal de Paris*.

Il quitta sa place, et gagna l'endroit où se groupaient d'habitude ceux que Fouquier-Tinville appelait à sa barre.

— Sauvée: le ci-devant marquis de Roquelaure...

Ces captifs rejoignirent Roucher.

— Le ci-devant baron de Trenk, poursuivit Verney, Coigny, Montrand aîné, Chénier...

Un cri désespéré jaillit des lèvres d'une des prisonnières, et un corps sans vie s'affaissa sur le pavé.

— Madame ! Madame ! dit André en s'adressant à une femme aux cheveux blancs, par pitié ! secourez-la, consolez-la...

La voix rauque de Verney appela successivement : Monscrif, Brognard, Égalité, Bourdeille.

André se jeta dans les bras des frères Trudaine :

— Adieu ! leur dit-il.

— Au revoir ! à demain ! répondirent-ils, des amis comme nous se retrouveront devant Dieu.

Chénier alla encore serrer les mains de Sauvée qui avait fait son portrait, de Ginguené poète aussi, et qui plus heureux, allait devoir à l'amitié d'un greffier d'échapper à l'échafaud.

Verney épuisa la liste des victimes : elle comprenait 27 noms ajoutés à la liste primitive par l'infâme Robinet, dans la chambre du guichetier Sane !

Des adieux s'échangèrent entre les victimes désignées et les prisonniers épargnés pour ce jour-là.

— Les charrettes attendent... dit Verney.

Mais Roucher avait quitté sa place au milieu des malheureux qui devaient comparaître, le lendemain, devant le tribunal révolutionnaire, afin de rejoindre Robert qui donnait à son portrait les derniers coups de crayon.

— Vous me retardez, dit Verney en posant sa lourde main sur l'épaule de l'auteur des *Mois*.

Le poète se recula vivement.

— Mon ami, dit celui-ci, une seconde, une seconde encore... Robert, un dernier trait... bien... Maintenant, passe-moi ton crayon...

L'artiste le lui tendit, et Roucher écrivit d'une main ferme cette dédicace au bas du dessin de l'artiste :

A MA FEMME, A MES ENFANTS, A MES AMIS

Ne vous étonnez pas, objets sacrés et doux,
Si quelque air de tristesse obscurcit mon visage !
Quand un crayon savant dessinait cette image,
On dressait l'échafaud, et je pensais à vous.

Après avoir signé, il embrassa l'artiste, prit la main d'André, et lui dit :
— Viens...

Les vingt-cinq prisonniers se dirigèrent vers l'escalier et commencèrent à descendre. En ce moment Verney déplia de nouveau la liste qu'il tenait encore à la main, puis comme s'il avait oublié un nom au milieu de ceux qu'il venait d'appeler, il dit d'une voix sonore :
— Le ci-devant comte Henri de Civray.

Le jeune homme s'avança le front haut, et, voyant parmi les victimes désignées un prêtre aux cheveux blancs qui s'avançait avec peine, il lui offrit l'appui de son bras.

Henri ressentait presque un soulagement à l'idée de mourir. Il ne trouvait plus possible de vivre dans cette France sans roi, sans Dieu. Le manque de nouvelles de sa mère lui faisait craindre qu'elle aussi eût succombé, et ainsi son dernier lien se trouvait rompu. Depuis assez de jours il se regardait comme perdu pour avoir réglé avec Dieu les comptes de la dernière heure. Il avait senti le besoin de pardonner en comprenant combien lui-même avait besoin d'indulgence, le nom de Jeanne ne lui apportait plus, à cette minute suprême, qu'un souvenir à demi éteint dans les pleurs du regret terrestre et du divin repentir. Comme il se trouvait le dernier appelé, une des charrettes déjà remplie quitta la cour avec un bruit sinistre de ferrailles, de coups de fouet, de jurements de charretiers, bientôt doublé par les ignobles cris de la populace.

— On va broyer du rouge ! disaient les uns, en se souvenant d'un mot fameux.

— Ils vont invoquer sainte Guillotine.

— Encore une bande qui va éternuer dans le sac.

— Samson aura de la belle besogne !

C'était un ouragan d'injures, de blasphèmes, de menaces. On insultait ceux qui allaient mourir. On aurait voulu leur donner la torture avant de les envoyer à l'échafaud. Des enfants leur montraient des têtes de chats fraîchement coupées, fichées au bout de bâtons dégouttant de sang. Des femmes hurlaient le *Ça ira*, en montrant leurs poings de harengères. Ailleurs, des rondes se formaient sur l'air de *Mme Veto*. C'était un tableau sinistre et terrible, dont rien jamais ne saura donner une idée.

Henri vit ce tableau sans s'émouvoir. La seconde charrette s'emplissait. Il aida le vieux prêtre qu'il soutenait à y prendre place et lui-même allait monter à côté de lui, quand une main rude s'abattit sur son épaule, et le fit brusquement se retourner.

Alors la voix enrouée de Verney cria :

— En route !

La cour se vida rapidement, les curieux suivaient les charrettes. L'homme, qui avait saisi Henri par le collet de son vêtement, l'entaîna vivement dans un angle.

— Attendez un instant, lui dit-il.

— Je ne passe donc pas en jugement aujourd'hui?

— Non, répondit le geôlier

— Dois-je rejoindre mes compagnons de captivité?

— Je vous ai dit d'attendre.

— Qui dois-je attendre? reprit Henri.

— Ne le savez-vous pas?

— Je ne sais rien. Vous m'appelez comme si je devais passer en jugement, puis vous me retenez ici, je ne m'explique rien de ce qui arrive.

— Vous le comprendrez plus tard, reprit Verney. Cela fait trois de sauvés aujourd'hui... La petite citoyenne Aimée de Coigny a été rayée de la liste au prix de cent louis, de même que le ci-devant prince de Hesse. Quant à vous, personne ne vous avait désigné pour paraître demain au tribunal.

— Alors pourquoi m'avoir appelé?

— J'obéissais au citoyen Marcus.

— Je ne connais pas même ce nom.

— Vous allez voir l'homme, cela vaut mieux.

Henri n'eut pas le temps d'interroger davantage le guichetier. Le secrétaire de Fouquier-Tinville venait d'entrer dans la cour.

Il marcha rapidement vers Verney et lui glissa un rouleau d'assignats dans la main.

— C'est bien, fit-il, tu auras de l'avancement.

— Que ferez-vous donc de moi, demanda Verney?

— Après avoir été porte-clefs au Luxembourg et guichetier de la prison Lazare, répondit-il, il ne reste plus qu'une seule place à prendre...

— Laquelle? demanda Verney.

— Celle de bourreau... répondit le secrétaire de Fouquier.

— Toujours aimable, citoyen Marcus! fit Verney en saluant.

Marcus se rapprocha d'Henri.

— Vous vous appelez Henri de Civray?

— Oui, Monsieur, répondit le jeune homme.

— Un peu de prudence, fit Marcus, appelez-moi citoyen.

— Qu'allez-vous faire de moi? demanda Henri.

— Vous conduire près de votre mère.

— Ma mère! ma mère est vivante?

- Elle vous pleure, elle vous attend.

— Mon Dieu! mon Dieu! dit Henri, vous avez donc eu pitié de nous!

Marcus secoua la tête avec un sourire railleur.

— Ce n'est pas Dieu qui vous sauve, dit-il.

— Si, répondit Henri, je ne saurais voir que sa main dans tous les événements qui surviennent. Je comprends ce que je vous dois de reconnaissance, et, croyez-le, je ne me montrerai point ingrat... Comment pourrai-je assez vous bénir pour un dévouement, une générosité que je n'ai en rien mérités... Je ne vous connais pas, il me semble que jamais nous ne nous sommes rencontrés... et vous éprouvez pour moi assez de sympathie, d'amitié, pour me sauver la vie...

— De l'amitié! s'écria Marcus dont la voix trembla de rage contenue, regardez-moi donc, et dites si mon visage est celui d'un ami.

— Vous paraissez me haïr, reprit Henri, et cependant...

— Je vous arrache à la prison, je vous sauve de l'échafaud... Oui, je fais tout cela et j'ai la rage dans le cœur; et je vous étranglerais volontiers des deux mains que voilà et qui vous ont enlevé à Verney... Je cède à une volonté plus forte que la mienne... Je suis ambitieux avec frénésie, eh bien! je céderais mon avenir pour vous voir gravir les degrés de la guillotine... Et vous me devez la vie, et grâce à moi vous rejoindrez votre mère!

— Qui que vous soyez, dit Henri, vous avez tort de me haïr, car j'ai beaucoup souffert sans faire de mal à personne.

— Il faut vous hâter, dit Marcus, venez.

Le secrétaire de Fouquier entraîna le jeune comte.

— Où allons-nous? demanda celui-ci.

— Sur les quais, près de la Conciergerie.

Tous deux quittèrent rapidement le quartier de la prison Saint-Lazare.

Henri de Civray, tout en marchant rapidement à côté de son guide, jetait autour de lui un regard curieux. Il lui fut possible de s'assurer de l'exactitude des nouvelles apportées à Robert; si, dans la cour de la prison, les derniers énergumènes de la Révolution, les piquiers, les Jacobins et les Tricoteuses insultaient encore ceux qui allaient mourir, la masse du peuple se révoltait par la vue du sang qui continuait à couler. On en avait assez de la guillotine et du triumvirat. La fadeur du sang tiède, qui détrempait les rues de Paris, révoltait à la fois les sens et le cœur. Déjà des tentatives avaient été faites dans le but d'enlever l'odieuse machine. La foule, qui passe avec la même véhémence d'un excès à un autre, s'était précipitée sur l'échafaud pour lui arracher ses victimes, entrant en lutte ouverte avec la force armée qui la chargeait impitoyablement. Le peuple, revenu de ses erreurs, appelait de tous ses vœux le renversement d'un gouvernement qui ne se faisait connaître que par des arrêts de mort. Les boutiques se fermaient dans un grand nombre de quartiers. L'épouvante glaçait toutes les âmes... On comprenait que le terrible niveau de la guillotine, si l'on ne s'insurgeait contre, abattrait les têtes les plus humbles. Nul n'était sûr de se réveiller près des siens, dans sa maison. Les haines particulières multipliaient les victimes. Quelque chose s'agitait sourdement; crise nouvelle au milieu d'une crise épouvantable. On marchait la tête baissée, en rasant les murs. L'angoisse se peignait sur tous les visages. La contre-révolution allait éclater comme un coup de tonnerre, mais trop tard, hélas! pour sauver tant de saintes, tant de nobles victimes.

Ni Marcus ni Henri ne parlaient.

Lorsque tous deux se trouvèrent près du quai, le regard perçant de Marcus fouilla les groupes d'hommes et de femmes venus là pour attendre le passage des prisonniers. Des sœurs, des mères, des fils pouvaient échanger un suprême regard avec des êtres chers.

Marcus avait sans doute reconnu la personne qu'il cherchait, car il s'avança vers une femme vêtue de noir, enveloppée avec soin dans un mantelet dont le capuchon dérobait son visage. Un bouquet de pensées était fixé au côté droit de sa mante.

Elle aussi reconnut Marcus, car tout en serrant de l'une de ses mains le capuchon qui la rendait invisible, elle éleva l'autre pour désigner à Marcus deux femmes également en deuil.

L'une était grande, pâle de la pâleur de ceux qui vont mourir, l'autre frêle, petite et blonde, semblait succomber sous le poids de chagrins trop lourds pour son âge.

Marcus entraîna Henri vers ces deux femmes qui, en ce moment, attachaient un regard avide du côté où devaient arriver les charrettes cahotant les prisonniers qui, le lendemain, devaient s'asseoir à la barre.

Brusquement, sans que rien les eût prévenues, elles se sentirent enlever dans une seule étreinte. La plus âgée des deux femmes fixa des yeux agrandis par la joie sur le jeune homme qui la serrait sur son cœur, et ce nom passa sur ses lèvres comme un souffle :

— Henri! mon Henri!

La jeune fille s'appuya chancelante contre sa compagne.

— Pauvre Cécile! dit le comte de Civray en lui prenant la main.

Il n'ajouta rien de plus, et l'expression du visage de la pâle jeune fille fut celle d'une tendresse humble et craintive.

Marcus restait debout à côté de la jeune femme en mantelet noir.

— J'ai tenu ma parole, dit-il, tiendrez-vous enfin la vôtre?

— Soyez tranquille, je n'y manquerai pas.

Elle ajouta d'une voix plus brève :

— Les passeports?

— Les voici.

La jeune femme trembla de tous ses membres, puis elle s'avança vers Mme de Civray qui venait de s'attacher au bras de son fils.

La femme au capuchon saisit la main de la comtesse, y plaça les passeports et une lettre, puis, approchant cette main de ses lèvres elle y laissa tomber une larme.

Madame de Civray serra machinalement les passeports que Jeanne venait de lui remettre; au même instant, Marcus entraîna la jeune fille.

Mais si Mme de Civray n'avait point reconnu l'héroïque créature, le regard du comte venait de percer le voile qui la dérobait à ses regards, et il s'écria d'une voix brisée :

— Jeanne! oh! Jeanne.

Il allait s'élancer pour la suivre, mais un mouvement rapide qui s'opéra dans la foule repoussa Henri et sa famille du côté de la Seine; quand le jeune homme fut parvenu à se dégager, Jeanne et Marcus avaient disparu.

Des tribunes, dans les clubs, travaillaient les masses. (Voir page 273.)

## CHAPITRE XXIII

### VIVE LE ROI !

Jeanne était seule dans sa chambre, debout près d'une table sur laquelle s'entassaient des rubans, des bijoux et des fleurs. Une robe blanche de linon, un ample fichu de dentelle, une baigneuse de malines encombraient un fauteuil. La pâleur de Jeanne était si grande que, si on l'avait vue immobile, étendue sur un lit funèbre, cette pâleur n'eût été ni plus mate ni plus effrayante. Ses lèvres tremblaient, agitées par une sorte de spasme intérieur, et dans ses grands yeux se lisait un désespoir si profond, que jamais visage humain n'en refléta un semblable.

Tout à coup l'horloge sonna.

Ce timbre, faible, doux, argentin, galvanisa Jeanne que les bruits de la maison n'avaient pu arracher à sa rêverie. Elle fixa des yeux presque hagards sur ce cadran, et murmura d'une voix faible comme un soupir :

— Il le faut !

Alors roidissant sa volonté, elle releva la tête, fit quelques pas dans la chambre et commença lentement à se déshabiller. Un à un, avec une lenteur automatique elle enleva ses vêtements noirs, puis, avec la même lenteur, mais accompagnée de quelque chose de plus solennel dans les gestes, de plus désespéré dans l'expression de la physionomie, elle revêtit la robe blanche, noua autour de la taille ce fichu de linon, et posa, sur sa belle chevelure ondulée, le bonnet aux plis amples dont les dentelles vinrent accompagner son beau visage. Prenant ensuite un bouquet de fleurs d'oranger, elle l'agrafa à son corsage, le respira avec une joie mélancolique, puis elle effleura ses paupières de ses doigts tremblants. A ce moment, peut-être, disait-elle adieu au dernier, au plus pur de ses rêves.

Jeanne était prête. Quand elle se regarda dans la glace, elle sourit, d'un sourire navrant, puis elle quitta sa chambre et traversant les deux pièces qui la séparaient du salon, elle y entra. La citoyenne Fouquier-Tinville, et ses enfants, s'y trouvaient et semblaient l'attendre. La femme de l'Accusateur public se leva et alla vers elle, les enfants l'embrassèrent.

Alors seulement Marcus s'approcha.

Une violente émotion l'agitait. Des flammes jaillissaient de ses grands yeux noirs.

— Enfin ! dit-il.

— Suis-je donc en retard ? demanda Jeanne.

— Non ! non ! mais vous comprenez mon impatience.

— Je sais, dit Jeanne, je sais.

— Il se fait tard, reprit Marcus ; venez, si nous tardions davantage, nous pourrions courir le risque de ne plus trouver l'officier municipal.

— Je vous suis, répondit Jeanne.

Elle se tourna vers son ancienne maîtresse, et lui dit avec une dignité dont celle-ci parut surprise :

— Adieu, Madame, les événements suivent une marche si rapide que nous ne nous reverrons sans doute jamais. Vous avez été bonne pour moi, et je prierai pour vous...

— Mais Jeanne, ton mari reste le secrétaire de Fouquier. Au lieu d'être mon officieuse, tu deviendras mon amie, et je t'avoue que j'aimerai mieux cela ; je ne crois pas me tromper en affirmant que jamais tu n'as été faite pour servir. En veux-tu la raison ? Tu es trop parfaite pour ton état.

— J'ai rempli mon devoir, voilà tout, répondit la jeune fille, encore une fois, adieu.

— Jeanne, dit Marcus, il manque quelque chose à votre parure.

— Quoi donc ? demanda la jeune fille ; les bijoux que vous m'avez envoyés... Je les réserve pour plus tard...

— Non, Jeanne, pas seulement cela, mais une ceinture tricolore sans laquelle pas une parure ne semble complète aujourd'hui.

— En effet, dit la citoyenne Fouquier ; mais cet oubli est facile à réparer...

Elle dénoua le large ruban qui lui ceignait la taille, et voulut l'attacher à celle de Jeanne. Celle-ci se recula, avec une sorte d'effroi.

— Non ! non ! fit-elle en avançant les mains comme si elle eût eu peur que le contact de ce ruban l'eût souillée, soyez tranquille, ce soir, il y aura du rouge sur ma robe... Venez, Marcus.

Le jeune homme tenta de saisir la main de sa fiancée, mais avec une sorte de hâte farouche, la jeune fille le précéda dans le couloir, descendit l'escalier, et se trouva dans la rue.

— Ne prenez-vous point mon bras ? demanda-t-il.

— Plus tard, répondit Jeanne Raimbaud.

— Plus tard ! plus tard ! répéta Marcus d'une voix agitée, et m'apprendrez-vous aussi quand vous m'aimerez, Jeanne ?

La jeune fille fixa sur lui un regard clair :

— Ceci n'est point dans nos conventions, répondit-elle. Nous avons tous deux fait un marché, et pour mon compte, je l'exécute ponctuellement. Marcus, vous avez acheté ma main au prix de la vie d'Henri de Civray et de sa famille ; je vous suis chez l'officier municipal chargé d'unir les époux ; vous dois-je davantage ? Non. Avez-vous espéré plus ? Je l'ignore, mais dans ce cas vous auriez eu tort.

Une crispation passa sur le visage de Marcus, cependant il reprit avec douceur.

— Oui, j'ai tort de vous demander, aujourd'hui, ce que je dois seule ment m'efforcer de conquérir. Quand je serai votre mari, je vous forcerai bien à m'aimer.

Un soupir fut l'unique réponse de Jeanne. Allons, dit-elle.

Ils arrivaient à l'hôtel de ville.

L'officier municipal adressa de brèves questions à Marcus et à Jeanne ; tous deux y répondirent, signèrent sur un registre, et le Jacobin, poussant un éclat de rire, avança les deux mains comme s'il faisait le geste de les bénir.

— Venez, dit Jeanne à Marcus, j'étouffe.

Cette fois, soit lassitude, soit parce qu'elle comprenait qu'elle serait inévitablement séparée de lui par la foule, elle prit son bras.

— Où allons-nous ? lui demanda-t-il.

Elle répondit :

— Aux Tuileries.

Il faisait une admirable journée d'été, chaude et brillante. Les arbres avaient encore toutes leurs feuilles, l'eau murmurait dans les bassins. Des enfants jouaient aux places même où l'on avait dressé les échafaudages destinés à des fêtes patriotiques, ces fêtes que présidait Robespierre avec une solennité orgueilleuse.

— Enfin, lui dit Marcus, vous voilà ma femme.

— Votre femme ! répéta Jeanne d'une voix étrange.

— Rien ne saurait plus nous séparer.

— Rien que la mort... répondit Jeanne.

— La mort ! pourquoi l'évoquer à cette heure ? pourquoi prononcer ce nom maudit ? La mort pour vous, si jeune, si pure, si belle !

— La princesse de Lamballe était plus belle que moi, les vierges de Verdun aussi pures et aussi jeunes.

— Taisez-vous par pitié, Jeanne.

— Il n'y a plus de pitié, Marcus, vous le savez bien...

Elle ajouta d'une voix plus âpre :

— Combien de malheureux seront guillotinés ce soir ?

— Laissez les mourants, les morts, les condamnés, Jeanne ; vous me dites ces choses comme si vous me reprochiez les accusations, les jugements et les exécutions qui se succèdent... Tenez, je puis bien vous le dire maintenant, vous ne me trahirez pas, et peut-être me détesterez-vous moins quand je vous aurai avoué ce que je pense... A l'heure où commença la Révolution, je n'aurai jamais cru qu'elle pût aller si loin. Je voulais la République, et je la regardais à travers celle d'Athènes et de Sparte. On ne songe pas à répandre le sang quand on a vingt ans. La pauvreté me faisait peur, je n'acceptais le travail qu'à la condition de le voir rémunérer d'une façon brillante. Né dans une situation modeste, je sentais en moi des ambitions sans mesure. L'envie de posséder, ou plutôt le brutal désir de jouir tout de suite d'une situation enviable me jeta dans la Révolution. Je m'imaginai d'abord, qu'en anéantissant certains privilèges, elle ouvrirait à tous des carrières brillantes. Quand je compris qu'elle renversait les lois, la religion, qu'elle couvrait le pays d'échafauds, j'éprouvai un mouvement d'effroi. Ce n'était point là ce que demandait mon ambition ; mais à côté de moi, derrière moi étaient mes amis, mes envieux ; je n'avais plus le droit ni le pouvoir de reculer. Toute défection pourrait être punie de mort. Il fallait aller en avant toujours, sous peine de devenir suspect, et de monter à son tour sur l'échafaud dressé en permanence.

— On peut toujours se repentir, répondit Jeanne.

— Je ne me repens pas ! fit Marcus, parce que je fus sincère. Je crus à un idéal de république, et quand je vis qu'elle roulait dans le sang, il était trop tard. Je devais ou consentir à devenir victime ou me jeter plus avant dans la Révolution. J'ai des ambitions et des appétits. Je me sentais une soif ardente de plaisirs, et j'acceptai les fonctions que je remplis, ces fonctions qui vous font horreur, et qui cependant m'ont permis de sauver ceux que vous aimez. Je les ai sauvés, ils sont partis, maintenant... J'ai trahi pour vous des devoirs qui, jusqu'à cette heure, me paraissaient sacrés. Si mon crime était connu, car c'est un crime de favoriser le salut des suspects, je monterais sur l'échafaud dont vous avez préservé le ci-devant comte Henri... Vous pouvez bien me l'avouer, maintenant, pour que vous vous soyez dévouée de la sorte à cette famille, il faut que vous ayez songé...

— A devenir la femme du comte Henri? Oui, Marcus, il fut question de mariage entre nous, et c'est moi qui refusai le comte.

— Alors, vous ne l'aimiez pas?

— Je l'aimais de toute mon âme.

— Et vous m'apprenez cela, à moi ?

— Vous m'interrogez, je réponds.

— Qu'importe ! qu'avez-vous besoin de me répéter qu'en me donnant votre main vous avez conclu un marché !

— Marcus, demanda Jeanne en fixant ses grands yeux sur le secrétaire de Fouquier, j'ai pour jamais, pour jamais, entendez-vous, renoncé aux espérances de ce monde. Ne vous plaignez point que je ne vous aie point voué un sentiment que vous ne vous êtes point attaché à faire naître. Si vous aviez voulu exciter en moi cet enthousiasme qu'inspirent aux grands cœurs les actions généreuses, vous m'eussiez dit, le jour où je vous suppliai de sauver ma famille adoptive : — Je ne vends pas une grâce, je l'accorde! et je vous le jure, Marcus, je vous aurais voué dans le fond de mon âme un sentiment si grand et si complet que jamais vous n'auriez eu le droit d'être jaloux.

— Vous demandez trop à un homme subjugué par votre beauté, Jeanne, et qui sait si, au fond de votre âme, vous n'auriez point raillé cette générosité que vous exaltez maintenant? Oubliez que mes opinions froissent les vôtres, que nous appartenons à deux partis divers. Ne voyez en moi qu'un homme dont toute la vie sera employée à vous plaire.

— Je connais mon devoir, répondit Jeanne. Je vous ai promis de vous suivre devant l'officier municipal, et je vous ai suivi ; je ne vous dois plus rien, n'est-ce pas? Ne demandez pas plus que je ne vous ai promis, mais souvenez-vous que si, par amitié, par tendresse pour moi, vous aviez changé d'existence, j'aurais pu vivre... Marcus! Marcus! dit-elle en saisissant les deux mains du jeune homme, n'entendez-vous pas ces voix qui hurlent? On chante l'hymne des Marseillais... le sang coule autour de nous, et sous nos pieds le sol tremble... Ne voyez-vous rien? Ne comprenez-vous rien? Faut-il que moi, une femme, je vous avertisse et je tente de vous éclairer... Encore quelques jours, un seul jour, peut-être, et il n'y aura plus ni Montagne ni Jacobins... La tête de Robespierre aura roulé à son tour sous le couperet, avec celles de Couthon et de Saint Just... Fouquier-Tinville, votre sinistre maître s'assiéra à son tour à la barre, et vous, vous... Oh! ne détournez pas la tête, ne me croyez point en proie à une exaltation romanesque... Je devine, je sais, je crois... Tout à l'heure une sinistre charrette entraînera encore des condamnés sur la place du Trône-Renversé, mais Dieu sait si ce n'est pas la dernière...

Marcus n'avait pu s'empêcher de tressaillir et de trembler en écoutant les paroles de Jeanne. Elle semblait à cette heure, dans sa robe blanche, son beau visage baigné par la chaude lumière de midi, non pas une simple jeune fille, mais une créature presque surnaturelle. Ce qu'elle lui annonça lui semblait non pas seulement possible, mais certain : il devinait qu'elle avait en ce moment un don de prophétie. Mais quelque autorité qu'empruntât la parole de Jeanne, elle ne pouvait ainsi brusquement triompher des tendances, des aspirations de Marcus. Il ne voyait point d'ailleurs le moyen de s'arracher au groupe qui l'entourait de tous les côtés. L'émotion qui l'avait gagné se dissipa ; il devina un danger dans l'empire que prenait sur lui cette femme qui lui avait d'abord arraché le salut de la famille de Civray, et qui, maintenant, tentait de lui faire abandonner ses frères. Aussi, saisissant les mains de Jeanne avec une sorte de brusquerie, lui dit-li :

— Venez, je vous en prie.

— Soit, fit-elle.

— Où voulez-vous aller? ajouta Marcus plus doucement.

— Fouquier-Tinville se trouve en ce moment sur son tribunal ; dans un moment les condamnés vont sortir, je veux les voir monter en charrette.

— Vous ! s'écria Marcus avec stupeur.

— Moi, répondit Jeanne d'une voix calme.

Rien ne pouvait surprendre davantage Marcus que la prière de la jeune femme; il savait que rien au monde ne pouvait lui paraître plus odieux, plus terrifiant que le spectacle auquel elle demandait d'assister. Et cependant ses grands yeux conservaient leur limpidité, son visage cette expression de pureté tranquille qui était son plus grand charme. Quel mystère se dérobait sous cette placidité; quel était le secret de cette jeune femme qui suivait le chemin conduisant des Tuileries au sinistre tribunal? Marcus cherchait vainement à le deviner : Dieu et Jeanne le savaient seuls.

Une animation plus grande que de coutume régnait dans les rues.

Lorsque les prisonniers de Saint-Lazare causaient entre eux du changement qui se produisait dans l'opinion publique, ils ne se laissaient pas abuser par une fausse espérance. Oui, Tallien et ses amis agissaient, et leur position était telle que Tallien était perdu si Robespierre et ses séides ne succombaient pas.

Robespierre n'avait pas compris que ce qui est excessif ne saurait durer.

Des groupes nombreux se formaient. Le peuple se massait tantôt du côté de l'hôtel de ville, tantôt du côté du palais où siégeaient les représentants. On sentait que le drame se concentrait là. Ce qui allait se passer au tribunal et au sortir de la Conciergerie paraissait moins suspect que ce qui arriverait le lendemain : de ce lendemain on attendait le salut.

De graves événements, dont la foule ignorait les détails mais dont on devinait la portée, s'étaient passés dans les hautes régions du pouvoir.

Une lutte s'était établie entre les amis et les ennemis de Robespierre.

La loi du 22 prairial n'eut qu'à demi atteint son but, si Maximilien n'y avait dû de trouver le moyen de faire tomber les têtes d'un grand nombre d'hommes qui, à des degrés différents, avaient avec lui partagé le pouvoir. Le club des Jacobins excité par lui, résolut de demander à la fois la mise en jugement de Dubois-Crancé, de Delmas, de Thuriot, de Léonard Bourdon et de Bourdon (de l'Oise). Le premier s'était baigné dans le sang des Lyonnais ; le second, ancien espion de Marat, avait rempli les rôles les plus odieux pour sortir de l'obscurité ; Thuriot, qui s'appelait lui-même *Tue-Roi*, devenait inquiétant ; les deux Bourdon, de quelques crimes qu'ils fussent coupables en comptaient un seul irrémissible, celui d'avoir raillé la contenance et l'attitude de Robespierre durant la fête de l'Être Suprême. Maximilien échoua dans son projet ; on ne décréta pas d'accusation ceux qui s'étaient rendus coupables à l'égard du dictateur. Cette tentative n'eut d'autre résultat que d'avertir les députés du danger qui les menaçait, et de leur prouver la nécessité de s'unir afin de combattre celui qui devenait leur ennemi commun.

Garnier (de l'Aude) à qui ils confièrent leurs alarmes, loin de les rassurer, leur apprit qu'une liste de proscription, comprenant quarante noms, avait été vue entre les mains de Saint-Just tandis qu'il la communiquait à Lebas. Or, Lebas et Saint-Just étaient à la fois les confidents et les âmes damnées de Robespierre. Pendant le rapide instant où il avait été possible à Garnier de voir cette liste, il n'avait pu déchiffrer les noms des futures victimes, l'en tête seul était resté dans son souvenir : *députés suspects*. Or, on savait combien peu d'heures s'écoulaient entre la suspicion et l'échafaud. Il ne fallait désormais qu'un incident, un hasard, pour apprendre aux ennemis de Robespierre le reste d'un secret dont dépendait leur existence.

Ces rumeurs, colportées dans l'ombre, ne tardèrent pas à prendre une consistance grave ; répétées par les femmes, elles devaient être affirmées et prouvées par une femme, et ce fut cette Éléonore Duplay, dont Maximilien Robespierre avait fait son Égérie, qui fournit les armes que l'on devait retourner contre lui. Le frère d'Éléonore demandait en mariage une jeune femme dévouée à Billaud-Varennes ; les refus de celle-ci, en rivalité avec la citoyenne Duplay, amenèrent une scène violente durant laquelle Éléonore menaça la jeune femme, dont son frère était amoureux, de faire inscrire son nom sur le *Calepin rouge* de Robespierre. Dès lors, le plan de l'amie de Billaud-Varennes fut fait. Elle se départit de sa froideur à l'égard du frère d'Éléonore, et lui demanda la vérité sur le livre rouge. Duplay l'ignorait : ce fut Renard, séide influent de la garde dont s'entourait Maximilien l'Incorruptible, qui lui apprit que Robespierre inscrivait la liste de ses ennemis sur un portefeuille de maroquin rouge, qui restait caché dans une poche de son habit.

Dès que Billaud-Varennes connut cette particularité, il songea à s'emparer, ne fût-ce qu'un instant, de l'agenda qui renfermait sans doute le secret de sa destinée et celle de ses amis. Vadier, Fouché (de Nantes) et Tallien, lui promirent de lui venir en aide. Tallien tremblait alors moins pour lui que pour Thérésa Cabarus dont il avait fait sa femme, et qui, en ce moment, se trouvait détenue dans la prison du Luxembourg. Tallien proposa d'abord à Vadier d'endormir Robespierre à l'aide d'un narcotique, mais ce moyen présentait de graves difficultés. Carnot consulté, épouvanté non moins que Tallien, chercha sans le trouver un stratagème pour s'emparer du portefeuille. Le hasard servit les ennemis de Maximilien. A un grand festin donné par Couthon, et où se trouvèrent invités les ennemis de Robespierre, la chaleur était si grande, que les amis de Couthon enlevèrent leurs habits, et les laissèrent dans le salon avant de passer dans la salle à manger. Carnot, le plus hardi de tous ceux qui avaient intérêt à parcourir le calepin rouge, s'absenta pendant le repas, entra dans le salon, fouilla dans l'habit de Robespierre, y prit le calepin, et aperçut son nom au milieu de quarante autres. Après avoir replacé le carnet, il rentra dans la salle à manger. Robespierre, à son tour, venait d'en sortir. Un pressentiment l'avertissait-il? Craignait-il pour ses secrets? Quand il revint, il avait remis son habit, et semblait parfaitement tranquille, tandis que Carnot, incapable de se contenir, quittait la maison de Couthon en adressant à Tallien un signe d'intelligence.

Quand celui-ci le rejoignit, et apprit que son nom se trouvait également sur la liste, il s'écria:

— J'en étais sûr!

Carnot et Tallien se rendirent successivement chez Legendre, chez Fréron, chez Barras, chez Bourdon (de l'Oise). Le soir même les députés se réunissent, et jurent de provoquer dans peu de jours, à la tribune de la Convention, une lutte dans laquelle Robespierre doit succomber. Aussitôt, comme si un mot d'ordre avait été donné, un mouvement d'opinion se produisit contre le féroce député d'Arras. Des tribuns, dans les clubs, travaillaient les masses, excitaient les passions populaires, et retournaient l'esprit public contre celui qu'on appelait déjà le tyran et qui, jusqu'alors, avait été l'idole des sans-culottes.

Maximilien, sans se douter de l'orage qui s'amassait sur sa tête, se préparait de son côté à hâter l'assaut qu'il devait livrer. Ses amis étaient prêts à le soutenir, mais si résolus qu'ils fussent, ils devinaient que le combat serait rude, et la victoire chèrement disputée.

Marcus était trop intelligent pour ne pas comprendre le travail qu se faisait dans les masses, la dissidence qui se mettait entre les députés. Les paroles de Jeanne, bien qu'elles s'accordassent mal avec sa joie et ses projets, lui semblaient renfermer le germe de la vérité. Aussi, à mesure qu'il approchait de la Conciergerie, éprouvait-il une répugnance plus grande à donner en spectacle à la jeune femme les victimes qui allaient mourir.

Il y en avait vingt-cinq ce jour-là : les vingt-cinq appelées à la Conciergerie. La liste dressée était de 27, mais un prince et une enfant avaient été rachetés à prix d'or. Sans la générosité avec laquelle des amis de Mlle Aimée de Coigny payèrent cent louis pour que son nom fût rayé de la liste fatale, la jeune captive serait morte en même temps qu'André Chénier.

Au moment où celui-ci, Roucher, le baron de Trenk, de nobles et vaillants gentilshommes, des prêtres aux cheveux blancs, des jeunes femmes, quittaient la prison Saint-Lazare pour se rendre à la Conciergerie, pas un d'entre eux ne garda l'illusion d'être renvoyé absous. Il fallait trois fournées de condamnés pour épuiser la liste des prétendus conspirateurs de Saint-Lazare. La première avait été exécutée la veille, la dernière le serait le lendemain, et compterait des victimes non moins grandes et non moins pures.

Chénier, Roucher et leurs amis conservaient une sérénité impassible. Certains à l'avance du sort qui les attendait, ils évitaient toute allusion au jugement du lendemain.

A mesure qu'il approchait de la Conciergerie, le cœur de Chénier battait plus fort. Privé depuis plusieurs jours de toute communication avec une mère tendrement aimée, il espérait au moins qu'il lui serait possible d'embrasser son frère Sauveur. Celui-ci était depuis plusieurs mois en prison, et, lorsque M. Louis de Chénier alla trouver Barère afin d'en obtenir l'élargissement d'André, il demanda en même temps celui de Sauveur. La position de l'un à l'armée l'avait mis trop en vue, tandis que les courageux articles d'André, en faveur de Louis XVI, avaient servi de motif à son incarcération. Mais André demanda vainement la faveur de voir et d'embrasser son frère, elle lui fut refusée. Sauveur n'apprit pas même la présence de son frère à la Conciergerie, et ce fut la voix d'un crieur public qui lui révéla le sort du « doux et vertueux André » comme l'appelait sa mère.

On ne donna point de chambres aux prisonniers. Il leur restait si peu d'heures à vivre qu'il semblait indifférent qu'ils les passassent dans le recueillement et la solitude ou au milieu du tumulte de la foule.

Qui sait, en dépit de sa résignation, quelle amère douleur noya le cœur de Roucher en songeant à sa femme, à cette fille charmante, cette Eulalie dont il avait formé l'intelligence et le cœur; à cet Émile, « ce petit suspect » qui avait été l'objet de la tendresse de tous à Saint-Lazare. Tandis que l'auteur des *Mois* gardait la tête ensevelie dans ses mains, Dieu vit les larmes qui, débordant de son cœur, roulèrent sur ses joues; Dieu compta les sanglots intérieurs de ce mari, de ce père, dont le nom est un de ceux qui surnagent, durant la période révolutionnaire, au milieu de tant de victimes.

Trenk ne pouvait se résigner à mourir. Cet homme qui avait langui pendant sa jeunesse et son âge mûr dans les forteresses de Prusse, dont il s'était évadé avec autant de bonheur que d'audace; cet ambitieux qui, fuyant la tyrannie de son maître, s'était cru sauvé quand il mit le pied en France, ne pouvait comprendre que la victime du roi de Prusse pérît au nom d'un peuple qui ne jurait que par la liberté !Quelques prisonniers entouraient les prêtres. Plus d'une fois les Jacobins, sachant avec quel dévouement ceux-ci remplissaient dans les prisons les devoirs de leur saint ministère, tentèrent de les séparer des autres prisonniers. Mais leurs efforts, pour l'obtenir de Robespierre, demeurèrent infructueux :

— Ce sont les prêtres qui leur apprennent à mourir sans se plaindre, répondit Maximilien.

Et Maximilien avait besoin qu'on ne se révoltât pas devant l'échafaud.

Les dernières confidences de l'âme au prêtre s'échangeaient; un calme suprême descendait sur tous ceux qui allaient voir leur dernier soleil.

Quand on prévint les prisonniers qu'ils devaient se rendre au tribunal, ils se levèrent tranquillement, se serrèrent la main et se mirent en route. Ils gagnèrent les gradins destinés aux accusés, tournèrent sur une foule plus morne que d'habitude des regards tranquilles, et se tinrent prêts à répondre à Fouquier-Tinville.

Dumas présidait la séance.

Il fallut relativement peu de temps pour juger ces vingt-cinq innocents.

La sentence fut la même pour tous.

La charrette qui attendait tout attelée à la porte allait, au sortir du tribunal, les conduire à l'échafaud.

La foule entourant la sinistre cour paraissait émue de pitié. Quelques Jacobins et des Tricoteuses crièrent bien comme de coutume : A la lanterne! et vomirent des injures contre les condamnés; ce ne fut pas avec le débordement de colère des anciens jours qu'on vit les victimes monter dans la sinistre charrette.

Tout à coup, au milieu de cette foule, il fut possible à Chénier et à Roucher de distinguer un homme jeune, au visage pâle, qui levait avec lenteur son chapeau. Le geste fut si simple, si noble et si grand à la fois, il exprimait tant de douleur et de respect que les prisonniers en furent émus.

L'homme qui leur adressait ce suprême hommage était jeune. Son costume grossier était évidemment un travestissement.

Chénier se pencha à l'oreille de Roucher :

— C'est Henri de Civray, dit-il.

— Béni soit Dieu qui l'a sauvé et le garde à l'amour de sa mère ! répondit le père d'Eulalie.

Mais le calme, mêlé de douleur et de respect, avec lequel le peuple accueillait les condamnés, ne pouvait convenir aux juges qui les envoyaient à la mort. On ne pouvait permettre à ces martyrs de quitter le monde entourés d'une sympathie mêlée de regrets. Une bande de forcenés, à la solde de Robespierre, se répandit soudainement aux abords de la Conciergerie, et leurs invectives, leurs menaces, leurs ignobles outrages se croisèrent autour des malheureux. Les furies de la guillotine vinrent à la rescousse, et bientôt s'éleva autour de la charrette, dans laquelle achevaient de monter les condamnés, un chœur de vociférations furieuses.

Les victimes ne paraissaient pas les entendre. Leur âme, en ce moment, planait bien au-dessus de cette tourbe sanglante ; si près de l'Éternité, ils achevaient de se détacher de la terre.

Presque au même moment où Henri de Civray salua ses anciens compagnons de captivité, une jeune femme, vêtue de blanc, et portant à son corsage un bouquet de mariée, se rapprocha de la charrette.

Son regard se fixa rapidement sur le jeune gentilhomme qui, bien qu'ayant le moyen de fuir, avait voulu adresser un suprême adieu à ses anciens compagnons ; une flamme rapide colora son beau visage ; et l'expression d'une reconnaissance indicible rayonna dans ses yeux.

Elle dégagea son bras de celui de l'homme qui lui servait de soutien et de guide, puis, arrachant le bouquet de fleurs d'oranger qui parait son corsage, elle le lança dans la charrette comme le suprême hommage de sa pitié ; et de sa voix douce, rendue plus vibrante par l'enthousiasme d'un sentiment profond :

— Vive le roi ! cria-t-elle.

## LES VICTIMES

Jeanne marchait au milieu des hommes d'armes. (Voir page 280.)

## CHAPITRE XXIV

## LA REVANCHE DE JEANNE

Une double exclamation de terreur et d'angoisse fut à la fois poussée par Henri et par Marcus qui s'élancèrent ensemble vers Jeanne, mus tous deux par l'impérieux besoin de la protéger. Henri de Civray saisit le premier la main droite de Jeanne, cette main qui venait de lancer dans la charrette des condamnés son bouquet de mariage, et fixant sur elle un regard fou de désespoir :

— Vous venez de vous perdre, malheureuse, ne le savez-vous pas ?

— Monsieur Henri, répondit-elle de sa voix harmonieuse dont le calme se fondait à peine dans la tendresse, ne fallait-il pas que je fusse perdue pour vous prouver que je ne vous ai pas trahi ?

Marcus enveloppa Jeanne de ses bras en jetant un regard de défi à la foule.

— C'est ma femme ! dit-il, ma femme ! entendez-vous, et je tue le premier qui l'approche.

— Nous serons deux à la défendre, ajouta Henri.

En ce moment, chacun de ces jeunes gens s'oubliait lui-même pour ne songer qu'au salut d'une femme diversement, mais profondément aimée.

Cependant cette scène rapide soulevait des mouvements houleux dans la foule.

Les modérés, ceux que l'écœurement prenait à la gorge en présence des massacres, se révoltaient à l'idée de voir emprisonner, puis guillotiner cette ravissante jeune fille ; mais les Jacobins, sortis de la salle du tribunal en même temps que les condamnés, ceux qui se disaient que l'hydre révolutionnaire buvait peut-être sa dernière gorgée de sang, éprouvaient le besoin d'en voir couler encore, et d'y tremper leurs bras jusqu'au coude.

Deux partis furent bientôt en présence : celui qui prétendait sauver Jeanne, et celui qui voulait la perdre. Malheureusement il n'était pas possible d'engager une lutte violente : le parti des piquiers, des partisans de Robespierre et de Couthon, se trouvait plus nombreux que celui des hommes qui attendaient de Tallien une délivrance trop longtemps retardée.

— Jeanne, dit Marcus d'une voix étouffée, vivant vous avez horreur de moi, mort vous me plaindrez peut-être !

Et, tirant de sa poitrine un poignard à large lame, il se mit en attitude de défense.

Au même instant deux bras enlaçaient Henri de Civray, et une femme aux cheveux blancs, demi-morte, s'affaissait sur sa poitrine.

C'était Mme de Civray qui, l'ayant suivi de loin, puis perdu au milieu de la foule, venait enfin de le retrouver.

L'âme d'Henri fut en ce moment traversée par une douleur aiguë ; il rapprocha de sa poitrine sa mère évanouie, mais il s'efforça vainement de protéger Jeanne du bras qui lui était resté libre. Qu'il abandonnât Mme de Civray, et en moins d'une minute son corps serait foulé aux pieds, mais s'il quittait Jeanne elle était perdue.

Le devoir l'emporta sur la justice.

Soulevant sa mère à bras tendus, il se fraya un chemin jusqu'au quai, descendit en courant vers la berge de la Seine, et, avisant un batelier qui semblait rester complètement étranger aux scènes qui se passaient autour de lui, il lui mit deux pièces d'or dans la main, enjamba son bateau, déposa sa mère sur un amas de cordages, et, quand il la vit en sûreté, il crut qu'il avait le droit de chercher à s'assurer du sort de Jeanne.

En présence du mouvement offensif de Marcus, les membres des sections et des clubs saisirent, à leur tour, leurs armes et s'apprêtèrent à soutenir la lutte.

Marcus voulut tenter de sauver Jeanne sans répandre de sang.

— Ne me connaissez-vous donc pas? demanda-t-il, je m'appelle Marcus, et je suis le secrétaire de Fouquier-Tinville.

— Alors, si tu es l'ami et le secrétaire de l'Accusateur public, pourquoi te permets-tu de défendre les ci-devant qui crient : Vive le roi !

— Ce n'est pas vrai, il n'est pas le secrétaire de Fouquier ! fit un Jacobin.

— Marcus est un pur, je le sais, il a envoyé assez d'aristocrates à la guillotine.

— Il veut en imposer au peuple et sauver la jolie fille.

— A la lanterne ! à la lanterne, cria une harengère, que la beauté de Jeanne irritait plus encore que ses opinions.

— Non, fit un membre du club des Cordeliers, en prison, à la Conciergerie ! Si par hasard il est ce qu'il affirme, Fouquier le jugera demain.

Aussitôt elle fut entourée.

— En prison ! à mort ! hurlèrent des piquiers.

Un cri de : Grâce! fut prononcé par vingt-cinq voix émues : c'étaient les condamnés prêts à partir pour la barrière de Vincennes.

Marcus se jeta devant Jeanne en répétant :

— C'est ma femme ! ma femme ! misérables, entendez-vous !

Un porteur de carmagnole se rua sur la jeune femme et la saisit par les poignets pour l'entraîner vers la Conciergerie ; Marcus, d'un coup de crosse de pistolet, lui fit lâcher prise ; en même temps Henri de Civray rejoignit Jeanne, et, d'un mouvement imprévu, arrachant le bâton noueux d'un Jacobin, il le fit tournoyer avec une rapidité si grande, qu'il tint en respect un certain nombre d'agresseurs. Les révolutionnaires, voyant qu'ils auraient de la peine à désarmer ce gentilhomme qui savait changer une branche d'épines en une arme aussi redoutable qu'une épée, l'entourèrent par derrière en même temps que Marcus. Mais celui-ci, se retournant avec l'agilité d'une panthère, plongea son couteau dans la poitrine de son adversaire, et reçut à son tour la lame d'un stylet entre les deux épaules.

Ce combat fut si rapide qu'il était terminé avant que la charrette entraînant André de Chénier, Roucher et leurs compagnons roulât sur le pavé inégal. Deux cris d'agonie se mêlèrent au bruit des roues, aux claquements des fouets, aux piaffements des chevaux, et, au milieu d'un groupe irrité, menaçant, il fut possible à Chénier de voir entraîner vers la Conciergerie Jeanne et Henri de Civray, maintenus par les Jacobins.

Jeanne marchait au milieu des hommes d'armes avec la sérénité rayonnante que met au front le devoir accompli jusqu'au sacrifice de soi-même. Au milieu des vociférations de la foule, elle descendit calme et fière l'escalier de la Conciergerie, suivie d'un peu loin par un deuxième groupe où se trouvaient Henri de Civray et le citoyen Marcus, agonisant, porté par deux hommes robustes.

La prison regorgeait.

Il ne fallait pas songer à procurer des chambres aux nouveaux venus.

D'ailleurs, on ne pouvait les écrouer légalement, les Jacobins qui venaient de les amener agissant de leur autorité privée. Le lendemain seulement ou deux ou trois jours après, Henri et Jeanne se trouveraient légalement prisonniers.

Un même sentiment remplissait leurs âmes à cette heure : la pitié pour Marcus. Puisqu'il allait mourir, Jeanne pouvait bien lui pardonner l'égoïsme dont il avait donné des preuves en exigeant qu'elle devînt sa femme. Henri lui-même, Henri qui comprenait maintenant à quel prix Jeanne avait acheté sa liberté, se dévoua pour ce moribond. On lui dressa un lit dans un angle d'une salle énorme, encombrée de prisonniers. Henri pansa, avec l'adresse d'un chirurgien, l'horrible blessure qu'il avait reçue, et Jeanne, agenouillée près du lit du mourant, lui répétait de douces et consolantes paroles.

— Jeanne, lui dit-il, Jeanne, je vous quitte, et je me trouve heureux de mourir... Vous n'auriez jamais perdu le souvenir de ma vie passée... Les victimes que j'avais aidé à envoyer à l'échafaud se fussent élevées sans fin entre vous et moi... Et puis, le cœur ne se donne pas deux fois, Jeanne ! Pourquoi vous ai-je tant aimée, vous, un ange ! tandis que moi...

— Marcus, dit Jeanne en se penchant vers le mourant, ô Marcus !

si vous le vouliez, vous laisseriez dans mon âme un souvenir ineffaçable...

— Ineffaçable, oui, mais terrible...

— Non, Marcus, triste et pourtant consolant.

— Oh! dites, dites, Jeanne; pour cela que faudrait-il faire?... A mesure que mes forces déclinent, et que la perte de mon sang m'épuise, j'éprouve un désir étrange, impérieux, de me rapprocher davantage de vous... Mes doigts se glacent entre les vôtres, et je souhaiterais pourtant perdre mon âme dans votre âme pour jamais...

— Si vous avez ce désir, Marcus, il sera exaucé!

— Quoi! vous cesseriez d'éprouver pour moi de la répulsion?

— Ma pitié, mon amitié vous seraient acquises.

— Alors parlez, Jeanne, que dois-je faire?

— Vous voyez ce vieillard en cheveux blancs?

— Oui, répondit Marcus en suivant le geste indicateur de Jeanne, c'est un prêtre... un prêtre... J'étais à l'Abbaye... Je me souviens, je me souviens... Ils étaient à genoux, les mains jointes, les bras levés, résignés... et le sang coulait, coulait à teindre les dalles, à rougir nos mains et nos bras... Ne me parlez pas de cet homme, ne l'appelez pas près de moi, Jeanne, il n'approcherait que pour me maudire.

— Vous vous trompez, fit Jeanne, il vous dirait qu'il vous absout.

— C'est impossible, impossible! le sang de ses frères coule encore sur mes mains.

— Le sang du Sauveur peut en laver les taches.

— J'ai servi d'aide à Fouquier pour remplir sa sinistre besogne, j'ai envoyé à la mort tous ceux qui respectent Dieu, le Roi et la Loi... Jeanne! Jeanne! Je souffre! mais ce que j'endure dans mon corps n'est rien en comparaison de ce que je sens au fond de mon âme... Oh! le sang que j'ai versé m'étouffe, Jeanne, Jeanne! ayez pitié de moi.

— Ce n'est pas à moi qu'il faut demander grâce, répondit la jeune fille.

Henri de Civray avait compris le désir de Jeanne, et déjà il s'approchait avec le prêtre.

— Éloignez-vous! lui dit Marcus rappelant à lui une sorte d'énergie, je suis perdu, je suis maudit!

— Il n'y a de perdu que celui qui s'abandonne lui-même, mon fils, et de maudit que l'homme qui nie la bonté céleste.

— Mais je suis Marcus! dit le mourant en s'accoudant sur son lit, Marcus le régicide, Marcus le secrétaire de Fouquier, Marcus le pourvoyeur du bourreau!

— J'ignore si vous êtes plus coupable que le larron crucifié à côté de Notre-Seigneur, mais je sais que je puis vous dire comme Jésus : « Vous serez ce soir dans le Paradis. » Un mot, un cri de repentir, si votre langue se refuse à articuler un son, une larme dans vos yeux, une pression de votre main qui tremble, et je comprendrai, je prierai pour vous...

— Repentez-vous, Marcus, dit Jeanne, nous nous retrouverons là-haut. Moi aussi, je me regarde comme condamnée... dans quelques heures je comparaîtrai devant un tribunal qui ne pardonne jamais... Eh bien! avant de quitter la Conciergerie, je m'agenouillerai devant le même prêtre, la main qui va se lever sur votre tête me bénira à mon tour, et nous nous reconnaîtrons pour les enfants d'un même père quand j'aurai subi la mort que je regarde comme un martyre.

— Et là-haut, Jeanne, vous ne me dédaigneriez plus?

— Là-haut vous seriez devenu mon frère.

Le prêtre s'agenouilla et, d'un geste lent et doux, il éloigna Henri et Jeanne de la couche du moribond.

Certes, l'âme de Marcus ne s'ouvrit point tout de suite à la divine parole; ce que l'on annonçait à cet homme qui, jusqu'à cette heure, avait vécu pour donner à ses passions un essor plus libre, bouleversait trop ses idées pour qu'il acceptât tout d'un coup les espérances divines du chrétien. Les lumières que l'on tentait de faire luire à ses yeux l'éblouissaient et le brûlaient. Faute de comprendre l'excès de la miséricorde divine, il refusait d'y croire. Mais si perverti qu'il soit, tout homme trouve au fond de son âme un tel effroi de la destruction que la pensée de l'éternité le console d'une façon soudaine. De plus, car dans cette âme pleine d'ombre les sentiments religieux ne pouvaient se faire jour que lentement, et les affections terrestres, les attaches vives aux choses de ce monde ne fondaient pas aux premières paroles du prêtre, l'idée de retrouver Jeanne, non plus froide, glaciale, épouvantée à son aspect, mais souriante comme un ange et tendre comme une amie, lui ouvrit des horizons mystérieux. Elle n'aurait jamais pour lui la tendresse d'une épouse, mais l'affection d'une sœur. D'ailleurs, par un secret du cœur de Dieu qu'il nous est impossible de sonder, des trésors de grâces innombrables sont prodigués aux hommes les plus coupables, aux consciences les plus souillées. L'excès des passions qui les portait au mal les jette subitement dans le repentir, et le sentiment de leur douleur égale souvent la grandeur de leurs crimes.

Chez Marcus, quand la pensée s'épurant lui permit de comprendre les divins mystères de la pitié céleste, ce fut comme si un nouvel être remplaçait subitement l'ancien. Il joignit ses mains avec une expression de ferveur indicible, et tandis que de grosses larmes jaillissaient de ses yeux, il fit l'aveu de ses crimes.

Le prêtre l'encourageait, le soutenait, le consolait, et lorsqu'il l'eut béni, le visage de Marcus qui, depuis si longtemps 'avait reflété de terribles pensées et révélé d'abominables projets, s'épura comme par miracle, et rayonna d'une beauté dont rien ne saurait donner l'idée.

Jeanne agenouillée priait à son chevet.

Le mourant la regarda avec l'expression d'une ardente prière.

— Oh! si vous vouliez! si vous vouliez! murmura-t-il.

— Je veux tout ce qui pourra vous consoler.

— Et bien! aujourd'hui, vous avez tenu la parole donnée à Marcus, vous avez accepté mon nom devant un magistrat qui, pour vous ne représentait pas même la loi, et vous ne vous êtes jamais considérée comme ma femme... Mais je vous ai obéi, Jeanne, je viens de purifier mon âme, aurez-vous assez pitié de moi pour prononcer devant le prêtre un serment qui nous lierait l'un à l'autre pendant l'éternité?

Jeanne s'attendait si peu à cette demande, qu'elle fit un involontaire mouvement d'épouvante, tandis que son regard plein d'effroi et d'angoisse se tournait du côté d'Henri de Civray.

— Jeanne! murmura celui-ci à son oreille, Jeanne, refusez! refusez!

— Mon Dieu! mon Dieu! balbutia la jeune fille.

— Refusez, car c'est à moi que vous donnâtes vos premières pensées, à moi que vous avez, au fond de votre âme, promis une fidélité qui ne finira qu'avec votre vie... Exaucer cette prière serait un parjure envers moi!

Le visage de Jeanne parut comme transfiguré.

Ainsi Henri de Civray ne doutait plus, Henri de Civray ne l'accusait plus! Il se tenait là, près d'elle, l'implorant du regard, la priant au nom du passé de ne pas proférer un serment qui se dresserait entre eux.

Marcus surprit la terreur de Jeanne dans le regard que lui jeta la jeune fille. Il comprit la défiance d'Henri et les motifs de cette défiance, et une larme roula sur sa joue.

— C'est le dernier sacrifice! dit-il.

En ce moment, la porte de la chambre s'ouvrit, et un guichetier parut :

— Le journal du soir! cria-t-il, la liste des numéros gagnants à la loterie de Sainte-Guillotine.

— Ah! fit Marcus, le sang ne cessera jamais de couler.

Un certain nombre de prisonniers venaient de recevoir leur assignation pour comparaître devant le tribunal.

— Nous serons tous perdus! tous perdus! Ni vous, Monsieur, ni moi, ni Jeanne, nous ne reverrons une autre journée... Le couteau de l'assassin et le couperet de la guillotine achèveront leur œuvre... Si j'avais vécu, j'aurais tenté de réparer le mal commis, mais je meurs... je meurs...

Un flot de sang jaillit de la blessure de Marcus, Jeanne obligea le jeune homme à se recoucher sur son lit, et lui imposa doucement le silence. Il se sentait si faible, en ce moment, qu'il gardait à peine la force de prononcer une parole; cependant il fixa sur Jeanne ses yeux remplis de l'expression d'une prière instante, et il murmura :

— Dites-moi que je ne vous fais pas horreur.

— Reposez-vous, répondit Jeanne, je vais prier.

La jeune fille s'absorba dans une invocation brûlante, tandis qu'Henri repassait dans sa mémoire les scènes imprévues qui venaient de se succéder.

Que devenait pendant ce temps la comtesse de Civray? L'évanouissement qui, chez elle, avait succédé à l'excès de la frayeur, dura longtemps. Le marinier, aux soins duquel Henri l'avait confiée, résolut de gagner en conscience les deux louis que le jeune homme lui avait donnés. Privé des secours de la médecine, il se contenta de frotter la paume des mains de la malheureuse mère, de jeter quelques gouttes d'eau sur son visage, et de la laisser sur le pont où l'air de la Seine rafraîchissait son visage.

Quand la comtesse ouvrit les yeux, elle eut peine à comprendre en quel endroit elle se trouvait. Il fallut un certain temps avant qu'elle rassemblât assez ses esprits pour se souvenir de la scène terrible dont elle avait été témoin.

La veille, lorsque Jeanne, accompagnée de Marcus, lui avait remis avec mystère un passeport pour quitter Paris en sûreté, et une carte de civisme pour y séjourner, si elle voulait y terminer des affaires pressantes, Mme de Civray, si bien encapuchonnée qu'elle fût, reconnut la jeune fille en même temps qu'Henri. Si déjà sa propre conscience et les affirmations de Cécile avaient ébranlé sa conviction au sujet de la trahison de Jeanne, elle fut en ce moment complètement convaincue de son innocence. Un remords poignant lui traversa le cœur, et lorsque Henri s'écria avec désespoir : « Ah! ma mère, qu'avons-nous fait? » les regrets de la comtesse ne furent pas moins grands que ceux de son fils.

Henri de Civray se jeta sur les traces de Jeanne, mais un groupe bruyant lui barra le passage, et lorsqu'il trouva la rue libre, Jeanne avait disparu.

Il rejoignit alors sa mère, et se fit raconter avec les plus grands détails tout ce qui s'était passé durant son emprisonnement. La comtesse parla de l'assistance qu'elle avait trouvée chez Rose-Thé, du mystérieux billet qui l'avait avertie de fuir cet asile.

— Plus de doute! s'écria Henri, Jeanne, trop grande pour se venger de nos dédains et de nos calomnies, a répondu à nos accusations par un dévouement qui ne s'est jamais démenti. C'est à elle que tu as dû le conseil de quitter la maison de Mme Roucher; c'est elle qui te ménagea la protection de Rose, la petite blanchisseuse de Robespierre; elle enfin qui t'a sauvée de l'échafaud pour te conserver à ma tendresse.

— Mais, demanda la comtesse de Civray devenue pensive, si cela était, qui serait, à ton avis, le misérable qui nous aurait trahis?

— Je le sais, répondit Cécile, c'est Robert!

Ce nom fut un trait de lumière pour toute la famille. Oui, Robert seul, Robert qui connaissait tous les secrets de la famille de Civray, pouvait chiffrer sa fortune, devait avoir combiné avec une adresse infernale l'arrestation d'Henri, puis celle de sa mère et de Cécile de Saint-Rieul. La Providence avait permis qu'un crieur apprenant à la comtesse l'incarcération de son fils, elle ne songeât plus qu'à rester à Paris, afin de consoler ou de partager sa destinée.

— Cela doit être, dit la comtesse, tout cela me semble maintenant logique, naturel, mais comment se fait-il que Jeanne, avec ses opinions et sa foi, soit entrée en qualité d'officieuse chez l'abominable Fouquier-Tinville?

— Je le comprends, dit Henri. Oh! la noble, l'admirable fille. Ne pouvant rien pour nous, tant qu'elle restait perdue dans Paris, elle devait d'une façon occulte nous protéger tous en se réfugiant dans le seul endroit où personne ne se fût avisé de la chercher. Quel moyen a-t-elle employé pour me procurer ce passeport et cette carte de civisme, je le saurai plus tard, mais ce que je sens au fond de mon âme, c'est qu'elle offre sa vie en échange de la nôtre.

Tout à coup Henri se frappa le front :

— Mais cet homme qui l'accompagnait... Je me souviens qu'il était jeune, beau; sur son passage on a prononcé le nom de Marcus... Quel est ce Marcus? il faut maintenant que je le sache.

— Henri, à peine es-tu hors de danger que tu cours chercher de nouveaux périls!

— Je dois une réparation à Jeanne, ma mère, elle l'aura.

Henri de Civray conduisit sa mère dans un logement modeste, dont il paya d'avance une semaine de loyer, puis il se mit à la recherche du citoyen Marcus. L'instinct révélait à Henri que le peuple des clubs et les membres des sections devaient connaître ce jeune homme à la figure pâle et sombre, que semblait dévorer le feu de passions intérieures. Voyant donc ouvert un cabaret, il y entra, se fit servir du vin, et avisant deux patriotes qui n'étaient pas encore ivres, il leur offrit de trinquer avec lui.

Les ivrognes prennent vite confiance dans celui qui nourrit leurs vices; les deux citoyens, beaux parleurs, avides de prouver leur influence dans les clubs, et de montrer qu'ils avaient de hautes connaissances parmi les membres influents de la magistrature de la Terreur, citèrent une vingtaine de ceux-ci à la suite les uns des autres.

— Et Marcus, demanda Henri en les regardant fixement, connaissez-vous Marcus?

— Le secrétaire de Fouquier-Tinville?

— Oui, répondit Henri à tout hasard.

— Je le crois bien! un bon patriote, un pur Jacobin, il serait capable de prendre la place de l'Accusateur public si celui-ci venait à perdre la tête... Un joli mot, n'est-ce pas? Seulement Fouquier a la tête solide... D'ailleurs il aime tellement son métier que le jour où le criminel manquera, il s'accusera lui-même pour ne point perdre l'habitude de prononcer un réquisitoire.

— Un bel homme, ce Marcus!

— Je le crois bien! Aussi, il profite de sa jeunesse. Fouquier l'invite à tous ses soupers, car la Terreur soupe; il faut bien se reposer de couper les têtes, c'est une besogne qui fatigue comme une autre.

Henri fit apporter de nouvelles bouteilles de vin, puis il s'éloigna du cabaret au moment où les ivrognes s'endormaient les coudes sur la tables.

Sa résolution était prise : le lendemain, dût-il de nouveau se faire arrêter, il se rendrait chez Fouquier et demanderait à parler à Jeanne.

Un calme relatif se fit dans son esprit; il rentra au logement choisi pour sa mère et sa cousine, s'entretint avec elles jusqu'au soir, et se retira dans sa petite chambre où il commença une longue lettre ressemblant à un testament.

Quand il l'eut achevée, il se jeta sur son lit, et s'endormit d'un sommeil entrecoupé par des cauchemars douloureux. Il s'éveilla vers neuf heures, s'habilla, et déjeuna en famille. Sa mère et sa cousine s'alarmèrent de l'expression résolue de son visage; elles comprirent qu'il méditait un projet dangereux, mais que rien ne le lui ferait abandonner; cependant, au moment où il allait sortir, la comtesse se jeta dans ses bras en fondant en larmes :

— Songe que je n'ai que toi pour m'attacher à la vie, lui dit-elle.

— Dieu permettra que je remplisse un devoir sacré sans courir de péril; s'il en était autrement, vous seriez la première, ma mère, à comprendre ce qu'un gentilhomme se doit à lui-même.

— Va! lui dit-elle, et que Dieu te bénisse!

— Adieu, dit Cécile plus bas, et rappelez-vous, mon cousin, que j'aimerai Jeanne comme une sœur.

— Merci, dit Henri, j'y compte, elle mérite le respect et l'amitié de tous.

Le jeune homme se dirigea vers la demeure de l'Accusateur public.

Il ne voulait entrer chez lui, et demander à parler à Jeanne qu'après le départ de Fouquier pour le tribunal; il lui serait ainsi plus facile de voir la jeune fille, peut-être même de parler à Marcus. Il attendit en se promenant de long en large dans la rue habitée par le sinistre magistrat.

Tandis qu'il tournait un des angles, il lui sembla voir une femme très belle et très pâle, vêtue de blanc, s'éloigner au bras d'un homme ressemblant à Marcus, mais il n'aperçut point le visage de la femme, et cette toilette de fête lui parut si peu convenir à celle de l'officieuse de la citoyenne Fouquier, qu'il n'eut pas même l'idée de chercher à connaître la compagne du jeune homme.

Si Marcus venait de quitter la maison de Fouquier la chance de rencontrer Jeanne toute seule, et de lui parler sans témoin, paraissait bien plus possible.

Henri monta donc rapidement à l'appartement de l'Accusateur public.

La femme chargée du soin de la cuisine le regarda d'un air surpris quand il prononça le nom de Jeanne Raimbaud. Celle-ci avait pris un nom de fleur, affectant les allures républicaines du calendrier de cette époque. Cependant le don d'un paquet d'assignats ouvrit subitement son intelligence épaisse, le portrait de la jeune fille était d'ailleurs si ressemblant, qu'il n'était point possible de s'y méprendre, et la vieille officieuse répondit :

— Vous tombez mal, si vous désirez la voir, mon jeune citoyen.

— Pourquoi?

— Elle est sortie.

— Ne rentrera-t-elle pas bientôt?

— Jamais dans cette maison, du moins.

— Y a-t-elle cessé son service?

— Je le crois, et pour occuper une position que toutes les jolies filles de Paris vont lui envier.

— Parlez, parlez vite, dit Henri.

— Eh bien! pour devenir la femme du citoyen Marcus.

— Elle! Elle! s'écria le comte de Civray avec désespoir.

— Elle était belle comme une déesse! quel dommage que vous ne l'ayez pas vue avec sa robe blanche.

— Tout à l'heure?

— Oui, tout à l'heure... On se rangeait pour la regarder passer, et vraiment je l'ai trouvée plus jolie que la citoyenne Maillard elle-même, dans son costume de déesse Raison.

— Où doit-elle se marier?

— A la prochaine section.

— Un mot encore, prenez cet autre paquet d'assignats... Où demeure le citoyen Marcus.

L'officieuse donna l'adresse; la maison du jeune secrétaire se trouvait très près de la prison de la Conciergerie.

Henri courut à la section. Il y apprit qu'un mariage républicain venait d'y être conclu entre une femme vêtue de blanc, qui eût été parfaitement belle si elle n'eût été si pâle, et le secrétaire de Fouquier-Tinville.

Henri reprit sa course. Certes, il n'espérait plus, il n'attendait plus rien. Il savait, il comprenait le mobile de Jeanne. Elle avait payé du don de sa main la vie d'Henri et la sécurité de sa mère. Pensant que les nouveaux époux regagneraient le domicile de Marcus, il revint de ce côté et il attendit. Des groupes nombreux s'étaient formés, on discutait sur les jugements à intervenir.

Encore un moment, et la séance du tribunal serait levée, et les condamnés monteraient en charrette.

Henri attendait, muet de stupeur, fou de désespoir. Les condamnés qui allaient partir dans quelques instants, étaient ses compagnons de la veille.

Un mouvement, une clameur, des exclamations de pitié, des cris de haine se confondirent tout à coup. Les furies de la guillotine et les hanteurs de clubs sortaient du tribunal en poussant des cris de mort.

— Je leur adresserai un dernier adieu, pensa Henri.

Dans la cour, on entendait les conducteurs jurant et tempêtant, les chevaux piaffant d'impatience dans les brancards.

— Les voilà! les voilà! dit une femme.

Et dans une vision doublement terrible, il reconnut ses amis, et Jeanne qui leur jetait son bouquet de mariée...

On roulait des canons dans les rues. (Voir page 298.)

## CHAPITRE XXV

## LA DERNIÈRE CHARRETTE

Il faisait presque nuit dans la vaste salle où se trouvaient réunis des prisonniers dont la plupart attendaient un jugement prochain, tandis que les autres avaient été jetés dans cette geôle par un incident populaire et inattendu, semblable à celui qui réunissait Henri de Civray, Jeanne Raimbaud et Marcus. On entendait dans les différents groupes, formés par les malheureux, une basse sourde de sanglots, des prières chuchotées à voix basse, des adieux échangés dans le mystère touchant d'une veillée suprême.

La porte en s'ouvrant avec fracas laissa voir, dans les dernières clartés du jour mourant, une vingtaine d'hommes et de femmes poussés brutalement par les geôliers.

Le comte de Civray, levant la tête, laissa échapper une exclamation de douleur.

Dans un vieillard, aux cheveux blancs, il venait de reconnaître Avid-Simon de Loizerolles.

La sérénité du visage de l'ancien intendant général s'augmentait d'une expression d'enthousiasme telle qu'on ne pouvait s'empêcher de se demander quel secret de vertu ou de sacrifice un tel homme venait d'accomplir.

Il marchait le premier en tête de ses compagnons, et l'on eût dit qu'il éprouvait une hâte étrange à voir se refermer sur lui les portes de la Conciergerie.

Henri de Civray alla lui serrer la main.

L'étreinte du vieillard fut longue; la vue de ce jeune homme lui rappelait son fils, sur qui il avait fondé toutes ses espérances de joie et d'orgueil.

Il lui avait donné, à ce fils, ces inappréciables leçons qui s'incrustent dans l'âme, en même temps que l'âme s'emplit de respect et d'amour. François avait senti passer sur lui le souffle brûlant de l'inspiration, tandis que son père lisait à ses côtés et commentait les poètes. Les essais corrigés par ce maître indulgent faisaient présager un homme de talent. Le poème du *Printemps* exhalait les parfums de Mai. Roucher encourageait le poète, André de Chénier le traitait en jeune frère, jamais père ne chérit davantage un fils qu'Avid-Simon de Loizerolles ne s'attacha à son enfant...

Une heure environ avant le moment où il entra dans la salle de la Conciergerie, le guichetier chargé de l'appel des condamnés vint lire la liste de la fournée qui devait comprendre les derniers « Conspirateurs de la prison Lazare. »

En ce moment, François de Loizerolles se trouvait près de sa mère, que son état de souffrance retenait dans sa chambre. Les prisonniers se groupèrent silencieux pour entendre la lecture de la liste des prisonniers qui comparaîtraient le lendemain devant le tribunal révolutionnaire.

Le guichetier avait déjà lu plusieurs noms, quand il appela :

— Loizerolles !

Le vieillard eut une seconde d'hésitation. Allait-il demander la permission d'adresser un adieu à sa femme, et d'embrasser son fils, ou se priverait-il de cette consolation suprême afin de leur épargner la douleur de la séparation?

— Non, non, pensa-t-il, tous deux souffriraient trop.

Et rejoignant ses compagnons, il s'empressa de les suivre dans la cour. Certes, il savait bien qu'il était perdu; la nature de l'interrogatoire qu'il avait subi, les fonctions qu'il avait remplies, son ouvrage sur les *Prérogatives des Reines*, dont Marie-Antoinette avait accepté la dédicace, tout cela et, plus encore peut-être, la franchise de ses réponses, la dignité de son attitude, son mépris hautain pour la Révolution lui avaient fait pressentir son sort. Mais François! mais sa femme! Cette compagne dévouée, ce fils jeune et charmant, combien ils tenaient aux fibres de ce cœur délicat et tendre!

Loizerolles serra donc avec un sentiment de joie mélancolique les mains que Henri de Civray tendait vers lui.

— Et Chénier, et Roucher? demanda-t-il.

Henri de Civray désigna le ciel.

— Comment avez-vous échappé à l'échafaud?

Henri raconta à Loizerolles une partie de la vérité.

— Mais alors, dit le vieillard, vous n'êtes pas accusé?

— Pas encore.

— Votre emprisonnement est illégal.

— Est-ce que quelque chose est légal aujourd'hui?

— Irrégulier, du moins.

— Irrégulier, soit! je n'en serai pas moins guillotiné.

— Qui sait! fit Loizerolles, ceux qui gagneront une journée sauveront peut-être leur tête. L'agitation grandit dans Paris, et la réaction qui devient immanquable ne saurait manquer d'être prompte.

Le greffier entra en ce moment dans la salle.

— Loizerolles! appela-t-il.

Le vieillard s'avança.

— Ce n'est pas vous que je demande; il y a sur l'acte d'accusation Loizerolles *fils* ou *fille*, car le mot est bien mal écrit... Mais si la qualité reste indéterminée, ce qui est certain, c'est l'âge du prisonnier.

— Quel âge? demanda le vieillard.

— Vingt ans, et voici la date de naissance.

— Le nom de baptême? demanda l'ancien intendant général.

— François.

Le vieillard saisit les mains du greffier.

— Oui, il y a erreur, fit-il à voix basse en fixant sur le greffier un regard rempli d'angoisse et de prière... Il y a erreur... On s'est trompé sur la date de la naissance... On s'est trompé, sur le nom de baptême... je me nomme Simon.

Le greffier se recula.

— Savez-vous ce que vous voulez faire? demanda-t-il.

— Rétablir la vérité, dit le vieillard.

— La vérité? Non! mais vous substituer à votre fils. C'est lui, c'est François de Loizerolles qui est cité à comparaître devant le tribunal.

— Qu'a pu faire cet enfant? dit Loizerolles avec désespoir.

— Et qu'ont fait tous ceux qui attendent leur tour de mourir?

— Mais vous le comprenez bien, vous, vous l'avez deviné, je ne veux pas qu'il meure. Il a de l'avenir devant lui, Dieu lui réserve, je l'espère, de longues années. Il consolera, il soutiendra sa mère.

— Vous ne le sauveriez pas en vous perdant! s'écria le greffier.

— Si, je le sauverais; vous l'avez dit vous-même, cette situation ne saurait durer, le sang répandu crie vengeance. Peut-être la charrette qui m'amènera demain sera-t-elle la dernière qu'accompagneront les furies de la guillotine et les clubistes des Jacobins. Je ne vous demande point de me sauver; je vous supplie de n'avoir pu me trahir. Quelle consolation suprême pour moi de me dire que ma mort rachète la vie de mon fils! Vous avez une mère, une femme, un enfant peut-être! Vous soupirez, vous comprenez que mon sacrifice me remplit de joie, et que j'aspire à la mort qui ouvrira pour François les portes de cette prison.

— Mais c'est horrible! horrible!

— Tout est horrible ici.

— Il me semble que je deviens complice d'un assassinat.

— Vous devenez le moyen dont Dieu se sert pour épargner une vie qui peut être grande et belle.

— Et si quelque jour François de Loizerolles apprenait...

— Combien l'a aimé son père?... Il pleurerait sans doute; il tomberait à genoux, regrettant une seule chose, de ne point faire pour moi ce que maintenant je fais pour lui... Reprenez cet acte... Voyez, corrigez ici: à la place de ce prénom de François mettez Avid-Simon... là, bien, et merci! Merci du fond de l'âme.

Le greffier ne put s'empêcher de répandre des larmes.

— Si Tallien voulait, pourtant! fit-il.

— Il voudra! quand ce ne serait pas pour arrêter les flots de sang qui détrempent la boue de Paris, ce serait pour sauver Thérésa Cabarrus ; mais je ne verrai pas la chute des deux Robespierre, de Couthon et de Saint-Just, si proche qu'elle doive être.

Le sacrifice était consommé, désormais Simon de Loizerolles était certain de mourir à la place de son fils.

Ce fut pendant cette crise aiguë de la Terreur que l'on put admirer de ces actes d'héroïsme qui semblaient alors tout naturels à ceux qui les accomplissaient.

A Lyon, un humble canut, Louis Badjer, était mort à la place de son frère, comme Loizerolles allait mourir à la place de son fils.

Les dévouements s'accomplissaient simplement, naturellement ; à cette époque, les âmes se trouvaient toutes montées au diapason admirable du sacrifice. L'approche de l'Éternité qui, pour chacun pouvait commencer le lendemain, grandissait assez les pensées pour leur permettre d'atteindre le même niveau.

Quand Simon de Loizerolles se crut certain de mourir à la place de son fils, il se rapprocha des prisonniers qui avaient été ses compagnons à la prison Saint-Lazare. Sina, ancien secrétaire de Louis XVI, l'abbé Brognard, le marquis général Dusson, et les deux frères Trudaine ; parmi les femmes se trouvaient Mme Camban, dont le mari avait été conseiller au Parlement de Toulouse, la comtesse de Périgord et bien d'autres, qui tous écoutaient avec recueillement les consolations de l'abbé Brognard, et puisaient dans la foi une résignation admirable.

Tandis qu'ils s'entretenaient du jugement du lendemain, Marcus, étendu sur son lit entre Henri de Civray et Jeanne Raimbaud, sentait s'échapper le peu de vie qui lui restait.

Une dernière fois, son regard se fixa sur Jeanne, puis ses paupières s'abaissèrent, il prit sa main dans ses doigts roidis, murmura quelques mots de tendresse et demeura plongé dans une sorte de torpeur.

Il en sortit pour se dresser sur son lit, et la poitrine râlante, il cria par trois fois :

— Grâce ! pardon !

Il retomba en arrière et, cette fois, il ne restait plus un battement à ce cœur, pas une flamme dans ces prunelles vitrifiées.

Jeanne jeta un mouchoir sur la face du cadavre, et pria longtemps avec le prêtre et Henri de Civray. Ni l'un ni l'autre des jeunes gens n'eut le courage de songer à l'avenir et de parler de son amour en présence du cadavre de Marcus. Un homme de service l'emporta dans la soirée, et le jeta dans une de ces fosses communes, où l'on entassait les prisonniers qui rendaient le dernier soupir à la Conciergerie. Les heures se succédèrent lentement ; le son des horloges avait la monotone tristesse d'un glas funéraire.

Quarante-sept prisonniers devaient être jugés le 9 Thermidor. Jusqu'à ce moment, apprenant le mouvement qui régnait dans Paris, ils avaient pu conserver une dernière espérance. La veille, les geôliers eux-mêmes affirmaient que le tribunal ne siégerait plus, à moins que ce ne fût pour traîner à sa barre Robespierre et ses complices...

Mais cette illusion fut enlevée aux malheureux d'une façon brutale, le porte-clefs entra, un papier à la main, prêt à faire l'appel de ceux dont les noms se trouvaient portés sur une double liste.

Son regard tomba sur Jeanne et sur Henri :

— Vous êtes bien jeunes ! dit-il, c'est dommage.

— Mourir ! nous allons mourir ! dit Henri.

— Ensemble, ajouta Jeanne à voix basse.

Le comte de Civray se leva, il courut vers le prêtre qui lui avait offert ses consolations et qui venait d'adoucir l'agonie de Marcus.

— Mon père, lui dit-il, nous allons monter sur le même échafaud, elle et moi... Jusqu'à l'heure où j'ai compris que je souhaitais en faire la compagne de ma vie, je l'ai chérie comme une sœur. Elle a tout sacrifié pour mon salut, et un jour je l'ai méconnue, calomniée. Je lui dois une réparation. Ne pouvant la faire éclatante, je veux du moins la rendre complète ; si ma mère était ici, elle n'aurait pas le courage de s'opposer à mon désir. Recueillez donc cette promesse solennelle, mon père, et vous tous, mes amis, qui comme nous allez mourir : je prends pour ma femme légitime, Jeanne Raimbaud...

Henri saisit la main de la jeune fille.

— Et vous, mon enfant, demanda le prêtre, acceptez-vous le comte de Civray pour mari?

— Pour le temps et pour l'Éternité ! oui, mon père.

Et tous deux enlacés se joignirent aux groupes dont le guichetier faisait l'appel. On entendait dans la salle des cris, des sanglots convulsifs ; les jeunes filles se renversaient défaillantes sur l'épaule de leurs mères, les hommes se serraient les mains en frémissant.

Le guichetier, qui lisait avec peine, s'arrêta après avoir appelé un grand nombre de noms, puis il plia la liste et la mit dans sa poche.

— Et nous? demanda Jeanne.

— Vous ! dit le guichetier, je me serai trompé, je vous prenais pour cette jolie citoyenne qui pleure... Quarante-cinq... J'ai mon compte pour aujourd'hui... Attendez à demain !

Et il sortit en entraînant ses futures victimes.

— Jeanne! Jeanne! dit Henri, Dieu nous fait don d'un jour! bénie soit à jamais sa miséricorde!

Un sourire effleura les lèvres pâles de Jeanne.

— Le Seigneur m'est témoin, dit-elle, que si j'avais espéré vivre, je n'eusse point prononcé le serment qui nous lie, mais je le remercie aussi, moi, de me donner cette heure en compensation des tortures que j'ai subies... Je suis votre femme! moi, Henri, votre femme! Quelle joie et quel orgueil. Jamais je n'ai regardé si haut, jamais je n'ai cru un tel rêve possible, et j'avais raison, puisqu'il ne se réalise que dans la mort... Vous avez eu toutes les aspirations inconscientes de mon cœur, vous recueillerez le dernier mot qui s'échappera de mes lèvres... C'est votre main qui me soutiendra pour descendre de la charrette immonde, c'est votre main qui me conduira quand je gravirai les dernières marches de l'échafaud... Pouvais-je désirer plus?

— Ma chère, ma noble Jeanne, dit Henri, combien ma tendresse vous a été fatale! Si vous aviez moins de foi, vous pourriez regretter avec amertume que ma mère ne fût pas là pour vous dire qu'elle comprenait enfin la terrible trahison dont nous avons été victimes tous deux... trahison dont le misérable auteur sera châtié par le Dieu de justice. Mais quand nous ne serons plus, elle ne nous séparera jamais de son souvenir. Elle donnera à tous deux les mêmes prières et les mêmes larmes, et nous l'attendrons là-haut où elle ne tardera pas à nous rejoindre. Ma mère mourra de ma mort...

— Et votre cousine?

— Pauvre Cécile! elle m'aimait! Je ne la plains pas cependant.

— Pourquoi, Henri?

— Dans peu de temps les couvents seront rouverts, les églises purifiées, et Cécile, la douce créature, se réfugiera à l'ombre des autels.

Tandis que Jeanne et Henri échangeaient ces aveux, ces confidences, leurs compagnons prenaient place sur les sinistres gradins dans la salle du palais de justice, dite de l'Égalité.

Fouquier-Tinville occupait son banc d'Accusateur public.

Le tribunal se composait de Pierre-André Coffinhal, vice-président; d'Étienne Foucault, Philippe-Jean-Marie Barbier, juges; de Liendon, substitut de l'Accusateur public, de Dix-Août, Pigeot, Despréaux, Specht, Laviran, Denys, Blachet, jurés; de Derbez, commis-greffier.

Six témoins seulement vinrent déposer : Manini, Coquery, Pepin-Desgrouettes, Victor Gagnant, Horace Molin, et Jean-Louis Roger

Voici les questions qui furent soumises aux jurés :

« Sont-ils convaincus de s'être déclarés les ennemis du peuple en participant à tous les crimes commis par Capet et sa femme, depuis 1789; en assassinant le peuple pour défendre la royauté; en entretenant des correspondances avec les ennemis extérieurs et intérieurs de la République; en leur fournissant des secours en numéraire; en participant à tous les crimes commis par les infâmes Bailly, Lafayette et Pétion; en conspirant contre la sûreté et la suzeraineté du peuple français, contre l'unité et l'indivisibilité de la République, comme aussi, en conspirant dans la maison d'arrêt de Lazare, à l'effet de s'évader et de dissoudre, par le meurtre et l'assassinat des représentants du peuple, et notamment des membres du Comité du salut public et de sûreté générale, la représentation nationale, et le gouvernement républicain pour rétablir la royauté en France? »

Les faux témoins déposèrent.

Le substitut de Fouquier-Tinville affirma qu'il était prouvé, au sujet de Loizerolles, « que c'était lui qui avait dit que les membres de la Convention nationale parlaient comme des apôtres et se conduisaient comme des anthropophages. »

Mais avant que fût prononcée la décision du jury, un incident faillit interrompre la séance.

On vint arrêter le président Dumas.

Maire le remplace : le bourreau aura sa curée jusqu'au bout.

Vingt-quatre prisonniers sur vingt-cinq sont condamnés sur la première liste : et sur la seconde, vingt-deux sur vingt-trois.

Dans le procès qui fut rédigé, de la séance du 9 thermidor, il ne fut nullement fait mention de l'arrestation de Dumas. On y trouva seulement cette phrase : « Et à l'instant de la prononciation de la déclaration du jury, le *Président s'étant retiré*, le citoyen Maire a rempli les fonctions de président. » Cependant il semblait si impossible que de nouveaux condamnés fussent envoyés à l'échafaud, en présence des événements qui s'accomplissaient, qu'une voix demanda dans la salle que l'exécution de ces malheureux fût remise au lendemain. Si on avait accordé ce sursis tous auraient été sauvés.

Des faits de la plus haute gravité venaient de se passer :

Le 8 thermidor, les amis de Robespierre arrivèrent de bonne heure; ils semblaient inquiets; les conjurés gardaient un profond silence. Jusqu'au moment de l'entrée de Robespierre, la séance ne présenta aucun intérêt. Dès qu'il parut, l'attention se concentra sur lui avec une intensité passionnée. Quelques députés quittèrent leurs bancs, afin de rallier leurs amis. Pâle, les yeux baissés, tenant sous son bras un volumineux rouleau de papiers, Robespierre monta à la tribune et commença son discours au milieu d'un silence effrayant.

Alors il parla de lui longuement; il s'efforça de placer ses actes sous un jour favorable; il affirma n'avoir pris aucune part aux excès de la Révolution et s'être plus d'une fois jeté entre les victimes et les bourreaux. Enfin, il se défendit d'aspirer à la dictature, et affirma qu'il avait servi la Convention avec le fanatisme du dévouement, et il termina par ces mots :

« Ainsi donc, les scélérats m'imposent la loi de trahir le peuple, à
« peine d'être appelé DICTATEUR. Souscrirai-je à cette loi ? Non !
« Je défendrai le peuple, au risque d'en être abandonné ; que les
« scélérats courent à l'échafaud par la route du crime, et moi, par
« celle de la vertu ! »

Un silence morne accueillit la fin de ce discours, dont la lecture avait duré plus de deux heures. Il ne fut interrompu que par Lecointre qui en demanda l'impression. Bourdon (de l'Oise) protesta, en affirmant qu'il renfermait des faits très graves.

— Je demande, conclut-il, que l'Assemblée renvoie le discours de Robespierre à l'examen des comités de salut public et de sûreté générale.

Barrère, qui n'était pas du complot, se rangea du côté de Robespierre, ainsi que Couthon.

Mais Cambon répliqua :

— Avant d'être déshonoré, je veux être entendu de la France entière. J'ai méprisé toutes les attaques, et je déclare qu'il est temps de dire la vérité tout entière ! Un seul homme a jusqu'ici paralysé la volonté de la Convention nationale ; cet homme, je ne crains pas de le nommer : c'est Robespierre...

Un tonnerre d'applaudissements éclate de toutes parts ; Robespierre se voit perdu. Du reste, à peine a-t-il reçu ce premier choc que Billaud-Varennes s'élance à la tribune.

— Il a eu raison de nous jeter le gant, dit-il, car nous le relevons, et nous sommons l'Accusateur de proclamer tous les noms inscrits sur son calepin de maroquin rouge.

La Convention se lève en tumulte ; elle déclare le discours de Maximilien dangereux pour la République ; elle ordonne une enquête, l'agitation est à son comble ; chacun pense que Robespierre sera bientôt publiquement accusé. Lui-même le devine, et, quittant la Convention, il se rend au club des Jacobins où des clameurs enthousiastes accueillent son entrée. On le porte à la tribune, pâle encore du combat qu'il vient de livrer, de la défaite qu'il vient de subir. On l'oblige à relire le discours qui vient de soulever tant d'orages à la Convention, et quand il l'achève il murmure en descendant de la tribune :

— Frères, le discours que vous venez d'entendre est mon testament de mort.

Les sans-culottes crient aux armes, Henriot promet l'appui de la garde nationale. Le peintre David jure de boire la ciguë avec Robespierre. Couthon veut entraîner les Jacobins contre la Convention ; il accuse en même temps Collot-d'Herbois de trahison ; celui-ci est pris à la gorge par le frère d'Éléonore Duplay. Des orateurs, au milieu de l'agitation et du tumulte, proposent l'arrestation des membres hostiles des deux comités ; l'exécution rapide des moyens violents pouvait seule sauver Robespierre, il refusa d'y recourir : la fatalité l'entraînait à sa perte. Il attendait encore quelque chose des manœuvres parlementaires, et promit que le lendemain la lutte s'engagerait de nouveau à la tribune. Il fut convenu, en attendant, que la Commune de Paris se tiendrait en permanence à l'Hôtel de Ville ; que les Jacobins se réuniraient au lieu habituel de leurs séances, et que le commandant Henriot ferait battre la générale pour mettre sur pied les sections et surtout les cantonniers ; qu'enfin le bataillon des élèves de la Patrie, caserné au Champ-de-Mars, serait chargé d'agiter le peuple dans Paris.

Le soir, pendant la séance extraordinaire du comité du salut public, on délibéra sur la question de faire arrêter Robespierre.

Le bruit de la chute du tyran se répandit dans Paris comme une traînée de poudre.

Paris présenta bientôt le tableau d'une animation pleine d'épouvante :

On roulait des canons dans les rues. Les partisans du farouche conventionnel, traînés, la corde au cou, sur les voies publiques, étaient mis en pièces.

Les curieux hurlaient dans les carrefours :

— La grande arrestation de Robespierre et de ses complices !

Depuis que le misérable était tombé, on ne se gênait plus pour le couvrir d'anathèmes.

Les geôliers même des prisons l'insultaient.

Robespierre décrété d'accusation, et tentant de trouver un refuge au Luxembourg, avait demandé asile à Guyard le porte-clefs qui, après l'avoir repoussé, s'enfuit chargé de ses armes, et traînant ses chiens sur ses talons.

L'un des porte-clefs de Sainte-Pélagie répétait dans les couloirs en s'adressant à son bouledogue :

— A bas Robespierre!

Le peuple entier paraissait respirer depuis la chute du sinistre triumvirat.

On s'abordait, on se félicitait dans les rues. Quelques-uns semblaient croire qu'une fois ces immondes tyrans renversés, une ère de paix allait immédiatement refleurir. Rien ne semblait donc plus en opposition avec le sentiment public que l'exécution des derniers condamnés, qu'un mot de Fouquier aurait pu sauver.

Pendant ce temps, les quarante-cinq malheureux qui marchent à la mort tendent les bras à la foule, en protestant de leur innocence ; ils l'adjurent de se laisser émouvoir par leurs larmes. La pitié remue le peuple incertain, les chevaux sont dételés, les conducteurs des sinistres charrettes n'osent s'opposer à ce mouvement; les bourreaux eux-mêmes semblent incertains... que les condamnés aient le temps de sauter à terre, de se perdre dans les groupes, et les voilà libres; mais au moment où renaît en eux l'espérance, une troupe de cavaliers accourt au triple galop; c'est Henriot et son état-major.

Il crie, il hurle, il sabre la foule, le sang coule, inondant le pavé : le peuple essaie de se défendre, et de protéger ceux qui le supplient de les prendre en pitié. Mais le sabre d'Henriot fait de terribles trouées. A ses côtés se tient un homme dont le visage respire une haine farouche, une soif de sang que rien ne saurait apaiser. Il a tremblé trop de fois d'être arrêté pour ne pas témoigner, sous les yeux d'Henriot, qu'il redoute, un zèle sanguinaire. Il saisit un des chevaux, le remet dans les brancards et tente de le maintenir, mais l'animal se cabre, résiste, glisse dans les mares de sang. Le peuple s'attaque au misérable traître, ce Robert qui, après avoir mangé le pain des Civray, a trahi cette malheureuse famille, et qui, non content de ses délations, de ses vols, de toutes les infamies qu'il a accumulées, s'est fait le séide d'Henriot, de cet Henriot que plus tard on précipitera d'une fenêtre de l'Hôtel de Ville dans la boue, mais qui, à cette heure, plus féroce que les bourreaux, oblige ceux-ci à reprendre le chemin de la guillotine.

— Soyez maudit ! s'écria une femme à Robert; maudit au nom de ma fille que je laisse orpheline !

Robert cingla l'un des chevaux d'un coup de fouet si terrible que l'animal recula, puis prenant l'élan d'un galop furieux, il jeta Robert sur le sol et lui fracassa le crâne d'un coup de sabot.

Et Henriot, enfonçant ses éperons dans le ventre de sa monture, agitant son sabre, hurlant de sa grosse voix des paroles de mort, galopa, suivi par son état-major, à la suite des dernières charrettes conduisant à l'échafaud les victimes accusées d'avoir mal parlé de Robespierre et de Collot-d'Herbois.

Leur nombre était de 74, l'enquête Faro en fait foi.

Tous ces malheureux moururent en martyrs, et si les noms de quelques-uns n'ont pas survécu à cette sanglante hécatombe, ils n'en furent pas moins les dignes compagnons des victimes dont l'histoire enregistra les noms.

La nuit qui suivit l'exécution de ces malheureux fut sans repos pour les prisonniers ; la journée du lendemain, qui devait sauver tant de vies, commença même pour eux d'une façon terrifiante. L'oppression d'une terreur grandissante emplissait les prisons de Paris. Le bruit se répandait que Robespierre, comprenant qu'il ne pourrait longtemps conserver le pouvoir, renonçait aux jugements des prisonniers, si sommaires qu'ils fussent, et que l'on allait de nouveau recourir aux massacres. Quelle différence, du reste, existait entre les deux systèmes? Celle d'une publicité plus grande, voilà tout ; car quiconque prenait place sur les gradins de la salle du tribunal se sentait perdu d'une façon aussi irrévocable que si des égorgeurs étaient entrés dans un préau au centre duquel on aurait groupé des prisonniers. Du moment qu'il n'existait plus ni instruction ni défense, peu importait la suppression de quelques formalités. On ne serait plus envoyé devant des juges vendus à l'avance, et un jury résolu à devenir le pourvoyeur de l'échafaud ; cette façon d'agir devenait même beaucoup plus logique. Le bourreau et les victimes demeuraient seuls en présence.

Comment l'angoisse n'aurait-elle pas été portée à son comble? Les feuilles publiques ne parvenaient plus dans les prisons ; il était même interdit aux crieurs appelant l'attention des acheteurs de numéros, en signalant quelques-uns des articles capables d'exciter au plus haut intérêt, de s'approcher d'une distance de moins de trois cents pas. Des patrouilles, traversant sans repos les divers quartiers de la ville ; la générale battue partout ; les cris d'une foule se portant d'un point à un autre, curieuse, affolée ; l'ordre donné aux prisonniers de rentrer deux heures plus tôt et de se coucher immédiatement ; les visites fréquentes faites dans les cours, dans les corridors, dans les jardins, au milieu de sentinelles dont le nombre était doublé ; les rondes faites dans les chambres et les salles par des gardiens le sabre au poing, l'ordre donné aux guichetiers de laisser les clefs sur les serrures ; tout se réunissait pour faire croire à l'imminence d'un massacre.

Tandis que les prisonniers étaient en proie à ces angoisses, les événements se succédaient, dans Paris, avec une rapidité si terrifiante qu'elle serait impossible à expliquer à quiconque n'y voudrait pas voir la main vengeresse de Dieu.

Leur délivrance fut le signal d'un enthousiasme indescriptible. (Voir page 305.)

## CHAPITRE XXVI

## SAUVÉS!

Un mouvement dont rien ne saurait donner l'idée grandissait dans Paris, surtout aux abords des prisons. Les hommes, les femmes, les enfants escaladaient les toits, se mettaient aux fenêtres des mansardes, la moindre ouverture ayant jour sur une cour de prison se trouvait prise d'assaut. De loin, de haut, par des cris, des signes, des banderoles couvertes de phrases courtes, mais significatives, on apprenait aux prisonniers les changements survenus. L'échafaud restait debout mais seulement pour les fauteurs de la tyrannie, les septembriseurs, les séides du sinistre triumvirat qui avait couvert la France de sang et de boue. Les crieurs de journaux annonçaient la grande nouvelle; dessinateurs et graveurs se mettaient à l'œuvre pour représenter l'extermination des oppresseurs de la France. A la Conciergerie, où les prisonniers semblaient courir le plus de dangers, en raison de la proximité du palais de justice qui jetait à l'échafaud ceux que l'on avait traduits à la barre, les espérances données même par les gardiens trouvaient difficilement crédit.

Henri de Civray, qui avait eu l'adresse de conserver quelques louis, en les cachant dans les boutons de son habit, supplia le geôlier de lui procurer un journal.

— Ce sera cher, répondit celui-ci.
— Combien ?
— Cinq louis, et je ne veux pas d'assignats.

Henri arracha six boutons de son habit, en fit tomber les pièces d'or, et dit au gardien :

— Pars et reviens vite.

Un moment après, il avait entre les mains une feuille humide encore.

Les prisonniers se groupèrent autour d'Henri, et l'entourèrent de telle sorte que, dans la crainte d'être étouffé, il dut monter sur une chaise.

Alors d'une voix vibrante, émue, le jeune comte donna lecture des divers passages, racontant les événements du dix thermidor. Dans cette seule journée les deux Robespierre, Couthon, Saint-Just, Henriot, Dumas, le général Lavalette, Lescot-Fleurjot, maire, Payen, agent de la Commune, le cordonnier Simon, qui s'était fait le bourreau de Louis XVII, avaient été à leur tour traduits devant le tribunal révolutionnaire; les juges qui, deux jours auparavant, signaient la sentence des victimes, avaient mis leur nom au bas de la sentence de vingt-deux misérables. On annonçait de plus que, le onze thermidor, soixante-dix autres condamnés expieraient leurs forfaits, et que, le douze, un reliquat de douze jurés ou membres de la Commune clôrait la liste. Le sentiment qui animait en ce moment tous les hommes, amis de Tallien, qui venaient de s'emparer du pouvoir, était si violent, dans son besoin de châtiments, qu'il allait tomber sur la tête des coupables d'une façon foudroyante.

Le tribunal révolutionnaire réorganisé par Barrère, devait juger ceux qui avaient été la honte de la France; mais alors on trouva sur la liste des magistrats le nom de Fouquier-Tinville! l'homme qui s'était fait l'organe de toutes les haines, le misérable dont la voix avait crié au bourreau de faire tomber le couperet; celui qui avait envoyé à la mort Marie-Antoinette, Mme Élisabeth, les Girondins; qui plus tard fit guillotiner ses anciens amis politiques, Duchesne, Camille Desmoulins et Robespierre. Il était seul, debout, dans sa robe sanglante, et quand on songeait à le traduire à la barre des criminels, pris à son tour de peur, et tremblant devant l'échafaud où il avait envoyé des victimes par milliers, il essayait de se présenter comme un être irresponsable, parlant au nom du peuple dont il avait reçu des ordres, et remplissant avec zèle les fonctions dont ses concitoyens l'avaient investi.

Du reste, la lâcheté de tous fut égale devant la mort; Henriot tremblait de tous ses membres, le vice-président Coffinhal, qui fermait si brutalement la bouche aux accusés qui tentaient de se défendre, s'était caché pour échapper à la justice, et la faim le devait livrer à l'échafaud.

Le journal dont Henri de Civray faisait tout haut la lecture était rempli de faits, de notes. Ne se contentant pas de raconter le passé, il faisait prévoir les événements qui allaient suivre. La Terreur, qui semblait s'être incarnée dans Robespierre, venait de disparaître avec lui, et devant les prisonniers, toutes les portes ne pouvaient manquer de s'ouvrir bientôt.

Autour de la Conciergerie, le tumulte grandissait; le représentant Marie-Joseph de Chénier, n'ayant pu sauver André, venait délivrer son frère Sauveur et le rendre à un père que le retour de ce fils ne pourrait consoler de celui qu'il avait perdu.

Mme Roucher, Eulalie et Emile voulaient au moins retrouver ceux qui avaient passé avec l'auteur des *Mois* la suprême veillée, et nourrir leur douleur de ces cruels et impérissables souvenirs.

Deux femmes en deuil, Cécile de Saint-Rieul et la comtesse de Civray, n'avaient point quitté les abords de la Conciergerie depuis l'arrestation de Robespierre. La malheureuse mère, dont le cœur avait souffert de tant d'alternatives, s'était reprise à l'espérance. Avec un courage surhumain elle avait assisté au départ des dernières charrettes, afin de s'assurer si son fils ne se trouvait pas au nombre des condamnés. Depuis vingt-quatre heures elle respirait; elle commençait à croire qu'Henri sortirait vivant de l'enfer où il avait été par deux fois sur le point de périr.

Assise sur le sol, la tête appuyée contre la muraille, elle attendait qu'un mouvement se manifestât en faveur des prisonniers, et que les portes de la Conciergerie fussent ouvertes. Enfin un des nouveaux membres du tribunal se fit ouvrir la prison, et pénétra dans la grande salle où se trouvaient les captifs. Il se fit apporter les livres d'écrou, et chaque fois qu'en lisant le nom d'un prisonnier, il y trouvait pour unique indication : *ex-noble, prêtre, ami des émigrés,* etc., il donnait un ordre immédiat d'élargissement.

Les guichetiers reçurent une liste nouvelle des prisonniers maintenus en état d'arrestation pour des accusations dont la valeur serait ultérieurement appréciée; quant aux autres, ils pouvaient à partir de cette heure se considérer comme libres.

Le gardien entra dans la salle, lut sa liste au milieu de l'émotion de tous, et bientôt éclata dans toute la Conciergerie, des chambres aux corridors, des cours immenses dans les vastes salles, une indescriptible joie.

Avec quelle hâte les infortunés adressaient leurs adieux à ceux qui restaient, en leur promettant d'aider à leur salut. A cette heure, les peines s'oubliaient comme par magie; on ne voulait même plus se souvenir des pertes cruelles, des ruines, de toutes les douleurs endurées; on allait retrouver les êtres chers épargnés par la tourmente, on reverrait le ciel, on respirerait l'air libre; n'était-ce pas assez pour bénir Dieu de sa miséricorde!

Tandis que les prisonniers se hâtaient de partir, Henri demanda au gardien en lui désignant Jeanne :

— Et nous ?

— Vous, mais je ne vous connais pas, jamais vous n'avez été incarcérés régulièrement, vous êtes libres, absolument libres!

Henri saisit les deux mains de la jeune fille :

— Entendez-vous, Jeanne, nous sommes sauvés! sauvés!

Mais Jeanne se recula lentement et deux grosses larmes roulèrent sur ses joues.

— Oui, vous êtes sauvé, et j'en bénis Dieu, monsieur le comte. Votre mère, qui vous pleure, va vous serrer dans ses bras en versant des pleurs de joie. La Providence a permis que votre fortune ne fût pas même perdue. Vous oublierez les jours de deuil, de captivité et d'angoisse, et croyez-le, je ne cesserai de supplier le Seigneur de vous donner toute félicité en ce monde.

— Jeanne! Jeanne! demanda Henri de Civray dont le cœur battait d'angoisse, que signifie ce langage?

— Il signifie que je vous rends votre liberté, comme c'est mon droit, et mon devoir. J'ai reçu la bénédiction d'un prêtre en face de l'échafaud dressé, mais vous le savez comme moi, jamais, si nous ne nous étions crus près de mourir, nous n'aurions contracté une union que notre mise en liberté annule.

— Quoi! Jeanne, vous songeriez...
— Je songe à ce que je dois à votre mère, monsieur le comte.
— Et à moi, ne me devez-vous rien?

En ce moment, le prêtre qui les avait bénis passa près d'eux. Lui aussi se trouvait libre.

Henri l'arrêta brusquement :
— Mon père, mon père, dit-il, je vous en supplie, parlez à cette chère et cruelle créature. N'ose-t-elle pas m'affirmer que, mariée à moi en face de la mort, la vie qui nous est laissée annule une semblable union? Elle me parle du respect que je dois à ma mère, qui jadis me refusa son consentement... elle ne semble plus se préoccuper de celui qu'elle n'a avoué aimer qu'au moment où tous deux nous croyions monter dans la fatale charrette... Veut-elle donc me faire détester la vie qui m'est donnée; faut-il que je regrette de ne pas avoir suivi au supplice mes nobles compagnons!

Le regard attendri du prêtre alla de Jeanne à Henri de Civray.
— Ma fille, dit-il, vous agissez bien!
— Quoi! vous l'approuvez, vous qui me l'avez donnée pour femme!
— Tes père et mère honoreras! fit le prêtre.

Puis passant devant Henri :
— Mon fils, dit-il, je vous demande pour quelques jours un asile et du pain...

Le comte de Civray serra les mains du saint vieillard.
— Venez, mon père, dit-il.

Depuis un moment les portes étaient ouvertes, et les prisonniers sortaient en masse, recevant les embrassements de ceux qui les attendaient.

Leur délivrance fut le signal d'un enthousiasme indescriptible et de manifestations inouïes. Libres désormais de toute contrainte, les proscrits mêlés au peuple se portaient en foule à l'Hôtel de Ville pour y acclamer les nouveaux décrets promulguant une ère pacifique.

Poussées, pressées, refoulées, Cécile de Saint-Rieul et Mme de Civray se frayaient avec peine un passage; Henri reconnut sa mère, tendit les bras en l'appuyant sur sa poitrine, tandis que Cécile se jetait au cou de Jeanne Raimbaud.

Cécile était toute vêtue de deuil, Jeanne gardait sa robe blanche, au fichu de laquelle tremblait encore un brin oublié de son bouquet de mariée.

Mme de Civray ne questionnait point Henri, elle le reprenait, le reconquérait, pour le moment cela lui suffisait; elle aurait le temps plus tard de lui demander des détails sur ce qui s'était passé durant les quatre jours qui venaient de s'écouler

Elle ne paraissait même plus se souvenir de Jeanne; dans sa tendresse égoïste, elle ne voulait songer qu'à son fils. Appuyée sur son bras, levant sur le visage pâle et profondément ému du jeune homme des regards remplis d'une indicible tendresse, elle oubliait le reste du monde. La foule animée, qui se pressait dans les rues, gardait à peine le pouvoir de la distraire un moment de sa contemplation maternelle; elle souriait cependant à la vue de certains groupes formés de vieillards, de femmes et d'enfants. Eux aussi venaient de reconquérir le chef de a famille, ou l'ardent et beau jeune homme qui en devait être l'orgueil.

Alors son regard se reposait sur eux avec douceur comme une bénédiction.

Malgré le changement qui venait de s'opérer dans les affaires publiques, et la certitude que le règne des assassins était fini, Mme de Civray ne songea point à changer le genre de vie presque pauvre qui l'avait jusque-là sauvegardée!

Ce fut donc dans un bien modeste logis qu'elle conduisit Jeanne, Henri et le vieux prêtre qui venait, comme eux, d'échapper à l'échafaud.

Quand elle se vit proche de la maison, Cécile de Saint-Rieul s'élança en avant, gravit trois étages puis ouvrit une porte bâtarde servant d'entrée à un appartement exigu. Tout y était d'une simplicité approchant de la pauvreté, mais par la fenêtre ouverte venaient les rayons d'un splendide soleil, ce soleil de thermidor qui allait rejeter tant d'atrocités dans l'ombre.

Un moment après, la famille de Civray et ses hôtes se trouvaient installés.

Le vieux prêtre se contenterait d'un simple cabinet, la comtesse et Cécile partageraient la même chambre; un canapé recouvert de crin noir servirait de lit à Henri, et Jeanne coucherait dans une sorte d'appentis.

Les anciens prisonniers avaient assez souffert à Saint-Lazare et à la Conciergerie pour ne pas montrer de grandes exigences.

Deux heures plus tard, Cécile avait trouvé une brave créature qui pour une modique rétribution, consentait à se charger des soins de l'intérieur. On pouvait même lui donner sans la blesser le nom de servante : le titre d'officieuse venait de disparaître avec tant d'autres inventions révolutionnaires.

Deux journées se passèrent dans un grand calme. L'abbé Chaumont célébrait pour la famille de Civray le saint sacrifice; la prière se faisait en commun. On rappelait tour à tour les souvenirs des jours de deuil. La comtesse, Cécile et Jeanne allèrent pleurer près de Mme Roucher et d'Eulalie. La mère et la fille avaient sans cesse sous les yeux le portrait dessiné à Saint-Lazare, ce portrait au bas duquel le poète avait écrit un quatrain qui restera dans toutes les mémoires. Eulalie s'occupait alors à classer la correspondance de son père, correspondance précieuse à tant de titres, et qui formera un des monuments intéressants de cette époque néfaste. Elle feuilletait l'herbier préparé par son père, elle repassait en souvenir de lui des études commencées sous sa direction; et quand elle se sentait le cœur trop gros, elle prenait sur ses genoux le « Petit Suspect, » ce charmant Émile qui avait partagé la captivité de Roucher, et qui rappelait, avec une sensibilité enfantine, des traits touchants d'André de Chénier, d'Aimée de Coigny, *la jeune captive*, de la famille de Loizerolles.

Mme de Civray et Mme Roucher confondirent leurs larmes, et Jeanne se rapprocha d'Eulalie.

— Enfin, dit la fille de Roucher, justice vous a été rendue !

— Oui, répondit Jeanne, justice complète.

— Vous allez pouvoir être heureuse.

— Le bonheur n'est pas de ce monde, Mademoiselle.

— Oh ! vous avez si bien mérité votre part de joie !

— J'ai rempli mon devoir, voilà tout.

Mme de Civray trouva Mme de Loizerolles mourante. La perte de son mari avait achevé de détruire une santé déjà profondément altérée. Cependant, à ce moment, elle ignorait encore les détails de la mort de son cher compagnon; six mois après seulement, François de Loizerolles devait trouver, sur une affiche, la liste des victimes dressée le six thermidor, et acquérir la preuve que son père était mort à sa place. Il éleva à la mémoire de ce père un monument qui, encore aujourd'hui, nous émeut d'une façon profonde. Sans doute, on trouve dans le poème le *Triomphe de l'amour paternel*, une certaine enflure voulue, regardée alors comme une qualité de style, et qui nous choque maintenant que la langue, et même la langue des vers, a revendiqué le droit d'être tout ensemble grande et naturelle; mais l'âme de François est toute entière dans ce poème, comme son imagination brillante éclate dans le *Printemps*, et la pureté de ses opinions royalistes dans son poème sur *Louis XVI*.

Peu à peu les amis se cherchaient, se retrouvaient. Le chaos se débrouillait. On recevait des nouvelles de province. Les représailles sanglantes faisaient trêve. On châtiait les coupables avec plus de lenteur. Chacun reprenait sa place dans le monde, et osait faire usage de sa fortune. On ne tremblait plus à l'idée de revêtir un costume trop élégant. La carmagnole avait fait son temps, et les bonnets en peau de renard se cachaient.

Vingt fois Henri de Civray fut sur le point d'entamer avec sa mère une conversation grave, mais chaque fois qu'elle le pressentit, elle s'y déroba par une tangente adroite.

Elle serrait ensuite la main de son fils, et semblait lui dire :
— Plus tard.

Le chevalier de Blandy donna de ses nouvelles.

Caché pendant la Terreur au milieu d'honnêtes paysans dont il avait pris l'habit et partagé les travaux, il se portait mieux que jamais ; et rendu familier depuis deux ans avec la pelle, la pioche, le crochet et la herse, à la nouvelle de la chute des Jacobins, il n'avait rien eu de plus pressé que de se rendre non point dans sa gentilhommière, mais au domaine de Civray, et d'y amener avec lui une armée de travailleurs. Tout avait marché sous ses ordres avec un entrain et une régularité prodigieux. Les allées avaient été débarrassées de l'herbe qui les envahissait, on avait taillé les arbustes, émondé, ébranché, planté ; et le domaine de Civray, plus frais que jamais, grâce aux plantes vivaces qui avaient prospéré en paix, présentait au mois de septembre l'aspect d'un Eden un peu sauvage encore, mais ravissant.

L'abbé Chaumont avait décidé un misérable, qui avait acquis Civray comme bien national, pour une poignée d'assignats, à rétrocéder son marché au comte Henri.

Par une belle matinée de septembre, la comtesse, Henri, Jeanne, Cécile, et l'abbé Chaumont à qui l'on avait promis qu'il trouverait un docte et saint compagnon dans l'ancien prisonnier de la Conciergerie, prirent le chemin du château de Civray.

Oh ! combien le cœur battait à Jeanne en se dirigeant vers ce domaine, qu'elle avait quitté la mort dans le cœur et les yeux pleins de larmes ! Avec quel sourire elle salua les vieilles tours, le clocher aigu de la chapelle, la masse sombre des arbres ! Et cependant, elle ne savait rien encore de sa destinée, et depuis quelque temps Henri, respectant sa volonté, cessait de faire allusion au mariage qui avait été célébré dans la prison.

Le chevalier de Blandy, l'abbé Chaumont, toute la domesticité, les voisins, les vassaux de Civray attendaient les amis, les maîtres, les seigneurs.

La comtesse avait revêtu une élégante toilette, Jeanne portait une robe de linon blanc; Cécile seule était habillée de noir; mais ces vêtements de deuil ne l'empêchaient pas de sourire.

Le soir, par les soins du chevalier de Blandy, une promenade aux flambeaux fut faite dans le château, puis dans le parc, et toute la famille occupa durant la nuit ses chambres habituelles. Henri retrouva la sienne, Jeanne et Cécile dormirent dans leurs lits de jeunes filles. Quant à la comtesse de Civray, avant de goûter le repos, elle prit une lampe et se rendit seule dans la vaste pièce où se trouvait le lit du feu comte enveloppé de ses courtines de soie. Elle y resta longtemps méditative s'entretenant du passé au milieu de ces précieuses reliques, demandant peut-être un conseil au portrait du comte de Civray qui semblait prêt à descendre de son cadre. Quand elle sortit de cette chambre, la comtesse rassérénée paraissait avoir retrouvé un calme absolu.

Le lendemain le soleil se leva splendide.

Jeanne fut rapidement debout. Sans prévenir personne, elle s'échappa du château, avide d'air, de liberté, se sentant le besoin impérieux de reprendre elle-même, elle seule, possession de ce domaine où elle avait grandi. La promenade aux flambeaux de la veille lui avait rendu les vastes allées, les grands couverts, mais elle se souvenait des sentiers perdus, dans la verdure des saules géants, des troncs mornes croulant dans l'herbe, et surtout, oh! surtout de l'étang d'azur terni par les ombres noires des arbres, encadré dans des fleurs, et tout retentissant, comme autrefois, du ramage des oiseaux.

Elle allait lentement, relevant les pans de sa robe blanche, sa belle tête pensive un peu inclinée. En passant devant un rosier couvert de fleurs d'un blanc d'ivoire, elle en prit deux, et les agrafa à son corsage.

A mesure qu'elle approchait, elle reconnaissait les chants des oiseaux qui gazouillaient jadis tandis qu'elle se cachait dans les touffes de flambes et d'iris, afin d'aider Henri à répéter les leçons qui faisaient son désespoir.

Quand elle se trouva sous les ramures, son cœur se serra, ses regards devinrent humides. Des souvenirs plus puissants se mêlèrent à ceux de son enfance, elle se rappela le jour où elle avait entendu

Henri maudire l'arrivée de Cécile de Saint-Rieul, et cette autre journée plus lamentable encore, où elle lui avait dit adieu, en lui interdisant de s'opposer à son départ.

Combien avait-elle pleuré, souffert, depuis ces deux journées!

Accablée par son émotion, elle s'appuya contre le tronc d'un saule dans le creux duquel Henri cachait jadis ses livres de classe, puis elle couvrit son visage de ses deux mains.

Un bruit de pas léger se fit entendre à quelque distance, mais Jeanne trop absorbée ne le distingua pas.

Une belle tête, brune et pâle, se montra entre les branchages, puis Henri de Civray s'approcha de la jeune fille.

— Jeanne! dit-il, Jeanne!

— Vous ici, monsieur le comte!

— Je vous cherche, je vous trouve, je vous vois, Jeanne! ma chère Jeanne!

— Calmez-vous, monsieur le comte, je vous en supplie! Oui, c'est Jeanne, votre sœur, votre amie.

— Ma femme! dit le jeune homme en lui prenant tendrement les deux mains.

— Vous savez bien que notre mariage est nul, monsieur le comte.

— Nul! pourquoi, Jeanne? je suis prêt à répéter mon serment.

— Vous ne le pouvez plus.

— Qui m'en empêchera?

— Votre mère.

— Je suis majeur, dit Henri avec véhémence.

— Oh! monsieur le comte, ne prononcez jamais plus de semblables paroles; respectez quelle qu'elle soit la volonté de la comtesse de Civray. Mieux que vous, elle sait ce que vous devez à votre race, à votre nom, à l'avenir qui aura besoin de l'épée du gentilhomme. Enfin, rappelez-vous que si vous me chérissez et m'estimez si profondément, vous ne pouvez m'obliger à rougir. J'admets que vous ayez pour vous la loi, cette négation de la vertu familiale; croyez-vous que j'aurais le courage de chasser de ce domaine la comtesse de Civray, ma bienfaitrice? Mon père a mangé votre pain, monsieur le comte, je ne dois jamais l'oublier. Laissez-moi le repos de la conscience à défaut de bonheur. J'aime Civray, faites qu'il me soit possible d'y vivre sans devenir ingrate et coupable... Que faut-il vous dire de plus? Je vous chéris depuis l'enfance; jamais je ne pourrai aimer que vous, et je vous prie, je vous supplie d'oublier une promesse que votre mère ne ratifiera jamais.

Le feuillage s'ouvrit avec violence, et la comtesse de Civray saisit Jeanne dans ses bras.

— Ah! chère et noble fille! dit-elle.

— Par la sambleu! comtesse, dit en souriant le chevalier de Blandy, j'ai fait un joli rêve, et combiné un plan sur lequel vous allez me donner votre avis... Que Jeanne soit une bonne et charmante fille, je l'ai toujours pensé... depuis la Terreur j'en suis si bien convaincu que j'ai fait préparer un bon petit acte d'adoption, très en règle, par lequel Jeanne portera pendant sa vie le nom que je fais sien aujourd'hui, et jouira après ma mort d'un petit bien que je lui laisserai le plus tard possible.

Et le charmant vieillard, s'approchant de Jeanne avec une grâce courtoise :

— Mademoiselle Jeanne de Blandy, demanda-t-il, voulez-vous embrasser votre père adoptif?

Jeanne se jeta dans ses bras.

Henri, qui comprit ce sentiment d'exquise délicatesse du chevalier, porta sa main à ses lèvres avec un respect filial.

La comtesse mit un nouveau baiser sur le front de Jeanne.

— Je n'engagerai point cette enfant, dit-elle, à refuser une preuve de tendresse et d'estime ; adoptez-la chevalier, donnez-lui votre nom de Blandy qui fut toujours loyalement porté, mais à la condition que vous autorisiez votre Jeanne à y ajouter le titre de comtesse de Civray.

— Madame! dit Jeanne en levant ses regards humides sur la comtesse, est-ce possible, est-ce vrai?

— Mais, ma chérie, un prêtre vous a déjà bénis, là-bas... On ne peut retirer un serment prêté... Mon fils vous a faite sienne à l'heure où il croyait mourir ; je bénis Dieu qui vous a conservés tous deux. Je regarderais comme un crime de vous désunir, vous qui avez tant souffert, vous qui nous avez sauvés.

— Vous avez raison, ma tante, dit à son tour Cécile de Saint-Rieul, c'est le jour de payer ses dettes et de remplir les vœux que l'on a faits... Lorsqu'Henri, mon cousin, après avoir défendu Jeanne au moment où elle jetait son bouquet à André Chénier, fut entraîné à la Conciergerie, je fis le serment d'entrer dans un cloître, quand les cloîtres seraient rouverts... J'attendrai au milieu de vous que cette heure sonne pour moi ; mais, à partir de ce jour, je me considère comme morte au monde.

— Chère Cécile, dit Henri, vous êtes un ange!

— Et vous un homme heureux, mon cousin. Vous répandrez autour de vous l'aumône et le bon exemple, et vous oublierez que vous avez vu Paris couvert de boue détrempée dans le sang, et que vous avez salué les dernières victimes de la Terreur. Fasse le ciel que jamais, sous quelque nom qu'elle emprunte, cette Terreur ne renaisse pour menacer la propriété, la famille et Dieu !

Un mois plus tard, Jeanne de Blandy épousait Henri de Civray; et ni l'un ni l'autre ne songea jamais à quitter le domaine où ils avaient appris la foi, la tendresse, le dévouement.

FIN.

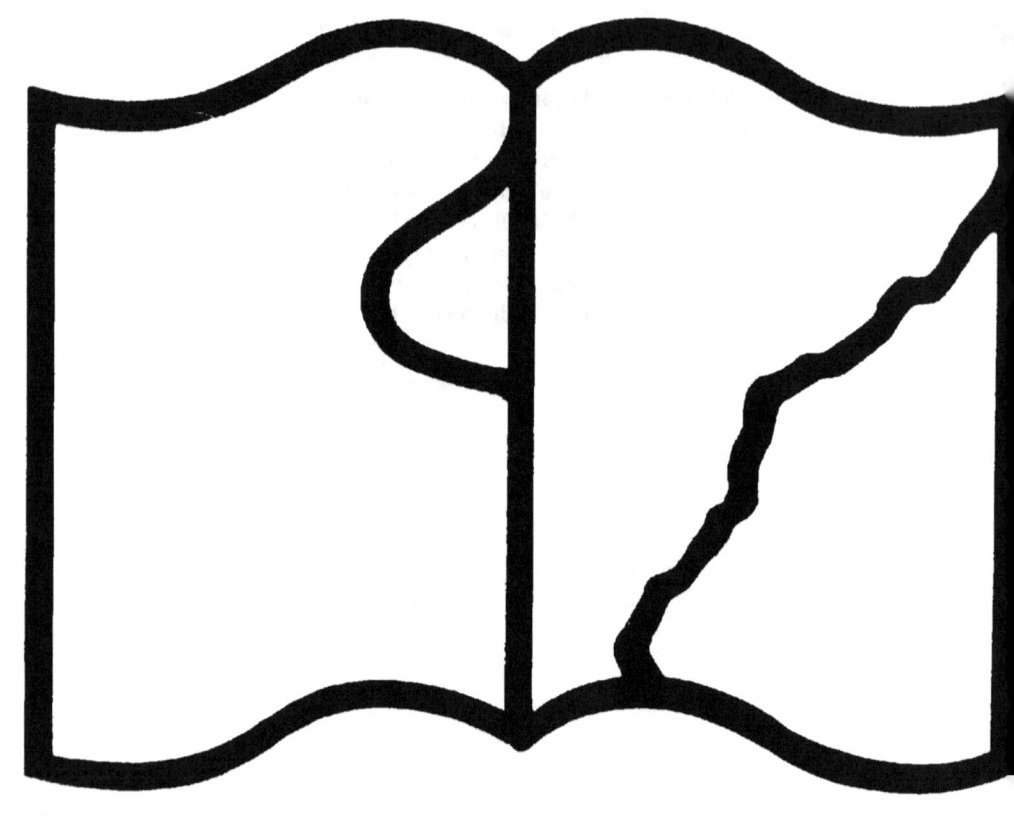

Texte détérioré — reliure défectueuse

**NF Z 43**-120-11

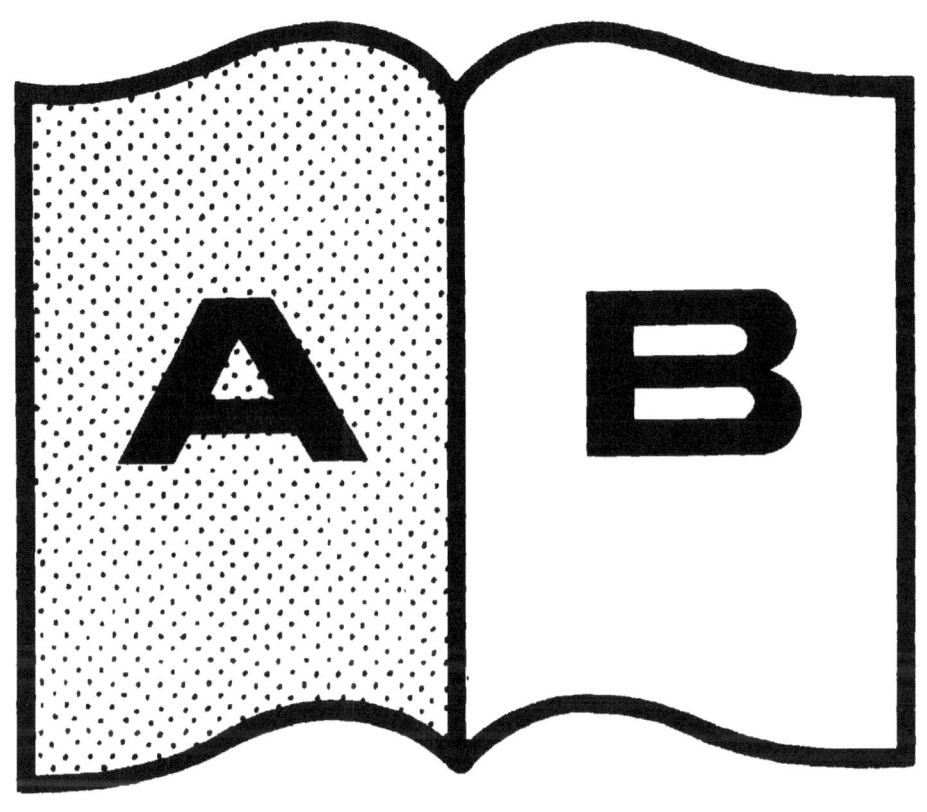

Contraste insuffisant

**NF Z 43**-120-14

www.ingramcontent.com/pod-product-compliance
Lightning Source LLC
Chambersburg PA
CBHW071301160426
43196CB00009B/1376